Nuevo Management PARA DUMMIES™

Edición publicada mediante acuerdo con Wiley Publishing, Inc.

Grupo Planeta
Avda. Diagonal, 662-664
08034 - Barcelona

ISBN: 978-84-329-0218-5
Depósito legal: B. 24.456-2015

Primera edición: noviembre de 2015
Preimpresión: Víctor Igual, S. L.
Impreso por Limpergraf

Impreso en España - *Printed in Spain*
www.paradummies.es
www.planetadelibros.com

¡La fórmula del éxito!

Tomamos un tema de actualidad y de interés general, añadimos el nombre de un autor reconocido, montones de contenido útil y un formato fácil para el lector y a la vez divertido, y ahí tenemos un libro clásico de la colección Para Dummies.

Millones de lectores satisfechos en todo el mundo coinciden en afirmar que la colección **Para Dummies** ***ha revolucionado la forma de aproximarse al conocimiento mediante libros que ofrecen contenido serio y profundo con un toque de informalidad y en lenguaje sencillo.***

Los libros de la colección *Para Dummies* están dirigidos a los lectores de todas las edades y niveles del conocimiento interesados en encontrar una manera profesional, directa y a la vez entretenida de aproximarse a la información que necesitan.

Los autores

Juan Carlos Cubeiro es Head of Talent de ManpowerGroup y CEO de Right Management, la consultora líder mundial en Liderazgo, Coaching, Assesment y Engagement, además de mentor del área de Coaching del Human Age Institute. Se le considera uno de los mayores expertos españoles en talento, liderazgo y coaching. Desde hace treinta años dirige proyectos de consultoría para centenares de empresas, entre ellas más del 80 % de las 500 mayores empresas españolas.

Con anterioridad fue consultor en Arthur Andersen (hoy Deloitte), gerente de Coopers & Lybrand (hoy PwC), director europeo de HayGroup, socio de Areté, presidente de Eurotalent y socio de IDEO Business.

En el campo de la formación, es profesor de la Deusto Business School desde 1999, director de los programas de Liderazgo Innovador y Coaching Estratégico en Fundesem (Alicante), ESIC (Zaragoza y Valencia) y el Club de Excelencia en Gestión (Asturias) y es director del MPA del CEU. Es presidente de honor de AECOP, la Asociación Española de Coaching Ejecutivo.

Ponente de prestigio internacional, ha impartido conferencias desde Shanghái a San Francisco y desde Chicago a Santiago de Chile, pasando por Londres, París, Berlín, Ámsterdam, Florencia, Roma, Tel Aviv y varias ciudades de México, Colombia, Perú, Ecuador y Argentina.

El reconocimiento a su aportación al mundo del management le ha valido el premio Brain & Heart 2015 por su trayectoria (EBS), premio Líder Humanista 2014 (Aliter), premio Líder de Excelencia LIDEREX 2014 (International Coaching Leadership e Instituto Internacional de Liderazgo en ExpoCoaching Iberoamérica, Colombia), premio Éveris de Ensayo 2007 por *Liderazgo, empresa y deporte* y premio AECA al mejor artículo del año 1996 por "Jugando al ajedrez de Alicia". Es autor de más de 40 libros, entre ellos la trilogía *La sensación de fluidez* (considerado el mejor libro de management por los directivos españoles según la revista *Capital*), *Liderazgo Guardiola*, *Mourinho vs Guardiola*, la trilogía de *La Roja*, *Por qué necesitas un coach*, *Del capitalismo al talentismo* o *Atrévete a motivarte*.

Tiene un blog diario, "Hablemos de Talento", y varios vídeos de TED y del programa de televisión "De vuelta a clase".

Ana María Castillo Clavero es profesora de Dirección de Empresas, con más de treinta y cinco años de experiencia como docente, investigadora y consultora. Es licenciada y doctora en Ciencias Económicas y Empresariales y ejerce como catedrática en la Escuela Universitaria de Organización de Empresas de la Universidad de Málaga. Además es la coordinadora del

Máster Universitario en Dirección y Administración de Empresas (MBA) de dicha universidad, programa que diseñó, puso en marcha y dirige desde su creación, en 2005, primero como título propio de la Universidad y luego como título oficial.

De 1998 a 2004 ejerció como directora de Cooperación y Desarrollo en el área de Relaciones Internacionales de la Universidad de Málaga, donde promovió una amplia red de contactos con universidades latinoamericanas, y puso en marcha la ejecución de unos 25 programas de doctorado y postgrado en economía, empresa, educación, turismo e ingenierías, en países como Venezuela, México, Argentina, Perú, etc. Fue subdirectora de la revista *Cuadernos de Ciencias Económicas y Empresariales* durante diez años. Asimismo, ha sido profesora visitante y conferenciante en diversas universidades latinoamericanas y europeas.

Como docente e investigadora ha publicado una docena de manuales y libros de texto como *Administración de empresas en el entorno actual*, *Dirección de empresas*, *La dirección en la práctica*, *Casos prácticos de gestión de empresas*, capítulos de libros sobre estas y otras materias tales como responsabilidad social corporativa, creación de empresas, organización y gestión, etc., así como numerosos artículos y ponencias en congresos especializados. Su área de investigación es la responsabilidad social corporativa, la sociedad del conocimiento y los nuevos modelos de negocio a ella vinculados, así como la gestión y las relaciones humanas en las nuevas organizaciones.

Ha desarrollado asimismo trabajos de consultoría y transferencia de conocimiento con administraciones públicas, empresas y entidades privadas en asuntos como la economía y el empleo irregular, la responsabilidad social corporativa y los territorios socialmente responsables, los territorios creativos, la transparencia y gobernanza de las instituciones, la gestión de los recursos humanos, etc.

Dedicatoria

A todas las personas que quieren cambiar las cosas desde su pequeño espacio de acción, a las que tienen un proyecto en la vida, a las que quieren sumar y contribuir a hacer un mundo mejor. A todas ellas les hará falta destreza para gestionar recursos y personas.

Sumario

Introducción

Aunque estamos prácticamente seguros de que nunca has pronunciado la frase "Mamá, quiero ser mánager", el hecho es que si tienes este libro en tus manos es porque, bien conscientemente o bien por esos azares de la vida, te ves en una situación en la que tienes que dirigir y gestionar personas y recursos y, por tanto, quieres aprender a ser mánager.

De hecho, la mayoría de la gente que accede a puestos directivos procede de campos donde inicialmente no se les ha orientado y preparado para la gestión, sino para desarrollar una carrera profesional con un perfil técnico. Son médicos, arquitectos, maestros, músicos, políticos, ingenieros, comerciales o trabajadores sociales que se han formado frecuentemente al margen del management y, el día que se encuentran con que tienen que poner en marcha proyectos, dirigir personas, administrar recursos y conseguir objetivos, aprecian la necesidad de aprender o profundizar en esta disciplina.

Como profesión, el management es bastante desconocido y probablemente por eso resulta poco glamuroso, al menos a los ojos de ese supuesto niño que dice lo que quiere ser, frente a otras como bombero, médico o astronauta. Pero es una tarea apasionante y cuando te involucras en ella aprendes a apreciar hasta qué punto es interesante, retadora y ofrece oportunidades para desplegar una infinidad de habilidades y poner en juego las mejores dotes y el talento de cualquier persona.

Y lo más importante, el management es fundamental para que se hagan las cosas: todo lo que ocurre en el mundo, desde el descubrimiento de América hasta la conquista del espacio o la invención de una vacuna para erradicar una enfermedad, es el resultado de ideas, planes, proyectos y decisiones que alguien ha elaborado y que alguien se ha preocupado de ejecutar. Eso convierte al management en una profesión imprescindible y vital para el bienestar y el desarrollo de la sociedad.

Si estás dispuesto a ser un protagonista en estos cambios, adelante: *Nuevo Management para Dummies* puede ayudarte a conseguirlo.

Cómo está organizado este libro

La obra está dividida en cuatro partes, que suman 18 capítulos, más una quinta dedicada a los decálogos característicos de los libros *Para Dum-*

mies, que en este caso son tres. Todos los capítulos terminan con una lección práctica extraída del caso de algún empresario español de éxito, que ejemplifica alguno de los aspectos que te hemos explicado.

Parte I: Lo básico en el management

La primera parte del libro está dedicada al management y a sus fundamentos y consta de dos capítulos. En el primero te presentamos esta profesión apasionante y te explicamos dónde se ejerce (las organizaciones), quiénes fueron sus creadores como disciplina moderna, por qué es importante, cuál es su contenido básico y qué puntos claves debes controlar para ser un mánager excelente.

En definitiva, intentamos que empieces a pensar como un mánager, que te vayas imbuyendo de la responsabilidad de tener en tus manos un poder y unos recursos, y del legítimo orgullo de ser alguien que "hace" que las cosas ocurran. Completamos el capítulo con el caso de uno de nuestros empresarios más exitosos, el recientemente fallecido presidente del Santander, Emilio Botín.

El segundo capítulo está dedicado al estudio de las habilidades del mánager, para lo cual te presentamos los diferentes tipos y niveles directivos que te ayudarán a comprender mejor qué clase de habilidades y actitudes se requieren para operar en cada uno. Te mostramos los roles directivos, que son los papeles que un mánager ha de desempeñar, y te contamos cuáles son las habilidades, destrezas y competencias más necesarias, explicándote cómo puedes adquirirlas o desarrollarlas, sin olvidar la importancia de los sentimientos, ya que hoy en día el mejor mánager es aquél que es capaz de combinar mente y corazón en sus decisiones y acciones. El apartado final está dedicado a Pablo Isla, actual CEO de Inditex.

Parte II: El mánager y su hábitat

Los tres capítulos de esta parte los dedicamos al hábitat del mánager, es decir, al complejo entorno en el que se desenvuelve, por lo que hemos titulado el tercer capítulo "Sobrevivir en la selva no es fácil". En este capítulo te hablamos del universo (el entorno general) hasta el microcosmos (el entorno específico de tu empresa o negocio), explicándote cuáles son las dimensiones principales que un mánager debe tener en cuenta, como son el entorno económico, el político y legal, el tecnológico y educativo, el sociocultural y el del medio natural, y por qué influyen en las actividades y decisiones empresariales. La lección de management de este capítulo está protagonizada por Rosa García, CEO de Siemens, y como ejemplo práctico para aprender de los errores te hablamos de la desastrosa decisión de Disney de ubicar su parque europeo en París.

Los dos siguientes capítulos están dedicados a la responsabilidad social del mánager y a la rendición de cuentas, estas cuestiones que tienen que ver con los valores más profundos y más dignificadores de la profesión directiva, explicando la diferencia entre la responsabilidad social y la filantropía o el marketing con causa, y describiendo cómo puede una empresa avanzar hacia un modelo de negocio responsable y sostenible en el tiempo. Te contamos cuáles son los principales marcos de normas para la elaboración de memorias de sostenibilidad, de las normas de gestión ética y de la reputación empresarial, tanto en general como en la red. Creemos que te resultará interesante saber que existe un juramento hipocrático para directivos y te ofrecemos algunas claves y herramientas útiles para desarrollarte como líder ético. La lección de management viene de Juan Roig, presidente de

Parte III: Las funciones y tareas del management

La tercera parte es la más extensa (consta de 8 capítulos) y contiene el núcleo duro de la labor del mánager, pues está dedicada a las funciones y tareas del management.

La primera de estas funciones, que aparece en el capítulo 6, es la planificación. Te explicamos por qué es importante y necesaria, cómo hacer planes eficaces y cuáles son los pasos que debes seguir para elaborar los diferentes tipos de planes que necesita un negocio bien gestionado. Te hablaremos de objetivos, previsiones, estrategias, políticas, programas y proyectos, presupuestos, procedimientos y reglas, es decir, de "planes, planazos y planecillos", que resumen las categorías de elementos con los que hay que jugar en la planificación. Nuestra lección de management en este capítulo viene de Mar Raventós, presidenta de Codorniú.

A continuación tienes el capítulo dedicado a los fundamentos de la estrategia, empezando por el análisis estratégico, tanto del entorno como del ámbito interno de la empresa y describiendo las diferentes técnicas que hay para realizarlos, como el muy conocido análisis DAFO. Te explicamos cuáles son las principales clases de ventajas competitivas, en qué se basan y cómo puedes localizar los recursos y actividades clave en los que apoyarte para competir mejor que tus rivales. El caso práctico en este capítulo corre por cuenta de Isak Andic, fundador y CEO de Mango.

En el capítulo 8 ya estás en condiciones de diseñar un modelo de negocio. Para eso, te explicamos en qué consiste, de qué elementos consta, cuáles son los modelos más usuales, tanto tradicionales como nuevos, y cuáles son las principales opciones estratégicas con las que componer tu propio modelo, así como la forma en que puedes planificar su puesta en práctica. Te ofrecemos algunos consejos para ser un buen estratega y te los ilustramos con el ejemplo de los empresarios más innovadores de España.

Pero como estamos abocados a movernos en un mundo global, hemos dedicado el capítulo 9 a la internacionalización y globalización de la empresa; te contamos cuáles son los principales aspectos a tener en cuenta en el proceso de expansión internacional, qué caminos puedes seguir para ello, y dedicamos mucha atención a los factores socioculturales, que son los más difíciles de manejar y resolver.

Los capítulos 10, 11 y 12 están dedicados al diseño de la organización, la estructura que te permitirá desarrollar y poner en práctica la estrategia, distribuyendo la responsabilidad y el trabajo asegurando que todas las tareas están definidas y asignadas. Te hablaremos del organigrama, que es la herramienta básica para representar y "leer" una organización, y dedicamos bastante atención a la coordinación, que es la esencia de la organización. Luego profundizamos en cómo dividir y reagrupar el trabajo formando departamentos, equipos y unidades orgánicas, y en aspectos clave como la autoridad, la autonomía de los trabajadores y la circulación de información. El resultado final serán los diferentes "trajes" o modelitos que puede adoptar una organización, desde los más sencillos hasta los más complejos, desde los tradicionales hasta los innovadores. Las lecciones nos las aportan VirusTotal, la microempresa malagueña de seguridad informática que fue adquirida (que no absorbida) por el gigante Google, el poderoso BBVA, que se rediseña para competir en el universo de la banca digital, y un caso del ámbito militar, aunque muy oportuno.

El capítulo 13 cierra esta parte dedicada a las funciones directivas con el control, que es la actividad que revisa y comprueba que se están logrando los objetivos. Te explicamos qué y cómo controlar, qué son los indicadores, cómo construirlos y usarlos de forma efectiva y qué clases de herramientas y técnicas puedes usar para controlar. Y como caso práctico, un anti-ejemplo que nos permita aprender de los errores: el caso de Pescanova, paradigma de la falta de control.

Parte IV: El día a día del mánager

Los cinco capítulos de la cuarta parte tratan lo que hemos llamado el día a día del mánager, su trabajo cotidiano. Empezamos en el capítulo 14 con los problemas y la toma de decisiones, para lo cual el mánager tiene que ser hábil en detectar señales que le alerten de esos problemas (u oportunidades), tiene que ser juicioso a la hora de ponderarlos en su justo término y tiene que ser riguroso y metódico, pero también creativo e intuitivo a la hora de resolverlos. Explicamos qué factores influyen en la toma de decisiones, qué valor tiene el instinto, la intuición, y cuáles son las categorías de decisiones a las que se enfrenta el mánager según su importancia. El caso práctico que presentamos es el del grupo Guissona, una cooperativa que ha destacado por tomar decisiones inteligentemente (y no tanto previsiblemente).

Un mánager es alguien que hace que otros ejecuten y, por tanto, debe saber dirigir a sus colaboradores, como te decimos en el capítulo 15. El directivo tiene que ser líder, y para ello debe conocer las armas del líder, cómo conseguirlas y cómo usarlas correctamente, siendo la más importante el poder. También te hablamos en este capítulo de las diferentes formas en que se puede explicar el liderazgo, y del modelo de liderazgo propio del siglo XXI, en esta sociedad del conocimiento donde lo importante es saber identificar y gestionar el talento. Y para muestra, nada mejor que las lecciones que Google ha sacado de lo que hacen sus mejores jefes.

Para relacionarnos en la empresa hay que comunicarse, y precisamente a la comunicación dedicamos el capítulo 16, donde te presentamos el esquema del proceso de comunicación, los medios y flujos de comunicación en las organizaciones, y te explicamos cómo gestionarlas de forma eficaz, tanto a nivel interpersonal como a nivel organizativo. La lección final nos cuenta el caso de Antoni Pont y su Club de la Felicidad.

Los dos capítulos finales de esta parte están dedicados a la motivación. En el 17 te contamos qué es y cómo funciona la motivación, qué cosas nos motivan a la mayoría de las personas y de qué forma los psicólogos han tratado de explicar el origen de la motivación a partir de las necesidades. En el 18 nos centramos en la práctica de la motivación, explicando qué importancia tiene la búsqueda de equidad como desencadenante y cómo influyen las expectativas y recompensas en la motivación, así como los objetivos claros y precisos. Las lecciones de management corresponden a una empresa exitosa, R, y su modelo de felicidad en el trabajo, y a varios ejemplos prácticos del mundo del deporte, datos sobre qué pasa cuando una empresa no sabe retener a los mejores trabajadores, el efecto de la profecía autocumplida y el caso ejemplar de Cyberclick, la Mejor Empresa para Trabajar de España en la categoría de pymes.

Parte V: Los decálogos

El capítulo 19 no es exactamente un decálogo, sino un "heptágolo", pues consiste en los siete "pecados capitales" de los jefes tóxicos. Se calcula que el 40 % de los jefes lo son, con implicaciones muy negativas para el clima laboral, la productividad y la salud de los profesionales que los tienen que soportar.

Para quien gestiona por primera vez, hemos preparado diez reglas muy sencillas y prácticas para el mánager novato en el capítulo 20 y, como colofón, diez consejos de oro de grandes mánager de nuestro entorno que han tenido éxito. Todos ellos nos hablan de sus sueños, de las dificultades y cómo las han superado, para que podamos aprender en cabeza ajena de quienes han triunfado en su propósito.

Iconos utilizados en este libro

Una de las características de los libros *Para Dummies* son unos pequeños simbolitos que identifican determinados párrafos y te dan una pista sobre el tipo de información que encontrarás en ellos. En este libro hemos utilizado los siguientes iconos:

Lo que te hemos marcado con este símbolo es una información importante, que conviene que recuerdes porque es clave.

Con este icono queremos destacar conceptos fundamentales del management que es imprescindible que asimiles, pues te permitirán comprender muchas otras explicaciones.

Este dibujito acompaña ejemplos verdaderos que muestran cómo algunos mánager o empresas de referencia llevaron el management a su día a día, tanto como referente a seguir como todo lo contrario, como caso de mala praxis.

A los ejemplos recurrimos para recrear situaciones en las que verás más claro cómo se aplica lo que dice la teoría.

Como gatos viejos en este oficio del management, y con la experiencia de haber trabajado e intentado ayudar a miles de personas, nos permitimos sugerirte algunas reflexiones o ideas de índole práctica que sabemos que te pueden ayudar.

Junto a este símbolo encontrarás propuestas para pasar a la acción, ya sean invitaciones a analizar y reflexionar sobre situaciones de tu entorno, ya sean modos de probar lo que se está explicando.

El significado de este icono seguro que ya lo has adivinado: como la señal de tráfico triangular, te previene de riesgos o errores que puedes encontrar en el camino y que harías bien en evitar.

Cómo leer este libro

Aunque los capítulos se pueden leer independientemente, sin necesidad de manejar conceptos previos, nuestra recomendación es que lo hagas de forma secuencial, ya que el proceso que seguimos en la exposición va de lo más genérico a lo más específico, y resulta más fácil profundizar en lo concreto cuando se posee una visión general que te ayuda a ubicar y contextualizar lo que vas aprendiendo.

Parte I

Lo básico en el management

En esta parte...

Los dos primeros capítulos del libro quieren ser una base sobre la que puedas asentar tu práctica del management. Sin unos cimientos sólidos, tu actividad como directivo puede hacer aguas y tendrás lagunas que te impedirán desarrollar correctamente todo tu potencial. Por ello, en el capítulo 1 te explicamos en qué consiste eso de ser mánager y, en el segundo, qué tipos de directivos hay, qué funciones han de desempeñar y qué cualidades y habilidades debe tener.

Capítulo 1

El management a tu alcance

En este capítulo

- Fayol y Drucker, los dos padres del management
- La importancia de las organizaciones
- Algunas cosas básicas que debes saber del management
- Pensar estratégicamente y otros secretos

Seguro que te gusta la música y alguna vez habrás asistido a un concierto en directo. Oíste un anuncio, compraste tu entrada y fuiste expectante a disfrutar de tu grupo favorito y a pasar una velada inolvidable.

Pues bien, sea de música clásica o moderna, un concierto es una magnífica ocasión para entender la importancia del *management*.

Para que tú y otros cientos de personas hayáis podido disfrutar de ese espectáculo, muchas personas han tenido que hacer un montón de cosas, como contratar espacios, instrumentos, equipos musicales y personal técnico. Alguien tuvo que diseñar un espectáculo, seleccionar temas y contenidos, contratar músicos, diseñadores de espacios, iluminadores, técnicos de sonido. Se transportó el material, se reservaron hoteles y alojamiento para los participantes y se hicieron muchos ensayos hasta conseguir que todo fluyera como es debido. Compraste y pagaste tu entrada por internet o en un centro comercial porque alguien había previsto diferentes maneras de vender las entradas. También viste que había patrocinadores, que alguien se habrá preocupado de buscar y, por supuesto, te enteraste del concierto porque hubo promoción del evento en los diferentes medios.

Probablemente, de esas tareas (de las que tú no has sido consciente) se han encargado muchas personas, pero, afortunadamente, todas han enfocado sus esfuerzos en una única dirección que ha permitido garantizar que disfrutarás junto con otros espectadores de un espectáculo inolvidable que satisfará sobradamente el precio que has pagado por tu entrada.

Todas esas personas habrán trabajado en grupos, en equipo o solas, pero lo han hecho de forma coordinada, bajo una dirección que ha asegurado que, al igual que en el concierto los músicos interpretan armónicamente una única melodía bajo la batuta del director, sus esfuerzos hayan conducido a un único fin: que lo pasaras estupendamente disfrutando de tu viejo rockero favorito o de esa soprano que rompe los cristales con sus agudos.

En cualquier actividad humana compleja, donde es necesaria la participación de muchas personas porque la tarea sobrepasa la capacidad individual, es necesaria una dirección unitaria, y en eso consiste el management.

Qué tiene "de nuevo" el management

El término anglosajón *management* no tiene una traducción precisa en castellano. Hay términos aceptables, como "dirección", "gestión", "gerencia" o "administración", pero ninguno posee todas las connotaciones que el término en inglés, ya que a veces evocan conceptos bastante diferentes. Vamos a verlo:

- ✔ **Dirección**. Es demasiado genérico y se aplica a tantos ámbitos que difícilmente lo vinculamos con el mundo de los negocios o de la empresa.
- ✔ **Gestión**. Suele evocar una dirección de medio o bajo nivel, de resolución de problemas y asuntos del día a día.
- ✔ **Gerencia**. Se identifica frecuentemente con la actividad financiero-económico-administrativa, reglamentada y burocrática.
- ✔ **Administración**. También se identifica con la actividad financiera y contable y se asocia más al ámbito de lo público que al de la empresa.

Por eso en esta obra hemos preferido mantener la palabra *management*.

El management tiene padres

Desde la prehistoria ha habido "gestores" (para saber de dónde procede esta palabra, lee el recuadro "Una palabra inventada por Shakespeare" en este mismo capítulo). Los neandertales, por ejemplo, dominaron Europa durante 300.000 años. Sin embargo, la capacidad de organizarse de los *Homo sapiens* les permitió sustituirlos, pues eran capaces de utilizar unos recursos similares para abastecer a poblaciones diez veces mayores.

Una palabra inventada por Shakespeare

"For your manage is in love / yeah, he loveth" (Vuestro amo está enamorado, sí, él ama), dice Adriano de Armado en *Trabajos de amor perdidos.* En ese momento (Navidad de 1597), William Shakespeare inventa la palabra *manage* y de ahí *mánager* y *management,* gestión. Es una de las 2.000 palabras que el Bardo inventó en sus obras. Proviene del italiano *maneggiare* y del francés *manège,* controlar a los caballos, y esta del latín *manus,* "mano". En su sentido de "quien gobierna un negocio o una institución pública", *mánager* es de 1705.

Lo que en inglés proviene de "la mano", en castellano se tradujo por "gestor", que viene del latín *gestor,* "el que lleva a cabo". En la antigua Roma, los gestores eran quienes se encargaban de realizar negocios por propia voluntad, sin mandato de un tercero, y se obligaba él mismo hasta que el beneficiario del negocio lo aceptara (solían ser esclavos o amigos que suplían al titular mientras estaba en la guerra o fuera de la ciudad). *Gestus* es "lo que se lleva a cabo" (contenido, hecho concluido) y el sufijo "-tor", agente. Del verbo *gerere* (llevar a cabo) nos ha llegado *gerente, gerundio, beligerante, sugerir, digerir.*

Gestión es la palabra n.º 700 más utilizada en el diccionario. *Gestor,* la n.º 3.461. La palabra *management,* en cambio, no está en el *Diccionario de la Lengua Española* (DRAE).

Como señala Eudald Carbonell, codirector del Proyecto Atapuerca, "El azar nos hizo homínidos (hominización) y la lógica nos tiene que hacer humanos (humanización)". Uno de los resultados más importantes de ese proceso de humanización es el management. Aunque gestores ha habido en todas y cada una de las civilizaciones desde la Antigüedad, curiosamente esa profesión con nombre anglosajón, que parece inventada hace dos días por los estadounidenses, tiene dos grandes padres europeos.

Un francés de Constantinopla

El primero de estos padres es el francés Henri Fayol (1841-1925), ingeniero y mánager exitoso. Nació en Constantinopla, se licenció como ingeniero de minas con diecinueve años y con veinticinco fue nombrado gerente de las minas de una compañía en la que trabajó el resto de su vida. A los cuarenta y siete años accedió a director general de la empresa, que, por aquellos años, pasaba por una etapa crítica. Desarrolló una administración brillante, y cuando se retiró, en 1918, la dejó en una situación inmejorable, como uno de los grupos industriales franceses más importantes.

Fayol fue el creador de la administración contemporánea y el primer pensador que elaboró una teoría global y completa del management. Sin embargo, fue relativamente desconocido, ya que su principal obra, *Administration Industrielle et Générale*, publicada en 1916 en Francia, aun con retraso por la primera guerra mundial, no fue traducida y publicada en

Estados Unidos hasta 1949, con lo que sus teorías fueron ignoradas por los académicos y mánager durante una gran parte de la historia de la administración. Por eso, durante mucho tiempo se mantuvo la creencia de que el management, como disciplina contemporánea, era un invento estadounidense.

La principal preocupación de Fayol fue sistematizar su experiencia y difundir su concepto de la dirección, de manera que sus ideas fueran transmitidas y se pudieran enseñar en escuelas y universidades, ya que abogaba por la necesidad de dar formación en administración a todo el mundo. Justo lo que intentamos conseguir en este libro acercando lo fundamental del management a personas como tú.

Los logros de Fayol

La aportación de Fayol es de extraordinaria importancia por varios motivos. Por un lado, apreció la necesidad del management en todo tipo de organizaciones y concluyó que es una tarea que tiene entidad propia y características homogéneas, aunque se desempeñe en diferentes organizaciones. Por otro, identificó y delimitó las áreas funcionales de la organización, que eran cinco: la función técnica (producción), la función comercial, la función financiera, la función de seguridad y la función contable, todas ellas bajo la coordinación y dirección de la administración.

No solo eso, sino que enumeró las funciones de la administración, que consideraba compuesta por las cinco siguientes, prácticamente iguales a la formulación contemporánea del proceso de management:

- **Planificación**: examinar el futuro y elaborar un programa de acción.
- **Organización**: construir la estructura material y social de la empresa.
- **Dirección**: guiar y conducir al personal.
- **Coordinación**: enlazar, unir el esfuerzo colectivo.
- **Control**: verificar que todo sucede como está establecido.

Y por si eso fuera poco, formuló los principios generales de la administración, a modo de leyes universales del management. Estos principios, donde se condensa lo esencial de su pensamiento y experiencia como directivo, son los siguientes:

- **División del trabajo**: la especialización permite acumular experiencia y aumentar la productividad.
- **Autoridad y responsabilidad**: el derecho a dictar órdenes junto con las cuales debe ir equilibrada la responsabilidad de esta función.

- ✔ **Disciplina**: que produce la obediencia, pero solo se dará dependiendo de la calidad de la gerencia.
- ✔ **Unidad de mando**: cada empleado debe recibir órdenes de un único jefe.
- ✔ **Unidad de dirección**: una cabeza y un plan únicos para el conjunto de actividades que tengan un objetivo común.
- ✔ **Subordinación del interés particular al interés general**.
- ✔ **Remuneración**: recompensa justa y garantizada según el esfuerzo.
- ✔ **Centralización en la cúspide de la organización**: es propia del orden natural.
- ✔ **Jerarquía o cadena escalar**: es el principio del mando en la organización.
- ✔ **Orden en lo material y en lo humano**.
- ✔ **Equidad**: combinación de amabilidad y justicia para lograr la lealtad del personal.
- ✔ **Estabilidad y duración del personal en el cargo**: considerando la rotación negativa para la organización.
- ✔ **Iniciativa o capacidad de visualizar un plan y ponerlo en práctica con éxito**.
- ✔ **Espíritu de equipo**: la armonía y la unión hacen la fuerza en la organización.

El pensamiento de Fayol aún está vigente, por lo que debe considerarse el fundador de la administración (management) moderna.

El austriaco que emigró a Estados Unidos

El segundo de los grandes padres del management, universalmente reconocido, es Peter Drucker.

Peter Ferdinand Drucker nació en 1909 en Viena. Fue periodista, estudió Derecho Internacional en Alemania (en Bonn fue alumno del gran pensador y economista Joseph Alois Schumpeter, autor de la teoría del empresario innovador) y marchó en 1933 como economista de banca privada a Londres, donde se convirtió en discípulo de John Maynard Keynes, uno de los más influyentes economistas del siglo XX. El auge del nazismo le hizo emigrar a Estados Unidos en 1937, donde trabajó como profesor y escritor. En 1940 se hizo consultor.

Drucker comenzó a trabajar para General Motors (quería conocer las claves de su éxito de primera mano), y en especial con Donaldson Brown, el cabeza pensante del grupo automovilístico. Fruto de aquellos proyectos fueron los libros *El concepto de la corporación* (1945) y *La práctica del management* (1954), a los que siguió en 1966 *El ejecutivo efectivo. Trabajar duro no es suficiente*. Cinco años después se marchó a California y colaboró decisivamente en la implantación del primer Executive MBA. Con esa experiencia, escribió *Management: tareas, responsabilidades, prácticas*, un texto de 800 páginas que se convirtió en un gran éxito de ventas en 1973.

Según Jim Collins, autor de *Empresas que sobresalen* (Deusto), "La contribución principal de Drucker no es solo una idea, sino un cuerpo doctrinal completo con una enorme ventaja competitiva: esencialmente todo es correcto", y por eso, se le reconoce como uno de los puntales del management.

Drucker publicó 35 libros, traducidos a 20 idiomas, y recibió la Medalla de la Libertad en 2002, con noventa y dos años. Falleció tres años después, tras tres cuartos de siglo investigando la gestión empresarial. Conceptos desarrollados por Drucker como "privatización", "emprendimiento", "dirección por objetivos", "sociedad del conocimiento" o "posmodernidad" son aún hoy términos globalmente aceptados.

¿Y por qué es importante Drucker?

Algunas de las principales cosas que nos enseñó Peter Drucker, en sus propias palabras, fueron estas:

- ✔ **La dirección por objetivos**: "La DPO funciona solo si primero piensas en tus objetivos. El 90 % de las veces no es así".
- ✔ **La responsabilidad por resultados**: "Los resultados se obtienen aprovechando oportunidades, no resolviendo problemas".
- ✔ **El trabajador del conocimiento**: "El conocimiento es la fuente de riqueza. Aplicada a las tareas conocidas, se convierte en productividad. Aplicada a las tareas nuevas se convierte en innovación". "Lo que motiva a los trabajadores del conocimiento es lo mismo que motiva a los voluntarios... Necesitan, sobre todo, retos".
- ✔ **La importancia de la innovación**: "La innovación es el proceso que traduce el conocimiento en crecimiento y bienestar social".
- ✔ **El cliente en el centro de la estrategia de negocio**: "Los negocios tienen dos funciones: el marketing y la innovación".
- ✔ **El líder del cambio**: "Gestión es hacer las cosas bien, liderazgo es hacer lo correcto".

Peter Drucker vio mejor que nadie el valor y la importancia del management para el progreso de la sociedad, y no solo en la empresa, sino en todas las organizaciones.

El management es una actividad compleja

Como habrás podido deducir de lo visto hasta ahora, el management es una actividad compleja que involucra muchas variables. De hecho, es un proceso formado por diversas actividades que se entrelazan de forma lógica y ordenada para integrar los esfuerzos de muchas personas, asegurando que todos converjan hacia objetivos comunes.

Si recuerdas el ejemplo del concierto que usábamos al principio de este capítulo, podemos ver cómo los técnicos, los músicos, los publicistas y los encargados de vender las entradas han cumplido sus diversas tareas para conseguir que ese concierto, que te despertaba tantas expectativas, haya llegado a ser un éxito de público y crítica.

El objeto del management es la coordinación: mediante la dirección se combinan la información, los recursos materiales y financieros y el trabajo de las personas para producir resultados.

Lo que produce el management es un excedente, un resultado incrementado, ya que el funcionamiento armónico de un grupo genera lo que se llama *sinergia*, esa magia que hace que dos más dos sean bastante más de cuatro. En definitiva, lo que busca cualquier directivo es lograr unos resultados mayores que los medios que se han empleado para ello.

Las organizaciones, nuestro caldo de cultivo

La mayor parte de las actividades humanas se desarrollan dentro de organizaciones: el concierto que nos sirve como ejemplo probablemente esté organizado por una productora independiente, por un ayuntamiento o por la empresa que el propio grupo musical ha creado para gestionar sus eventos. La mayor parte de los servicios necesarios para ponerlo en marcha también habrán sido obtenidos de diversas organizaciones y empresas, desde el catering hasta el transporte del equipo y el personal.

De hecho, la sociedad moderna es un complejo entramado de organizaciones diversas, dedicadas a realizar las actividades necesarias para la vida humana, desde el momento en que nacemos (en una organización llamada hospital). Estas actividades incluyen la producción de bienes y servicios, tanto privados como públicos, como la educación, la sanidad, la administración de justicia, la manufactura, la investigación o la cooperación para el desarrollo.

Las organizaciones son el resultado del aprendizaje humano, una combinación de inteligencia y experiencia: resultan de la convicción de que ciertas actividades requieren un esfuerzo colectivo que solo se obtiene de la cooperación, y es precisamente a través de las organizaciones donde eso puede hacerse realidad.

Las organizaciones son grupos permanentes y estables creados con una finalidad. Para ello, se dotan de una estructura social interna que define una forma de repartir el trabajo y una autoridad que lo coordine. Las organizaciones interactúan con el medio externo, por lo que son sistemas abiertos, ya que necesitan obtener recursos del entorno y asegurarse de que, cuando devuelven al mismo los productos que generan, estos van a ser aceptados.

Una ONG, por ejemplo, necesita obtener recursos del medio, en forma de donaciones o de trabajo voluntario, pero para ello es necesario que la sociedad perciba que su trabajo es útil y valioso, que transmite valores positivos y que es honesta en su gestión. Este intercambio produce una influencia mutua, ya que ambos, organización y medio, resultan afectados por esta interacción.

Contar con organizaciones bien construidas y bien gestionadas es vital para el bienestar: el progreso social depende en gran medida del buen funcionamiento de las organizaciones que forman una sociedad; cuanto más diversas, complejas y especializadas sean nuestras organizaciones, cosas mayores y más ambiciosas podremos hacer.

Y sobre todo, cuanto mejor gestionadas estén, mejores serán los resultados que podamos obtener con los medios disponibles: el nivel de bienestar de una sociedad no depende tanto de sus recursos, sino de la gestión de los mismos. Peter Drucker, el gran gurú del management que te acabamos de presentar, afirmaba que no existen países desarrollados y subdesarrollados, sino países administrados y subadministrados (*La era de la discontinuidad*, 1968).

De ahí la importancia y la necesidad de conocer y dominar el management: las organizaciones son cada vez mayores y más complejas y necesitan multitud de personas para su gestión. Desde los niveles más bajos a los más elevados, las organizaciones canalizan infinidad de procesos de decisión mediante los que se asignan los recursos, y de la calidad técnica pero también ética de estos procesos depende que se produzcan resultados: poner a un empleado en un puesto, decidir una compra de material, recompensar un buen trabajo o negociar un precio de venta implican tareas de toma de decisiones, es decir, tareas directivas, que son propias del management.

Todos dirigimos algo, aunque solo sea nuestra vida

Mucha gente suele pensar que el management solo es útil para quien dirige o gestiona una empresa. Esto no es cierto por dos razones: en primer lugar, todas las organizaciones requieren coordinación, y para ello es necesario que sean dirigidas. En segundo lugar, esta labor de gestión es bastante universal y depende menos de lo que parece de la clase de organización en la que se dé.

Pensemos, por ejemplo, en las actividades que se producen simultáneamente en los sectores público y privado, como la educación o la sanidad. ¿De verdad crees que hay grandes diferencias entre el trabajo de dirección de un colegio o de un hospital por el hecho de que sea público o privado? ¿Acaso en el centro público es admisible que se hagan las cosas sin tener en cuenta los costes y los resultados, que se administre mal, tirando los recursos o escatimándolos sin criterio, que se deje escapar al personal competente por no remunerar o reconocer su esfuerzo? Evidentemente, la respuesta es no: en ambos es necesaria una buena gestión que saque el mayor partido posible a los medios disponibles y consiga unos resultados óptimos.

¿En qué radica entonces la diferencia? Básicamente, en el tipo de resultados que se exige a cada tipo de organización: en el sector privado priman los objetivos económicos, ya que la actividad mercantil tiene una finalidad lucrativa, imprescindible para garantizar su continuidad. En el sector público primarán los objetivos de servicio y de utilidad social, lo cual no implica que no tengan lugar las consideraciones económicas, sino que no son prioritarias: la utilidad social va por delante de la económica.

En definitiva, todo son organizaciones, y el management es consustancial a la existencia de la organización, esa construcción social que los seres humanos hemos creado para coordinar esfuerzos y conseguir objetivos superiores. Todas las organizaciones necesitan ser gestionadas de forma consciente y eficaz, asegurando mediante la coordinación el logro de las sinergias que permiten que se consigan sus objetivos.

Por qué necesitamos el management

Si aceptamos que el management es una necesidad universal de las organizaciones, es evidente que adquirir conocimientos y desarrollar habilidades para el desempeño de tareas directivas es sumamente útil, pues vivimos en una sociedad de organizaciones en las que trabajamos, nos divertimos, guardamos nuestro dinero, educamos a nuestros hijos o prestamos servicios de forma voluntaria.

Bien sea porque tenemos responsabilidades de gestión en esas organizaciones o porque somos clientes y usuarios de sus servicios, nos conviene entender cómo funcionan para constatar que están bien administradas. En última instancia, como ciudadanos y consumidores responsables tenemos el derecho y la obligación de reclamar una gestión eficaz, y para ello debemos estar en condición de evaluar su gestión y exigir responsabilidades.

Seguro que a los artistas que participaron en el concierto, del que te hemos hablado varias veces en este capítulo, nunca se les ocurrió que tendrían que organizar eventos, giras y grabaciones, contratar y dirigir personas y comprobar que todas esas actividades no les hacían perder dinero. Ellos también necesitaron el management.

La clave de la competitividad de las organizaciones está en la calidad de su dirección, por lo que es fundamental contar con directivos y gestores cualificados y competentes. Es la diferencia entre unas familias y otras, entre unas empresas y otras, entre unos países y otros, entre el concierto que salió bien, los espectadores disfrutaron y los músicos ganaron dinero y un concierto desastroso.

La buena gestión no surge de la nada, de manera espontánea: un buen mánager, como cualquier otro profesional, no lo es por casualidad, sino por preparación y experiencia, ya que los puestos directivos actuales son cada vez más complejos y exigentes.

Debido a ello, cada vez más personas necesitan contar con una buena formación en gestión, y eso solo puede adquirirse mediante la preparación sistemática en las técnicas y herramientas del management, cuyos primeros pasos intentamos proporcionarte en este libro.

Fayol, el padre del management moderno de quien hemos hablado antes en este capítulo, afirmaba que la formación en management debería generalizarse a toda la población, y ya lo decía a finales del siglo XIX. La explicación está en que casi todas las personas, en algún momento de sus vidas, van a ocupar puestos en los que serán responsables del trabajo de otros, teniendo que gestionar proyectos y recursos: quienes hoy se preparan para ser profesores, arquitectos, médicos, músicos, artistas, comerciales o abogados es probable que algún día tengan que dirigir colegios, estudios, clínicas, orquestas, museos, comercios o gabinetes, y entonces necesitarán contar con conocimientos y habilidades directivas.

En última instancia, cada uno de nosotros somos una empresa en el más amplio y antiguo sentido del término: todos tenemos ambiciones, ideas, proyectos que llevar a cabo, y que exigirán hacer planes, obtener y gestionar recursos, organizar, dirigir y orientar a otras personas, supervisar y dar cuenta de resultados: en el fondo, todos somos mánager.

Lo que todo mánager debe saber

La dirección puede verse como un proceso, es decir, como un camino sistemático y ordenado: consiste en desarrollar unas funciones siguiendo una lógica según la cual unas tareas anteceden a otras.

Las actividades que componen el proceso de management se conocen como *funciones directivas* y son cuatro: planificación, organización, liderazgo y control. Te las mostramos en la figura 1-1.

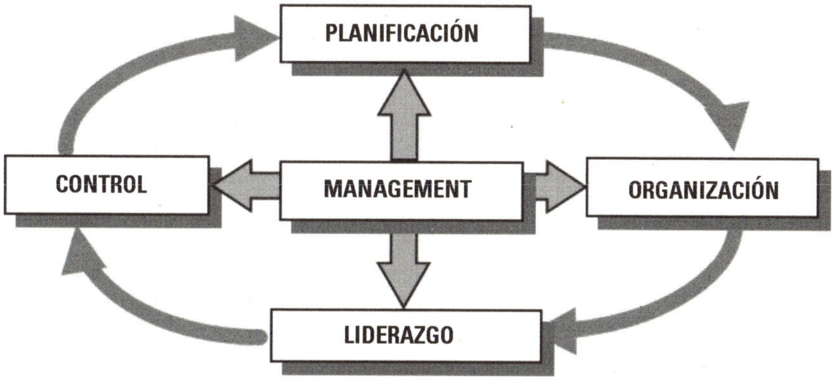

Figura 1-1: El proceso del management y sus funciones

Como seguro que te preguntarás en qué consisten estas funciones, ahora mismo te las explicamos, aunque a lo largo de este libro te hablaremos de ellas con detalle.

Planificar o pensar antes de actuar

Planificar es pensar antes de actuar: consiste en decidir anticipadamente qué y cómo se harán las cosas, considerando las circunstancias externas e internas.

La planificación comprende diversas actividades:

- ✔ Explorar el medio para detectar riesgos y oportunidades.
- ✔ Hacer previsiones.
- ✔ Establecer objetivos.
- ✔ Escoger las estrategias más apropiadas, considerando las circunstancias actuales y futuras en las que se desarrollarán los planes.
- ✔ Plasmar todo eso en planes.

Los organizadores del concierto del que hemos hablado varias veces tuvieron que decidir dónde y cuándo actuarían, qué repertorio llevarían, a cuánto venderían las entradas y qué dinero querían ganar con su trabajo. La planificación es necesaria siempre que deseemos obtener resultados de forma ordenada y sistemática, sin dejar las cosas al azar. Un símil muy utilizado dice que la planificación traza un camino que lleva de la situación actual a otra situación futura deseable.

Organizar o disponer de lo necesario

Organizar es repartir el trabajo de forma coordinada. Se concreta en el diseño de la estructura formal de la empresa, donde se refleje cómo se distribuye la autoridad y cómo se asignan tareas a las personas para conseguir los objetivos. Gracias a ello, cada órgano y cada persona tiene definidos y asignados unos objetivos, responsabilidades y funciones: la organización refleja cómo se divide el trabajo, pero también cómo se coordina, ya que su finalidad es asegurar la actuación armónica de todos los participantes.

Al organizar hay que decidir cómo serán los puestos de trabajo, de qué manera se agruparán en departamentos o equipos para ser dirigidos, y cómo estos se integrarán hasta formar una estructura integrada bajo una dirección unitaria. En nuestro concierto, los músicos, los técnicos de sonido, los tramoyistas, los electricistas, los publicistas..., cada uno tenía un papel y unas tareas que cumplir.

Liderar a las personas que te apoyan en tu proyecto

Igual que el director de la orquesta toma la batuta para dirigir la ejecución, con el liderazgo se pretende incidir en el comportamiento de las personas para que se comprometan y esfuercen en trabajar con interés y dedicación a los objetivos.

El liderazgo modula el comportamiento de los participantes haciendo que los planes se cumplan dentro del marco de relaciones establecido por la organización, y para ello tiene que realizar varias tareas, que son:

- ✔ Formular la visión del proyecto hacia el que se dirigen los esfuerzos.
- ✔ Establecer los valores y normas de funcionamiento del grupo, es decir, su cultura.
- ✔ Motivar a las personas, usando la comunicación para ello.

Estas actividades tienen un marcado carácter de relación interpersonal, ya que consisten en el trato directo con las personas que están bajo la responsabilidad del directivo, por lo que la psicología juega un papel importante en ellas.

Controlar o asegurarte de que todo va como es debido

El círculo del management se cierra con el control, que contrasta lo planeado y lo realmente logrado. Mediante el control, se revisan y corrigen las desviaciones que se hayan producido respecto a los objetivos fijados en los planes.

Controlar consiste en desarrollar diversas actividades, que serían:

- ✔ Vigilar el desempeño de la organización, a través de indicadores significativos, como el volumen de ventas, los costes o el nivel de satisfacción del cliente.
- ✔ Comprobar si los valores logrados se corresponden con los planificados, para apreciar si hay desviaciones respecto a los objetivos.
- ✔ Cuando sea necesario, tomar decisiones para corregir el rumbo y mantenerlo orientado a las metas.

Por ejemplo, en ese concierto que venimos contando desde el principio del capítulo, si el nivel de venta de entradas en una ciudad no alcanza el volumen previsto, habrá que valorar la importancia de la desviación, analizar sus causas y tomar decisiones que permitan corregir el problema, bien sea reajustando los precios, haciendo más promoción o incentivando a los distribuidores para que se esfuercen más y, en última instancia, si no hay otra posibilidad, trasladando el concierto a un local más pequeño y económico para reducir pérdidas.

Por eso, el control es la última función directiva, que cierra el ciclo y enlaza de nuevo con la planificación. El control puede revelar deficiencias en las funciones previas del management, por ejemplo:

- ✔ En la planificación, donde pueden haberse establecido objetivos poco realistas, previsiones erróneas o estrategias mal formuladas.
- ✔ En la organización, revelando asignaciones incompletas, excesivas o inadecuadas, responsabilidades no establecidas o solapadas, falta de mecanismos de coordinación en actividades claves.
- ✔ En la dirección de las personas, señalando problemas de liderazgo,

comunicación insuficiente, motivación ineficaz, clima social deteriorado, falta de valores capaces de impulsar un comportamiento excelente, etc.

Los puntos clave que debe controlar un buen mánager

Aunque parezca una obviedad, ser un buen mánager puede ser muy fácil o muy difícil: es muy fácil si asumimos que la honestidad y el sentido común son básicos y modelamos nuestras actuaciones combinando la mente y el corazón, además de prepararnos adquiriendo los conocimientos y técnicas apropiados. Es muy difícil si creemos que tenemos que aprender multitud de técnicas, a modo de recetas y recomendaciones para todo lo que hagamos, ya que la diversidad y complejidad de las situaciones que se pueden presentar en el día a día del mánager imposibilitan el disponer de un "manual de instrucciones" que, por otra parte, quedaría obsoleto rápidamente.

El sentido común del management nos indica que hay tres elementos clave que un directivo tiene que dominar para desempeñarse con éxito en esta profesión. Son los siguientes:

- ✔ Pensar estratégicamente más allá de lo inmediato y obvio.
- ✔ Dominar la arquitectura de los procesos clave.
- ✔ Saber cómo trabajar con las personas para que desplieguen todo su potencial en el proyecto.

En definitiva, planificar, organizar y dirigir a las personas de manera eficaz, funciones básicas del proceso directivo. Y dado que se trata de temas tan importantes, ahora mismo te los desarrollamos.

Pensar estratégicamente

Hoy día se acepta que todo management es estratégico, es decir, que no hay una gestión de alto nivel que no sea estratégica. ¿Y eso qué significa? Pues que un directivo tiene que ser capaz de entender y poner en práctica la misión que tiene a su cargo en la organización. Si hablamos de una empresa, significa entender cómo se crea valor en ese negocio y qué hacer para conseguirlo y mantenerse en el tiempo.

Aunque parezca obvio, no siempre los directivos y las empresas se comportan como si fueran conscientes de esto: cuántas veces asistimos a empresas que se preocupan más de su cotización bursátil que de satisfacer a sus clientes, olvidando que su continuidad y la atracción de inversores dependen de su capacidad de mantenerse en el mercado de bienes y servicios antes que en el mercado financiero.

Pensemos, por ejemplo, en McDonald"s como empresa global: si creemos que la forma en que McDonald"s crea valor, es decir, gana dinero, es vendiendo hamburguesas, nos equivocaremos de lleno. El cliente de McDonald"s Corporation no es quien acude a sus restaurantes, sino el franquiciado, que es el que proporciona el flujo de ingresos a la empresa. La continuidad de McDonald"s depende más de su capacidad de diseñar y ofrecer a sus franquiciados un modelo de negocio seguro, estable y fácil de gestionar, que de la calidad o el sabor de sus comidas.

Lo mismo ocurre con muchas otras actividades, como la moda. Hace treinta o cuarenta años las decisiones de compra de ropa o calzado se basaban en la calidad de los materiales, de la confección y del acabado, y menos en el diseño. Nos comprábamos un abrigo para varios años, y por eso tenía que ser clásico y de unos buenos materiales y una buena factura para que durase mucho tiempo. Hoy día eso no tiene importancia: el sector ha evolucionado hacia modelos de producción de bajo coste que ponen al alcance de todos los bolsillos la posibilidad de renovar y diversificar el vestuario como nunca. Eso ha desplazado el interés del consumidor de la calidad hacia el diseño, además de que cada vez el consumidor está menos preparado para distinguir la buena o la mala calidad.

Por eso, las firmas de moda se preocupan más del diseño, de crear una imagen y estilo propios, del aspecto de sus tiendas, de la imagen de su marca, de los personajes que llevan sus prendas, etc., que de cómo o dónde confeccionan, ya que hay multitud de empresas confeccionistas que trabajan bien y de forma económica y, en todo caso, el cliente mirará más la estética y el precio de las prendas que la calidad de la confección.

Como mánager debes entender quién es tu cliente, qué valora y cómo proporcionárselo poniendo tu organización al servicio de tu misión, que es crear valor (utilidad) para el mercado.

La arquitectura de los procesos

Si entendemos cómo se crea valor, la segunda cuestión clave es cómo diseñar una organización capaz de proporcionarlo. Cualquier actividad productiva entraña muchas y diversas tareas y ninguna organización puede abarcarlas todas con la misma eficacia. De ahí la importancia de saber discernir cuáles son las actividades clave en ese proceso de creación de valor y cómo diseñar los procesos capaces de maximizar ese valor creado.

Volviendo al ejemplo de McDonald"s, esta marca probablemente se preocupa más de depurar sus sistemas de gestión, de la formación de sus franquiciados y encargados de sus restaurantes, de la selección y homologación de proveedores y de la forma de proporcionar las materias primas adecuadas a precios bajos, que de la calidad o el sabor de sus comidas. El cliente de estos restaurantes busca un producto adecuado, barato, servido de forma higiénica y rápida. No es, en principio, un gourmet que busque que le sorprendan; al contrario, lo que garantiza este modelo es un resultado totalmente previsible: el Big Mac sabe igual en cualquier restaurante de la cadena.

Patricia Abril, vicepresidenta europea de McDonald"s, nos lo explica: "Un restaurante McDonald"s es una pyme que factura de media dos millones de euros y tiene un equipo de gestión con un gerente y otras cinco o seis personas en el área directiva. Ellos son los responsables de la relación con sus empleados, con el cliente; de la producción, de los pedidos, etc. Hay mucho trabajo detrás".

Diseñar una organización que permita crear el máximo valor y desempeñarse con la mayor eficacia en los procesos claves es el segundo gran reto de cualquier mánager.

Trabajar con personas

Todo lo que venimos contando requiere la colaboración de otras personas. Una de las definiciones más clásicas del management dice que consiste en conseguir resultados a través de otras personas, es decir, "hacer que otros hagan". Un directivo que quiera ser eficaz tiene que trabajar con personas, conocerlas, comprenderlas, comunicarse con ellas, liderarlas y motivarlas para que den su mejor prestación al servicio del proyecto común.

Por eso decíamos que hay que combinar mente y corazón, ya que la relación interpersonal siempre está trufada de subjetividad, juicios de valor, opiniones, expectativas, deseos, ilusiones, sentimientos y emociones. La imagen del directivo frío, distante, calculador, racional y no emocional es una estampa a desterrar, ya que si fuera así, podríamos dejar que los ordenadores dirigieran nuestras organizaciones, y eso no es una buena idea.

El primer paso en este proceso es la construcción de la visión: el mánager líder es alguien con un propósito, que es llevar a su organización a una mejor posición futura, exitosa y próspera. El segundo, comunicar esa visión, es fundamental para que los colaboradores se comprometan en el proyecto colectivo y, por tanto, para que se dé un liderazgo real más allá del mero ejercicio de la autoridad formal.

Elabora tu proyecto en tu mente, dale forma, ilusiónate con él y visualízalo en todos sus detalles. Después cuéntaselo a tus colaboradores y contágiales tu entusiasmo para que te acompañen a lograrlo.

Aprende management de los mejores: Emilio Botín

El presidente de Banco Santander, Emilio Botín, ocupó hasta su fallecimiento, en 2014, el liderazgo del ranking de los directivos españoles mejor valorados. Fue durante años "el banquero por excelencia". Entre sus cualidades, la visión estratégica, ser impulsor de nuevos negocios, la competencia profesional, su habilidad para atraer talento directivo, ser impulsor de la responsabilidad social y el buen gobierno, del crecimiento internacional, de la innovación, la comunicación... Uno de los banqueros de mayor prestigio de Europa.

Su entidad se convirtió en el primer grupo de la zona euro y la decimoprimera del mundo por capitalización bursátil. 3,3 millones de accionistas y más de 185.000 empleados que atienden a 107 millones de clientes en 13.735 oficinas. Cuando Emilio Botín heredó las riendas del banco, en 1986, la entidad financiera obtuvo unos beneficios de cien millones de euros. Treinta años después, había multiplicado la rentabilidad por 90, en torno a los 9.000 millones de euros. En 2012 fue elegido el mejor banco del mundo por la revista *Euromoney*.

En la década de 1990, lanzó la "Supercuenta" y rompió el statu quo de la banca en España. Cuatro años más tarde compró Banesto. En 1999 se consiguió la fusión con el Banco Central Hispano. Y después la expansión global, en Iberoamérica y por todo el mundo. Creó Universia, un portal para el mundo universitario global, donde unió su preocupación por la educación y su visión de la importancia de las tecnologías de la información.

Emilio Botín fue un banquero ambicioso, atrevido, seguro de sí mismo y con una amplia visión. Su éxito no es casual. Entre las frases que nos ha dejado para entender las claves de su liderazgo: "Dadme un banco y dominaré el mundo", "El cielo es el límite", "Me atrevería a decir que hoy el Banco Santander es a la banca lo que Ferrari es a la Fórmula 1: un símbolo de tradición, éxito y fortaleza", "El patrocinio de Ferrari es la mejor acción de marketing de la historia del Santander", "Somos muy conscientes de la necesidad de que las empresas, además de ser sólidas, eficientes y rentables, sean cada día más humanas y más solidarias", "Lo que no son cuentas son cuentos".

Capítulo 2

Las habilidades del mánager

En este capítulo

- El management y los niveles de dirección
- Un teatro con roles de relación, información y decisión
- ¿Nacemos o nos hacemos? Capacidades y competencias
- El valor de pensar, pero también de sentir

En las organizaciones (te hemos hablado de ellas en el capítulo 1) encontramos dos grandes grupos de personas: las que tienen autoridad sobre otras y las que no. Las primeras asumen la responsabilidad por el trabajo de aquellas a quienes supervisan, es decir, dan cuenta de los resultados de quienes están bajo su mando. Las segundas solo responden de su propia tarea. Son los contribuidores individuales.

A las personas que son responsables de la gestión de una organización se les llama directivos o mánager, aunque también se usan otras denominaciones como administrador, gestor, ejecutivo, coordinador o gerente. De ellas precisamente vamos a hablar a continuación y en toda esta obra, ya que este libro está destinado a ayudarles a hacer mejor su trabajo.

Todos somos mánager

Un mánager es la persona formalmente encargada de dirigir una organización o una parte de la misma. Eso significa que directivo o directiva no es solamente quien ocupa un nivel alto: toda persona que sea responsable del trabajo de otras, en cualquier nivel jerárquico, desempeña tareas directivas.

Como te explicábamos en el capítulo 1, un mánager tiene que conseguir objetivos contando con otras personas, por lo que está sometido a grandes exigencias, ya que su trabajo no es fácil, pues dispone de recursos limitados, padece una gran incertidumbre y presión, soporta una gran responsabilidad y arriesga más en su labor que el trabajador común. Por eso están mejor pagados que el personal no directivo.

La tarea directiva es indelegable, de forma que el mánager no puede parar el trabajo o posponerlo indefinidamente si no lo ve claro. La mayor parte de las veces tiene que hacer que las cosas ocurran, aunque no esté seguro de cómo van a resultar. Pero no te asustes: el management es también un estímulo y un reto, y cuando alcances esa posición lo más probable es que no quieras volver atrás.

Como en el deporte, hay primera, segunda y tercera división

En el management, como en el deporte, hay categorías, y dentro de esta profesión a esas categorías les llamamos *niveles directivos*. Aunque es cierto que hay cosas en común en el ejercicio del management en los distintos niveles, también existen diferencias notables, y es lo que vamos a describir a continuación.

Normalmente se distinguen tres niveles directivos: alta dirección, dirección intermedia y supervisión directa (te los mostramos en la figura 2-1). Si quieres saber más sobre ellos, lee con atención lo que sigue:

- ✔ **Alta dirección**: Equivale al cerebro de una organización, pues es su máxima autoridad; le corresponde marcar el rumbo de la organización y hacerla avanzar: ha de fijar los objetivos, formular estrategias para lograrlos, hacer que se pongan en práctica y supervisar globalmente los resultados. La alta dirección manda sobre otros directivos y es, además, la responsable de mantener la organización conectada e integrada en su entorno, asegurando que avanza hacia una posición mejor.
- ✔ **Dirección intermedia**: Está entre la alta dirección y la supervisión directa; al igual que la primera, manda sobre otros directivos de menor nivel y suele estar formada, a su vez, por varios niveles, aunque comúnmente a todos se les llama *mandos medios*. Su labor es como la del sistema nervioso central de un organismo vivo: servir de enlace entre el cerebro de la organización y su cuerpo material, transmitiendo hacia abajo, a los departamentos, secciones y equipos, lo que hay que hacer. Y hacia arriba recaba, sintetiza y agrega información para el control, resolviendo los problemas de su competencia y trasladando hacia arriba los de mayor envergadura. Por tanto, su papel es vital para garantizar la coordinación y el logro de objetivos.
- ✔ **Supervisión directa**: Es el nivel de baja dirección, pues sus subordinados son operarios, trabajadores, es decir, personal no directivo. Estos

mánager son responsables, en última instancia, de la conversión de los planes en operaciones y acciones, por lo que su función consiste en interpretar y transmitir las órdenes, haciéndolas comprensibles y ejecutables, dirigir y motivar al personal de base y evaluar su trabajo conforme a los estándares.

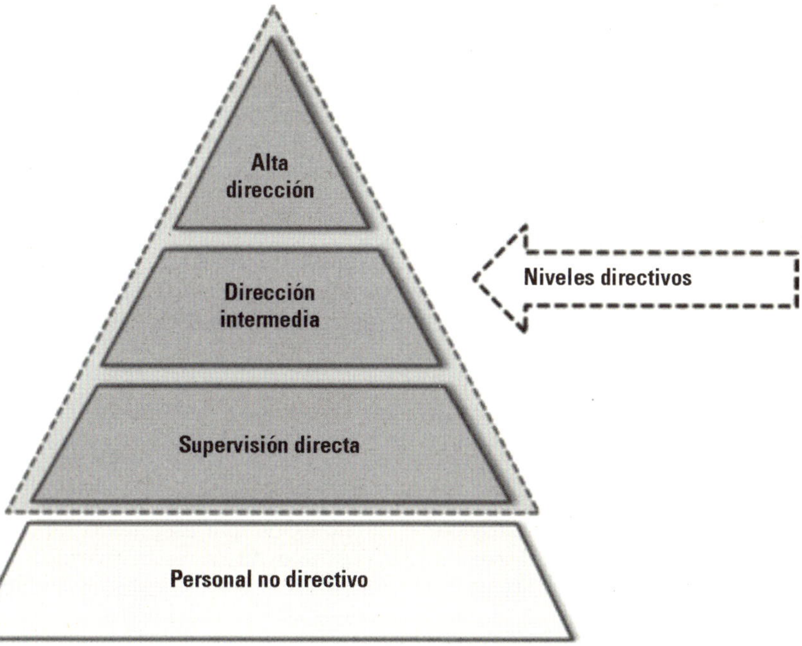

Figura 2-1: Niveles directivos

Por debajo de ellos, lo que encontramos es *personal no directivo*, el resto de personas de una organización, cuyas responsabilidades son solo las que abarca su propio trabajo.

PRACTICONSEJO

En cualquier organización con la que trates es fundamental que aprendas a reconocer los diferentes niveles directivos a partir de su contenido real, ya que las denominaciones formales de los cargos no siempre representan su autoridad y responsabilidad. Una cosa es la tarjeta de presentación y otra es la realidad.

El mundo entero es teatro

El gran William Shakespeare, que sabía tanto de teatro como de la naturaleza humana, decía en *Como gustéis*: "El mundo entero es un teatro y todos los hombres y mujeres, simplemente comediantes". Eso también se puede aplicar al management, pues todo mánager tiene que desempeñar una serie de papeles, como si se tratara de un actor de teatro.

Aunque las funciones directivas que describíamos en el capítulo anterior reflejan la lógica interna del management, en la realidad práctica resulta difícil discernir cuándo un mánager está planificando, organizando, liderando o controlando, ya que las funciones se entrelazan de forma inextricable.

Cuando un directivo, pongamos por caso, mantiene una entrevista de evaluación con un empleado, y le indica qué metas ha alcanzado y cuáles no, le recuerda la importancia de los valores del equipo y le reasigna tareas para el periodo siguiente, ¿qué función realiza? La respuesta es que varias a la vez, ya que planifica, controla, lidera y organiza al mismo tiempo.

Para explicar el trabajo directivo a partir de lo que el mánager "hace" y "se ve" surgió el *enfoque de los roles directivos*, que se centra en identificar y analizar los roles o papeles del mánager que pueden ser observados en su trabajo cotidiano.

¿Y qué es un *rol*, te preguntarás? Pues el conjunto, más o menos estereotipado, de comportamientos propios de un oficio, puesto, posición o personaje determinado. El término rol equivale a "papel" y, según este enfoque, la tarea directiva consiste en el desempeño de una serie de roles que vienen impuestos por el hecho de ocupar un puesto con autoridad y estatus. Más adelante, en este mismo capítulo, en el apartado "Se parecen pero no son lo mismo", comentaremos en detalle las similitudes entre *rol* y *función*.

Como puedes ver en la figura 2-2, los roles forman tres grupos, que siguen, al igual que las funciones directivas, un orden lógico, empezando por los roles de relación, siguiendo con los roles de información y acabando con los roles de decisión. Ahora te los explicamos con más detalle.

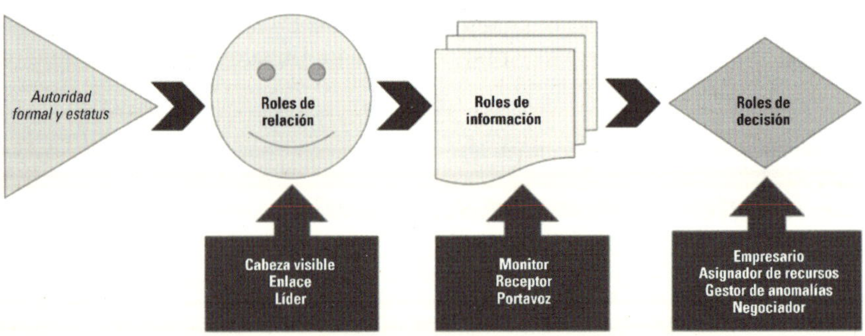

Figura 2-2: Los roles del directivo

Roles de relación

Los roles de relación, también llamados roles interpersonales, son tres:

- **Cabeza visible** o rol de representación de la organización a cargo del directivo, como ocurre cuando se da la bienvenida a un visitante, se asiste a reuniones y eventos o se firman contratos en nombre de la organización.
- **Enlace**, rol mediante el que se establecen relaciones con personas externas, creando una red de contactos mediante los que se conecta a la organización con el entorno y se está al tanto de lo que ocurre en el mundo exterior.
- **Líder** o rol de orientación y motivación de los colaboradores, que implica actuaciones como premiar o castigar comportamientos, sentar normas y valores, motivar, animar y orientar a las personas a las que se dirige.

Estos roles se manifiestan en el trato con otras personas, de dentro y de fuera de la propia organización con las que se establecen contactos. Eso que ahora se suele llamar *networking*.

Roles de información

Como indica su nombre, estos roles se centran en manejar información, y son los siguientes:

- **Monitor** o receptor de información, tanto interna como externa, formal o informal. Es lo que hace el directivo cuando explora, pregunta, llama a otras personas, averigua y se preocupa por cultivar y explotar su red de contactos.
- **Receptor** y transmisor de información en el interior de su unidad, estableciendo comunicación con sus colaboradores, trasladando información de unos segmentos a otros o dando a conocer sus opiniones y valoraciones.
- **Portavoz** o persona que, como cabeza visible, habla en nombre de su organización. Este rol siempre se desempeña hacia el exterior de su unidad, aunque eso incluye otros órganos y departamentos de la misma organización, e incluso el reporte hacia los superiores, como ocurre cuando el directivo presenta informes ante la dirección.

Son unos roles cruciales, ya que el directivo es el nodo central del flujo de información en su unidad y por él deben pasar todas las comunicaciones relevantes. No olvides que la información es poder.

Roles de decisión

Representan el bloque de roles en los que se concentra el núcleo duro del trabajo de management, ya que es el ejercicio de la decisión lo que provoca acciones, es decir, lo que hace que ocurran cosas. Estos roles son cuatro:

- **Empresario** o emprendedor, pues el directivo es el gestor del cambio planeado y para ello ha de fijar objetivos y formular estrategias buscando la mejora y el refuerzo de su organización. Cuando se formulan planes, se elaboran proyectos, se decide sobre qué, cómo o cuándo hacer algo, se actúa en este rol.
- **Asignador de recursos**, que consiste en adscribir todo tipo de medios (dinero, personas, materiales, información, tiempo, etc.) a las actividades planeadas en el rol anterior. Cuando se nombra a personas para cargos, se encargan tareas, se autorizan gastos, se concede tiempo o espacio, se otorgan permisos, premios o recursos materiales, se desempeña este rol.
- **Gestor de anomalías**, que es el rol que procede cuando aparecen situaciones que no se pueden tratar rutinariamente, es decir, problemas singulares o desviaciones no previstas en los manuales. En tal caso, se acude al directivo para que resuelva el problema, y generalmente son situaciones que entrañan riesgo de pérdida de recursos, ya sea una emergencia o un conflicto.
- **Negociador**, que se ejerce cuando la organización tiene que realizar intercambios no rutinarios, que pueden ser arriesgados y con consecuencias importantes. Corresponde al mánager, como persona que posee la autoridad, la información y la capacidad de decisión necesaria para comprometer la unidad, reasignar recursos o modificar planes, si procede.

Estos diez roles (de relación, información y decisión) forman un sistema "de entrada y salida" compacto e integrado, en el cual la autoridad y el estatus impulsan relaciones interpersonales que aportan información (*inputs*), lo que a su vez produce unos resultados (*outputs*), como estrategias, planes, decisiones, órdenes, etc.

Pero también implica que todos los roles deben ser desempeñados de forma oportuna y equilibrada y en el orden apropiado, pues sin las relaciones interpersonales se carecería de los contactos que permitieran manejar información y, por tanto, no se podrían tomar las decisiones correctas.

Se parecen pero no son lo mismo

Obviamente hay coincidencias entre los roles y las funciones del proceso directivo que hemos presentado en el capítulo 1, pero también diferencias.

El enfoque de los roles se remonta hasta las tareas previas a la toma de decisiones, mientras que las funciones solo consideran las decisiones y, además, incluyen el liderazgo y la conducción de las personas.

Pero en cambio, en el enfoque de los roles, el tercer grupo, el de los roles de decisión, guarda grandes paralelismos con las funciones directivas, ya que hay similitudes entre el rol de empresario y la planificación, entre el de asignador de recursos y la función de organización y entre el rol del gestor de anomalías y la función de control. No podía ser de otra manera.

Cuando accedas a un puesto nuevo con más responsabilidades, sigue la secuencia de los roles correctamente: antes que nada, cultiva las relaciones y contactos a 360 º (jefe, pares, colaboradores), toma buena nota de todo lo que sea nuevo y, cuando sepas dónde pisas, empieza a hacer cosas. Es esencial gestionar el ritmo: no te precipites, pero tampoco te duermas.

El secreto del buen management

A estas alturas, la pregunta que tal vez te plantees es: "¿Cómo puedo ser un buen mánager?". Para que puedas contestarla, además de conocer qué tareas y roles comprende el trabajo directivo, de las que hemos tratado en los apartados anteriores, necesitas saber en qué consiste el buen trabajo directivo, el excelente, lo que nos lleva a tener que hablar de las capacidades y competencias directivas.

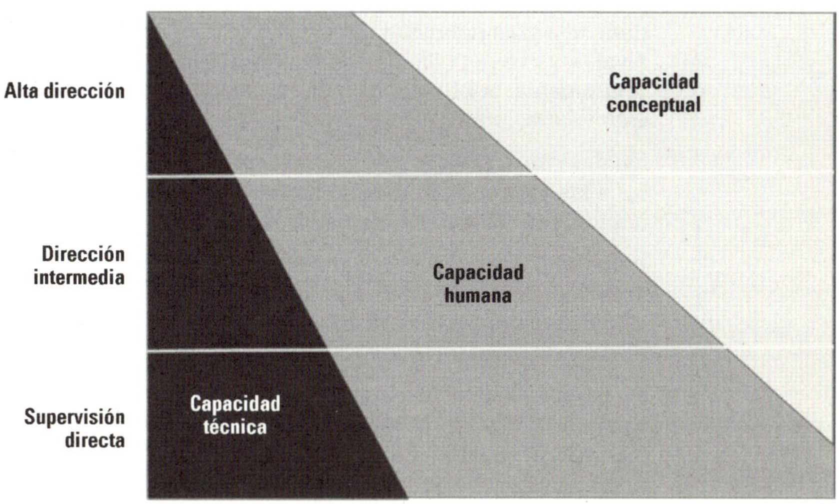

Figura 2-3: Tipos de capacidades directivas según los niveles directivos

Está comprobado que los mánager, según los distintos niveles de la organización, necesitan una diferente combinación de capacidades técnicas (de la tarea básica), humanas (relacionales) y conceptuales (estratégicas), de forma que en su carrera profesional, los mánager van reduciendo el peso del bagaje técnico y ganando sucesivamente en el de relación y en el conceptual, como puedes observar en la figura 2-3.

Ahora bien, ¿qué se necesita en cada caso? ¡Buena pregunta! A ver si conseguimos darle respuesta:

- **En la alta dirección**. Aquí se necesita capacidad conceptual y analítica para entender e interpretar la realidad, es decir, inteligencia o habilidad para aprehender del mundo que nos rodea. Para un alto directivo, la capacidad de abstracción, la agudeza intelectual para identificar lo esencial de un problema y la creatividad e ingenio necesarios para elaborar respuestas eficaces son fundamentales.

  Pero no te creas que ahí acaba todo. Un alto directivo necesita una habilidad especial para las relaciones humanas y para tratar con las personas y, en cambio, hace falta poco dominio de las habilidades técnicas propias de los procesos operativos.

  Por ejemplo, el presidente de una compañía aérea no necesita saber cómo pilotar aviones ni cómo optimizar la ocupación de los aparatos. En cambio, debe ser capaz de comprender cómo la alta velocidad ferroviaria puede ser un competidor en ciertos segmentos de rutas o cómo revitalizar el negocio tras una catástrofe aeronáutica.

- **En la dirección intermedia**. No es necesaria tanta capacidad conceptual, puesto que su función consiste en acercar a la práctica los planes y estrategias creados por la alta dirección. Pero eso hace imprescindible una gran habilidad para las relaciones humanas, ya que este nivel ocupa una posición bisagra entre la alta dirección y el resto de la compañía, por lo que es importante comprender a las personas y estimularlas para que desarrollen los comportamientos adecuados.

  Igualmente, y puesto que los planes y estrategias se tienen que adaptar a las áreas funcionales y departamentos, se requiere un buen conocimiento técnico de los procesos y actividades de la organización.

  Por ejemplo, un director de producto tiene que saber traducir a su área una estrategia de crecimiento internacional, entendiendo qué significa desarrollar productos adaptados a los diferentes mercados de los países en los que se va a operar.

- **En la supervisión directa**. Lo esencial en este caso es el conocimiento técnico de los procesos operativos, la habilidad de usar las herramientas, procedimientos y técnicas de ese campo especializado, es decir, la maestría del oficio.

Pero son también importantes las relaciones humanas, ya que el mánager de este nivel dirige a personas y grupos de trabajo, y debe ser un buen líder, motivador y comunicador eficaz. Por el contrario, la capacidad conceptual puede ser baja, ya que sus actividades suelen estar perfectamente descritas y son fáciles de programar.

Un jefe de equipo de mantenimiento, por ejemplo, debe conocer bien el tipo de averías o incidentes a los que se enfrenta, así como a las personas a su cargo, su carácter, preparación, disposición, intereses, etc., para asignar correctamente las tareas y optimizar sus resultados.

¿Cómo es que los altos directivos suelen ser intercambiables y los supervisores no? Frecuentemente, los mánager de alto nivel pasan de una empresa a otra en sectores muy diferentes, lo mismo que los políticos pueden dirigir departamentos o ministerios totalmente distintos. Pese a lo incongruente que pueda parecer, este fenómeno es comprensible cuando se conoce la semejanza entre la tarea directiva, sea cual sea el tipo de organización en la que se ejerza, y que cuanto más elevado sea el nivel jerárquico, mas genéricas son las capacidades requeridas, mientras que las habilidades técnicas tienen una importancia capital en los niveles bajos.

Sé consciente del nivel directivo que ocupas y de las capacidades más necesarias de ese nivel (técnicas, humanas o conceptuales). Trata de desarrollar lo más ampliamente posible las que sean propias de tu estatus para que tu rendimiento sea óptimo. Y, en la medida que quieras ascender a niveles más altos, empieza a desarrollar las del siguiente. Citando de nuevo a Shakespeare: "Somos lo que somos, pero no lo que podemos llegar a ser".

El mánager ¿nace o se hace?

Ya que conoces los tipos de capacidades propias de cada nivel directivo, seguro que te preguntas: ¿es posible aprender y adquirir estos diferentes tipos de capacidades? ¿No será que el mánager "nace", está predestinado a serlo, que unas personas valen y otras no?

En absoluto. No hay competencia alguna que "venga de serie", no hay nada genético en el management. Pero tampoco el mánager se hace solo... Es cuestión de voluntad, que no es poco. Cualquier persona, si quiere, se forja como mánager, y si cultiva su talento con pasión y esfuerzo, puede llegar a ser un gran directivo.

Ahora bien, hay unas destrezas que son más fáciles de adquirir que otras. Por ejemplo, la capacidad técnica es la más asequible, pues es un conocimiento especializado y acotado a un ámbito profesional delimitado y relativamente pequeño.

En la profesión directiva son necesarios conocimientos técnicos de contabilidad, presupuestos, marketing, procesos administrativos, etc., que se pueden y deben aprender mediante la preparación oportuna, y para eso están la formación profesional, la universidad y los programas especializados en escuelas de negocios y otras instituciones.

Fórmate de manera extensa y profunda en tu campo profesional. Recuerda que, según los expertos, hacen falta unas 10.000 horas de dedicación (de "práctica deliberada") para ser experto en algo. Y muchas más horas (varios ciclos de 10.000 horas) para ser un sabio.

Capacidades humanas, el gran reto

Las capacidades humanas son más difíciles de adquirir, ya que involucran la personalidad, el carácter y factores sociales y emocionales que inciden en el comportamiento y que muchas veces se forjan en etapas tempranas de la vida y del proceso de socialización.

El desarrollo de la *inteligencia emocional* (que es el 90% del liderazgo) es de gran ayuda en este terreno y en ella nos centraremos unos apartados más adelante, en este mismo capítulo. Aunque la mayoría de estas habilidades relacionales vienen muy condicionadas por la experiencia vital, se pueden ir modelando a lo largo de toda la existencia.

De hecho, cada vez hay más programas formativos enfocados a la mejora de las habilidades emocionales, así como al autoconocimiento, el desarrollo de la atención plena, la comunicación no verbal, etc. No olvidemos que un factor muy importante es tomar conciencia de su importancia y de la necesidad de autodisciplina para forjar, poco a poco, unos hábitos eficaces.

Cultiva tus habilidades sociales y humanas en todos los ámbitos de relación en los que te muevas: familia, amigos, trabajo, vecinos, etc. Todo momento en sociedad puede ayudar (si además eres consciente de tus fortalezas y oportunidades de mejora, y trabajas con un/a coach, mucho mejor).

El desarrollo del pensamiento conceptual es lo más difícil, más incluso que las capacidades humanas. Y esto es así porque exige hábitos mentales que suelen adquirirse en los primeros años de vida si se dan los estímulos adecuados. Además, esta capacidad está muy vinculada tanto a la calidad de la educación y de la enseñanza recibida, así como al hecho de mantenerse en formación permanente.

¿Un mal caldo de cultivo?

Como señala Luis Garicano, catedrático español de la London School of Economics, en un famoso artículo titulado "¡Son las matemáticas, estúpido!", el sistema educativo español es incapaz de formar adecuadamente a los jóvenes en materias instrumentales básicas, lo que se traduce en una baja capacidad para elaborar y expresar un discurso (en el doble sentido de discurso mental y verbal) y en un bajo entrenamiento para el razonamiento matemático abstracto, es decir, para la destreza de "leer" los números y visualizar patrones y secuencias. Tampoco somos buenos en proporcionar un nivel de inglés adecuado para trabajar en el mundo globalizado.

Junto a lo anterior, muchos denuncian la escasa efectividad de lo que se enseña en las facultades y escuelas de negocios, que se preocupan más por transmitir conocimientos y técnicas tipo "receta" que por desarrollar la capacidad de usarlos de forma productiva para identificar problemas y oportunidades, producir resultados operativos y desarrollar un estilo directivo propio y congruente con la personalidad de cada cual.

Sin embargo, nada está perdido. Un mánager siempre está a tiempo de moldear sus conocimientos, su mentalidad y sus actitudes para que se sienta y piense como tal.

Del saber al saber hacer: de las capacidades a las competencias

En los últimos años, muchos se han preguntado qué hace que un mánager sea un buen directivo, y más allá del estudio de las clases de capacidades directivas que te acabamos de contar, se está imponiendo el llamado *enfoque de competencias* en el trabajo directivo, como ocurre en otros muchos ámbitos, como en la educación.

IDEA-CLAVE

Las *competencias* son un conjunto de comportamientos observables que expresan un desempeño eficaz y eficiente en un trabajo determinado dentro de una organización concreta. Esencialmente deben tener dos características:

- Se trata de comportamientos que se pueden ver y describir y que denotan el éxito profesional en un contexto específico. Por tanto, no es una habilidad o una actitud aislada, sino la integración de muchos aspectos en el ejercicio de una actividad.
- Y debe tratarse de comportamientos habituales y no esporádicos, porque las competencias designan conductas predecibles que deben ser estables y permanentes. Es el poder de nuestros hábitos. Como decía el filósofo Aristóteles, "Somos lo que hacemos día a día, de modo que la excelencia no es un acto sino un hábito".

El concepto de *competencias* aparece al constatarse que el éxito profesional y personal no se puede anticipar a partir de rasgos cognitivos, como los que miden los tests de inteligencia. Hay personas con buenos resultados en los tests, es decir, con buen potencial, pero que luego son poco hábiles a la hora de usar su inteligencia y conocimientos. Por eso, este enfoque defiende que se debe analizar inductivamente lo que hacen los más competentes (de ahí el término *competencias*) para explicar la excelencia profesional.

No es fácil describir competencias "en el vacío", sin referirnos a actividades y puestos concretos. Un buen ejercicio para indagar en las competencias distintivas es identificar a los mejores profesionales de nuestro entorno y analizar qué los hace superiores a la media. Ahí empezaremos a vislumbrar la clave de su éxito, las competencias en esa profesión.

El camino para ser excelente

El talento de las personas (también el del mánager) no es potencial: es factual. Eso se traduce en que los rasgos, aunque pueden indicar un potencial de conducta, no necesariamente determinan la excelencia, ya que el comportamiento es el resultado de una compleja interacción de variables, y deben confluir muchos elementos.

Para que una persona desarrolle un comportamiento óptimo es preciso que se den cinco factores:

- ✔ **El saber**, o disponer de los conocimientos técnicos necesarios para la tarea que hay que desarrollar; en palabras del coach Emilio Duró: "No hay nada más peligroso que un tonto motivado".
- ✔ **El saber hacer**, o capacidad de transformar y usar esos conocimientos desplegando las habilidades y destrezas apropiadas. Es la "inteligencia triunfante", según el filósofo José Antonio Marina, el paso de los conocimientos a los comportamientos.
- ✔ **El saber estar**, es decir, el adoptar las actitudes y el comportamiento social adecuado a las normas y cultura de la organización, logrando el encaje cultural.
- ✔ **El querer hacer**, mostrando el interés y la motivación precisos: "La voluntad es la inteligencia aplicada a la acción" apunta Marina en *El misterio de la voluntad perdida*.
- ✔ **El poder hacer**, es decir, disponer de los medios y recursos necesarios para llevar a cabo la actividad. Es poner en valor lo que una persona sabe, quiere y puede hacer.

Casi todos esos factores que determinan las competencias son internos, menos el último. Es el momento de preguntarte: ¿En qué situación estoy? ¿Estoy cultivando los pilares de las competencias de mi profesión?

Lo general y lo particular del management

Se han dado muchas propuestas en el análisis de las competencias directivas para identificarlas y cultivarlas en la preparación de los mánager, si bien una de las que más nos gustan es la de Nuria Chinchilla, profesora de Gestión de Personas del IESE, que incluye tres grandes tipos:

- **Competencias estratégicas**: Son las propias de eso que se suele llamar tener "olfato para el negocio" y denotan la capacidad estratégica de un directivo y su habilidad para lograr resultados frente a la competencia. Incluyen cuestiones como la visión empresarial, la habilidad para resolver problemas y gestionar recursos, el enfoque al cliente y la negociación.
- **Competencias "intratégicas"**: Es la capacidad ejecutiva y de liderazgo en el ámbito interno de la empresa, de desarrollar a los empleados y de fomentar su compromiso y confianza en la organización. Dentro de ellas se cuentan competencias de comunicación, organización, empatía, delegación, *coaching* y trabajo en equipo.
- **Competencias de eficacia personal**: Son hábitos propios que se refieren tanto al equilibrio y desarrollo personal como al mantenimiento de una relación activa, realista y estimulante con el medio. Se sintetizan en la capacidad de autodirección, imprescindible para dirigir a otras personas, y contienen cuatro competencias básicas, y cada una se divide en tres subcompetencias:
    - *Proactividad*, que es la suma de iniciativa, creatividad y autonomía personal.
    - *Autogobierno*, donde se incluyen la disciplina, concentración y autocontrol.
    - *Gestión personal*, que comprende la gestión del tiempo, la gestión del estrés y la gestión del riesgo.
    - *Desarrollo personal*, donde encontramos la autocrítica, el autoconocimiento y el cambio personal.

Como puedes apreciar, las competencias estratégicas son la puesta en acción de las capacidades conceptuales, mientras que las intratégicas se corresponden con las habilidades relacionales. Por eso, lo más interesante de este enfoque es que enfatiza en unas competencias de eficacia personal que habían sido apenas tenidas en cuenta hasta hace poco tiempo.

¿Pensar o sentir?

A la vista de lo que acabamos de contarte, qué mejor que decir como el sabio chino Confucio: "Uno que no sepa gobernarse a sí mismo, ¿cómo podrá gobernar a los demás?". Por eso, vamos a insistir, para acabar este capítulo, en algunos de esos hábitos personales tan importantes y en cómo puedes trabajar para adquirirlos.

En el management tradicionalmente se ha puesto el foco de interés en las variables "duras", que orientaban el comportamiento directivo basándose en criterios de racionalidad técnica y económica: cuánto cuesta, cómo optimizar el resultado, cómo minimizar el coste, eran las cuestiones típicas que había que resolver.

Pero la excelencia directiva y los mejores resultados no siempre se obtienen atendiendo exclusivamente a estos criterios, y, cada vez más, los expertos y los profesionales son conscientes de la importancia de las denominadas "variables *soft*" (blandas): el éxito de una empresa depende también de cuestiones como la cultura, la actitud de las personas, las tradiciones y costumbres, los hábitos sociales, los valores, etc.

Las variables "blandas": la inteligencia emocional

Dentro de esas variables "blandas" destaca especialmente todo lo que afecta al comportamiento de las personas, en particular los aspectos emocionales. La conducta humana, por mucho que nos consideremos seres racionales, no puede explicarse solo en términos utilitaristas; e incluso así, las preferencias personales y la subjetividad harían que personas distintas tomaran racionalmente decisiones diferentes ante el mismo dilema.

Estamos ante un panorama bastante complejo que, en los últimos años, el estudio de la inteligencia emocional ha ayudado a clarificar un poco. Daniel Goleman, psicólogo y periodista, difundió este concepto en un libro publicado en 1995, aunque sus antecedentes se encuentran ya en el psicólogo David McClelland, de la Universidad de Harvard, pionero también en el estudio de las competencias.

La inteligencia emocional es la capacidad de reconocer nuestros sentimientos y los de los demás, sabiendo gestionar adecuadamente las relaciones.

El interés por la inteligencia emocional surge al constatarse que las medidas convencionales de la inteligencia a través del cociente intelectual (CI) no son suficientes para predecir el éxito en la vida profesional, social y personal, puesto que personas con altos niveles de inteligencia cognitiva no siempre lo consiguen.

Piensa en algunas personas enormemente inteligentes que conozcas y que no han llegado muy lejos en la vida, que no han cumplido sus sueños, porque no han tenido la confianza en sí mismas, la serenidad o el espíritu de superación, porque no han sido capaces de "formar equipo" con quienes debían, porque no han influido en otros como necesitaban. Son "inteligencia fracasada" por falta de inteligencia emocional.

Todos somos inteligentes de modo distinto...

"Tan listo para unas cosas y tan tonto para otras", solían decirnos sabiamente nuestras madres. Una docena de años antes de que Daniel Goleman popularizara la inteligencia emocional, el psicólogo norteamericano Howard Gardner, premio Príncipe de Asturias en 2011, creó la *teoría de las inteligencias múltiples*. Gardner considera que la inteligencia humana es una mezcla de siete tipos de inteligencia, y que cada persona posee una combinación única:

- **Inteligencia lingüístico-verbal**, o habilidad en el uso del lenguaje (muy desarrollada en escritores, oradores).
- **Inteligencia corporal-cinestésica**, que es el uso armónico y poderoso del cuerpo y sus movimientos (en lo que destacan deportistas o bailarines).
- **Inteligencia lógico-matemática**, razonamiento lógico y comprensión del lenguaje matemático (propia de físicos, ingenieros, estadísticos, matemáticos).
- **Inteligencia visual-espacial**, o capacidad de manejarse e interpretar objetos en tres dimensiones (arquitectos, escultores, pintores).
- **Inteligencia musical**, es decir, la propia de músicos, compositores e intérpretes.
- **Inteligencia intrapersonal**, o conocimiento de los aspectos emocionales propios, de la gama interna de sentimientos y emociones, sabiendo diferenciarlos y denominarlos, y orientar la conducta en función de ellos. Es conocernos para conducirnos mejor.
- **Inteligencia interpersonal**, que tiene su base en la empatía, lo que permite sintonizar con las emociones ajenas y adaptar el comportamiento a los demás, logrando una relación más productiva con los otros.

¿Te reconoces en alguna? Seguro que sí. Y a lo mejor coincide con la profesión que desarrollas, porque es frecuente que los educadores orienten a los estudiantes hacia las carreras para las que demuestran mejor disposición intelectual.

... pero sentimos de forma parecida

Inteligencias múltiples, sí, para personalizar nuestro talento como personas y como mánager. Pero las mismas emociones humanas para relacionarnos con los demás.

Es imprescindible saber reconocer y poner nombre a las emociones básicas. El primer investigador que abordó este tema fue el gran Charles Darwin en su obra *La expresión de las emociones en el hombre y en los animales* (1872). Pero quien estableció y catalogó por primera vez las emociones básicas universales fue Paul Ekman, un psicólogo estadounidense nacido en 1934.

Ekman encontró que hay unas emociones que se expresan con gestos de la misma forma para todo el mundo, aunque sean remotas tribus de Oceanía donde nunca ha llegado el cine o la televisión, por lo que no pueden haber aprendido estas expresiones fuera del marco de su cultura.

Las emociones básicas que identificó son el asco, la alegría, la tristeza, la ira, el miedo, la vergüenza y la sorpresa, que luego fueron ampliadas para incluir el desprecio, el orgullo, etc. Esas emociones se pueden reconocer universalmente a través de las expresiones faciales, algo que ya decía Cicerón en el siglo I a.C. ("la cara es el espejo del alma, y los ojos son sus intérpretes") y algo muy útil para cualquier persona y para todo mánager.

Aprender a gestionar las emociones paso a paso

Las competencias emocionales se adquieren progresivamente según una secuencia que comprende cinco pasos:

- **El conocimiento de nuestras emociones**. El primer paso es la capacidad de identificar nuestros sentimientos y darles nombre, aprendiendo a reconocer cómo, por qué y cuándo aparecen. Esto genera seguridad en uno mismo, autoconfianza.
- **La capacidad de controlar esas emociones**. Solo cuando sabemos reconocerlos tempranamente podemos tomar el control de los sentimientos, aprendiendo a asociarlos con conductas y pensamientos que podemos moldear, ya que, de esa forma, podremos alimentar las emociones positivas y frenar las emociones negativas, moderarlas o expresarlas oportuna y adecuadamente. Son la serenidad, la templanza, el autocontrol.
- **La capacidad de automotivación**. El autoconocimiento y autocontrol son la base de la automotivación, donde pueden usarse estrategias como la anticipación de meta (visualizar el éxito futuro) y la fortaleza para demorar la gratificación (desarrollar la disciplina de saber esperar por una recompensa futura mayor). Es el espíritu de superación.

- **El reconocimiento de las emociones ajenas**. Solo mediante el conocimiento de las emociones propias podremos ponernos en el lugar de los demás, desarrollando la empatía, que es la capacidad de reconocer y compartir los sentimientos ajenos.
- **El control de las relaciones**. Gracias al autocontrol y la empatía podremos gestionar las relaciones con los demás, modulando nuestras emociones para influir en los otros, ya que las emociones son contagiosas. Recientemente se ha descubierto que existen las llamadas *neuronas espejo*, que reflejan los sentimientos de las personas con las que nos relacionamos, por lo que al alimentar emociones positivas es posible hacer que los demás participen de las mismas. Así lograremos sinergias.

El desarrollo de la inteligencia emocional es esencial para el mánager, y lo será más cuanto mayor sea la responsabilidad que asuma en una organización. Pero, atención, las destrezas sucesivas dependen de la adquisición previa de las anteriores, así que no puedes cultivar tu inteligencia emocional si te saltas algún paso.

Los consejeros delegados no suelen durar más de cuatro años, y en su mayoría son despedidos por asuntos asociados a su falta de inteligencia emocional y visión de futuro.

En qué pueden ayudar los sentimientos al mánager

Si quieres ser efectivo en tu trabajo como mánager no puedes ignorar la importancia para tu negocio de la gestión de la inteligencia emocional.

- Las habilidades emocionales son fundamentales para **juzgar y valorar** adecuadamente los problemas, situándolos en su justo término.
- También en la **toma de decisiones**, la inteligencia emocional facilita incorporar información cualitativa, valorativa y subjetiva, que nos permita establecer prioridades y ponderar los riesgos, considerando las consecuencias de las acciones.
- La **dirección de personas**, el liderazgo y la capacidad de conducción de equipos se apoyan en habilidades emocionales que refuerzan o debilitan el papel del mánager como referente de conducta. La eficacia de la comunicación, clave para ejecutar las decisiones, depende de la transacción emocional subyacente, pues el lenguaje no verbal transmite de forma inconsciente un porcentaje elevado de la carga informativa del mensaje.

- El dominio de la inteligencia emocional contribuye a la mejora del **desempeño directivo**: el management, por su carácter exigente y estresante, requiere fortaleza emocional, templanza, voluntad, determinación y perseverancia, y la inteligencia emocional es particularmente importante en el desarrollo de esas competencias de eficacia personal que determinan el autogobierno.
- La eficacia en el **ejercicio de los roles directivos** depende en primera instancia de las habilidades relacionales, ya que los roles interpersonales inician el ciclo, y en las relaciones humanas, las destrezas emocionales juegan un papel central. Eso cobra más importancia cuanto más alto sea el nivel directivo, ya que la variedad y densidad de la red de contactos del mánager se incrementa a medida que asciende en la organización: los supervisores suelen relacionarse con otros supervisores y con personas de su ámbito vecinal o familiar. Los CEO se relacionan con otros CEO, pero también con banqueros, políticos, artistas y otra gente "guapa" e importante, y en ámbitos mucho más amplios y diversos.
- La **ética empresarial** depende también de la inteligencia emocional, ya que vincula el pensamiento racional con los sentimientos e impulsos morales, e incorpora los valores humanos a las decisiones.
- La empatía es lo que nos hace humanos y solidarios, al permitirnos sentir con los demás, y es clave en el ejercicio de la **responsabilidad social**. La falta de empatía, por el contrario, tiene un gran coste social para cualquier organización, así como para el individuo y para el grupo, ya que es fuente de malentendidos, desencuentros y conflictos. Como dice José Antonio Marina: "La función de la inteligencia humana no es conocer, sino dirigir el comportamiento. Su culminación no se encuentra en la ciencia, sino en la ética".
- Complementariamente, la inteligencia emocional influye en general en el **desempeño laboral de cualquier profesión y nivel**: en la convivencia diaria, todos apreciamos las habilidades emocionales de las personas con las que tratamos, porque entendemos que son básicas para hacer las cosas bien y sin fricciones.
- A nivel personal, el **estado de ánimo positivo** es crucial para el alto rendimiento, pues el optimismo ayuda a formular expectativas elevadas, y eso presenta una gran correlación con el éxito y los logros por el fenómeno de la "profecía autocumplida" (si antes de hacer algo crees que vas a fracasar, tienes más probabilidades de hacerlo que si crees que vas a triunfar). Igual ocurre con la **creatividad** y, por ejemplo, las personas felices son el triple de creativas que las infelices.

Recuerda algunas de las situaciones profesionales a las que te hayas enfrentado en los últimos meses y donde puedes haberte encontrado con problemas (un conflicto laboral, una negociación sin éxito, un plan fallido...). Examínalas con objetividad y analiza dónde empezó a ir mal. Seguro que en muchos casos encuentras que lo que falló fue la gestión de la inteligencia emocional.

Consejos adicionales para ser un mánager eficaz

La eficacia de un mánager es, como ves, una combinación entre su formación y cómo cada persona ejerce la profesión. Eso significa que cada mánager puede construir un estilo propio; no obstante, pueden resultar útiles algunas recomendaciones para desarrollar nuestro trabajo de forma más rigurosa y ordenada y, por tanto, más efectiva.

El canadiense Henry Mintzberg, uno de los grandes teóricos contemporáneos del management, dice que "El management es, en cierta manera, la esencia de la vida". Siguiendo sus indicaciones, aquí tienes algunas orientaciones respecto a lo que debe y no debe hacer el directivo:

- **La información, tu material de trabajo**. El management es, ante todo, un proceso de captación, uso y producción de información. Es la materia prima con la que trabaja el mánager, por lo que saber obtenerla y utilizarla es fundamental, así como comunicarla de forma efectiva y oportuna.
- **Que los árboles no te impidan ver el bosque**. La segunda recomendación es la necesidad de construir una visión global de los problemas a partir de los detalles, aunque los datos sean incompletos o fragmentarios, distinguiendo lo esencial de lo accesorio. De lo particular a lo general, sin irnos por las ramas. Mintzberg reivindica en el management el valor de la intuición y la creatividad frente a la excesiva racionalidad.
- **Un momento para cada tarea**. Un directivo tiene que lograr una buena gestión del tiempo y de su esfuerzo, estableciendo prioridades de forma escalonada y llevando una agenda lo más ordenada posible en el quehacer cotidiano. Una recomendación extra: tomar nota de todo, ya sean llamadas, reuniones, tareas pendientes, etc.
- **Lo imprescindible y lo prescindible**. Los cargos directivos implican a veces obligaciones tediosas e irrelevantes, pero cuando sean indeclinables tienes que aprovecharlas como oportunidades para cultivar relaciones y obtener información. En otros casos, es conveniente delegarlas, si no implican actividades significativas o críticas (invitaciones, reuniones intrascendentes, etc.).

- **La importancia del ejemplo directo**. Un mánager no solo influye en la organización a través de las comunicaciones expresas, sino especialmente a través de la propia conducta, que es un espejo en el que se miran los empleados y donde se hacen realidad los valores, las normas implícitas y las actitudes que moldean la cultura del grupo. El directivo comunica más con su propia conducta que con sus órdenes. El filósofo estadounidense Ralph Waldo Emerson lo definía así: "Lo que haces habla tan alto que no me deja escuchar lo que dices".

Como ves, estas recomendaciones son puro sentido común, pues combinan lo intuitivo con lo racional, lo técnico y lo humano, lo cerebral y lo emocional. Un buen mánager es capaz de integrar armónicamente todas esas facetas.

Lecciones de management de los mejores: Pablo Isla

El presidente de Inditex, Pablo Isla (Madrid, 1964), ocupa el puesto número 14 de los mejores directivos del mundo, según un reciente estudio de la Universidad de Harvard, en el que se tiene en cuenta "el aumento de la rentabilidad total para el accionista y la capitalización de mercado de la compañía que dirige".

Desde que llegó a Inditex en 2005 como vicepresidente y consejero delegado, este abogado amante de Shakespeare ha logrado una rentabilidad para el accionista del 395 % (por país) y del 442 % (por sector económico) y ha aumentado la capitalización bursátil en 72.000 millones de dólares (más de 56.200 millones de euros). Un éxito impresionante.

Actualmente, Inditex cuenta con ocho enseñas, 6.300 tiendas, 87 países, más de 18.000 millones de euros de facturación y una cultura corporativa que se basa en el trabajo en equipo, una comunicación abierta y un alto nivel de autoexigencia.

Pablo Isla estudió Derecho en la Universidad Complutense, es abogado del Estado y se incorporó a los servicios jurídicos del Banco Popular (1992-1996). Después fue Director General del Patrimonio y dejó el sector público para ser nombrado presidente de Altadis. Es miembro del Consejo de Administración de Telefónica.

Quienes le conocen destacan de Pablo Isla como gestor su capacidad de escucha, su visión estratégica y su pensamiento analítico y conceptual.

Pablo Isla considera que "la pasión por lo que se hace y el liderazgo para transmitir esa pasión a los demás puede y debe ir acompañada del rigor en la gestión". Lo que le pide a sus profesionales es "que no tengan miedo a equivocarse y que transmitan esa filosofía. Que contagien confianza a todas las personas con las que trabajen. Que sean muy exigentes, empezando por ellos mismos. Que sean inconformistas y que nunca se acomoden". Porque "el mundo Inditex es un mundo único".

Parte II

El mánager y su hábitat

En esta parte...

Como ser social y parte del sistema económico, el mánager desarrolla su actividad en un contexto concreto, lo que podría ser su hábitat laboral, condicionado por unas dinámicas económicas, políticas y sociales mundiales, continentales, estatales y locales, así como un entorno sectorial y tecnológico, un marco corporativo y un contexto educativo y cultural, entre muchos otros factores. En los capítulos 3, 4 y 5 te explicamos cómo interactúa el mánager con cada uno de estos niveles, con sus habilidades profesionales y sus valores personales.

Capítulo 3

Sobrevivir en la selva no es fácil

En este capítulo

- La organización y su entorno
- Cómo afecta el entorno a tu empresa
- Una clave fundamental: entender la cultura

En el capítulo 1 te hemos contado qué es una organización y, entre otros aspectos, hemos destacado que es un sistema abierto, pues vive en un medio con el que interactúa continuamente, en el que influye y por el que a su vez es influida.

Si pensamos en una empresa, veremos que para su supervivencia necesita asegurarse de que tendrá un suministro continuo de factores y de que podrá colocar sus productos en el mercado.

Como todo eso ocurre en un entorno competitivo, está claro que para un directivo que quiera ser eficaz en su gestión es fundamental comprender y manejar adecuadamente esa influencia del ambiente.

Del universo al microcosmos

El medio ambiente o entorno está formado por todos los elementos, agentes y organizaciones que, estando fuera de la empresa, pueden influir en su actividad de forma directa o indirecta y, más concretamente, por aquellos factores externos que la empresa no puede controlar.

Conocer y anticiparse a la evolución del entorno es fundamental para la supervivencia y el éxito de cualquier organización, pues el entorno es fuente tanto de oportunidades como de amenazas: si estamos prevenidos,

De las Galápagos a la empresa

La idea de la dependencia ambiental la hemos aprendido en gran medida de la biología. Gracias al gran Charles Darwin y a su teoría de la evolución, sabemos que la supervivencia y desarrollo de las especies depende de cómo han sido capaces de adaptarse al medio natural. Eso es básico en la actual teoría de la organización, que considera las organizaciones como sistemas abiertos.

La biología también nos ha enseñado conceptos como la *homeostasis*, que son todos esos mecanismos internos de los organismos vivos que les permiten mantener un equilibrio fisiológico frente a los estímulos externos, como el que regula la temperatura corporal en los mamíferos, por ejemplo. La homeostasis es un concepto básico de la cibernética, la ciencia de la comunicación y del control, tanto en animales como en máquinas, una disciplina nueva que fue propuesta por Norbert Wiener en la década de 1940 y que se integra en la teoría general de sistemas.

En los últimos años, también la ecología nos ha enseñado cosas aplicables a las organizaciones, y existe una teoría de la ecología de las organizaciones que traslada las pautas de la biología acerca la supervivencia y crecimiento de las poblaciones a las organizaciones y estudia cómo interactúan entre ellas y cómo se presentan las condiciones del entorno.

podremos aprovechar las primeras y estar preparados para afrontar y minimizar las segundas.

Porque, y esta idea es muy importante, el entorno está formado por elementos que escapan al control del mánager: es como el clima, no podemos evitar que llueva, pero podemos salir de casa con el impermeable puesto o el paraguas en la mano.

John Culkin (1928-1993), experto en medios de comunicación, decía: "No sabemos quién descubrió el agua, pero estamos seguros de que no fue un pez". Esta frase nos recuerda que pocas veces somos conscientes de lo que nos rodea y de cómo nos influye, pese a que su influencia sea enorme. Por eso, si quieres ser un buen mánager, debes ser consciente de que, aunque el mundo es muy grande, no todos los elementos que existen en el universo nos afectan de la misma manera, y lo mismo le ocurre a tu empresa u organización.

En general, se distinguen dos grandes niveles del entorno, que son:

- **Entorno general**, que es el mismo para todas las organizaciones de una región, país o área socioeconómica. Por ejemplo, para nosotros, el entorno general sería España, la Unión Europea o el conjunto de países de la OCDE, según el alcance de nuestro negocio.

- **Entorno específico** o de la tarea, que es el ámbito particular en el que nuestra organización desarrolla su propia actividad, y que suele corresponder con lo llamado *industria* o *sector de negocio* en el que se opera. Por ejemplo, para Planeta, editora de este libro, el medio especifico sería el negocio editorial.

En este capítulo vamos a estudiarlos ambos, empezando por el entorno específico, que es el que tenemos más cerca y conocemos mejor.

Tu pequeño universo

El entorno específico es el microcosmos de la organización, y aunque la importancia del entorno general sea grande, la cercanía e interdependencia que mantenemos con el entorno cercano por ser nuestro ámbito de negocio, en el que nos desempeñamos día a día, hace que todo mánager deba conocerlo a fondo.

Además de referirse a la industria, negocio o sector de actividad en el que opera nuestra empresa, el entorno específico comprende el ámbito geográfico en el que se actúa, que puede ser de carácter local, regional, nacional o internacional.

El entorno específico afecta más directamente a la empresa, ya que en él están todos los elementos y entidades con los que se relaciona en el día a día. En el desempeño de los roles interpersonales, de los que te hemos hablado en el capítulo 2, como el de cabeza visible y enlace, el mánager está en continuo contacto con personas y organizaciones de ese entorno, y gracias a ello puede llevar a cabo roles informativos como el de monitor y portavoz que son claves para mantener la adecuada conexión con el medio que nos permita anticiparnos a cambios y prevenir riesgos.

En el entorno específico se sitúan los actores del mercado: la oferta, la demanda y la competencia. Es decir, ahí encontramos a nuestros clientes (el mercado de productos), proveedores (el mercado de factores), competidores, entidades financieras (mercado de capitales), los vecinos de la empresa, las instituciones del Estado (Hacienda, Seguridad Social, organismos reguladores de la actividad mercantil, ayuntamiento, etc.), los medios de comunicación, los sindicatos, el medio ambiente natural cercano, etc.

Todos estos agentes y entidades constituyen algunos de los más importantes *stakeholders* o grupos de interés externos, de los que nos ocuparemos en el capítulo 4, dedicado a la responsabilidad social. Contar con ellos es imprescindible para alinear a nuestra empresa con el mercado y avanzar hacia el futuro en la dirección adecuada.

Aunque, en general, la empresa no puede controlar los factores del entorno, en el caso del entorno específico, dependiendo de su tamaño y de la importancia del servicio que presta, su capacidad de influir en el medio es mayor que en el entorno general.

El conocimiento del entorno específico es fundamental para apreciar las oportunidades y amenazas a las que se enfrenta tu empresa, y condicionarán la elección de la estrategia y la ejecución de la misma: nunca dejes de mirar hacia el entorno para mantener firme el rumbo. De hecho, cultivar las relaciones externas, hacer un buen *networking*, ayuda a construir lo que se llama *capital relacional*, que es ese intangible que se manifiesta en una buena reputación, clientes leales, imagen de marca de confianza, sólidas relaciones comerciales y financieras, etc.

Es un complejo microcosmos

Para un mánager es fundamental contar con herramientas que le permitan explorar el entorno específico y prever su evolución para formular y desarrollar su estrategia de negocio. En el capítulo 7, donde empezamos a hablar de la estrategia, te explicaremos cómo realizar el análisis estratégico externo, que te permite calibrar las condiciones competitivas de tu sector, con sus clientes, proveedores, competidores, etc.

Pero a un nivel de análisis más general, lo primero que le interesa saber a un directivo es lo fácil o difícil que es su entorno y, para ello, tiene que considerar un conjunto de características que permiten definir lo que se denomina el *grado de incertidumbre ambiental*. Esas características son las siguientes:

- ✔ **Estabilidad del entorno**: mide su grado de dinamismo o variabilidad, es decir, lo frecuentes, profundos, rápidos e importantes que son los cambios de los factores externos relevantes para el negocio. Esta variable va desde los entornos estables (sin cambios apreciables o con cambios lentos y previsibles) a entornos dinámicos (cambios rápidos y profundos), que son los que caracterizan cada vez más el universo de la mayoría de los negocios.
- ✔ **Complejidad y diversidad del entorno**: estima la cantidad y variedad de factores que pueden influir en la empresa, así como el hecho de que esos factores presenten comportamientos homogéneos o dispares entre sí. En los entornos simples e integrados hay pocos factores relevantes, o bien muchos que se mueven al unísono, de forma homogénea, por lo que no hay que vigilarlos a todos sino solo a los más representativos. En los entornos complejos y diversos hay muchas variables a tener en cuenta para tomar decisiones bien fundamentadas y, además, esas variables se mueven de forma heterogénea.

- **Hostilidad del entorno**: valora las amenazas externas a la organización, su actividad, su estrategia o cualquier aspecto que pueda poner el peligro la consecución de las metas. Esas amenazas pueden tener distinta intensidad y venir de diferentes frentes, desde las autoridades, los consumidores, los medios de comunicación, la opinión pública, la competencia, los sindicatos, las organizaciones no gubernamentales, etc. Las situaciones extremas son el entorno favorable, donde prácticamente no hay amenazas, y el entorno hostil, en el que la empresa trabaja rodeada de ellas.

Como es frecuente que varias de estas situaciones se den de forma emparejada, podemos resumir los tipos de entornos más comunes en tres clases, que puedes ver reflejadas en la tabla 3-1:

- **Entorno plácido o estable**, que es simple, integrado y favorable.
- **Entorno reactivo-adaptativo**, que es medianamente estable, complejo y diverso pero prácticamente favorable.
- **Entorno inestable-turbulento**, que es dinámico, complejo, diverso y hostil.

Tabla 3-1: Variables del grado de incertidumbre ambiental

Variables	*Tipos de entorno*		
	Plácido	*Reactivo-adaptativo*	*Inestable-turbulento*
+ estabilidad – –	estable	bastante estable	dinámico
– complejidad y diversidad +	simple / integrado	complejo / algo diverso	complejo / diverso
– hostilidad +	favorable	bastante favorable	hostil

Veamos algunos ejemplos de lo que acabamos de contarte. Si somos productores de pan fresco, nos enfrentamos a un entorno bastante estable, ya que el consumo de pan sigue unas pautas previsibles, al igual que ocurre con los precios y la disponibilidad de las materias primas. También es un entorno simple e integrado, ya que hay pocas variables a considerar, pues la tecnología no cambia desde hace décadas, así como los hábitos de compra, los canales de distribución, las materias primas, etc. Las tendencias se van manifestando poco a poco, como la diversificación de la demanda (panes especiales, de sabores, dietéticos, etc.), por lo que podemos adaptarnos sin problemas a esos cambios. Tampoco es una actividad que sufra amenazas u hostilidad de ninguna clase por las autoridades, por los consumidores ni por la competencia.

Por el contrario, si operamos en el sector de la biotecnología roja (salud), constantemente se están dando avances científicos que alteran profundamente las condiciones competitivas. No olvidemos que el Proyecto Genoma Humano, que se inició en 1990 con el propósito de descifrar el código genético en su totalidad, en solo 15 años dio por finalizado este estudio, llegando a secuenciar aproximadamente 28.000 genes. Para una empresa de este sector, la cantidad de información especializada que necesita manejar para estar al día de los desarrollos científicos es enorme y de una alta complejidad, y siempre vive en la incertidumbre de que nuevos descubrimientos puedan cambiar radicalmente las cosas. También puede afrontar amenazas importantes, en forma de limitaciones legales a ciertas líneas de investigación, consideraciones éticas, presiones de organizaciones integristas, de grupos contrarios a la medicina convencional, de organizaciones contrarias a la experimentación con animales, etc.

Actualmente el entorno de la mayoría de las empresas se aproxima más al tipo inestable turbulento que a ningún otro, debido a la alta incertidumbre y al gran dinamismo que presenta el mercado, que en los últimos tiempos se ha visto agravado por la crisis económica.

Se ha creado un término para este tipo de entornos: VUCA (siglas en inglés de un mundo Volátil, Incierto, Complejo y Ambiguo). Un entorno particularmente inestable (de alta volatilidad), en el que influyen muchas variables (complejo), impredecible (incierto) y con numerosos pros y contras (ambiguo). Cuanto más VUCA sea tu entorno, tendrás mayor necesidad de atenderlo adecuadamente.

Trata de hacer una comparación entre las cosas que te ocupaban en tu trabajo hace ocho o diez años y las que te ocupan ahora mismo. Una pista: busca una agenda o dietario antiguo y haz una lista con las tareas, personas, empresas, temas, plazos, etc., de tu día a día de entonces y de ahora. Sin duda, verás cómo se ha incrementado la variedad de tareas, personas y empresas con las que te relacionas, la complejidad de los temas y la aceleración de los plazos en todos los ámbitos. Eso te dará una idea de cómo ha crecido la turbulencia en tu entorno. Una pista: lo que has vivido en los últimos diez años lo vivirás en los próximos cinco años, en los dos y medio siguientes, en los 15 meses siguientes... y así sucesivamente. Tal es la aceleración del cambio: el periodo 2005-2015 será como el 2020-2022.

Aprende management de las mejores: Rosa García

Rosa García (Madrid, 1965) es la presidenta y consejera delegada en España de Siemens, la mayor empresa industrial de Europa. Estudió Ciencias Matemáticas en la Universidad Autónoma de Madrid y ha desarrollado su carrera profesional en el sector de las tecnologías de la Información. Hasta 1991, trabajó en HSC, NCR y Wordperfect donde fue directora regional). Pasó a Microsoft, y en 1996 se fue a Redmond, a la sede central de la compañía de Bill Gates, para trabajar directamente con el CEO Steve Balmer como directora de proyectos corporativos. Regresó a España en 2002 como presidenta de Microsoft Ibérica y posteriormente vicepresidenta comercial en Europa Occidental. En 2011 fue fichada por Siemens. Es, además, consejera de Acerinox y Bankinter, consejera de la Asociación para el Progreso de la Dirección (APD) y miembro del Fórum de Alta Dirección.

Ha recibido diversos galardones, como el premio a la mujer directiva de FEDEPE, el de directivo del año de la Asociación de Empresarios y Directivos, el de mujer directiva de ASEME y el de Conciliación de la Vida Personal y Profesional.

Rosa García es una directiva humanista, que cree en la importancia de los valores en la empresa y en practicar un liderazgo visionario, cercano y desarrollador del talento de sus colaboradores. Entiende el liderazgo como servicio y no como poder, siente que la economía debe centrarse en la sociedad y no al revés, y entiende la empresa como un sitio "donde al empleado se le escucha, se le apoya, se le trata como una persona, es propietario, parte del proyecto...".

Sobre España, Rosa opina que "este país tiene cosas muy buenas. Creamos felicidad a nuestro alrededor más que en otros sitios. Nuestra gente hace que los extranjeros se sientan bienvenidos. Es bello, comemos bien; junto con esa cultura existe un talento innovador. En el pasado se nos achacaba la etiqueta de chapuceros. Buscábamos salidas raras. Esa búsqueda de soluciones ha hecho que ahora se aprecie más al alto ejecutivo español porque encuentra soluciones más innovadoras que las que aportan otras culturas como la anglosajona, la alemana o la china... Si a todo eso le damos un impulso mayor, mejoraremos". Considera que, como nación "debe preguntarse qué quiere ser de mayor", si el parque de atracciones o la residencia de ancianos de Europa, o un país verdaderamente innovador. A partir de la respuesta (sincera y real), se tomarán las acciones para lograrlo, "siempre dentro de la integración europea".

El mundo es enorme y global

Aunque el entorno general sea muy amplio y diverso, hay que considerar cinco dimensiones del mismo que tienen la capacidad de afectar a cualquier organización y que necesariamente, como mánager, debes tener en cuenta en tu gestión:

- La economía o medio económico.
- El sistema político o medio político-legal.
- El ámbito del conocimiento o medio educativo y tecnológico.
- La sociedad o medio sociocultural.
- La naturaleza o medio natural.

Ortega y Gasset lo dejó claro en aquella famosa cita: "Yo soy yo y mi circunstancia, y si no la salvo a ella, no me salvo yo". De estas dimensiones del entorno no solo nos interesa conocer su evolución actual, sino que también es necesario investigar cuál será su evolución futura, ya que ese será el escenario en el que nuestra empresa desarrollará los proyectos que formule hoy.

La economía manda

Los negocios son economía, por lo que este aspecto es crucial. Cuando se analiza una economía suelen distinguirse dos aspectos:

- La **estructura económica** del país o región en el que operas se refiere a las condiciones permanentes y supone valorar cuestiones como el grado de desarrollo económico, la estructura de los sectores productivos y su participación en la producción nacional, la intervención del gobierno en la economía, el tipo de instituciones y organismos económicos existentes, las condiciones de la infraestructura, el grado de sofisticación del sistema financiero y bancario, las características del sistema tributario y la presión fiscal, el nivel de renta y la distribución de la riqueza, el rol de la empresa pública, la regulación de las actividades económicas, la estructura de los mercados, etc.

  Son rasgos muy importantes para el desarrollo de los negocios, y solían ser bastante estables, aunque la reciente crisis económica nos ha demostrado que los cambios se están acelerando e intensificando en los aspectos estructurales. En general, cuanto más desarrollado esté el sistema económico más fácil es hacer negocios y más disponibilidad encontrarás de todo tipo de recursos.

- El segundo nivel de análisis es la **coyuntura económica**, que mide la situación económica en un momento dado y considera hechos como la evolución del PIB, la renta disponible, la inflación, el desempleo, los tipos de cambio, la productividad, la situación del mercado de capitales, las fuentes y disponibilidad de financiación, la oferta de mano de obra, el grado de conflictividad laboral, etc.

  La coyuntura nos afectará al determinar cuestiones como la demanda del mercado, los precios, los factores, la liquidez, la morosidad, los plazos de pago, el crédito deudor y acreedor, etc.

La superposición de los dos niveles de análisis te permitirá trazar un mapa detallado del entorno económico en el que tu empresa desarrolla su actividad.

La política y las leyes

El sistema político-legal del país o región en el que trabajes marcará las reglas del juego para ejercer las actividades económicas, no solo la normativa laboral, fiscal y mercantil, sino también aspectos como la actitud de los poderes públicos hacia la empresa y sus productos o el nivel de regulación e intervención pública en la actividad económica.

Aunque no lo creamos, en este aspecto aparecen grandes diferencias, no solo entre países, sino incluso entre las regiones de un mismo país, como ocurre en el nuestro, con la regulación ejercida por las comunidades autónomas. Por ejemplo, las políticas activas de empleo, la concertación social, el régimen de apertura de establecimientos en días festivos, la aplicación de ciertos impuestos, como el tramo autonómico de la renta, el de sucesiones o el IAE, la regulación de las rebajas o los procedimientos para la instalación de nuevos negocios varían de unas comunidades a otras.

Cuando nos movemos dentro de un área económica común como la Unión Europea, se añaden nuevas regulaciones a las normas nacionales que, aunque pueda parecer que coartan la libre empresa, en realidad están garantizando unos mínimos legales homogéneos entre todos los Estados miembro, que facilitan el desarrollo de actividades en condiciones de competencia más igualitaria y de mayor protección a los consumidores.

Las reglas del juego

Los elementos más importantes que un mánager debe tener en cuenta en el ámbito político-legal son:

- ✔ El **sistema político**: las características del sistema, el nivel de centralización del poder y de la regulación económica, el grado de transparencia de las instituciones, la fortaleza del asociacionismo, de la participación ciudadana, cómo se estructura la sociedad civil, etc.
- ✔ La **coyuntura política**: la estabilidad política, la amenaza de terrorismo, la orientación del voto, la existencia y nivel de influencia de los *lobbies*, etc.
- ✔ La **política económica gubernamental**: qué orientación tiene hacia los sectores, cuáles considera estratégicos, qué nivel de proteccionismo existe y sobre qué actividades, la existencia e importancia de los incentivos a la inversión, la contratación, a la localización de nuevas actividades, a la exportación, etc.

- La **normativa económica, mercantil, comercial y laboral** relativa a la empresa en general, y al sector de actividad en el que operas en particular: la forma de contratación, la protección frente a impagos o fraudes, los mecanismos legales para garantizar el buen desarrollo de actividades económicas, la legislación que protege al consumidor, la regulación de la competencia, etc.
- La **legislación fiscal**: la presión fiscal sobre beneficios, el tipo del IVA y la legislación fiscal aplicable a la creación y ampliación de actividades.
- La **regulación medioambiental**: los aspectos energéticos, la protección de recursos y espacios naturales, el impacto de los procesos de producción y distribución, la gestión de los residuos, las políticas de reciclaje, etc.

La normativa laboral, fiscal y mercantil es muy compleja, y cada vez hay en ella cambios más frecuentes y menos divulgados. Por ello, te sugerimos que acudas al experto: no dudes de la necesidad de contar con un asesor fiscal o gestor empresarial si no tienes un departamento administrativo-financiero especializado. Quien tiene un (buen) asesor en estos temas, tiene un tesoro.

¿Dónde está el conocimiento?

La idea de la que nos vamos a ocupar en este apartado es cómo encontrar y obtener el conocimiento que necesitas para desarrollar tu actividad. "El conocimiento es poder", como decía Francis Bacon (1561-1626), y la imagen del emprendedor solitario, igual que la del científico aislado en su laboratorio, es una fantasía del pasado.

Hoy día nadie posee todo el conocimiento necesario para llevar a cabo una actividad empresarial, ni siquiera a un nivel elemental. Para operar, las empresas y organizaciones necesitan gran cantidad y variedad de conocimientos, y lo pueden obtener de varias fuentes.

- **Capital humano**: se puede adquirir conocimiento contratando a personas que lo posean, para lo que es necesario que el sistema educativo las haya formado eficazmente, a través de la formación profesional, la universidad, las escuelas de negocios o la inserción profesional.
- **Compra externa**: se puede adquirir el conocimiento a otras organizaciones que lo tengan o puedan crearlo, por ejemplo, mediante la compra de patentes, royalties o derechos de explotación, encargando su producción a otras instituciones, empresas o centros de investigación, para lo cual debe existir un sistema de ciencia y tecnología consolidado.

- **Generación interna**: produciendo la empresa el conocimiento que necesita, lo que requiere fuertes inversiones, personal capacitado para la investigación y desarrollo y unos plazos de tiempo suficientes para llevarlo a cabo.

Sea cual sea la fórmula por la que opte tu empresa para obtener el conocimiento que necesita, tendrás que considerar la dimensión educativo-tecnológica del entorno, ya que este aspecto se refiere a los procesos de creación, transmisión y utilización del conocimiento de una sociedad, así como a las instituciones que se ocupan de esos procesos.

Si quieres contratar a personas con preparación, generar conocimiento o adquirirlo de terceros, deberás tener en cuenta dos grandes apartados del entorno:

- **Nivel educativo y preparación profesional de la población activa**: en esta sociedad del conocimiento en la que vivimos, el capital humano y su potencial para crear intangibles son fundamentales para la competitividad. ¿De qué depende? Básicamente de la eficacia del sistema educativo a la hora de formar a las personas de todos los niveles y cualificaciones profesionales, pero particularmente de los que sean más críticos para la actividad de nuestra empresa. Pero además, dada la velocidad a la que se incrementa y modifica el conocimiento, es fundamental considerar la disposición a aprender, así como la existencia de programas de formación permanente, incentivos a la reconversión profesional, la medida en que existe conciencia de la necesidad de formación a lo largo de toda la vida, etc.
- **Avance científico y tecnológico de la sociedad**: abarca cuestiones como la política de I+D, la infraestructura científica y tecnológica, la implantación de las TIC, la disponibilidad y facilidad de acceso a las nuevas tecnologías, la existencia de servicios empresariales complejos, etc. Todos estos elementos influyen en la habilidad y experiencia de las personas para el manejo de programas, herramientas y bienes de equipo sofisticados.

Como mánager, tienes que saber en qué medida está disponible el conocimiento que necesitas para la actividad de tu empresa y cómo puedes obtenerlo de forma más oportuna y económica. Independientemente de la actividad que gestiones, seguro que cada vez se basa más en el conocimiento. Asegúrate de que controlas los resortes que te permitan disponer del conocimiento clave para mantener y desarrollar tu actividad en los próximos años. En la década de 1990, los conocimientos se duplicaban cada década. Ahora, cada menos de dos años.

La cultura, esa dama misteriosa

La naturaleza y características de la sociedad en la que vivimos, aquello que le confiere su carácter propio y la diferencia de otras, constituye el medio sociocultural. A la hora de analizar este factor en una sociedad determinada, un mánager debe tener en cuenta tres aspectos: la demografía, la sociología y la cultura.

- ✔ **Demografía**: es la rama de la estadística especializada en describir y estudiar la población y cómo se distribuye según edad, sexo, tasas de natalidad, mortalidad, densidad de población, flujos migratorios, etc.
- ✔ **Sociología**: entre las variables sociológicas, hay que considerar cuestiones como la estructura de clases sociales, la movilidad social, el carácter rural o urbano de la población, los hábitos de vida, trabajo, consumo y ocio, etc.
- ✔ **Cultura y valores sociales**: este es el elemento más característico de lo que ocurre en una sociedad. La cultura es algo así como el sistema operativo, el software de un grupo social, pues constituye, en palabras de Geert Hofstede, investigador holandés experto en culturas comparadas, la programación colectiva que nos "instalan" mediante el proceso de socialización y que se refuerza a lo largo de toda la vida: está formada por los patrones de pensamiento que los padres transmiten a sus hijos, los maestros a sus alumnos, las personas a sus amigos, los líderes a sus seguidores y estos a sus líderes.

La cultura determina los significados que atribuimos a las cosas, a nuestra forma de concebir el mundo y al papel que desempeñamos en él, a nuestros valores, creencias colectivas y expresiones artísticas, a la ética del trabajo y las actitudes que mantenemos en general. Las normas sociales son las reglas que materializan en el devenir cotidiano todos estos valores y representan la expresión más clara de la cultura de nuestra sociedad.

Mientras vivimos inmersos en nuestra cultura, es como el aire que respiramos: no lo notamos hasta que nos falta. Por lo general, no somos conscientes de nuestra cultura hasta que no nos vemos obligados a tratar con gentes de otros lugares. Eso ocurre porque hemos crecido en su seno y estamos "sintonizados" para movernos con soltura dentro de esas normas no escritas, entendemos cómo actuar y por qué se hacen las cosas, y sabemos actuar en consecuencia.

Cuando una empresa y sus directivos tienen que operar en ámbitos internacionales, este es el factor que crea más problemas, pero conocer la cultura y costumbres de otros no es fácil. Por eso, en el capítulo 9, correspondiente a la internacionalización de la empresa, analizaremos los elementos que nos ayudan a "diseccionar" los entornos culturales internacionales.

Las diferencias culturales suelen percibirse como amenazas, y por eso pueden producir reacciones defensivas e incluso agresivas.

Las diferencias culturales no solo existen entre nacionalidades, países o regiones, también entre pueblo y ciudad, entre sectores económicos e incluso entre diferentes empresas. Trata de ser consciente de las preferencias culturales de aquellos con quienes tratas, como clientes, proveedores, distribuidores, acreedores, etc., para procurar que no experimenten un choque cultural al tratar con tu empresa.

El medio natural: ¿de verdad somos ecologistas?

El medio natural es cada vez más importante para la mayoría de las empresas, pues aunque el compromiso con la protección ambiental represente a veces limitaciones a la actuación de la empresa, también puede suponer oportunidades de negocio que pueden producir ventajas competitivas.

Las empresas son cada vez más conscientes de que hay que apostar por modelos de negocio sostenibles ecológicamente. Y pese a que los avances políticos no se estén dando al ritmo que sería deseable (Kioto, Durban, Río de Janeiro, etc.), la conciencia ambiental va calando de manera creciente en la sociedad y en las empresas.

Hoy en día ninguna organización puede sustraerse a este compromiso, y en la mayoría de las actividades económicas es obligada la consideración del impacto ambiental presente y futuro en sus decisiones de localización, inversión, desarrollo de tecnologías y definición, en general, de la estrategia empresarial. Por eso, estos serían los aspectos fundamentales que deberías considerar como mánager respecto del ambiente natural:

- ✔ **Medio físico**: abarca cuestiones como el suelo, sus características, precio y disponibilidad, así como sus condiciones orográficas, composición, estado, etc.
- ✔ **Energía**: la disponibilidad y utilización de la energía en tu actividad, de forma que asegures el suministro adecuado y con el menor impacto, apoyándolo cada vez más en energías renovables y seguras.
- ✔ **Materiales**: deben provenir de orígenes controlados, optando por los renovables y reciclables siempre que sea posible.
- ✔ **Agua**: su consumo debe tratar de reducirse al máximo, así como procurar su reutilización, recuperación y depuración para devolverla al ciclo natural con el mínimo impacto.
- ✔ **Contaminación ambiental**: la actividad de la empresa debe plantear-

se de forma que se minimice la polución, estableciendo los medios para reducirla al máximo.

- **Residuos**: en algunas actividades son muy significativos, por lo que en todo caso deben procurarse su reducción, reciclaje, recuperación y correcto y seguro almacenamiento cuando sea necesario.
- **Clima**: aunque para algunas actividades sea indiferente, en otras es determinante cuando se requieren condiciones específicas de humedad, temperatura, sol, pureza del aire, etc., como en el caso del turismo, la agricultura...

Estos aspectos del medio ambiente natural siempre deben tenerse en cuenta, pero, sobre todo, tienes que considerarlos si se trata de establecer nuevas localizaciones o actividades. El objetivo es siempre minimizar los impactos, en particular cuando se trate de inversiones en otros países, y especialmente en aquellos con menor grado de desarrollo, donde quizás exista menor nivel de exigencia y de control sobre las empresas.

PRACTICONSEJO

Analiza tu empresa, sus actividades y procesos para ser consciente del impacto ambiental de los mismos. Seguro que con un poco de esfuerzo e imaginación puedes reducirlo y convertirlo en una oportunidad. Puedes realizar el cálculo de la huella ecológica de tu empresa entrando en la web `http://www.footprintnetwork.org/es/index.php/GFN/page/footprint_for_business/`

CASO REAL

Una cadena de errores: Disneyland París

Cuando Disney decidió continuar su expansión internacional en Europa con su segundo parque fuera de Estados Unidos, tras el éxito cosechado por el primero situado en Tokio, eligió ubicarlo en una localidad cercana a París. El parque se inauguró en 1992, pero tanto la localización como la propia concepción del negocio fueron el paradigma de todos los errores que un mánager no debe cometer.

- Se eligió París, entre otras razones, porque tiene la misma latitud que Tokio, donde habían triunfado, aunque el clima de París no es el más adecuado para una actividad que se desarrolla en grandes espacios abiertos, al aire libre y donde frecuentemente hay que hacer colas (y con niños). Tendrían que haber pensado que un clima mediterráneo se aproximaba más a sus necesidades y al *know-how* que poseía la empresa en la gestión de sus parques norteamericanos, sitos en California y Florida.
- El cálculo que hicieron sobre las previsiones de visitantes fue desmesurado. No consideraron que Europa estaba entrando en recesión y que así como para una familia norteamericana "peregrinar" al menos alguna vez en su vida a un parque Disney es algo obligado, para un europeo no es prioritario, y menos en situación de crisis económica.

(cont.)

- Estimaron muchos visitantes y que estos se quedarían como media una semana en el parque, usando los hoteles, por lo que se dotaron de muchas plazas hoteleras. Otro error, ya que las buenas comunicaciones de una ciudad como París hacían que para mucha gente fuera superfluo pernoctar en el parque, pues se podía ir y volver de la ciudad en el mismo día o como mucho, dormir una noche allí. Así pues, la ocupación ha estado siempre muy por debajo de las previsiones. Por otra parte, los hoteles se planearon como resorts con todos los servicios, cuando el turista europeo los ve mayoritariamente como sitio para dormir y hace un bajo uso de las instalaciones.
- Además, aunque París es una ciudad muy turística, el perfil del visitante que atrae no es el turismo familiar que, pensaban ellos, de paso visitaría Disneyland, sino un turista con inquietudes culturales, gastronómicas, artísticas y que, sobre todo, viaja sin niños. Habría sido más lógico ubicarlo en el sur de España, zona de turismo vacacional y familiar, como también se barajó.
- Otros errores tuvieron que ver con el desprecio al orgullo que los franceses tienen de su cultura, gastronomía y lengua, y el grado de hostilidad que esto podía acarrear. Se exigía que el inglés fuera el idioma obligatorio en todas las actividades, se planearon restaurantes no franceses sino americanos, se prohibía la venta de bebidas alcohólicas en los locales del parque, se impuso al personal una estética y normas de apariencia totalmente norteamericanas, se dio por sentado que los europeos no desayunaban y, en general, todo eso provocó muchos malentendidos con los clientes, el personal, los vecinos, las autoridades y los sindicatos.

Como ves, estos grandes errores tuvieron su origen en no haber considerado adecuadamente los factores ambientales, del entorno general y del específico, como el clima, la economía, las condiciones laborales o los hábitos culturales.

Capítulo 4

Los buenos mánager vamos al cielo

En este capítulo

- La cultura de la responsabilidad
- Hay más actores en el terreno del juego
- A la innovación a través de los valores
- Jugar limpio es rentable

Fue en la década de 1970 cuando Milton Friedman, el gran economista liberal de la Escuela de Chicago y premio Nobel de Economía en 1976, afirmó que la responsabilidad social era una doctrina subversiva y que la única obligación de las empresas era ganar la mayor cantidad de dinero posible para sus accionistas.

Desde entonces, la idea de que las empresas tienen un compromiso con la sociedad que va más allá del máximo beneficio ha ido ganando terreno. De hecho, en la actualidad, se considera el paradigma vigente del management, y así lo hace la Real Academia de Ciencias Económicas y Financieras desde 2007 al afirmar que la responsabilidad social, lejos de ser una carga en la difícil tarea de conducir las empresas, es una nueva manera de concebir la actividad, en la que se aúnan economicidad y espíritu de servicio a la comunidad.

Hoy en día, la responsabilidad social es algo inexcusable para cualquier mánager que quiera desarrollar una gestión exitosa y duradera. Howard Schultz (1953), CEO de Starbucks, afirma que "las empresas no pueden tener un único enfoque de rentabilidad. Deben equilibrar el negocio y la responsabilidad social. Las compañías que se muestran auténticas en ese equilibrio al final son las más rentables".

Para qué sirven las empresas

La responsabilidad social revisa el papel de la empresa en la sociedad, cuestiona si la función de la empresa es económica o si tiene un alcance mayor y, en tal caso, por qué es así.

Tradicionalmente, el pensamiento económico ha defendido que la empresa, como unidad económica de producción, tiene que limitarse a producir los bienes y servicios que la sociedad demanda para satisfacer sus necesidades, y hacerlo de forma eficaz y eficiente.

Según esto, la empresa cumple una función social que no es explícita en su función económica, sino implícita, al generar rentas, empleo, coordinar factores de producción, pagar impuestos, contribuir a la innovación y aumentar el bienestar social. Es decir, la eventual función social de la empresa es una especie de "subproducto" de la función económica, no algo que se busque por su bondad intrínseca, sino que se da de forma involuntaria.

El enfoque actual de la empresa entiende que la función social de la empresa debe ser explícita e ir más allá del simple cumplimiento de su función económica. La razón está en admitir que esa visión tradicional resulta insuficiente para reflejar todos los impactos que las empresas tienen en el entorno.

Lecciones de la crisis económica

La crisis económica que vivimos ha revelado una profunda fractura en nuestro modelo productivo, donde muchos han actuado basándose en un afán desmedido de beneficios sin prestar atención a lo que podríamos llamar "los daños colaterales" de unas decisiones empresariales que solo perseguían un exacerbado interés propio.

Aunque no sean las únicas culpables, las empresas han tenido una enorme responsabilidad en el desencadenamiento de la crisis, ya que han adoptado una forma de hacer negocios basada en el cortoplacismo, la especulación, la desatención al entorno, la asunción inconsciente de riesgos desmesurados y la retención de las plusvalías por parte de los propietarios y directivos sin hacer partícipes de ellas a los trabajadores, proveedores o clientes.

Tenemos un claro ejemplo en la explicación a esta crisis por parte de tres grandes expertos, Aristóbulo de Juan, Francisco de Uría e Íñigo de Barrón, que afirman en *Anatomía de una crisis*: "La expansión monetaria y un contexto favorable a la desregulación fueron el caldo de cultivo. La crisis *subprime* fue el desencadenante. La mala gestión fue la causa. Y los fallos de supervisión fueron el agravante. (...) El *deterioro de la gestión* puede ser una causa más importante de las crisis que el deterioro de la economía" (la cursiva es nuestra).

¿Por qué se cuestiona a la empresa?

La responsabilidad social se refiere especialmente a la empresa porque es una institución fundamental de la sociedad, que desempeña la misión de producir y distribuir los bienes y servicios necesarios, hasta el punto de que, en los países desarrollados, dependemos de ellas para la mayoría de nuestras actividades.

Además, los cambios que se han producido en el mundo con la globalización económica, el desarrollo de la sociedad de la información, los crecientes procesos de concentración empresarial o la mayor concienciación ambiental han contribuido a incrementar el impacto social de la empresa.

Esto ha traído también como efecto la mayor visibilidad y exposición que tienen muchas actuaciones de las empresas, que antes quedaban restringidas a ámbitos locales, pero que ahora llegan a alcanzar repercusión mundial gracias a Internet, lo que ha provocado que las consecuencias del comportamiento empresarial se difundan de forma exponencial.

Recordemos casos como los que afectaron a fabricantes de ropa o material deportivo con subcontrataciones en Bangladesh y la India, donde los menores trabajaban de forma esclava, y los más recientes de las firmas de moda, las empresas tecnológicas que producen en China y muchas otras.

Las empresas no pagan por todo lo que rompen

Según la economía, la empresa realiza una función que consiste en crear un valor que es objeto de intercambio. Para conseguirlo, toma unos factores de su entorno, paga un precio por ellos y los combina para generar un producto, que vende en el mercado para obtener unos ingresos. Si sus previsiones económicas han sido correctas y ha conducido sus operaciones con rigor, al término de ese proceso habrá ingresado más de lo que ha gastado, consiguiendo un beneficio en legítima retribución al trabajo realizado y al riesgo asumido.

Según esto, cuando una empresa tiene ganancias es porque ha hecho bien su trabajo, es decir, porque ha creado más valor del que ha sacrificado en su obtención. El beneficio no es solo una remuneración al trabajo realizado, sino también un indicador de que la existencia de la empresa en la sociedad es legítima, conveniente y necesaria. En resumen, la idea es que si una empresa gana dinero es porque ha hecho las cosas bien, y punto.

Todo esto sería aceptable si pudiéramos garantizar que el cómputo de los ingresos y gastos que hace la contabilidad refleja todos los resultados producidos por la acción de la empresa, es decir, recoge todos los gastos e ingresos motivados por la actividad.

Pero eso no es completamente cierto, pues existen unos efectos que exceden a lo estrictamente económico, y producen consecuencias que van recayendo sobre agentes externos. Por ejemplo, una empresa que sitúa un centro logístico de distribución a la entrada de un pueblo puede provocar congestiones de tráfico, excesivo uso y desgaste de las vías de comunicación y contaminación acústica y ambiental, que afecte a los vecinos y usuarios próximos.

Las externalidades existen

Las *externalidades* son efectos directos o indirectos de la actividad económica de las empresas que son soportados por personas o grupos ajenos a ella, y a las que se denomina también *economías* y *deseconomías externas*. Las externalidades pueden ser de tres tipos:

- ✔ **Positivas**: cuando producen un efecto beneficioso en todo o en parte del entorno, como resultado de la actividad de la empresa.
- ✔ **Negativas**: si producen efectos perjudiciales, pues trasladan al ámbito externo ciertos costes que produce la actividad de la empresa, pero que ella no asume.
- ✔ **Posicionales o relativas**: cuando son positivas para unos agentes y negativas o indiferentes para otros, o incluso varían para el mismo agente en función del momento en que se consideran.

Un ejemplo de externalidad positiva sería la instalación de un centro comercial en una zona, lo que atrae a gente, nuevos negocios, hace que el entorno esté más cuidado, más iluminado, con más vida, etc. Sería negativa porque el centro comercial puede producir problemas de tráfico, encarecimiento de los precios del suelo y locales en el entorno, o ruidos molestos a los vecinos. Y sería posicional porque puede hacer que suba el precio de los pisos y locales en la zona: para el que tiene un inmueble que vender o alquilar es una externalidad positiva, pero para el que necesita adquirirlo, es negativa.

Ahora bien, un buen mánager debe discernir las externalidades de las dinámicas normales del mercado, es decir, las consecuencias deseadas por la empresa o producto del normal juego de fuerzas de la oferta y la demanda. Muchas veces se consideran externalidades fenómenos que no lo son.

La instalación del centro comercial del ejemplo anterior permite a los usuarios tener una variedad de establecimientos a su alcance, donde pueden hacer sus compras, tener ocio y aparcar con facilidad. Hay quien lo considera una externalidad positiva. Sin embargo, eso no es una externalidad, es su *oferta de valor*, es decir, lo que la promotora del centro comercial ha buscado y por lo que ha pagado (ha realizado una inversión).

Ese centro comercial puede afectar negativamente al pequeño comercio tradicional de la zona, obligando a cerrar a muchos de ellos. ¿Es una externalidad negativa? Pues no, se llama *competencia*, y siempre que sea leal y respetuosa con las leyes, es una consecuencia normal del libre juego de fuerzas del mercado. Los comercios tradicionales estarían abocados al cierre por su menor eficiencia económica y por no haber sabido adaptarse a las condiciones actuales, por ejemplo, incorporando nuevas tecnologías, mayor conocimiento, más especialización, servicios personalizados, o incluso, agrupándose entre ellos para ofrecer servicios comunes u obtener economías de escala.

Otras veces se argumenta que la creación de empleo es una externalidad positiva: pues en general no lo es, ya que la empresa no crea empleo por gusto sino porque necesita mano de obra para hacer su trabajo y, además, paga por ello unos salarios, así que en principio hay una transacción equilibrada. Otra cosa distinta es si, a la hora de contratar, la empresa es sensible a las necesidades de empleo en la zona, favorece a colectivos con menos oportunidades, etc. En tal caso, hay una externalidad positiva más allá del mero hecho de crear empleo.

Tu empresa es de mucha gente

Como mánager, debes ser consciente de que ninguna empresa es autosuficiente, al igual que tampoco lo es un empresario o directivo. Necesitas contar con empleados, socios, proveedores, distribuidores, clientes, inversores, consultores y con muchas otras personas e instituciones para crear valor y hacer que tu negocio funcione.

Por eso, desde finales del siglo XX, han empezado a surgir en el campo del management voces que apuntan a la necesidad de que la empresa tenga en cuenta una gama de intereses más allá de los propietarios, y por eso hoy en día se habla de *grupos de interés* o *stakeholders*, aunque la expresión más adecuada pero menos usada para referirse a esos copartícipes sería el de *partes interesadas*.

Los grupos de interés serían todas las personas, agentes y organizaciones que pueden afectar o resultar afectados por las actividades de una empresa u organización.

La idea de que hay que tener en cuenta a los grupos de interés asume que los valores deben contar en los negocios: los directivos deben ser conscientes de que la riqueza creada por la empresa no proviene únicamente de su intervención, sino de la de otros muchos actores. En definitiva, todos son copartícipes en el proceso de creación de valor, pues sin su compromiso, voluntad, dedicación, colaboración e interés no se lograría nada, y reconocer este hecho es necesario.

Una gestión que tiene en cuenta a los grupos de interés produce un modelo de negocio más responsable, capaz de reconocer la diversidad social y la contribución de todos los actores a la creación de valor.

Los grupos de interés forman círculos concéntricos

El primer nivel de los grupos de interés estaría formado por los *miembros o integrantes de una organización:* si es una empresa, sus propietarios, directivos y empleados conforman el núcleo duro de los partícipes en el proceso de creación de valor, por lo que estos grupos internos serían prioritarios.

Detrás estarían los *grupos de interés externo*, donde es conveniente distinguir dos subgrupos:

- ✔ Los **grupos de interés externo directo**, que, como su nombre indica, tienen una relación directa y constante con la organización, coinciden con el entorno específico y forman parte de su entorno específico. Entre estos encontraríamos a los consumidores y clientes, proveedores, competidores, sindicatos, medios de comunicación locales, vecinos de la empresa, medio ambiente cercano, grupos de interés especial y organismos públicos con los que trata la empresa.
- ✔ Los **grupos de interés externo indirecto**, que tienen una influencia indirecta o esporádica y que forman parte del entorno general. Entre estos estarían el Estado, la sociedad, la comunidad internacional, los medios de comunicación a gran escala, el medio ambiente global, la comunidad futura, etc.

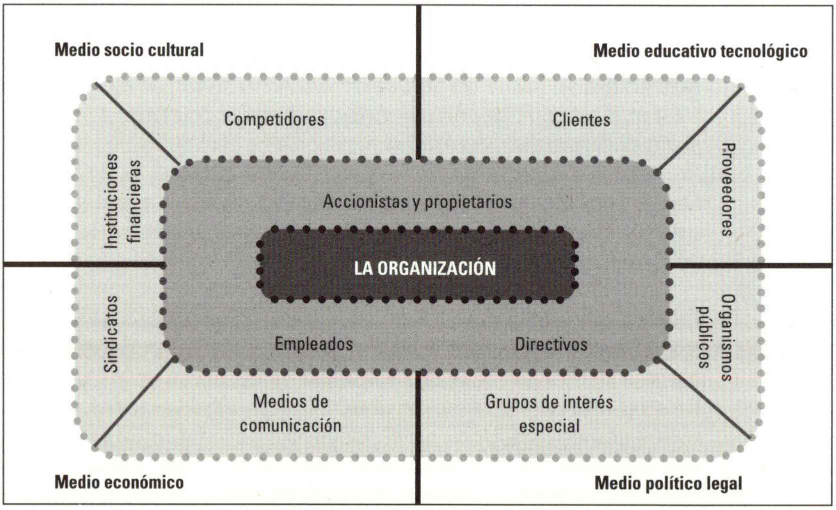

Figura 4-1: La organización y sus grupos de interés

Una visión innovadora

El reconocimiento de los grupos de interés supone una innovación del modelo de empresa capitalista al enfocarlo a la creación de valor para la sociedad (*stakeholder value*), en contraposición al modelo liberal, preocupado por proteger los intereses del capital, es decir, focalizado en la creación de valor para el accionista (*shareholder value*).

Prestar atención a los grupos de interés no solo es importante por la motivación ética de hacer lo correcto y justo: hay también una motivación interesada, ya que ninguna organización puede desarrollarse a largo plazo sin vivir integrada y siendo aceptada por su medio social.

Como pequeño ejercicio, te proponemos que identifiques los principales grupos de interés de tu empresa, situándolos de mayor a menor importancia.

Qué esperan los stakeholders

Para ser un mánager consciente de su responsabilidad social, que considera en su gestión a las partes interesadas, debes comenzar por preguntarte cuáles son las expectativas e intereses de tus *stakeholders*. En otras palabras, debes identificar los objetivos que tus interlocutores y *partners* sociales tienen hacia tu empresa.

Aunque esos intereses variarán en función de la empresa, de su tamaño, actividad, localización, sector, estructura de propiedad, etc., en términos muy generales es posible apuntar los siguientes:

- ✔ **Grupos de interés internos**
  - **Propietarios y accionistas**: rentabilidad y valor de su inversión, estabilidad de las rentas del capital, dividendos, valor de la empresa.
  - **Los mánager y directivos**: beneficios, volumen de negocio, crecimiento, poder, prestigio, remuneración.
  - **Empleados**: remuneración, estabilidad y calidad en el empleo, participación, empleabilidad y formación, igualdad de oportunidades, promoción, salud laboral, conciliación.
- ✔ **Grupos de interés directo externos o del entorno específico**
  - **Proveedores**: volumen de actividad, estabilidad en la relación, cooperación, lealtad en la relación.
  - **Acreedores**: rentabilidad, transparencia, solvencia.
  - **Clientes y consumidores**: calidad y fiabilidad de los productos, precio justo, garantías y servicio, publicidad leal, atención a grupos vulnerables y situaciones especiales.

    - **Competidores**: competencia leal, cooperación.
    - **Vecinos, comunidad local y grupos de interés especial**: eficiencia económica y social, empleo de calidad, atención a problemas comunes, generación de rentas, conservación del patrimonio natural, cultural, contribución a la educación, etc.

- **Grupos de interés indirecto o del entorno general**
    - **Estado**: productividad y beneficios, impuestos, creación de rentas, creación de empleo, crecimiento económico, exportación, innovación y desarrollo tecnológico, cooperación al desarrollo y solidaridad.
    - **Comunidad nacional**: valores sociales, cultura nacional, contribución al bienestar, calidad de vida, utilidad social del producto, fortalecimiento de la economía nacional.
    - **Naturaleza**: protección del entorno natural, reducción del consumo de energía y materiales no renovables, reciclaje de residuos, lucha contra la contaminación.

Como es evidente, esta relación de objetivos es muy diversa, lo que dificulta integrarlos y conciliarlos. Por eso, el mánager tiene un papel complicado que le obliga a manejar intereses múltiples y a construir equilibrios delicados donde no se imponga el poder de unas partes sobre las otras.

Pero no olvidemos que una gran parte de esos intereses son económicos y se vinculan al éxito financiero del negocio: mejores salarios, más dividendos, más prevención, innovación, más actividad, pago de impuestos, mejor empleo, etc., pasan necesariamente por la obtención de beneficios.

El reto del mánager responsable está en satisfacer lo mejor posible a todos los grupos de interés, sin caer en el error de beneficiar a un *stakeholder* perjudicando a otro, como ocurre cuando, para ofrecer productos a precios bajos, se abusa de los trabajadores o se presiona hasta la extenuación a los proveedores.

¿Qué es eso de la responsabilidad social de la empresa?

La manera más simple de definir la *responsabilidad social de la empresa* es la que utiliza la Comisión Europea cuando dice que es la responsabilidad de las empresas por su impacto en la sociedad.

Como según nos enseñaron en el instituto lo definido no debe entrar en la definición, debemos preguntarnos qué significa *responsabilidad*. Si acudimos al *Diccionario de la Lengua Española*, encontramos varias acepciones que remiten a la cualidad de responsable, a la deuda u obligación de reparar y satisfacer, al cargo u obligación moral derivado del error cometido y, finalmente, a la capacidad para reconocer y aceptar las consecuencias de lo realizado libremente.

La palabra responsabilidad viene de *responder*, es decir, equivale a dar respuesta o rendir cuentas de lo realizado. Por eso, podemos decir que la responsabilidad social es la obligación ética voluntariamente aceptada por la empresa hacia la sociedad de reconocer y satisfacer sus demandas o de reparar los daños causados por su actividad.

Esta idea denota dos tipos de responsabilidad social:

- ✔ **Responsabilidad social reactiva**: orientada a asumir y reparar las externalidades y costes sociales generados por su actividad. Por ejemplo, una empresa que indemniza a un cliente que ha sufrido un perjuicio al usar sus productos.
- ✔ **Responsabilidad social proactiva**: supondría que la empresa se implique en prevenir riesgos sociales y colaborar en la resolución de problemas comunes. Por ejemplo, empresas que establecen sistemas de protección ambiental más allá de lo exigido por la legislación.

PRACTICONSEJO

Es evidente que la responsabilidad social proactiva es preferible a la reactiva, que obligaría a la empresa a ir a remolque de las presiones de los grupos de interés. Anticipándote, tu empresa podrá marcar las directrices de su responsabilidad social, haciendo que, en vez de una carga, sea un campo donde cada vez más se ofrecen interesantes oportunidades de negocio.

Ocho claves para saber en qué consiste

Aunque la responsabilidad social lleva muchos años de plena actualidad, hay todavía aspectos que resultan confusos y donde las propias empresas, incluso las que se declaran más comprometidas con ella, caen en errores de concepto. Por eso, vamos a hacer algunas matizaciones para clarificar lo que significa.

Siempre, no "a veces"

La responsabilidad social de la empresa no puede ser una actividad esporádica, oportunista o marginal que podemos tomar o dejar de lado según interese. Por ejemplo, invertir en causas sociales cuando hay beneficios y olvidarse de ellas cuando las cosas van peor. La responsabilidad social debe ser una forma de hacer empresa, parte integrante de la estrategia y que constituye un verdadero modelo de negocio.

No es marketing

La responsabilidad social no se hace con una finalidad comercial directa o explícita, como ocurre con el llamado *marketing con causa*. El marketing con causa es marketing, y la causa suele ser algo ajeno a la actividad, totalmente prescindible, y que se presenta como una forma aparentemente más honesta de reclamo comercial. Por ejemplo, "Por cada producto que usted compre, donaremos X importe a una causa". Probablemente, el coste de la campaña publicitaria anunciando el plan en cuestión será muy superior a la aportación final que se hace a la causa.

No va contra los beneficios

La primera responsabilidad social de una institución económica como la empresa es ser económicamente eficaz y eficiente, es decir, ganar dinero, ser rentable. Los recursos que la empresa "toma prestados" del entorno deben usarse con rigor, de forma productiva, generando con ellos más valor del que supone usarlos. Además, los intereses y expectativas que la mayoría de los grupos tienen en la empresa son de naturaleza económica, y satisfacerlos exige un uso rentable de los recursos. Lo que preconiza la responsabilidad social no es que las empresas dejen de ganar dinero, sino que lo ganen de la forma más honesta posible y lo compartan en mayor medida con quienes han contribuido a ganarlo.

No es maquillaje social

La responsabilidad social no es gestión de la reputación o de la imagen, ni puede quedarse en declaraciones o compromisos puramente verbales que no se llevan a la práctica. Es evidente que la responsabilidad social mejora la reputación, igual que un buen maquillaje mejora el aspecto y no la salud, pero si no hay hechos, eso es superficial.

Es para los grupos de interés

La responsabilidad social debe suponer el compromiso permanente de considerar las demandas de las partes interesadas, así como la obligación de rendir cuentas. La verdadera responsabilidad social tiene en cuenta a los partícipes en la creación de valor según su contribución. No hay responsabilidad social real cuando no se toma en consideración a los *stakeholders* claves.

Forma parte del corazón del negocio

La responsabilidad social debe estar inserta en el núcleo del negocio, penetrando de forma transversal en todos los procesos de creación y distribución de valor. No puede aparcarse en un área o departamento, como solemos ver en algunas empresas que la sitúan en recursos humanos, o en comunicación, o incluso en marketing, sino que debe estar en toda la empresa y en todas sus actividades.

Se hace porque se quiere

La responsabilidad social debe ser voluntaria, yendo más allá de las obligaciones legales. El problema es que muchas empresas que se presentan como socialmente responsables ni siquiera respetan las leyes. O bien exhiben como logros actuaciones que son obligatorias, como es frecuente que ocurra con empresas grandes que presentan sus planes de igualdad como un logro de responsabilidad social.

Es para toda la empresa

Finalmente, la responsabilidad social no se refiere a la conducta individual, sino al comportamiento institucional, por lo que solo tiene sentido si implica a toda la organización. Por eso, debe ser gestionada desde el más alto nivel mediante un impulso *top-down*, sin confiarse al criterio discrecional de cada directivo o empleado.

IDEA-CLAVE

Resumiendo, para saber si lo que hacemos es responsabilidad social, tienen que cumplirse tres condiciones:

- ✔ Que forme parte de la actividad normal del negocio.
- ✔ Que tenga en cuenta a los *stakeholders* claves.
- ✔ Que sea un compromiso voluntario más elevado de lo que exige la ley.

Estas condiciones son claves, y verás más claras las dos primeras si lees el siguiente apartado.

Filantropía, mecenazgo, solidaridad, acción social

Aunque la responsabilidad social suele ir acompañada de la acción social, no es equiparable a la filantropía, mecenazgo o a cualquier otro tipo de actividad solidaria, que la mayoría de las veces es ajena al corazón del negocio. Sobre esto, todavía hay que hacer pedagogía, ya que la mayoría de las empresas siguen vinculando e identificando la acción social con la responsabilidad social.

La *acción social* incluye actuaciones como donaciones, participación en programas solidarios y de inclusión social, cooperación al desarrollo, acciones filantrópicas, patrocinio, mecenazgo y protección de la cultura, voluntariado corporativo, etc.

Una empresa industrial que dona productos al banco de alimentos en la campaña de Navidad hace acción social, pero una cadena de supermercados que dona habitualmente los alimentos que están a punto de caducar al banco de alimentos hace responsabilidad social. Para la primera es una actividad puntual y no vinculada a su negocio. Para la segunda, es una forma de darle un uso social a unos productos que en todo caso serían desechados, haciendo la gestión de sus residuos más sostenible social y económicamente.

Lo que diferencia la responsabilidad social de la acción social es su permanencia y vinculación al núcleo del negocio, y el que prioritariamente se dirige a *stakeholders* internos y directos. En cambio la acción social suele enfocarse a grupos de interés indirectos, y a veces muy lejanos, que no tienen nada que ver con la empresa.

Para muchas organizaciones, sobre todo las que intentan iniciarse en el campo de la responsabilidad social, la acción social es un primer paso mediante el que tratan de restituir a la sociedad algo de lo que la sociedad les ha dado. Esto no significa que la acción social sea algo que las empresas deban rechazar, pero no hay que olvidar que no sustituye, sino que complementa la responsabilidad social.

Podemos concluir que la responsabilidad social se preocupa de **cómo se obtienen** los beneficios, mientras que la acción social se ocupa de **qué se hace** con los beneficios obtenidos sin cuestionar cómo se han generado.

Qué comprende la responsabilidad social

En su devenir histórico, el alcance de la responsabilidad social de la empresa ha ido cambiando: en su origen, las empresas eran cuestionadas por hechos puntuales. El cine nos muestra este tipo de casos en películas como *Erin Brockowitch* o *Acción civil*, que nos presentan a luchadores incansables contra grandes corporaciones que tergiversan las leyes en su beneficio, cuando no las violan de forma impune.

Con el tiempo, el contenido de la responsabilidad social se ha ido ampliando hacia asuntos de mayor alcance y generalidad. En la actualidad, comprende tres grandes dimensiones:

- ✔ **El producto y las relaciones con el mercado**: incluye todo lo relacionado con los procesos de la actividad económica de la empresa, desde la utilidad del producto, su precio, la tecnología productiva, los materiales utilizados, cómo se distribuye, cómo se publicita, la atención al cliente y las garantías, las relaciones con proveedores, etc.

- **Las relaciones laborales**: tanto las que se dan dentro de la empresa como en las subcontratas y unidades productivas exteriores, como puede ser explotaciones en otros países. Concierne a cuestiones como la estabilidad en el empleo, los salarios y beneficios sociales, la empleabilidad, la formación y promoción, la acción sindical, la conciliación, la igualdad, etc.
- **El medio ambiente**: en su vertiente local y global, considerando tanto el impacto ambiental de los procesos productivos como de los usos del producto una vez puesto en el mercado y al final de su vida útil, el origen de los materiales utilizados en la elaboración, el impacto del transporte y sistemas de distribución, de los envases y embalajes, el uso del agua, etc.

Junto a estas dimensiones hay una exigencia general de buen gobierno y trasparencia, los valores centrales que deben conformar la filosofía de la empresa responsable.

Cada empresa es un caso único

Aunque haya unas dimensiones generales, en casos concretos cada empresa deberá identificar sus ámbitos de responsabilidad social, ya que dependerán de sus circunstancias particulares, de su tamaño, ubicación, actividad, tecnología, etc., así como de quiénes sean sus *stakeholders*.

PRACTICONSEJO

Si quieres ser un mánager responsable, pregúntate si tus actividades pueden estar causando efectos o impactos concretos en tus grupos de interés, viendo en qué medida se contraponen las acciones de tu empresa a las necesidades y expectativas de los stakeholders.

En definitiva, la responsabilidad social no cuestiona que las empresas obtengan beneficios, sino cómo los obtienen y los distribuyen.

IDEA-CLAVE

Finalmente, hay una cuestión en la que debemos insistir: la responsabilidad social es una actitud voluntaria de la empresa que quiere comprometerse más allá de sus obligaciones legales. De ahí se desprende que el mero cumplimiento de la ley, por exquisito que sea, no hace a la empresa socialmente más responsable.

Pero también se deduce que incumplimientos puntuales de las leyes, en los que todos podemos caer en alguna ocasión, no descalifican a la empresa que actúa con responsabilidad social en ámbitos más generales.

Por qué la responsabilidad social es innovadora

Hay una convicción general de que la responsabilidad social es algo positivo, y casi siempre que se habla de sus ventajas se hace referencia a las mejoras del rendimiento, al ahorro en costes, a la menor exposición a riesgos, al aumento de la lealtad de la clientela, a la mayor facilidad para atraer inversores, talento, socios, etc.

Pero lo más destacable de la responsabilidad social es su carácter innovador, y existen buenas razones que permiten afirmar que es una forma de innovación empresarial sin precedentes.

Cuando una empresa adopta la responsabilidad social cambia de actitud hacia su entorno y desarrolla una visión a largo plazo y una actitud más estratégica (como te contábamos en el capítulo 1, la visión estratégica es uno de los tres puntos clave que debe controlar un mánager).

Supone una apuesta por la calidad y la excelencia en la gestión, y es garantía de continuidad y de crecimiento sostenible. Si estamos de acuerdo en que la primera responsabilidad de una empresa es ser rentable, la responsabilidad económica es inseparable de la social, y eso tiene como corolario que una empresa mal gestionada, que no cree valor, sería una empresa socialmente irresponsable.

Haciendo crecer el capital intangible

Es muy significativa la contribución de la responsabilidad social al incremento del *capital intangible de la empresa*, la base de la competitividad en la sociedad del conocimiento más allá de los activos materiales (esta idea la desarrollaremos ampliamente en el capítulo 7, al hablar de la cadena de valor, y en el 9, donde te contaremos los fundamentos de la globalización y del desarrollo de la sociedad del conocimiento).

Y esto es así porque la responsabilidad social incrementa los tres componentes del capital intelectual: capital humano, capital estructural u organizativo y capital relacional.

- ✔ **Capital humano**: en el plano laboral, la responsabilidad social supone empleo de calidad, formación permanente, políticas de personal basadas en la equidad, el respeto y la dignificación del trabajo, conciliación de la vida personal y laboral y, en general, una serie de acciones que atraen y fidelizan el talento y mejoran la integración del factor humano en la empresa. Una organización ética y responsable siempre será un lugar mejor para trabajar, donde es más probable que crezcan la confianza y la cooperación, el compromiso con los valores y la convergencia entre los objetivos de la empresa y las personas que la forman.

- **Capital organizativo**: la responsabilidad social contribuye a que se comparta el conocimiento tácito implícito en el capital humano, de modo que las personas lo ponen a disposición de la empresa para ser almacenado y reproducido. Hay una mejor disposición a cooperar y participar, ya que una organización ética y responsable valorará al factor humano y fomentará el que los empleados aporten su experiencia, ideas e iniciativas. El capital organizativo también incorpora el proyecto estratégico de la empresa, que será más profundo e innovador cuando incorpore la responsabilidad social con su vocación de sostenibilidad y excelencia a largo plazo.
- **Capital relacional**: la responsabilidad social mejora la reputación y la imagen de la empresa y de sus productos, incrementa la lealtad de los clientes y aumenta las ventas. Promueve un planteamiento más estratégico del aprovisionamiento, la subcontratación y la distribución mediante relaciones duraderas con los *partners* en un clima de confianza. Se apuesta por la competencia leal y la colaboración entre competidores, más que la lucha estéril, yendo a un modelo de "*coopetición*" o cooperación competitiva del tipo *win-win* (gano yo, ganas tú, beneficio mutuo). Facilita las relaciones con las autoridades, los bancos, las entidades sociales, los medios de comunicación y los vecinos.

PRACTICONSEJO

Por eso, si como mánager quieres implementar una gestión enfocada a los grupos de interés, tendrás que reconocer que todos los que hayan colaborado en la creación de valor deben ser partícipes del mismo en proporción directa a su contribución al proceso. Como dijo el sabio chino Confucio (551 a.C.-479 a.C.), "La mente del hombre superior valora la honradez. La mente del hombre inferior valora el beneficio".

Hacia un modelo de negocio responsable

¿Qué es un modelo de negocio responsable? Pues es un modelo de negocio centrado en la creación de valor real, que incorpora la responsabilidad social de forma transversal en todos sus procesos y actividades. Es decir, es un modelo de negocio productivo y no especulativo, que cuenta con las personas porque contempla los intereses de todos los que, directa o indirectamente, resultan afectados por la actividad de la empresa.

Tomar en consideración a los grupos de interés directo es un requisito básico, y dentro de ellos, de forma prioritaria, a los que forman parte de la organización.

Eso sitúa a las personas empleadas en la empresa en un lugar preferente en la distribución de valor. Sin embargo, entre los empleados no pueden considerarse al mismo nivel los directivos, quienes tienen un poder y una capacidad de decisión que les permiten situarse por delante, incluso a veces, de la propiedad, posibilitando que sus intereses se antepongan a los de los demás grupos.

Estos últimos años hemos asistido a un gran número de situaciones de este tipo: directivos que han disfrutado de opciones sobre acciones ventajosísimas sin que hayan conseguido grandes beneficios para la propiedad o mayores utilidades para sus clientes y trabajadores; equipos de gestores que se aseguran paracaídas dorados o que disfrutan de sobresueldos millonarios y opacos mientras sus empresas caminan hacia la quiebra y la evaporación de los ahorros de miles de pequeños inversores; otros que se regocijan con todo lujo por incentivos a "resultados" inexistentes mientras han sido rescatados con dinero público...

En un modelo de negocio responsable, no solo estos comportamientos no tienen cabida sino que los mánager deben ser un ejemplo de comportamiento ético y de servicio: los directivos son "agentes de la propiedad", gestionan unos recursos que no les pertenecen y lo hacen en nombre de otros, por lo que están obligados a ser exquisitos en la forma de usar esos recursos.

Un modelo de negocio responsable debe ser una actividad basada en la creación real de valor. Esto significa que debe ser un negocio viable económicamente y rentable, y que debe tener vocación de permanencia. Una actividad que aporte una utilidad a la sociedad, porque sea capaz de ofrecer un producto o servicio que responde a una verdadera necesidad y, además, logre hacerlo de forma eficiente.

Este planteamiento excluye los negocios puramente especulativos que buscan plusvalías rápidas sin realizar aportación alguna de utilidad social.

Mi empresa es mía, y ¿hago con ella lo que quiero?

Llegados a este punto tal vez te preguntes: "Si la empresa es mía y el dinero que está invertido en ella también, ¿puedo gestionarlo como quiera, y si sale mal, lo pierdo y ya está?".

Desde el punto de vista legal, es cierto, solo es tu dinero y tu riesgo es tuyo. Pero desde el punto de vista ético, desarrollar una gestión de riesgo o especulativa es semejante a jugarte tu dinero en el casino, además de las expectativas e ilusiones de mucha gente. O peor aún, a destruirlo de forma improductiva y despreciativa de las muchas necesidades que se podrían satisfacer.

¿Te parecería correcto encender un puro con un billete de 500 euros, aunque sea tu dinero? ¿Quemarlo porque sí? No parece decente, ¿verdad? Pues respecto del negocio se puede aplicar el mismo razonamiento: aunque sea tu dinero, como miembro activo, responsable y digno de la sociedad, estás obligado a hacer el mejor uso posible del mismo, un uso productivo y beneficioso para ti y para los demás.

Aprende de los mejores: Mercadona y Juan Roig

Mercadona es una compañía de supermercados, de capital 100 % español y familiar, que tiene por objetivo satisfacer las necesidades en alimentación, higiene personal y cuidado del hogar y mascotas de sus clientes. Su presidente ejecutivo es Juan Roig. La compañía está presente en casi toda España, con un total de 1.527 supermercados de barrio que, con una media de 1.500 metros cuadrados de sala de ventas, representan una cuota del mercado de alimentación en España del 14,1 % y contribuyen al dinamismo del entorno comercial en el que se ubican.

Para realizar su actividad y satisfacer a los 4,8 millones de hogares que realizan su compra en Mercadona, la compañía cuenta con una plantilla de 74.000 trabajadores, todos con empleo estable y de calidad, que desarrollan carrera profesional en la empresa.

El modelo de gestión de Mercadona se basa, desde 1993, en la Calidad Total. Con este modelo, trata de satisfacer con la misma intensidad a los cinco componentes que forman la empresa:

- ✔ El "jefe" (el cliente): esfuerzo constante por satisfacer a los "jefes", prescribiendo soluciones con la mejor relación calidad-precio.
- ✔ El trabajador: para satisfacer a sus clientes, Mercadona busca satisfacer a sus trabajadores, y para ello, aplica un modelo de Recursos Humanos basado en el liderazgo, el esfuerzo y la satisfacción personal de la plantilla.
- ✔ Proveedor: se persigue establecer relaciones estables con los proveedores y ha creado el modelo de los "interproveedores" con los que se comparte conocimiento para mejorar producto, coste y servicio al cliente.
- ✔ Sociedad: según la empresa, fomenta la modernización del entorno en el que se ubican sus tiendas y las zonas se dinamizan comercialmente.
- ✔ Capital: todo ello permite satisfacer al capital de la empresa mediante un crecimiento sostenido y compartido con todos los que integran la empresa.

Juan Roig, el artífice de la realidad que es hoy Mercadona, ha dicho frases como las siguientes:

- ✔ "En Mercadona apostamos por mantener el nivel de vida aumentando la productividad a través de la cultura del esfuerzo y del trabajo".
- ✔ "Hoy, en Mercadona el sueldo de enganche son 1.050 euros netos al mes. Eso es lo que cobra un trabajador que entra en Mercadona. Y cuando está cuatro años una cajera o un reponedor, el sueldo al mes son 1.400 euros netos. Y además si salen los resultados y cumple con sus objetivos tendrá dos pagas extra que suponen 2.700 euros más. Creemos que nuestro nivel de sueldos está muy bien".
- ✔ "En 2015 nadie se irá de Mercadona o muy poca gente se irá de Mercadona. Todos los

(cont.)

miembros del comité estamos comprometidos con ese objetivo".

- "Nuestro absentismo es una cifra espectacular. Tenemos un 0,78 % y en España está en el 6 %".
- "Hemos llegado a cerrar tiendas que eran muy rentables para el capital pero eran muy molestas con los vecinos".
- "En Mercadona, la mejor tecnología es escuchar mucho al cliente, hablar mucho con él".

Capítulo 5

La hora de rendir cuentas

En este capítulo

- Responsabilidad es obligación de responder
- La buena reputación
- La ética conviene
- Gobernanza, transparencia e internet

Cuando una empresa reconoce que tiene una responsabilidad social es para gestionarla, y eso conlleva unas implicaciones en su estructura y en sus procesos de gestión. Unas de las más importantes son las relativas a la rendición de cuentas, esa asignatura pendiente que tan difícil resulta de aprobar, ya que, al parecer de algunos, implica rebajarse.

Pero no olvides que rendir cuentas, es decir, responder de lo hecho, es condición inexcusable de un management responsable.

Mucho más que comunicación

La rendición de cuentas forma parte de la naturaleza intrínseca de la responsabilidad social, pues debemos recordar que *responsabilidad* viene de *responder*. Rendir cuentas significa dar cuenta y razón a los diferentes grupos de interés de la forma en que la empresa ha gestionado su relación con ellos.

Los niveles de exigencia hacia los agentes sociales en el reporte están relacionados con la implicación, compromiso e intervención de dicho grupo de interés en la creación de valor. Por tanto, primero están los grupos internos, después los externos directos y, por último, los externos indirectos.

Una empresa que se dedique a realizar proyectos de ingeniería, por ejemplo, depende más de los ingenieros y técnicos de estructuras, delineantes y demás profesionales de su especialidad que de los abogados que redactan los contratos o de la copistería que los imprime, pongamos por caso. Por tanto, a la hora de rendir cuentas tendrás que priorizar a estas personas, ya que están directamente implicadas en su proceso de creación de valor, y es de quienes más depende la buena marcha del negocio.

En sus primeros tiempos, la rendición de cuentas en responsabilidad social se hacía a través de un documento llamado *balance social*, que, paralelamente al balance contable mostraba los hechos de la empresa que no estaban recogidos en la memoria económica. Sin embargo, el balance social tenía multitud de fórmulas diferentes para su elaboración y presentación que dificultaban la comparación entre periodos o entre empresas.

Con la generalización y extensión en este siglo de la responsabilidad social, y gracias a los programas internacionales y a los compromisos de muchos gobiernos e instituciones, se ha avanzado bastante en este terreno, y hoy en día podemos hablar de que la gran tendencia en la rendición de cuentas en responsabilidad social es la *normalización* y, cada vez más, la *certificación*.

Vamos a profundizar en estos conceptos que, aunque muy ligados, no son lo mismo, y que se aplican en muchos ámbitos de la gestión y de la ingeniería:

- ✔ La **normalización** consiste en aplicar una norma o estándar, es decir, un conjunto de criterios técnicos y metodológicos con el objetivo de homogeneizar y mejorar la gestión en algún ámbito.
- ✔ La **certificación** es la acreditación que puede obtener una empresa de un organismo independiente, normalmente licenciado para ello por la entidad creadora de la norma, de que dicha norma se está aplicando adecuadamente. Aunque obtener la certificación de una norma es opcional, se acude a ello cuando una organización necesita demostrar su cumplimiento.

El documento central en el que se concreta la rendición de cuentas en responsabilidad social corporativa es la *memoria de sostenibilidad* o *memoria de triple balance*, económico, social y medioambiental.

Rendición de cuentas, mucho que aprender

La *rendición de cuentas* es más que la comunicación, ya que implica informar del comportamiento de la empresa en el ejercicio de su responsabilidad social.

Tras la experiencia de los primeros tiempos con los balances sociales que ofrecían informes muy dispares y heterogéneos, aparece la normalización, que se encarga de regular y estandarizar la elaboración de informes o reportes sociales, para ganar homogeneidad y comparabilidad, según el modelo de triple memoria económica, social y medioambiental.

En esa línea, se han desarrollado sistemas estandarizados, de los cuales el más conocido es el de la Global Reporting Initiative (GRI). GRI es una organización sin ánimo de lucro que integra múltiples grupos de interés con el fin de impulsar la elaboración de memorias de sostenibilidad en las organizaciones. Fue fundada por CERES y el Programa de las Naciones Unidas para el Medio Ambiente (PNUMA) en 1997 y tiene su sede en Ámsterdam.

La GRI ofrece un marco para la elaboración de memorias de sostenibilidad cuyo uso está extendido en todo el mundo y que establece a las organizaciones principios e indicadores para medir y dar a conocer su desempeño económico, ambiental y social.

Si quieres comenzar a reflejar el cumplimiento de tu responsabilidad social, la guía GRI es el mejor instrumento. Además es gratis, y puedes descargarte la última versión disponible de la guía en español, que es la G4, en el portal web de esta entidad. Empezar a usarla te enseñará cómo gestionar y reportar tu responsabilidad social corporativa. Y recuerda, antes de contratar a un consultor para que te haga el trabajo de reporte, piensa que debes estar convencido y comprometido en aplicar la responsabilidad social.

Marcos para la gestión responsable

La tendencia a la normalización y certificación de la rendición de cuentas se ha hecho extensiva a la gestión de la responsabilidad social. Efectivamente, con el tiempo se ha ido viendo que establecer criterios para reportar resultados, dejando a un lado la gestión que producen esos resultados, era insuficiente, y que había que ir más lejos y ofrecer sistemas de gestión socialmente responsables.

Se ha producido una clara tendencia a acreditar la gestión responsable mediante la certificación, una especie de "titulitis" que ha generado una gran demanda de estos servicios. Es más, muchas empresas se han lanzado, en una especie de afán "filatélico", a coleccionar toda clase de sellos, en la creencia de que eso facilitará sus relaciones comerciales y su competitividad, sobre todo en el mercado público.

Sin embargo, no existe un consenso entre los expertos por lo que se refiere a la conveniencia y factibilidad de establecer normas certificables de responsabilidad social, pese a que este asunto ha sido objeto de amplios debates. En general, solo se ha conseguido definir normas parciales que cubren algunos aspectos de la gestión o establecer guías o catálogos de recomendaciones que no son certificables. Solo hay una excepción en este campo, que es la norma española y europea SGE 21 de Forética.

Esta cuestión sigue siendo objeto de debate. La experiencia de muchos procesos de acreditación, como los de calidad que tan populares son desde la década de 1990, es que había que acreditar la calidad y tener el sello ISO, AENOR o el que correspondiera a su sector. Pero al final, ha resultado que todo el mundo tiene los mismos "sellos", de manera que no sirven para discriminar a las mejores empresas de las peores, por lo que su validez de cara a reforzar la competitividad es cuestionable.

Algunas normas que debes conocer

Las propuestas más significativas en el terreno de los sistemas de gestión socialmente responsables son las siguientes:

- ✔ **Normas ISO**: recoge las normas ISO14000 de Gestión Medioambiental y la 16000 de Prevención de Riesgos Laborales, ambas certificables, y la Guía 26000 de Responsabilidad Social Corporativa, que solo da recomendaciones.
- ✔ **SA8000**: de Social Accountability International, para promover mejores condiciones laborales.
- ✔ **OSHAS** (Occupation Health and Safety Assessment Series): para mejorar la gestión de los sistemas de salud y seguridad en el trabajo, similar a la ISO16000.
- ✔ **EFR**, Empresa Familiarmente Responsable es una norma certificable de la Fundación Más Familia enfocada a la conciliación, igualdad de oportunidades e inclusión.
- ✔ **AA 1000**: Assurance Standard de Accountability.
- ✔ **SGE21**: Sistema de Gestión Ética y Socialmente Responsable, de Forética, es la única norma europea certificable que liga la responsabilidad social a la estrategia.
- ✔ **EFQM**: modelo europeo de excelencia empresarial que, aunque centrado en la revisión de los procesos, los resultados y la mejora continua, explícitamente contiene una orientación a la responsabilidad social.

PRACTICONSEJO

Seguro que tu empresa o algunas de las que se relacionan con la tuya se ha acreditado con alguna de estas normas. Un ejercicio interesante puede ser que indagues si realmente han sido útiles, si han representado un giro en la forma de relacionarse la empresa con sus *stakeholders* y si el esfuerzo de la certificación ha merecido la pena y ha ido más allá del sello, llegando a suponer una verdadera nueva forma de gestión. Eso te dará muchas pistas acerca de cómo puede interesarte incorporar la responsabilidad social a tu negocio.

Reputación, algo más que relaciones públicas

La *reputación* es la opinión o consideración en que se tiene a alguien o algo. En el caso de una empresa, equivale a su prestigio. La reputación es un activo intangible, resultado de las percepciones de los grupos de interés, de sus expectativas hacia la empresa y de cómo entienden que la organización se comporta con ellos.

La reputación es reflejo del comportamiento responsable de una empresa, por lo que suele ser tanto mejor cuanto más haya incorporado conscientemente la responsabilidad social en su quehacer.

Pero muchas empresas tienden a preocuparse de su reputación sin tener en cuenta que es producto de su comportamiento. Es más, la mayoría de las grandes, e incluso muchas pymes, creen que la gestión de su responsabilidad social consiste en gestionar la comunicación corporativa, y solo se preocupan por cómo los medios de comunicación dan cuenta de su acción social. De esta forma, actúan con mentalidad decimonónica, haciendo la más caduca filantropía: hacer bien para que me vean.

Si así estás gestionando tu reputación corporativa, sentimos decirte que eso no es, en modo alguno, responsabilidad social. De hecho, casi se puede afirmar que es lo contrario, puesto que cuando una empresa tiene que empezar a preocuparse de mejorar su imagen es porque probablemente hay buenas razones para ponerla en entredicho: alguna tacha habrá que necesite el "maquillaje" de una fingida responsabilidad social para ser disimulada.

No hay estética sin ética

Incorporar la responsabilidad social a la empresa tiene que suponer un cambio de actitud, sincero y estable, que se impregne en el corazón del negocio y tome como referencia directa a los grupos de interés de la organización. Es decir, primero hay que creérselo y después llevarlo a la práctica en todos los procesos y para todas las partes interesadas.

Pero lo cierto es que esas condiciones las cumplen muy pocas empresas, incluso de las que se autodenominan "socialmente responsables". La mayoría tienden a centrarse en las áreas de la responsabilidad social que ofrecen más potencial mediático, en detrimento de otras que tendrían más interés y que probablemente presentarían mayores riesgos potenciales en caso de mala gestión. Por ejemplo, las relaciones laborales, la gestión del aprovisionamiento y de la relación con proveedores y vecinos son casos típicos de áreas clave que están poco presentes en la agenda de muchas empresas.

Es frecuente también que muchas veces se vaya por el camino más fácil y cómodo. Por ejemplo, las actividades que pueden normalizarse o certificarse se "prefieren" frente a las que resultan más ambiguas o complejas de gestionar: es más fácil acreditar la buena conducta en los aspectos medioambientales que la ética de las políticas de recursos humanos en temas como la selección de personal, la gestión del talento o la promoción interna.

¿Significa esto que, como mánager, no debas preocuparte por la reputación de tu empresa? Al contrario, lo que queremos demostrarte es que la reputación, el "parecer", es una consecuencia lógica del "ser" y del "hacer".

Por tanto, la forma más inteligente, segura y estable de trabajar por una buena reputación es desarrollar una estrategia socialmente responsable y un comportamiento honesto, respetuoso y digno con respecto a todos los grupos de interés de la organización. Como decía Sócrates, filósofo griego del 400 a.C., "Alcanzarás una buena reputación esforzándote en ser lo que quieras parecer".

De la ética del mánager a la ética de la empresa

Desde siempre, la sociedad ha sentido interés por los aspectos éticos de los negocios aunque, en la actualidad, por la relevancia de la responsabilidad social de la empresa pero también por los grandes escándalos de corrupción empresarial que hemos visto, ese interés ha aumentado.

La ética empresarial es la aplicación de la ética al ámbito de la empresa y valora la corrección del comportamiento de las personas como miembros de organizaciones en sus decisiones y acciones profesionales.

Para la empresa, la ética está en la base de su sistema de valores: es un referente central para ejercer su responsabilidad social y una orientación clave para la conducta de sus miembros, tanto de los que toman decisiones como de quienes las ejecutan.

Hay un dicho anglosajón que dice "el crimen no paga", y significa que el delito no es rentable, no compensa. La falta de ética no compensa. Puede

MERCO, el Monitor Empresarial de Reputación Corporativa

El Monitor Empresarial de Reputación Corporativa (MERCO) es un instrumento de evaluación que, desde el año 2000, mide la reputación de las empresas y se ha convertido en uno de los monitores de referencia del mundo.

Anualmente, se elaboran diversos rankings que miden la reputación en distintos ámbitos a partir de valoraciones de pares, expertos y grupos de interés. Los más conocidos son el ranking de empresas y el de líderes empresariales. Aquí tienes el más reciente.

Las 20 primeras empresas y los 20 primeros líderes empresariales del ranking 2014

	Empresa	*Puntos*		*Presidente*	*Empresa*	*Puntos*
1	Inditex	10000	1	Emilio Botín	Santander	10000
2	Mercadona	9739	2	Juan Roig	Mercadona	9801
3	Santander	8815	3	Amancio Ortega	Inditex	9505
4	Repsol	8321	4	Pablo Isla	Inditex	8828
5	Telefónica	8318	5	César Alierta	Telefónica	7713
6	BBVA	8063	6	Isidre Fainé Casas	CaixaBank	7603
7	Iberdrola	7652	7	Francisco González	BBVA	6681
8	Mapfre	7212	8	A. Brufau Niubo	Repsol	6365
9	Caixabank	7202	9	I. Sánchez Galán	Iberdrola	6265
10	Google	7193	10	J. M. Entrecanales	Acciona	5486
11	IKEA	6970	11	I. Álvarez Álvarez	El Corte Inglés	5276
12	Danone	6798	12	M. Dolores Dancausa	Bankinter	5260
13	Nestlé	6727	13	Florentino Pérez	Grupo ACS	5176
14	Apple	6645	14	J. M. Lara Bosch	Grupo Planeta	5166
15	Once y su Fundación	6600	15	Isak Andic	Mango	4957
16	Mutua Madrileña	6555	16	Josep Oliú Creus	Banco Sabadell	4918
17	IESE	6533	17	J. Miguel Villar Mir	Grupo Villar Mir	4662
18	Indra	6476	18	Ana María Llopis	DIA	4635
19	Microsoft	6422	19	Marcos de Quinto	Coca-Cola	4583
20	Acciona	6420	20	Rosa María García	Siemens	4559

generar un beneficio mayor que la honradez a corto plazo, y para algunos individuos solamente, pero lo más probable es que, a la larga, los perjuicios que genere ese comportamiento sean mayores. Socialmente, cuando hay falta de honestidad, no estamos ante un juego de suma cero (donde lo que gana uno lo pierde otro), sino un juego de suma negativa, donde todos en conjunto pierden.

Por eso, no debes caer en el falso dilema de que ética y *beneficio* son conceptos opuestos. Esa creencia es errónea y está totalmente superada. La ética es la base de la confianza, y la confianza lo es del crédito, por lo que sin ellas el mundo carecería de las mínimas certezas que permitieran trabajar y hacer negocios: imagina que el trabajador no confiara en que cobrará su sueldo a fin de mes y quisiera cobrar cada hora que produce; que el proveedor no te vendiera la mercancía si no es con el pago inmediato y en efectivo a la entrega; que los ahorradores no confiaran en que pueden sacar sus ahorros cuando los necesiten, etc. Como dice el filósofo y pedagogo José Antonio Marina, "la ética es el modo más inteligente de vivir". El único modo inteligente de vivir.

Implantar la ética en el día a día

La ética contribuye a proyectar una buena imagen de empresa, una reputación de honradez y lealtad que facilita sus relaciones externas; pero también es un lubricante interno que reduce los conflictos y mejora la cooperación entre su personal. Por tanto, hacer más ética a la empresa es moralmente correcto tanto como económicamente rentable.

Te preguntarás, llegados a este punto, donde esperamos haberte convencido de la conveniencia de la ética, ¿cómo puedo conseguir que mi empresa alcance un nivel ético elevado?

Implantar un alto estándar ético en una empresa u organización no es una tarea fácil, entre otras razones, porque las personas somos muy sensibles a la influencia de la *norma social*, es decir, aquello que comúnmente se acepta como regla de comportamiento válida. Desgraciadamente, hay sectores donde la norma social es pobre en el aspecto ético y luchar contra eso es muy difícil.

Por eso, a la hora de implantar la ética en tu organización, es necesario que te lo plantees como un proceso gradual de incorporación, proceso que puede seguir las siguientes etapas:

- ✔ **Código ético**. El primer paso recomendable es redactar un código ético que marca las reglas del juego, las "líneas rojas".

- **Comité de ética**. La segunda fase puede ser la creación de un comité de ética que se encargue de aplicar y verificar el cumplimiento del código.
- **Formación ética del personal**. El último paso es completar el proceso con la formación ética de los directivos y empleados a través de la discusión y resolución de casos prácticos que plantean dilemas éticos; de esta forma, se logra que las personas sean conscientes de las dimensiones morales de su trabajo y que adquieran el hábito de incorporar el análisis ético en sus procesos de decisión y en sus acciones profesionales.

La ética de los negocios se apoya en cuatro referencias básicas:

- **Equidad**: exigencia de trato justo e igualitario a las personas e instituciones.
- **Respeto a los derechos fundamentales**: implica no vulnerar derechos como los de expresión, reunión, salud o libertad.
- **Honestidad**: integridad y prevalencia del interés superior en el comportamiento.
- **Correcto uso del poder corporativo**: tomar conciencia de que existe una asimetría de poder, normalmente a favor de la empresa, en sus relaciones con otros agentes más débiles, como trabajadores o proveedores, por lo que hay que ser exquisito en el uso de ese poder, que muchas veces se interpreta como natural y hasta legítimo, para evitar abusos.

La conjunción de estas cuatro referencias nos dan la respuesta a esa gran pregunta de la ética en la empresa: ¿qué significa ser bueno?

Premiar a los buenos, clave para ser un líder ético

Los dilemas éticos suelen presentarse como conflictos entre la conciencia del empleado y las directrices de la empresa, ya que las personas se ven muy influidas por el referente de sus superiores, las políticas de la organización, las conductas de los colegas y el ambiente del sector.

El conflicto entre la ética individual y la norma social puede forzar a empleados honestos a no actuar correctamente, justificándose por razones externas.

De ahí la enorme importancia de que, como mánager, no solo establezcas en tu empresa de forma explícita los valores éticos, sino sobre todo que

El "juramento hipocrático" de los mánager

Recientemente, se ha promulgado por parte de la Harvard Business School un "juramento hipocrático" para ejecutivos denominado MBA Oath, que establece compromisos de servicio al bien común, creación de valor para la sociedad y enfoque en el largo plazo. Esta iniciativa tiene su antecedente en la publicación de un artículo de Nitin y Khurana (2008), quien luego sería decano de la HBS, titulado "Es el momento de hacer del management una verdadera profesión", donde se defendía la necesidad de establecer un código ético de conducta profesional para los directivos. Este es el texto de ese compromiso:

The MBA Oath - Juramento Profesional para MBA

Como líder de negocios, reconozco mi rol en la sociedad.

Mi objetivo es liderar gente y administrar recursos para crear valor que un individuo, por sí solo, no puede generar.

Mis decisiones afectan el bienestar de individuos dentro y fuera de mi empresa, en el presente y futuro.

Por lo tanto, prometo que yo:

- ✔ Gestionaré mi empresa con lealtad y conciencia, y no predominarán mis intereses al perjuicio de los de mi empresa o de la sociedad en general.
- ✔ Comprenderé y acataré, tanto en texto como en intención, las leyes y contratos que gobiernen mi conducta y la de mi empresa.
- ✔ No me involucraré en actos de corrupción, competencia injusta o prácticas que hagan daño a la sociedad.
- ✔ Respetaré y defenderé los derechos humanos y la dignidad de todas las personas que se ven afectadas por mi empresa, y me opondré a toda forma de discriminación y explotación.
- ✔ Respetaré y defenderé el derecho de futuras generaciones de disfrutar de un planeta limpio y con recursos.
- ✔ Presentaré el desempeño y los riesgos de mi empresa en una manera precisa y honesta.
- ✔ Invertiré en mi desarrollo profesional, y de otros, apoyando la profesión de administración de empresas y continuar el avance y la creación de la prosperidad sostenible e inclusiva.

Al ejercer mis labores profesionales de acuerdo a estos principios, reconozco que mi comportamiento debe ser un ejemplo de integridad, produciendo confianza y respeto en aquellos que yo sirvo. Me mantendré responsable ante mis colegas y la sociedad por mis acciones y por defender estas normas.

Tomo este compromiso libremente y por mi honor.

te esfuerces en asegurar que se cumplen: es preciso premiar el comportamiento correcto y castigar el incorrecto, para que a base de refuerzos positivos y negativos se muestre claramente a todo el mundo que la ética es importante.

También es de gran valor el referente que tiene tu comportamiento como mánager, que es el espejo en el que se miran tus colaboradores. Por eso, el verdadero líder es el *líder ético*, porque es justo, igualitario, equitativo, respetuoso de los derechos de los demás, no abusa de su poder y es íntegro en su comportamiento, diseminando esos valores entre su equipo y convirtiéndolos en la norma social del grupo.

Resumiendo, como líder, es necesario no solo que prediques con el ejemplo, sino también que prestes atención a la calidad ética del comportamiento de tus colaboradores para sancionar con justicia las conductas según su corrección, considerándolas en todas tus decisiones de promoción, asignación de recursos, tareas y responsabilidades, recompensas, etc.

Nuevos desafíos éticos del siglo XXI

La sociedad de la información es un escaparate global en el que las empresas no solo tienen la oportunidad de exponer su oferta comercial, sino en el que también se ven expuestas a un escrutinio social sin precedentes. Por eso, esta nueva era exige otros modos de hacer y de contar lo que hacemos, y por eso vamos a hablarte a continuación de la transparencia, la gobernanza y la reputación online.

La transparencia

La transparencia es un comportamiento que la sociedad demanda cada vez más, no solo a las instituciones públicas, sino también a las privadas, y como mánager tienes que ser consciente de que tu empresa va a ser objeto de esa exigencia por parte del público.

Actuar con transparencia implica abrir la información de las organizaciones al escrutinio público, mediante sistemas de ordenación y difusión de los datos que facilitan la búsqueda y acceso a la información. No es rendir cuentas a un destinatario específico, sino exponer información al público en general para que cualquier persona interesada pueda acceder a ella, analizarla y, en su caso, usarla para demandar explicaciones o resarcimientos.

Una organización que abre ventanas al escrutinio, vigilancia y crítica de los demás es una organización transparente. La experiencia de los países donde la transparencia es una práctica bien instalada muestra que este es el mejor mecanismo para prevenir y combatir la corrupción y el comportamiento oportunista, que solo pueden prosperar bajo el encubrimiento y la ocultación.

Esto no implica que una empresa tenga que exponer al público toda clase de información que pueda ser "sensible" o que pueda poner en riesgo su competitividad, mostrando al público los secretos de sus procesos. En absoluto, ya que cuando se habla de transparencia empresarial se hace referencia a cuestiones que tienen más que ver con los valores, compromisos y uso del poder de influencia que con la mecánica de los procesos de trabajo.

Por ejemplo, una empresa transparente debe ofrecer información sobre cuántos impuestos paga, qué subvenciones recibe, qué resultados ofrece la aplicación de sus políticas de igualdad, qué estructura de propiedad y participación presenta el capital, qué donaciones realiza, qué sueldos e incentivos tienen los altos directivos, cuál es el abanico salarial de la empresa, etc.

Si quieres fomentar la transparencia en tu empresa, una buena praxis es empezar por dentro, por la comunicación interna, compartiendo información

BizVizz, la aplicación de la transparencia

BizVizz es una app para iOS disponible en Estados Unidos pensada para hacer más accesible a los usuarios la información fiscal de las empresas. ¿Cuánto dinero han donado las empresas a los partidos políticos? ¿La marca favorita de refresco de tu familia paga los impuestos que le corresponden? BizVizz puede contestar a este tipo de preguntas con solo tomar una foto de la marca en cuestión.

Cuando el sistema de reconocimiento de imagen hace su tarea, la app proporciona al usuario algunos datos. Por ejemplo, si el consumidor fotografía un dentífrico Colgate, BizVizz mostrará que dicha marca pertenece a la empresa Colgate-Palmolive cuya sede central se encuentra en Nueva York. También apuntan que los datos que mostrarán son los recabados en 2008 y 2010. Se puede conocer que esta empresa paga el 26,8 % de sus ganancias (3.342.400.000 de dólares) en impuestos, donó entre 2011 y 2012, 50.118 dólares a los partidos políticos estadounidenses y ha recibido desde 2008, cerca de 8.630.000 de dólares en subvenciones.

¿De dónde obtiene estos datos la aplicación? La clave, como explica su creador, el documentalista Brad Lichtenstein, se encuentra en la colaboración con diversas asociaciones que se ocupan de velar por la transparencia en Estados Unidos: "Cuando descubrí la red de organizaciones que se preocupan por la justicia fiscal, las cosas empezaron a fluir". Aunque la recolección de datos fiscales es lenta por la cantidad de archivos que entregan las empresas, en realidad solo hay que añadir los datos a la hoja de cálculo que lee la app. Así pues, toda la información que se ofrece está extraída de documentos públicos.

En esta aplicación se encuentran datos de más de 300 compañías que representan a más de 900 marcas, y la mayoría de estas empresas pertenecen a la lista Fortune 500.

Por ahora esta aplicación solo está disponible en Estados Unidos, aunque pretenden abrir el abanico. Puede descargarse gratis en dispositivos con iOS 5.1 a través de iTunes y está previsto desarrollarla para Android. También se puede acceder a ella a través de su página web oficial.

y manteniendo un diálogo sincero y libre con tus colaboradores y empleados. Difícilmente puede creerse que una organización que no comparte la información con sus propios integrantes vaya a ser transparente con la sociedad.

La gobernanza empresarial

La palabra *gobernanza*, en su segunda acepción del Diccionario de la Real Academia, es el "arte o manera que se propone como objetivo el logro de un desarrollo económico, social e institucional promoviendo un sano equilibrio entre el Estado, la sociedad civil y el mercado de la economía".

En su origen, el término se ha utilizado para designar un nuevo estilo de hacer política, en el que las decisiones sobre problemas colectivos se comparten y construyen a través de redes de negociación, físicas o virtuales, que van desde el nivel local hasta el global. En estas redes interactúan el sector público y el privado, el empresarial y el no lucrativo, uniendo una multiplicidad de intereses que da lugar a una nueva dinámica de relaciones políticas. La gobernanza aparece como una respuesta a las presiones sociales hacia la participación y como forma de garantizar la viabilidad y sostenibilidad de las políticas públicas.

Con un sentido similar llega a la empresa, y con *gobernanza empresarial* se quiere mostrar la necesidad de interlocución que tienen las organizaciones, no solo con sus *stakeholders* directos como clientes y proveedores, sino con otros actores políticos y sociales, públicos y privados, locales y globales.

La gobernanza implica relaciones horizontales, diálogo abierto, liderazgos compartidos, atención a las iniciativas externas y, en definitiva, cooperación constructiva entre los actores de un territorio.

Pero también supone excelencia y calidad, productividad, resultados, eficacia y eficiencia. Es una forma de gobierno que busca tanto la democratización de las relaciones como el éxito financiero, técnico, social y medioambiental, para construir un Territorio Socialmente Responsable.

¿Cómo llevar la gobernanza a la gestión empresarial?

Es fácil y difícil a la vez. Para empezar, es necesario propiciar un diálogo receptivo y constructivo con los *stakeholders*, lo que en definitiva supone incorporar la actitud propia de la responsabilidad social, rompiendo la dinámica de antagonismo y confrontación entre agentes económicos:

- El **trabajador** no es un factor de producción, es un actor necesario y un socio en la búsqueda de las formas más eficaces, satisfactorias y productivas de trabajar.
- El **proveedor** es otro socio con quien compartir conocimiento y voluntad de mejorar los procesos, los suministros y los costes para beneficio mutuo y del cliente.
- El **cliente** no es alguien a quien sacarle el mayor ingreso posible, sino la fuente de conocimiento donde aprender cómo satisfacer sus necesidades y fidelizar la relación comercial.

Del mismo modo, hay que cultivar las relaciones con otros agentes del territorio: autoridades locales, vecinos geográficos, organizaciones sociales, educativas, ecologistas, etc. Todos esos actores tienen una misión que cumplir enfocada a hacer cosas positivas por la sociedad en la que están insertos, igual que la empresa.

PRACTICONSEJO

Encontrar vías de colaboración y preocupaciones comunes no es difícil, por ejemplo, colaborando en programas de inserción laboral, recibiendo alumnos en prácticas de los centros educativos, invitando a organizaciones sociales a que presenten proyectos que nos ayuden a mejorar nuestro impacto ambiental o nuestras relaciones con la comunidad, etc. Si le pones un poco de imaginación y buena disposición, seguro que encuentras ideas y socios para llevarla a cabo.

La reputación en la red

Cuando hablamos de la *reputación en la red* o *reputación online*, nos referimos a la reputación que una persona o entidad tiene entre los usuarios de internet, lo que hoy en día es prácticamente idéntico a la reputación en general.

La principal diferencia con la reputación que se puede generar a través de la gestión de la marca es que el grado de control que la empresa tiene sobre aquella es mucho menor al que puede tener cuando usa medios publicitarios, promoción o relaciones públicas, debido a dos motivos principales:

- **Falta de control sobre los contenidos**: los contenidos informativos no son generados solo ni mayoritariamente por la empresa, sino por los usuarios a través de comentarios, valoraciones, posts, etc.
- **Falta de control sobre la difusión**: la replicación de estos contenidos a través de las redes virtuales multiplica exponencialmente su difusión.

¿Eso significa que la reputación online es algo ingobernable? Pues básicamente sí, aunque eso no significa que como mánager te puedas despreocupar de esa cuestión. Aunque los expertos en comunicación tienden a recomendar como solución al déficit de reputación online el contar con una gestión profesionalizada de la comunicación, lamentamos decirte que no es suficiente. (Si te interesa profundizar en la gestión de la reputación y la estrategia de medios digitales, hazte con un ejemplar de *Community management para Dummies*, de Pedro Rojas, en esta misma colección.)

Por más recursos que inviertas en mejorar tu reputación en la red, si detrás de eso no hay una conducta empresarial responsable y un verdadero interés en escuchar a los stakeholders y rendirles cuentas, habrás tirado el dinero. Bastará algún comentario insatisfactorio, algún cliente desairado, alguna mala decisión de algún directivo de la empresa que genere una demanda o reclamación, un empleado rencoroso, para que la reputación de la empresa sufra un daño de mucho mayor calado que el problema que lo motiva. Todavía circula por la red un post publicado en 2005 por un cliente descontento titulado "Ikea, cómo mienten a los clientes" que estuvo años apareciendo en los primeros lugares de Google al teclear Ikea en el buscador. Y si lo lees, verás que el asunto que lo motivó es completamente irrelevante.

Cómo gestionar la reputación online

En todo caso, una gestión ordenada de la reputación online pasa por tres etapas:

- ✔ **Fase de monitorización**: La primera fase consiste en conocer todo el contenido relacionado con nuestra empresa, productos, personas, etc., que se difunde por la red y dónde aparece. A través de herramientas como Google Alerts o Yahoo Alerts, podemos saberlo.
- ✔ **Fase de identificación y contrastación**: La información de la red se debe analizar considerando su índole y su veracidad, priorizando los mensajes negativos como los más importantes para su seguimiento.
- ✔ **Fase de gestión del contenido**: La tercera fase consiste en trabajar sobre los mensajes negativos para que desaparezcan de la red o queden relegados a posiciones irrelevantes en los buscadores, mediante un trabajo que combina la comunicación, las relaciones públicas y el posicionamiento, para lo que necesitas contar con un buen equipo de *community managers*.

En definitiva, la gestión de la reputación implica un diagnóstico, un plan director de reputación y un seguimiento permanente de la misma. Pero la mejor recomendación, además de contar con una gestión profesional de las comunicaciones en la red, es tener previsto un protocolo de "manejo de las crisis".

¡Socorro, nuestra web está ardiendo!

La *gestión de crisis* consiste en contar con la capacidad para reconocer y actuar frente a las señales que anticipan una situación perjudicial para la empresa, aunque haya una aparente normalidad, así como con los planes que te permitan dar la respuesta adecuada que minimice los efectos materiales y reputacionales de la crisis.

Las crisis más habituales a las que puedes enfrentarte suelen provenir de ataques a la empresa por parte de agentes externos o internos; de accidentes que ponen en riesgo a *stakeholders*; o de acciones dañinas por parte del propio personal de la empresa.

En general, lo que recomiendan los expertos en estos casos es estar alerta para detectar los signos de la crisis lo más prematuramente posible, y una vez desencadenada, afrontar el problema con realismo, veracidad y voluntad de ofrecer soluciones satisfactorias.

Es vital mantener la unidad de las comunicaciones bajo el control de la alta dirección, y no dejar que cualquiera empiece a dar respuestas no meditadas, que la mayoría de veces se vuelven en contra; por otra parte, puede ser conveniente mantener una batería de noticias positivas atemporales sobre la empresa guardadas en un cajón para los tiempos de "vacas flacas" que pueden distraer de los problemas en un momento complicado. Justo lo que casi nunca se hace.

Incluso los mejores hacen un borrón: 5 casos de crisis mal gestionadas en marketing y relaciones públicas online

Cuando se detecta la más mínima posibilidad de crisis de una marca es importante controlar la situación e intervenir en el momento. Y para ello hay que tener presente que los elementos que afectan a la reputación de una empresa en internet son, por un lado, todas las conversaciones que se hayan generado a raíz de la comunicación de la marca y, por otro, toda la información, ya sea propia o de terceros, sobre los productos y los servicios de la marca. Si se gestionan de forma incorrecta las conversaciones y la información que se publica, la reputación online terminará por verse comprometida.

Silvana Dargel, de Brandwatch, ha seleccionado en OMExpo News cinco ejemplos de situaciones en las que se gestionó de forma incorrecta una crisis en marketing y relaciones públicas en internet. (El texto original del que hemos extraído este recuadro lo puedes leer en:

`http://www.marketingdirecto.com/actualidad/checklists/5-ejemplos-de-crisis-mal-gestionadas-en-`

(cont.)

`marketing-y-relaciones-publicas-online.`)

1. **Heineken:** La marca de cerveza lanzó un concurso de diseño de envases que, con unas bases un poco difusas, autorizaba a la compañía a quedarse con los derechos de los diseños. Esta cláusula fue denunciada en la red por los diseñadores, tanto por los que participaron como por los que no, como abusiva y, poco después, en los medios apareció una entrevista al director de marketing de Heineken en la que aseguraba que internet era un medio para conseguir talento creativo de forma gratuita. La respuesta a estas declaraciones fue una página en Facebook, "50.000 litros para la cultura", en la que, de forma creativa y humorística, expresaban su indignación, además de pedir 10 litros de cerveza Heineken gratis para celebrar actos relacionados con la cultura.

La crisis podría haberse reparado con una comunicación clara y efectiva de los derechos de los participantes, nombrado a un *community mánager* desde que empezó el concurso y no cuando apareció la crisis, y acercándose a los perjudicados utilizando su propio lenguaje.

2. **Toyota:** Las anomalías que experimentaron algunos modelos de Toyota en 2010 llevaron a una grave crisis de la compañía, que ya había logrado posicionarse en el mercado estadounidense como fabricante de coches fiables. A pesar de la revisión de los modelos en los que se detectó el problema con el acelerador, los consumidores empezaron a denunciar la situación, que tuvo como desenlace la muerte de cuatro pasajeros en un accidente de tráfico provocado por estos defectos de fábrica. Toyota, en lugar de ofrecer toda la información posible a clientes, medios y accionistas, intentó tapar la situación, creando una crisis de reputación que provocó un balance negativo de unos 2.000 millones de euros y una caída precipitada de sus acciones.

Para solucionar una crisis así, Toyota tendría que haberse anticipado, designando a una persona que hablara sobre el problema en nombre de la empresa, creando un flujo de información constante sobre la situación, no ocultando nada en las conversaciones que se generaban y abandonando la arrogancia para escuchar a sus clientes.

3. **Nestlé:** Greenpeace, preocupado por la deforestación de los bosques en Indonesia, publicó una noticia en un vídeo en la que informaba de que las barritas de KitKat se fabricaban con aceite de palma de estos bosques, hábitat del orangután con mayor peligro de extinción del país. Nestlé, al no reconocer la realidad, provocó una llamativa campaña de *social media* en su contra. A pesar de los comentarios y acciones de los consumidores, Nestlé mantuvo su posición, e incluso empezó a eliminar todos los comentarios que hablaban del tema. Una reacción que provocó que los usuarios se unieran y atacaran los perfiles de Nestlé.

La crisis se tendría que haber tratado con integridad, tratando de explicar la verdad y el alcance de esta situación, abandonando esa postura arrogante y, en su lugar, reaccionando y cambiando la producción, sacando un aspecto positivo de la crisis.

4. **Tulipán:** Tulipán recibió una denuncia en la que se le acusaba de que las recetas de cocina y las fotografías que publicaba en su web eran, en realidad, plagiadas de un *blogger*, sin tener en cuenta los derechos de autor. Una noticia que provocó una avalancha de reacciones en las redes sociales y que terminó con la retirada inmediata de todo el material plagiado. Tulipán pidió disculpas por los hechos ocurridos, pero culpando de lo ocurrido a un fallo humano, potenciando aún más la crisis de reputación en la que se encontraba la marca.

(cont.)

5. **Inditex:** El grupo textil ocupaba la segunda posición de reputación en España en 2011, pero ese mismo año una acusación de plagio a dos marcas del grupo, Stradivarius y Bershka, acompañada de la publicación en algunos medios online de los diseños copiados de ilustradores, fotógrafos y *bloggers* provocó una crisis en la credibilidad de la compañía. El grupo respondió sacando del mercado los diseños acusados de plagio y pidiendo perdón públicamente. A pesar de la situación de crisis, Inditex se mantiene en los primeros puestos en las redes sociales, algo que consiguió explicando con claridad cómo se dirigen sus diseños, sacando rápidamente los productos del mercado y disculpándose y gestionando sus marcas en las redes sociales con perfiles actualizados y una estrategia de social media clara.

Parte III

Las funciones y tareas del management

En esta parte...

Has llegado al núcleo del libro. Esta parte, que comprende ocho capítulos, está dedicada a las funciones y tareas de management. En el capítulo 6 trataremos la planificación, con sus objetivos, previsiones, estrategias, proyectos, presupuestos, procedimientos y demás partes; en el capítulo 7, la estrategia será la protagonista, desde la fase el análisis hasta el diseño de la ventaja competitiva. Ello nos lleva de cabeza a diseñar el modelo de negocio, a lo que dedicaremos el capítulo 8, modelo que debe tener en cuenta, en mayor o menor medida, las dinámicas de internacionalización y globalización (capítulo 9). Los tres siguientes capítulos profundizan, progresivamente, en la organización del trabajo y de los recursos, y el 13, cierra esta parte centrando la atención en la importancia del control y cómo llevarlo a cabo con eficiencia.

Capítulo 6

Planificar es adelantarse al futuro

En este capítulo

- Cuando los planes sirven para lograr cosas
- Tú también puedes hacer un plan que funcione
- Desde la bombilla que se enciende en tu cabeza...
- ... hasta el último céntimo que se va a gastar

La primera de las tareas del directivo es la *planificación*. Como te hemos mostrado en el capítulo 1, al explicar que el management sigue un proceso donde unas actividades preceden a otras, por lógica la primera de ellas tiene que ser la que establezca las bases de todo lo que se hará después.

Planificar es como dibujar un camino, un itinerario que lleve a la empresa de un punto a otro, desde el lugar en el que estamos ahora hasta el que queremos llegar. Por eso, la planificación es algo que se hace antes de ejecutar cualquier otra tarea. Suele decirse que planificar es realizar una toma anticipada de decisiones, ya que implica un conjunto complejo de cuestiones que hay que resolver antes de emprender acción alguna.

Como todas las funciones del management, cuando planificamos, trabajamos con información que, como sabemos, es la materia prima y el producto de las actividades de un directivo. Y eso es más evidente cuando hablamos de la planificación, que es tanto una actividad de reflexión, pensamiento y preparación para la acción como un acto creativo mediante el cual la dirección imagina, diseña y proyecta el futuro deseado para su organización.

Es necesario pensar antes de actuar

¿Por qué es necesario planificar? ¡Con lo que nos gusta la improvisación, y lo buenos que somos en ello! Pues por muchas razones, pero básicamente porque el entorno en el que nos movemos es cada vez más VUCA (Volátil, Incierto, Complejo y Ambiguo), con cambios más bruscos y profundos, y eso incrementa la necesidad de estar preparados para afrontarlos. (El capítulo 3 está dedicado a los entornos.)

Con la planificación no es seguro el éxito; sin planificación, la probabilidad de que una organización logre sus objetivos es utópica.

Planificar no solo supone anticiparse al futuro y estar preparados para afrontarlo con garantías, sino que además es un ejercicio de proactividad. Planificar supone que la empresa toma las riendas de su destino y lo orienta hacia donde le interesa. Especialmente ante un panorama difícil, quien planifica está mejor preparado para prevenir los riesgos, neutralizar o reducir las amenazas y minimizar lo negativo de la mejor forma posible.

Si no se planifica, lo más probable será que nos encontremos ante la necesidad de hacer frecuentes cambios de rumbo, reaccionando como se pueda, de forma errática, ante situaciones que amenazan con escaparse a nuestro control. Esta clase de gestión reactiva obliga a una organización a dejarse llevar por la corriente, a ir a la deriva, a esperar que el futuro le caiga encima. En cambio, mediante una gestión proactiva, la empresa proyecta el futuro que desea.

Trazando caminos

Dado que al planificar estamos dibujando el futuro deseado, podemos ver que la planificación es la función primaria y más genérica del management. Al planificar, se establece el destino y se elige el rumbo, pero también se disponen los medios necesarios para echar a andar.

La planificación comprende varias tareas que se entrelazan y que requieren muchas veces avanzar y retroceder para realizar ajustes:

- ✔ Establecer unos objetivos.
- ✔ Formular la estrategia para lograrlos.
- ✔ Confeccionar los planes necesarios para coordinar e integrar todas las actividades.
- ✔ Establecer cómo se desplegará la estrategia.

Suele decirse que la planificación es un proceso, una secuencia de actividades, y su resultado son los planes.

Un *plan* es la descripción concreta de las acciones previstas por las decisiones tomadas de antemano en la planificación y constituye una guía para actuar, un marco que aporta racionalidad y método para el desempeño futuro de la organización.

El plan debe reflejar qué se quiere lograr, cómo puede conseguirse y en qué momento, qué personas realizarán las acciones, con qué recursos, qué resultados se esperan de ellas, cómo se revisarán esos resultados y qué consecuencias acarreará esa revisión.

Ten presente que, al planificar, no solo establecemos objetivos y estrategia, sino que además diseñamos el marco de la organización y definimos las políticas, normas, criterios y directrices para liderar a las personas y evaluar los resultados, por lo que la planificación integra y marca la pauta a todas las demás funciones del proceso directivo. Es decir, la planificación fija las líneas maestras para la organización, la dirección y el control.

En especial, la planificación es fundamental para ejercer el control, función que no tendría sentido si antes no se ha planificado: no podríamos ver si se han dado desviaciones ni rectificar los errores si previamente no disponemos de los estándares que sirvan como referencia de lo que se quiere conseguir, para que sea posible contrastar los resultados con las metas.

¿Cómo vas a exigirle resultados a alguien si antes no le has puesto un objetivo y un plan de trabajo en un plazo determinado? Como verás en el capítulo 17, donde te hablaremos de qué motiva a las personas, el que una persona sepa qué se espera de ella es fundamental para que consiga resultados.

Dónde y cuándo hay que planificar

Normalmente, se debe planificar en todos los niveles de una empresa (estratégico, táctico y operativo) y en todas las áreas funcionales del negocio (producción, distribución, ventas, finanzas, inversiones, recursos humanos, etc.).

Por eso, establecer un sistema formal de planificación se ha convertido en un requisito para la supervivencia de cualquier organización, si bien no debes olvidar que la planificación, por importante que sea, no es un fin en sí misma sino una herramienta al servicio del gobierno de la empresa.

En conclusión, como mánager nunca debes perder de vista que los planes deben ser eficaces y eficientes, pues se hacen para facilitar el lograr los objetivos (*eficacia*) y deben ser capaces de proporcionarte un rendimiento superior al coste de elaborarlos (*eficiencia*).

Paso a paso se llega lejos

Planificar es una función compleja, y hay que seguir unos pasos para hacerlo de forma sistemática. Por eso, vamos a describir los niveles de planificación empezando por la planificación estratégica y seguiremos con la planificación táctica, sin llegar a la planificación operativa, que es tan específica de cada tipo de actividad que no puede explicarse de forma genérica.

El plan maestro

El nivel superior de planificación es el de la planificación estratégica, donde es posible distinguir cuatro grandes etapas en el diseño de la estrategia de una organización, etapas comunes a cualquier proceso complejo de toma de decisiones.

Para ello, usaremos el esquema de Herbert Simon, premio Nobel de Economía, que propuso cuatro fases en la decisión:

1. **Inteligencia** (comprensión del problema).
2. **Diseño** (formulación de la estrategia).
3. **Ejecución** (puesta en práctica).
4. **Revisión** (control).

Aplicando este esquema al proceso de planificación estratégica, encontramos las fases representadas en la figura 6.1. Veamos qué comprende cada etapa:

1. **Fase de análisis estratégico (Inteligencia)**:
   - ✔ Expresar los valores, la visión y misión de la empresa: en qué creemos, qué somos, qué hacemos y qué debemos hacer, cómo nos vemos en un futuro.
   - ✔ Establecer los objetivos estratégicos: qué queremos conseguir, a dónde nos proponemos llegar.
   - ✔ Análisis estratégico externo e interno: qué nos ofrece el entorno, la competencia, el mercado, y cómo estamos internamente por lo que se refiere a recursos y capacidades.
   - ✔ Elaborar expectativas: qué tendencias y cambios se prevén en el horizonte a medio y largo plazo.

2. **Fase de formulación de la estrategia (Diseño):**

   ✔ Identificar los cambios estratégicos necesarios: en cultura organizativa, innovación, servicio a la sociedad, capital humano, en nuestra forma de hacer.

   ✔ Formular alternativas estratégicas: qué opciones hay para lograr esos cambios y cumplir los objetivos.

   ✔ Evaluar las opciones estratégicas: calibrar las alternativas en cuanto a su eficacia, coste y consecuencias en términos económicos, sociales y medioambientales.

   ✔ Seleccionar la estrategia: elegir la mejor alternativa para ponerla en práctica.

   ✔ Formalizar el plan estratégico: detallar y poner por escrito todos los pasos necesarios para hacer que la estrategia se convierta en una realidad.

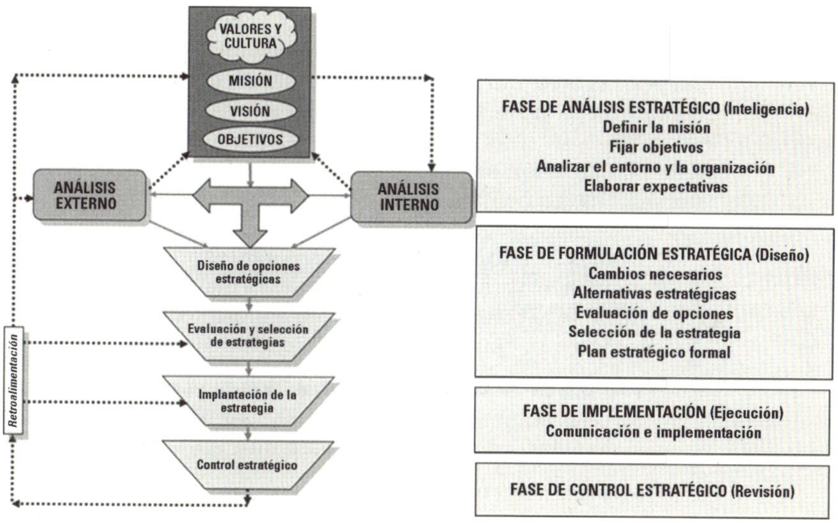

Figura 6-1: La planificación a nivel estratégico

3. **Fase de puesta en práctica de la estrategia (Ejecución):**

   ✔ Comunicar la estrategia: cómo se difundirá y dará a conocer la estrategia para que llegue a todos los que tienen que ejecutarla.

   ✔ Ejecutar los planes: cómo deberá trabajar cada uno en su área para cumplir la estrategia y alcanzar los objetivos.

4. **Fase de control estratégico (Revisión):**

   ✔ Definir el cuadro de mando: qué indicadores y variables clave vamos a vigilar para que nos indiquen si todo avanza como es debido.

- ✔ Medida y control del progreso: cómo y cuándo se irán midiendo los resultados.
- ✔ Prever acciones correctoras: qué opciones habría que tomar en caso de desviaciones.
- ✔ Retroalimentación: usar la información sobre resultados (buenos o malos) para realimentar el proceso y hacerlo mejor cada vez.

Los planes estratégicos se confeccionan para un horizonte de medio a largo plazo, por lo que hay que desglosarlos en planes más detallados, normalmente anuales. Es lo que en la práctica empresarial suele llamarse "hacer el presupuesto", actividad que habitualmente se lleva a cabo en el último trimestre del año.

Planes hacia abajo

A partir del plan estratégico, la planificación debe ocuparse de escalarlo en forma de planes de menor alcance hasta llegar al nivel operativo. Solo así podrás asegurarte de que cada unidad, cada equipo y cada persona colaboran para ejecutar la estrategia.

Esta planificación de menor alcance comprende una serie de pasos, que te presentamos a continuación:

1. **Planes funcionales y departamentales**: el plan estratégico define cómo la empresa creará valor de forma integrada, pero esto debe llevarse al trabajo de cada área en forma de planes funcionales, que también se elaboran siguiendo una secuencia:

   - ✔ **Plan de marketing y ventas**, donde establecemos qué vamos a ofrecer en el mercado, en qué cuantía, a qué precios, por qué canales, cómo lo comunicaremos, etc.
   - ✔ **Plan de producción y aprovisionamiento**, cómo fabricaremos nuestros productos, con qué tecnología, a qué escala, con qué instalaciones y medios, a qué coste, con qué nivel de calidad, cómo solventaremos los picos de demanda, etc.
   - ✔ **Plan de recursos humanos**, donde habrá que planificar las plantillas, la selección y contratación del personal necesario, la formación y desarrollo, la promoción, las retribuciones e incentivos, etc.
   - ✔ **Plan de inversiones y plan de financiación**, donde reflejaremos qué recursos serán necesarios para poner en práctica la estrategia y cómo los obtendremos.

Estos planes, según sean las condiciones propias de la empresa, tendrán que desglosarse a su vez por departamentos, secciones o centros de trabajo.

Por ejemplo, un plan de producción en una compañía que tiene varias explotaciones deberá confeccionarse por instalaciones productivas o centros de trabajo y, en cada uno, por departamentos, cadenas de producción o equipos.

2. **Planes complementarios**: la mayoría de las veces, para ejecutar el plan general es necesario acometer otras actuaciones destinadas a proveer de los recursos necesarios, en la forma y momento oportunos para que se puedan desarrollar las actividades.

   Así, puede ocurrir que un plan general requiera la adaptación previa de unas instalaciones productivas, la formación o reciclaje del personal, la adquisición de una tecnología o la integración de ciertos factores, antes de ser puesto en práctica.

3. **Programación**: todos los planes hacen referencia a un horizonte temporal, y mediante la programación se detalla en qué momento se llevarán a cabo las actividades del plan. Programar consiste básicamente en llevar un plan al calendario, estableciendo la agenda de trabajo de todas sus actividades.

4. **Presupuestación**: ahora llegamos a lo que en las empresas suele identificarse con la planificación, que es hacer el presupuesto. Los planes tienen que llevarse al máximo detalle para que sean realmente efectivos, y esto se hace expresando el plan numéricamente y concretando todas sus actuaciones de la forma más precisa posible.

   Los presupuestos se hacen para todos los tipos de planes, sea cual sea su nivel, contenido y alcance, tanto el plan principal como los complementarios. Esta fase será más fácil cuando hayamos hecho una evaluación apropiada de las alternativas que barajamos previamente y una programación temporal precisa.

PractiConsejos para hacer planes eficaces

Para un mánager, es vital asegurarse de que su planificación es efectiva, es decir, que produce resultados, y pese a que se trata de una actividad poco estructurada, vamos a ofrecerte algunas pautas que pueden contribuir a evitar los errores más comunes en este campo.

- El primer PractiConsejo es que hace falta un **compromiso profundo y expreso de la alta dirección**. A veces, los planes fracasan porque en la alta dirección no hay un verdadero interés en llevar a cabo una planificación formalizada. Este problema es bastante más habitual en las pymes, donde abundan los empresarios intuitivos y autodidactas, que confían más en lo que llaman "su olfato" (su instinto) y su capacidad de reacción que en las técnicas de gestión empresarial.

- El segundo PractiConsejo es que hay que **completar todo el proceso planificador**, llegando hasta los presupuestos. A veces se planifica a medias, se hacen algunas exploraciones y estudios, se celebran reuniones de coordinación y se ponen cuatro ideas por escrito, pero sin llegar a desarrollar todos los niveles de los planes hasta llegar al operativo, que de verdad sirve de guía al día a día del trabajo de la organización.
- El tercer PractiConsejo es que **tiene que quedar muy claro qué queremos conseguir** y qué tiene que hacer cada cual, sea unidad orgánica o persona, para contribuir a ello. Si no se formulan o se concretan los objetivos con precisión y no se desglosan hasta el nivel individual, no podremos contar con una referencia que nos permita evaluar el desempeño eficazmente. Debemos partir del "para qué" (propósito) para ir al "qué" (lo que queremos conseguir) y al "cómo" (el modo de lograrlo).
- El cuarto punto es fundamental: todo plan tiene que arropar una idea brillante, con fuerza propia. Si no somos capaces de **concebir un proyecto ilusionante, innovador** y congruente con los recursos y capacidades de la organización, la planificación carecerá de argumento: a veces vemos planes presuntamente estratégicos (porque han seguido la metodología de la planificación estratégica) que carecen de toda estrategia, porque les falta ese punto creativo y con garra capaz de movilizar voluntades. La congruencia de la estrategia debe valorarse en lo técnico-económico, pero también por lo que se refiere a las variables *soft*, como la cultura, las actitudes, la motivación, la historia y tradiciones de la organización, etc.
- En quinto lugar, y también esencial: **no hay estrategia si todo queda en el papel** y no se llega a llevar a cabo, porque, como sabemos, obras son amores y no buenas razones. Un plan perfecto en su concepción pero que no preste atención a los problemas de su puesta en práctica está destinado al fracaso. Hay muchas razones por las que puede fallar la ejecución del plan, como por ejemplo, por falta de apoyo de la dirección, por una excesiva centralización, por falta o retrasos en la información necesaria para el seguimiento, por falta de medios, por exceso o defecto de controles, por la complacencia que da la confianza en la experiencia o por la resistencia natural al cambio.

En definitiva, es necesario "planificar la planificación", es decir, tienes que establecer una metodología rigurosa que garantice que planificas de forma completa y correcta. Previamente, como mánager tienes que ser consciente de que es requisito necesario contar con una cultura organizativa receptiva a los cambios e innovaciones que implica la planificación, que fomente el espíritu y la actitud proactiva y de anticipación que se requiere. Y construir esa cultura es tarea del líder.

Planificar es montar un castillo de naipes

Como probablemente sepas, las empresas que planifican sistemáticamente suelen hacerlo en los meses finales de cada año, que se suelen dedicar a elaborar el presupuesto del ejercicio siguiente.

Por lo general, la iniciativa del plan es un proceso que va de arriba abajo, que arranca de la alta dirección e implica a los responsables de los sucesivos niveles y áreas.

La dirección plantea los objetivos estratégicos y la estrategia base, y reclama de los niveles inferiores su propuesta acerca de cómo van a contribuir a lograr esos resultados. Así, cada sección, departamento o área va completando su plan y presupuesto y posteriormente estos se van agregando hacia arriba hasta cerrar el presupuesto global de la empresa.

Si durante el proceso surgen inconsistencias o contradicciones que haya que resolver para lograr la integración de los planes y presupuestos parciales, puede ser necesario realizar ajustes volviendo a seguir la secuencia hacia abajo, y de nuevo, de abajo hacia arriba.

Objetivos, objetivos, objetivos

La planificación produce unos planes con la finalidad de lograr objetivos. El componente finalista de los planes es muy importante, ya que los objetivos son la luz que guía las actuaciones de todos los miembros de la organización.

Sin embargo, aunque hablemos en general de objetivos, existen diversos grados y categorías entre ellos, que trataremos en los próximos apartados.

Visión

Probablemente hayas oído hablar de “la anticipación de meta”, ese fenómeno que nos permite visualizar en nuestra mente el futuro deseado antes de actuar y que tiene un indudable efecto motivador para el desempeño y el éxito.

La visión de una empresa expresa esa imagen anticipada del futuro deseado, es decir, refleja cómo quiere verse a sí misma en un futuro.

La visión, por tanto, contiene la idea de anticipación de meta y sirve para enfocar los esfuerzos de los dirigentes y del personal de la organización hacia el destino al que se quiere llevar a la empresa a largo plazo, sirviendo de rumbo y aliciente para orientar las actuaciones de todo el mundo.

Formular la visión corresponde a la alta dirección, responsable de fijar por dónde quiere llevar a la empresa y la clase de organización en la que se quiere convertir.

Misión

Puede decirse que la misión de una organización es la respuesta a la pregunta acerca de en qué consiste nuestro negocio, cuál debería ser y para qué estamos trabajando: es el motivo, propósito, fin o razón de ser de una organización e indica su finalidad socioeconómica básica, sea su actividad empresarial o de cualquier otro tipo.

Puede ser explícita o implícita, muy concreta o vagamente difusa. En ocasiones, misión y visión se funden en una única declaración. Cuando una organización formula su misión, explica al mundo cuál es su razón de existir, qué función cumple en la sociedad, cuáles son sus valores, carácter y filosofía básicos y cómo se propone cumplir ese papel.

La misión da sentido a la existencia de una empresa. Como dice Charles Handy, filósofo del management y del comportamiento organizativo y cofundador de la London School of Economics, "en una economía inteligente, un buen negocio es una comunidad con un propósito, no una mera propiedad".

¿Están formuladas explícitamente la visión y la misión de tu empresa? En caso afirmativo, ¿están presentes en la mente de todos, cuando trabajan, sirven para orientar las decisiones, para tener claro el rumbo? En caso negativo, ¿sabrías decir cuáles son? Pese a que se trate de algo bastante permanente, no está de más que se revise de cuando en cuando. Puedes llevarte sorpresas.

Objetivos

Los objetivos o metas son la brújula de las actividades de una organización, ya que es aquello a lo que se enfocan los esfuerzos de sus miembros en el despliegue de su misión.

Los objetivos expresan logros concretos que la empresa desea conseguir en un lapso de tiempo determinado y constituyen un compromiso de la organización para generar resultados específicos.

En el campo del coaching y del desarrollo del liderazgo suele utilizarse el acrónimo MARTE (SMART, en inglés) para describir las condiciones que deben cumplir los objetivos (sean empresariales o personales):

- **M de medibles**: los objetivos deben medirse de forma sencilla a partir de la información disponible en la empresa y han expresarse numéricamente para que no haya equívocos en su interpretación.
- **A de alcanzables**: los objetivos tienen que ser factibles de conseguir, y aunque requieran esfuerzo y dedicación, no pueden ser utópicos o imposibles.
- **R de retadores**: los objetivos deben implicar un desafío que nos obligue a poner todos nuestros recursos y nuestro talento en juego, porque eso despierta la creatividad y moviliza todo nuestro potencial.
- **T de temporalizados**: los objetivos tienen que estar fechados y contar con un plazo para su ejecución que puede ser flexible pero no ambiguo, ya que sin ello no podrán exigirse responsabilidades en caso de incumplimiento.
- **E de específicos**: los objetivos tienen que ser concretos y deben encajar en el ámbito de responsabilidad de la persona a la que se los encomendamos.

Los objetivos de una empresa forman una pirámide que reproduce la estructura de la organización, y va desde la cúspide a la base. Por encima de ellos, encontramos la misión y la visión, que los impulsan y condicionan. Te los mostramos en la figura 6.2.

La pirámide de objetivos

Hay cinco niveles de objetivos en esta pirámide:

- En el nivel más alto se sitúan los **objetivos estratégicos**, que expresan las metas globales que la empresa se propone conseguir en su entorno competitivo y son de dos tipos:
  - **De mercado**, que se concretan en fijar una cuota de mercado y, en ciertos casos, una posición de liderazgo en el mismo.
  - **Financieros**, que definen la rentabilidad que la empresa espera conseguir de los recursos invertidos en el negocio.
- Los objetivos estratégicos se descomponen, cuando proceda, en **objetivos de las UEN** para cada unidad estratégica de negocio, para cada línea de actividad o para cada empresa del grupo.
- El tercer nivel especifica los **objetivos de área funcional**, siguiendo el mismo orden que hemos descrito cuando hablábamos de las pre-

visiones y los planes: objetivos comerciales, objetivos de las operaciones de producción, adquisiciones y recursos humanos, objetivos de inversión y objetivos financieros.

- El siguiente nivel desglosa las metas funcionales en **objetivos de cada departamento, sección o unidad** organizativa.
- El nivel final llega al establecimiento de **metas individuales**, donde se establece lo que cada persona debe conseguir para contribuir a los objetivos globales de la empresa.

En este punto, hay que recordar que los *objetivos individuales* son las metas que la empresa establece para cada empleado mientras que los *objetivos personales* son las expectativas, ambiciones y deseos de cada persona, pero no son objetivos de la organización.

Sin embargo, el desafío del liderazgo es precisamente hacer coincidir en lo posible estos dos tipos de objetivos, consiguiendo que las personas cumplan sus deseos al tiempo que alcanzan las metas de la empresa.

Figura 6-2: Pirámide de objetivos empresariales

Las cartas del castillo

Vamos a describir a continuación las diferentes piezas que componen ese castillo de naipes que son los planes y del que te hablábamos en apartados anteriores. Y como los planes diseñan actividades futuras, deben apoyarse en previsiones, ya que la solvencia de un plan a largo plazo depende de lo buenas que sean las previsiones en las que se basa, por eso esta es la primera pieza.

Previsiones

Una previsión es una estimación realizada de forma metódica, mediante técnicas estadísticas y matemáticas, sobre la evolución y valor futuro de una variable significativa para el desarrollo de la actividad de la empresa.

Las variables objeto de previsión pueden ser muchas, como la demanda, los precios de productos, los costes de factores, la disponibilidad de los factores más importantes, los tipos de interés, etc.

Tabla 6-1: Previsiones y planes relacionados con ellas

Área	*Tipo de previsión*	*Plan relacionado*
COMERCIAL	Previsión de demanda Previsión de ventas Previsión de precios Previsión del ciclo de vida de productos	Plan de marketing Plan de distribución Plan de ventas Plan de promoción
OPERACIONES	Previsiones de materias primas Previsiones de mano de obra Previsiones de costes productivos	Plan de producción Plan de aprovisionamientos Plan de personal Plan de inversiones
RECURSOS HUMANOS	Previsión de necesidades de personal Previsión de asignaciones de trabajo	Plan de personal Plan de inversiones
FINANCIERA	Previsiones de ingresos Previsiones de gastos Previsiones de tesorería	Plan de inversiones Plan de financiación

Hacer previsiones siempre es complicado, ya que no tenemos bolas de cristal (que funcionen), y más cuanto más complejas y diversas sean las variables que haya que estimar, es decir, cuanto mayor sea la incertidumbre de nuestro entorno.

Hoy en día, gracias a las técnicas estadísticas e informáticas de análisis de datos (Business Intelligence, Big Data...) es más fácil y asequible, incluso para las pymes, detectar patrones y tendencias que faciliten a la empresa explorar el futuro.

A la hora de hacer previsiones hay que seguir el patrón que hemos descrito al planificar, empezando por la previsión de ventas, que se hará en función de la demanda y tendencias del mercado, y continuando por la previsión de adquisiciones, mano de obra, costes de factores, ingresos, gastos y tesorería. En la tabla 6-3 te indicamos las previsiones de cada área funcional y el tipo de plan con el que se relaciona.

Estrategias

La idea de estrategia se refiere a la voluntad y el propósito de alcanzar una posición futura determinada, pero también es el curso de acción general que seguirá una organización a largo plazo con el fin de situarse favorablemente en un entorno competitivo.

La estrategia es tanto un plan de acción para alcanzar metas importantes como la forma en que la organización lo ejecuta, desplegando su energía y recursos. Por tanto, comprende objetivos y planes de amplio alcance en tiempo y en recursos, que afectan a toda la empresa y forman un conjunto integrado.

La estrategia posee varios rasgos distintivos, sin los cuales no sería estrategia:

- ✔ Horizonte a largo o muy largo plazo.
- ✔ Amplitud en recursos, pues compromete a toda la empresa y todas sus áreas.
- ✔ Proyección externa, pues orienta la actuación de la empresa con relación al entorno y el mercado.
- ✔ Enfoque a la competitividad, su referencia permanente con el fin de mejorar la posición de la empresa en el entorno.

En sentido estricto, la estrategia no es tanto lo que nos proponemos hacer como lo que realmente somos capaces de llevar a cabo, por lo que muchas veces se define la estrategia como el patrón de respuesta de una organización a su entorno a lo largo del tiempo.

Un buen ejercicio práctico es que te preguntes cuál ha sido la estrategia de tu empresa según su trayectoria efectiva. ¿Corresponde con lo que manifiesta su visión y misión? ¿Es el resultado de una planificación consciente o fruto de la improvisación?

Políticas

La cultura y los valores de la empresa se suelen plasmar en políticas, directrices para pensar y decidir, pautas que se expresan como enunciados o criterios generales para guiar la actuación de directivos y empleados.

Están diseñadas para orientar las decisiones de los miembros de la organización, permitiendo que usen su criterio pero siempre dentro de las opciones coherentes con la filosofía directiva y la estrategia, y excluyendo las que no lo son.

Así, garantizar la satisfacción del cliente sería una política, ya que no indica qué solución hay que adoptar ante una queja o reclamación, pero aclara que la que se adopte debe dejar al cliente satisfecho, y excluye cualquier opción que no logre esa satisfacción.

Las políticas se establecen en los niveles más altos de la organización y, al contrario de la estrategia, que es global y concierne a la posición competitiva, las políticas suelen tener un enfoque más interno que externo y un campo de aplicación bastante específico. Así, hablamos de políticas de reclutamiento y selección, de contratación de proveedores, de promoción interna, de precios, de comunicación, etc.

Programas y proyectos

Un *programa* es un plan específico diseñado para aplicar una política, que posee cierta autonomía respecto a los planes generales. Los programas comprenden objetivos, políticas, procedimientos y reglas para llevar a cabo actividades destinadas a lograr objetivos específicos. Su horizonte temporal puede ser variable, entre el medio y el corto plazo, según la envergadura y complejidad de sus objetivos. Generalmente tienen establecido un plazo de ejecución y definen actividades concretas, propias de un área funcional. Sus recursos, tanto económicos como humanos, vienen también fijados de antemano y su ejecución corresponde a una unidad organizativa o grupo creado ad hoc.

Es frecuente que los planes complementarios se ejecuten bajo la forma de programas, como por ejemplo los destinados a mejorar la formación de los empleados, a favorecer la igualdad entre sexos, a mejorar la seguridad en el trabajo, a implantar normas de protección ambiental, etc. Si miras a tu alrededor, seguro que en tu empresa hay en marcha algún plan complementario como los que acabamos de mencionar.

Los programas suelen estar formados y ser ejecutados a través de proyectos. Un *proyecto* es la unidad mínima de actividad que puede ser planeada y ejecutada de forma independiente, por lo que podemos considerarlos las células básicas de cualquier plan.

El proyecto persigue objetivos muy concretos, y está diseñado para que pueda ponerse en práctica de forma inmediata: su contenido son las acciones para poner en marcha un plan.

Por ejemplo, un programa de formación de personal en una empresa constará de proyectos, que serían cada una de las ofertas formativas o cursos en los que se divide.

Presupuestos

Cuando un plan se detalla completamente y todos sus objetivos, recursos, acciones y resultados esperados se cuantifican numéricamente, tenemos un presupuesto.

El *presupuesto* es la expresión final de todos los detalles de un plan en términos cuantitativos, normalmente monetarios. Básicamente es una contabilidad anticipada del plan en forma de ingresos, gastos y resultados esperados.

Gracias al presupuesto, el plan gana rigor y precisión, lo que facilita su ejecución al concretar qué se espera de cada unidad y directivo, qué recursos se le han asignado, qué plazos tiene para lograr sus objetivos, etc. Y esto además ofrece una base objetiva para controlar su ejecución.

Seguro que en tu empresa se elaboran presupuestos. Si tienes acceso a ellos, comprueba cómo expresan el plan que se propone ejecutar tu empresa o la unidad o departamento al que se refiera. Comprueba cómo establece plazos y fechas, previsiones de ingresos y gastos, resultados e indicadores. Haciendo ingeniería inversa del plan (examinando el resultado para indagar en cómo se hizo) puedes aprender mucho sobre la planificación.

Procedimientos

En cualquier organización hay actividades que se realizan de forma repetida y frecuente. Por ejemplo, la selección de la mejor oferta de entre varios proveedores, la contratación de personal operativo, la devolución de artículos por parte de los clientes, el pago de facturas a suministradores, el establecimiento de turnos de trabajo o descanso, etc.

Los planes que definen la forma fijada por la organización para manejar estos problemas rutinarios son los procedimientos.

Un *procedimiento* es una metodología preestablecida por la empresa para operar sobre un problema estructurado, cuyos objetivos y elementos son claros y conocidos, y que se presenta de forma recurrente sin apenas variaciones.

Los procedimientos son guías para actuar, pues establecen los pasos que hay que seguir para manejar esos asuntos cotidianos, y buscan estandarizar o normalizar las actuaciones, por lo que suelen ser comunes a varias áreas o departamentos de la organización.

Por ejemplo, el procedimiento para autorizar compras o inversiones en los departamentos de una empresa suele ser igual en toda la organización, y establece pasos como la manera en que se formaliza la petición por el departamento solicitante, el responsable que tiene que autorizar la compra, el nivel de gasto que puede autorizar, el plazo de antelación con el que debe plantearse la petición, etc.

Reglas

Las *reglas* son el elemento más básico y sencillo de la planificación y tienen como fin garantizar que las personas actúen de la misma manera en determinados asuntos. Son indicaciones taxativas que expresan qué se puede o no se puede hacer sobre un determinado tema y no permiten discrecionalidad alguna.

Su finalidad es normalizar comportamientos y servir como mecanismos de control.

Casi siempre, las reglas están integradas en procedimientos, como por ejemplo, el procedimiento para hacer inversiones o compras al que nos referíamos antes podrá incluir reglas como que la petición debe ir firmada por el jefe del departamento o que, a partir de cierto nivel de gasto, la autorización tenga que provenir de un cargo superior.

Planes, planazos y planecillos

Como estamos viendo, la planificación produce una enorme diversidad de planes, pues hay que aplicarla en todos los niveles de la organización, desde la alta dirección hasta el nivel operativo básico, y en todas las áreas funcionales del negocio.

Para ayudarte a ordenar esta diversidad, es conveniente disponer de una clasificación de los planes según los criterios más comunes, cuyos diferentes tipos se resumen en la figura 6-3.

Según su alcance, los planes pueden ser estratégicos, tácticos y operativos.

ALCANCE	NIVEL ORGÁNICO	TIEMPO	ÁREA FUNCIONAL
Estratégico	Corporativa o global	Largo plazo	Marketing
	UEN - División		Distribución
Táctico	Explotación	Medio plazo	I+D - Nuevos productos
	Departamento		Producción y Compras
Operativo	Sección, equipo	Corto plazo	RR.HH.
	Proyecto		Inversiones y financiación

Figura 6-3: Tipos de planes

- Los **planes estratégicos** son los más importantes, pues establecen cómo se va a desarrollar la estrategia en el futuro y resumen la idea de lo que la empresa se propone ser y hacer de hoy en adelante, a largo o a muy largo plazo. Son planes que condicionan todas las áreas del negocio y sirven como marco de referencia para los sucesivos planes en adelante y hacia abajo.

  Corresponde formularlos a la alta dirección, que ejerce así su rol de empresaria, y que encuentra en estos planes su mejor herramienta para concebir y diseñar un proyecto de futuro. Su arranque está en adoptar una actitud estratégica por parte de la dirección de la empresa, que se concrete en la voluntad de adaptarse a los cambios del entorno.

- Por debajo de estos, encontramos los **planes tácticos y operativos** que corresponden a niveles inferiores y son más detallados conforme más se aproximan la base de la organización. Estos planes expresan el desglose y adaptación del plan estratégico a las diferentes áreas funcionales y unidades organizativas de la empresa.

Si consideramos el nivel orgánico de los planes y lo relacionamos con su importancia, vemos que hay correspondencia entre ambos conceptos y que siguen la misma secuencia que los objetivos que hemos visto en apartados anteriores de este capítulo:

- Así, los planes estratégicos son **planes corporativos o globales** que se refieren al conjunto de la empresa, e incluyen todas sus líneas de negocio y actividades.

- Por debajo tenemos los **planes de las UEN** (Unidades Estratégicas de Negocio, en inglés SBU o Strategic Business Units) y de las divisiones, establecidos para unidades de la empresa que desarrollan su propia estrategia diferenciada dentro una empresa diversificada con gran autonomía operativa.

- ✔ Seguidamente, estarían los **planes de las explotaciones**, correspondientes a unidades técnicas productivas, sucursales, etc.
- ✔ Por debajo estarían los **planes departamentales**, que son ejecutados por unidades organizativas que forman parte de una estructura mayor; suelen dedicarse a actividades especializadas.
- ✔ Por último, encontramos los **programas y proyectos**, planes autónomos y específicos para un fin concreto.

Esa relación entre los tipos de planes también se da cuando hablamos de su horizonte temporal, donde vemos que los planes pueden ser a largo, a medio y a corto plazo.

- ✔ Normalmente, el **largo plazo** se corresponde con el lapso de vida útil de las inversiones del plan.
- ✔ Mientras que el **corto plazo** se refiere al ejercicio económico anual.
- ✔ Por su parte, el **medio plazo** suele oscilar entre uno y tres años, dependiendo del dinamismo del sector.

Este factor es importante tenerlo en cuenta, ya que el tamaño del horizonte temporal se relaciona con la incertidumbre ambiental, de la que te hemos hablado en el capítulo 3, de forma que cuanto más lejano sea el periodo de planificación, mayor incertidumbre habrá.

Asimismo, las medidas de estos plazos no serán iguales en todos sectores ni para todos los tipos de empresas, ya que las que se mueven en entornos muy dinámicos tienen que hacer planes a plazos más cortos con el mismo enfoque que las de entornos más estables los harían a largo o muy largo plazo.

Finalmente, los planes pueden contemplarse en relación al área de actividad que es objeto de los mismos. Diferenciamos entre:

- ✔ **Planes globales**, que se refieren a todas las actividades de la empresa.
- ✔ **Planes funcionales**, destinados a áreas concretas, dentro de los cuales pueden ser:
  - Planes funcionales que cubren toda un área.
  - Planes parciales dentro de estas.

Por ejemplo, un plan de marketing suele contener planes de ventas, de promoción, de distribución, etc. Del mismo modo, los planes de recursos humanos incluyen planes de reclutamiento, de formación, de promoción, de asignación, etc.

Aprender de los mejores: Mar Raventós, presidenta de Codorníu

El Grupo Codorníu es la empresa familiar más antigua de España y una de las veinte más longevas del mundo. Ya en 1551, Jaume Codorníu inició la elaboración de vinos. La hacienda origen de la actual nace en 1659 con el matrimonio entre la heredera de la masía Can Codorníu, Anna Codorníu y un joven viticultor llamado Miquel Raventós, y siempre se ha mantenido en manos de la familia. Dos siglos después, en 1872, Josep Raventós Fatjó consiguió elaborar su primera botella de cava.

Mar Raventós (Barcelona, 1952) pertenece a la decimosexta generación y es su presidenta desde 1998. Tiene dos carreras universitarias: Ciencias Económicas y Empresariales y Filosofía y Letras. Casada y madre de seis hijos, es una apasionada de la vid y de la madre Teresa de Calcuta. Practica el pádel, esquía y pasea en bicicleta. Cada noche prepara las cosas que va a hacer al día siguiente. Por la mañana suele estar en el despacho y por la tarde trabaja en casa.

El talante y el liderazgo de Mar Raventós han conseguido mantener unidos a más de 400 familiares, de los que 213 son accionistas de Codorníu. La clave de esta unión es el protocolo familiar que puso en marcha en 1999, que establece las obligaciones y el código de conducta de los miembros de la familia. Cuando nace un Raventós, se le "bautiza" con una cucharadita de cava y recibe una caja de benjamines (botellas de cuarto de litro) con una etiqueta que refleja su posición en el árbol genealógico.

La empresa ha vivido varias guerras, y crisis como la de la filoxera en el siglo XIX, que le obligó a replantar todas las viñas. Tras siglo y medio vendiendo cava, ha diversificado su oferta con caldos más tranquilos y adquiriendo otras compañías. En la actualidad posee bodegas en La Rioja, el Penedès, el Priorat, Ribera del Duero, el Segre, el Valle del Cinca, Napa Valley (California) o Mendoza (Argentina). Más de un tercio de su facturación procede de vinos no espumosos y más de la mitad de la exportación. La clave para esta longevidad, en palabras de su presidenta, es la pasión por el vino y por la tierra.

Xavier Pagés, director general del grupo, considera que Codorníu es "una multinacional muy familiar": 232 millones de euros de facturación, más de 900 empleados, exportación a un centenar de países. Si bien depende de factores tan imprevisibles como las condiciones climáticas, sus más de 460 años de historia son la prueba de que ha sabido evolucionar al ritmo de los tiempos. Adaptarse, anticiparse, es la clave de la supervivencia.

Capítulo 7

Lo que mi empresa quiere ser de mayor

En este capítulo

- Sin estrategia, no hay proyecto
- Conocer el entorno y la empresa
- La ventaja competitiva

A lo largo del tiempo, las empresas han ido respondiendo a los desafíos del entorno probando nuevos modelos de gestión que han funcionado más o menos bien en las diferentes épocas de la historia empresarial. El modelo vigente desde hace ya dos o tres décadas es la *dirección estratégica*.

El origen de la dirección estratégica está en el pensamiento estratégico, una actitud y una forma de dar respuesta a la complejidad, el dinamismo y la dificultad de predicción que caracterizan a los entornos de negocio actuales.

Por eso, en el capítulo 1 ya insistíamos en que una de las principales habilidades del mánager tiene que ser pensar estratégicamente, habilidad que describíamos como la capacidad que necesita todo directivo para comprender cuál es y cómo llevar a la práctica la misión de su organización. Y si esta organización es una empresa, la cuestión clave es entender cómo se crea valor en ese negocio y qué hay que hacer para conseguirlo y perdurar en el tiempo.

Estrategia, proyecto de vida

Siguiendo un antiguo proverbio del Corán que dice que "si no sabes a dónde vas, cualquier camino te llevará allí", en *Alicia en el País de las Maravillas*, Alicia y el Gato de Cheshire mantienen la siguiente conversación:

—Minino de Cheshire, ¿podrías decirme, por favor, qué camino debo seguir para salir de aquí?

—Esto depende en gran parte del sitio al que quieras llegar —dijo el Gato.

—No me importa mucho el sitio... —dijo Alicia.

—Entonces tampoco importa mucho el camino que tomes —dijo el Gato.

Hoy en día, la formación de directivos y líderes en general hace gran hincapié en la necesidad de fomentar el pensamiento estratégico, ya que es una de las principales competencias que un mánager debe desarrollar, no solo a nivel profesional, para su aplicación al mundo de los negocios, sino también individual, para enfocar su vida exitosamente.

El pensamiento estratégico es un requisito para estar preparados para los desafíos futuros, previsibles o imprevisibles, ya sean amenazas u oportunidades. Y también lo es para que exploremos y saquemos partido a todo nuestro potencial, al tiempo que tomamos conciencia y trabajamos para neutralizar nuestras carencias.

El *pensamiento estratégico* entraña una actitud que nos mueve a preguntarnos y dar respuesta a cuestiones como: ¿dónde quiero estar mañana?, ¿dónde estaba ayer?, ¿dónde estoy hoy?, y ¿cómo lo haré para conseguirlo?

En su formulación más moderna, el pensamiento estratégico se centra en el futuro y retrocede hasta el presente. La idea clave es que, si te fijas en el pasado, tenderás a repetir los patrones de conducta que te ha dado la experiencia, y eso te hará pensar de forma conservadora. Como decía el genial científico Albert Einstein, "es una especie de locura hacer lo mismo de siempre y esperar resultados diferentes".

Si quieres saber qué te deparará en el futuro, la mejor manera de saberlo es inventándolo: planificar desde el futuro es partir desde el ideal al que desees llegar, centrándote en el efecto y, a partir del mismo, generar las causas que lo provoquen.

Qué es y qué no es estrategia

La *estrategia* es la interacción voluntaria constante entre la empresa y su entorno, en busca de la defensa y mejora de su competitividad a largo plazo. Igor Ansoff (1918-2002), brillante matemático, profesor y mánager, considerado el padre de la dirección estratégica, dice que la estrategia expresa la dialéctica de la empresa con su entorno. (En el capítulo 6 encontrarás más información sobre este tema, en concreto sobre la planificación estratégica.)

La palabra *estrategia* procede del griego *strategeia*, el arte de dirigir ejércitos, y esta de *strategós*, el general o canciller que los dirige. Posteriormente, el término pasó del ámbito militar al de la gestión, donde se ha instalado definitivamente.

La estrategia es el resultado de aplicar el pensamiento estratégico. Se puede describir como un plan de acción para alcanzar metas importantes, pero también como la forma en que se ejecuta, desplegando la energía y los recursos necesarios. Como indica Michael Porter, uno de los gurús contemporáneos de la investigación y consultoría en estrategia empresarial, "la estrategia se dedica a elegir deliberadamente cómo ser diferente".

La estrategia empresarial tiene ciertas características intrínsecas:

- ✔ Horizonte temporal dilatado.
- ✔ Amplitud de recursos afectados.
- ✔ Alcance global a todas las áreas de la empresa.
- ✔ Proyección externa.
- ✔ Enfoque en la mejora de la competitividad.

Por tanto, todo lo que no posea estas características, no es estrategia. Insistimos en este punto porque te encontrarás el adjetivo *estratégico* unido a cualquier cosa, incluso de mínima trascendencia, para que parezca más importante, pero no debes dejarte engañar: todo lo que no afecte de forma significativa al futuro a largo plazo de la empresa y repercuta en su competitividad, no es estratégico.

En estrategia también hay categorías

Normalmente se habla de tres niveles en la formulación de la estrategia:

- ✔ **Nivel de la estrategia corporativa o global**, que corresponde a un grupo empresarial o conjunto de empresas con diferentes líneas de negocio, y plantea cómo competir considerándolas de forma integrada. Puede suponer que un negocio se especialice en un segmento de mercado, en unos productos, en unas fases del proceso de creación de valor, que unas ganen mucho y otras poco, que unas hagan los productos centrales y otras presten servicios de apoyo al resto de la empresa, pero siempre mirando el conjunto.
- ✔ **El nivel de la estrategia de negocio o competitiva**, que corresponde a cada UEN (Unidad Estratégica de Negocio) o actividad diferenciada, y se refiere a la estrategia que seguirá cada unidad empresarial para competir. Cuando la empresa es de negocio único, coincide con la estrategia global o corporativa.

- **El nivel de la estrategia funcional**, que sería la estrategia aplicada a cada área funcional para desplegar sus actividades. Generalmente, la estrategia funcional no se considera propiamente una estrategia, sino más bien una política.

Veamos cómo se aplican estos tres niveles en una empresa real: el grupo Globalia, creado por el empresario Juan José Hidalgo, está integrado por Halcón Viajes, Viajes Ecuador, Globalia Autocares, Travelplan, Air Europa, los hoteles Be Live y otras compañías y marcas.

- La estrategia corporativa sería de la del grupo Globalia en conjunto, que decide tener negocios hoteleros, aéreos, de transporte de pasajeros, turoperadores y agencias de viajes.
- Las estrategias competitivas serían las que sigue individualmente cada negocio, como Air Europa, Viajes Halcón, Travelplan, Globalia Autocares, etc.
- Las estrategias funcionales probablemente varíen en cada línea de negocio, que seguirán políticas de producto, promoción o precio diferentes, aunque otras, como las de recursos humanos, probablemente sean iguales en todo el grupo para homogeneizar comportamientos y resultados.

Las piezas de la estrategia

Toda estrategia está formada por unos componentes esenciales, que son los diferentes aspectos que tenemos que definir a la hora de diseñarla. Estos componentes son cuatro:

- **El ámbito de la estrategia**: en qué negocios piensa participar la empresa, es decir, con qué productos y en qué mercados va a trabajar.
- **Las capacidades o competencias distintivas**: las destrezas, recursos y habilidades con los que la empresa se propone competir, y que son la base para construir su ventaja competitiva.
- **La ventaja competitiva**: es el núcleo de la estrategia, lo que hace que una empresa destaque de sus competidores y alcance una posición ventajosa; es su arma para competir, ya que la empresa no solo debe trabajar bien en una actividad, sino que debe hacerlo mejor que las otras empresas que hagan lo mismo.
- **El vector de crecimiento**: es la orientación con la que la estrategia trata de hacer crecer la empresa, ya que la vocación última de la estrategia es fortalecer a la empresa y desarrollarla.

Por tanto, cuando pienses en una posible estrategia, sea del nivel y del negocio que sea, tienes que plantearte cómo dar forma a estas cuatro cuestiones, que además deben funcionar de forma integrada para producir sinergias.

Todo lo que hay que considerar antes

Antes de decidir qué estrategia quieres poner en marcha en tu empresa, tienes que saber qué condiciones afrontas, y para eso está el análisis estratégico.

El *análisis estratégico* sirve para explorar el marco en el que desarrollarás la estrategia, ya que es fundamental saber a qué escenario te enfrentas y con qué recursos cuentas. Por eso, se habla de un *análisis estratégico externo* y de un *análisis estratégico interno.*

Explorar el hábitat: el análisis externo

La estrategia se crea para competir, por tanto, es fundamental conocer el ámbito externo.

Con el *análisis externo* la empresa tratará de identificar y evaluar los retos del entorno en el que compite, con las miras puestas en descubrir las eventuales amenazas y oportunidades que este ofrece para el desarrollo de su estrategia.

El entorno competitivo al que se refiere el análisis externo coincide con el entorno específico o sectorial de la actividad, que explicamos en el apartado "Tu pequeño universo" del capítulo tercero, es decir, es la industria en la que opera la empresa. Por eso, los aspectos más importantes a considerar de cara a la formulación estratégica son las características del sector y de la competencia en dicho mercado.

Las cinco fuerzas de Porter

No, no te estamos hablando de la Guerra de las Galaxias, ni aconsejándote cómo hacer que la fuerza esté contigo, sino de algo más prosaico, pero que te será mucho más útil, como es el análisis competitivo de un sector.

Para llevarlo a cabo, suele utilizarse un conocido modelo llamado, precisamente *modelo de las cinco fuerzas competitivas* de Michael Porter (figura 7-1), profesor de Harvard y reconocido consultor de grandes compañías en temas de estrategia, que te hemos presentado al comienzo de este capítulo.

Figura 7-1: Las cinco fuerzas competitivas de Porter

Las fuerzas a las que hace referencia el modelo son los vectores que influyen en la intensidad de la competencia actual, es decir, en el nivel de rivalidad entre los competidores de un sector:

- **(F1) Poder de negociación de los clientes**: cuando hay pocos clientes y están organizados, pueden presionar a la empresa y obligarla a aceptar condiciones poco favorables, sobre todo si además hay muchos más oferentes entre los que elegir. Por ejemplo, los pequeños productores de verduras que venden sus lechugas a los grandes hipermercados tienen que aceptar las condiciones que estos les imponen.
- **(F2) Poder de negociación de los proveedores**: si los proveedores son pocos, están concentrados, poseen información o recursos vitales por su escasez o coste, tendrán alta capacidad de negociar e imponer sus condiciones a la empresa. Los grandes grupos farmacéuticos imponen sus precios incluso a los gobiernos (recuerda el caso del Sovaldi, por ejemplo).
- **(F3) Amenaza de nuevos competidores entrantes**: si las barreras de entrada al sector son bajas, es fácil que entren nuevos competidores. Las barreras de entrada son cualquier elemento que dificulte iniciar la actividad en un negocio, como puede ser la necesidad de una alta inversión para empezar, una tecnología específica, la exigencia de autorización administrativa, etc. Cualquiera puede abrir un bar o una tienda, pero no poner una farmacia o una compañía aérea, por ejemplo.
- **(F4) Amenaza de productos sustitutivos**: se refiere a la posibilidad de que aparezcan productos que presten el mismo servicio, aunque provengan de otro sector distinto o usen otra tecnología. Por ejem-

plo, el fútbol televisado los fines de semana es un sustituto del cine en salas.

- **(F5) Rivalidad entre los competidores**: la intensidad de la competencia en el sector es el resultado de las cuatro fuerzas anteriores y determina que haya buenas o malas expectativas de rentabilidad de un negocio. Así, cuanto más numerosos sean los competidores y menos diferenciado sea el producto, la competencia es más ruda, con mercados de competencia perfecta o casi perfecta. La competencia perfecta ofrece una rentabilidad prácticamente nula, ya que no cubre más que los gastos y costes de los factores, de los recursos financieros invertidos y del trabajo de coordinación, sin proporcionar beneficios extraordinarios. Volvemos al ejemplo de los bares, muy pocos triunfan porque hay demasiados (bajas barreras de entrada), no necesitan grandes conocimientos para su gestión, por lo que son dirigidos por empresarios con poca formación, y la mayoría de ellos no hacen un análisis económico correcto para saber hasta qué punto el negocio es rentable (la mayoría de las veces no lo es, solo cubre costes o proporciona autoempleo de baja calidad).

Sectores jóvenes o maduros

Los sectores de actividad también sufren arrugas, flacidez y pérdida de vigor. Por eso, el *grado de madurez del sector* es otra de las características más importantes que debes tener en cuenta en el análisis externo. Este grado de madurez no es tanto cuestión de años, sino de lo vigorosa y novedosa que sea la tecnología predominante en esa industria. Hay cuatro tipos de sectores:

- **Sectores emergentes**: negocios vinculados a nuevas tecnologías, cuyos avances se intenta explotar comercialmente; su problema es que suelen requerir mucha inversión, ya que aún no se ha llegado a definir cuál será la tecnología dominante.
- **Sectores en crecimiento**: aquellos cuya tecnología empieza a estar clara, lo que permite conseguir altas tasas de crecimiento del mercado; pero también requieren mucha inversión, destinada a incrementar la capacidad productiva, abaratar los costes y ampliar el mercado.
- **Sectores maduros**: usan tecnologías conocidas y consolidadas, el crecimiento del mercado es bajo o nulo, pero su rentabilidad es alta, ya que generan rentas como resultado de la inversión en etapas anteriores, sin requerir prácticamente inversión nueva.
- **Sectores en declive o en crisis**: tienen una demanda en descenso y son candidatos a ser barridos por la aparición de nuevas tecnologías que reabran el ciclo renovando el sector.

Para la estrategia, el grado de madurez del sector es relevante porque determina el que tengamos que invertir dinero o que el negocio nos genere dinero. Equivocarse aquí puede ser dramático.

Te mostramos un ejemplo práctico: los sectores de electrónica, informática, videojuegos, telefonía móvil, etc., son buenos exponentes de este fenómeno. Normalmente, las empresas invierten en desarrollar nuevas tecnologías, sea el *smartphone*, el televisor de leds o el Blu-ray. Ahora, por ejemplo, se están desarrollando pantallas de grafeno y OLED (diodos orgánicos emisores de luz), flexibles y de mínimo grosor. Normalmente, los primeros productos que salen al mercado de cualquiera de estas tecnologías son muy caros, y hasta que no se define la tecnología dominante, las empresas no pueden arriesgarse a invertir para incrementar la capacidad productiva que permita abaratarlos y continuar explotando la innovación hasta la saturación del mercado o la aparición de una tecnología más eficiente.

El autoconocimiento de la empresa: análisis interno

El *análisis interno* trata de elevar qué condiciones presenta la empresa en cuanto a los recursos y medios con los que cuenta para desarrollar su estrategia, considerados, no solo en su situación presente, sino especialmente en la futura.

La idea no es tanto ver las fortalezas y carencias actuales de tu empresa, sino más bien su potencial de recursos y capacidades para desarrollar las actividades que te propongas llevar a cabo, que determinarán las estrategias factibles.

Con el *análisis estratégico interno* se pretende lograr un diagnóstico que nos diga, no tanto qué hacemos bien o mal, sino qué hacemos mejor o peor que los competidores. Entre los aspectos que hay que considerar para el análisis interno, encontramos los siguientes:

- ✓ **Los medios materiales** de la empresa, teniendo en cuenta todos sus activos, como instalaciones, edificios, naves, maquinaria y equipamientos, servicios, etc.
- ✓ **La situación financiera**, donde se verán las fuentes de financiación, la estructura de capital, las inversiones, el coste y el riesgo financiero, la capacidad para captar nueva financiación, etc.
- ✓ **La oferta de valor**, viendo qué productos y servicios ofrece la empresa en el mercado, su grado de innovación, su tecnología, sus costes de fabricación, la utilidad para el cliente, la marca y posicionamiento, la participación en el mercado, etc.

- **La organización**, donde se considera el sistema de gestión, la estructura organizativa, el sistema de información, los procedimientos y rutinas, los estilos de dirección y de toma de decisiones, el sistema de control, etc.
- **El factor humano**, que revisará con qué personal se cuenta en los diferentes ámbitos, su nivel formativo, su motivación y actitud, su disposición al aprendizaje, su encaje en la organización, su coste y productividad, etc.

Todos estos factores deben evaluarse con relación a la estrategia que pretendas poner en práctica: es decir, no se trata de querer contar con los mejores elementos en todos y cada uno de esos aspectos, sino con los más apropiados para lo que quieras hacer.

Por ejemplo, una empresa de servicios de bajo coste no pretenderá poseer la tecnología que ofrezca más calidad y el personal más cualificado, sino los que permitan obtener costes más bajos.

Pero además, al considerar estos los aspectos internos, es recomendable distinguir entre recursos tangibles e intangibles, ya que en la sociedad del conocimiento en la que vivimos estos cobran cada vez mayor importancia para la competitividad.

Los *recursos intangibles* se identifican con el conocimiento, y las empresas que mejor operan con el conocimiento son las que encuentran más oportunidades de éxito. De ahí que cada vez haya mayor interés en profundizar en el capital intelectual y en sus diferentes componentes, que son el capital humano, el capital organizativo y el capital relacional, a los que hicimos referencia al hablar del carácter innovador de la responsabilidad social corporativa en el capítulo 5.

El análisis DAFO

Una herramienta muy utilizada para apoyar el análisis estratégico es la conocida *matriz DAFO*, acrónimo de Debilidades, Amenazas, Fortalezas y Oportunidades, que se elabora a partir del análisis de los puntos positivos y negativos de la empresa, tanto del ámbito externo como del interno.

Los *factores externos* son las circunstancias del entorno que pueden afectar al desarrollo de las actividades de la empresa. Si son negativos, pueden suponer un peligro, y se califican como *amenazas*. Si son positivos, y sabes aprovecharlos, pueden convertirse en *oportunidades*.

Los *factores internos* son los condicionantes propios de la organización que determinarán que logre o no sus objetivos. Cuando son positivos, son *fortalezas*, es decir, recursos con los que cuentas para apoyarte en ellos y construir la ventaja competitiva. Cuando son negativos, se llaman *debilidades*, y representan carencias que hay que resolver.

Cuando realices el análisis DAFO, todos estos factores deben ser identificados y ordenados jerárquicamente dentro de cada grupo, según su relevancia de cara al desarrollo de la estrategia. Pero para hacer el análisis DAFO de forma correcta, debes que tener presentes algunos consejos:

- ✔ Solo debes tener en cuenta los aspectos que afecten o puedan afectar a la actividad de la empresa por lo que se refiere al logro de sus objetivos.
- ✔ Los factores se ordenan según su relevancia, ya que luego construirás las estrategias basándote en ellos.
- ✔ Siempre hay cierta ambigüedad a la hora de interpretar si un factor es positivo o negativo, y habrá que lograr un consenso en cuanto a su interpretación.

Con un ejemplo de un grupo tan conocido como Inditex verás mucho más claro cómo se desarrolla un análisis DAFO (tabla 7.1.):

Tabla 7-1: DAFO del grupo Inditex

Fortalezas	*Amenazas*
• Calidad, diseño y moda a precio razonable. • Marcas prestigiosas y conocidas en el mundo que cubren todos los segmentos. • Presencia internacional en los mejores mercados. • Integración vertical y control de toda la cadena de valor. • Gran rapidez de captación de tendencias, conversión en diseño, producción y puesta a la venta. • Gran rotación del producto, renovación continua de la oferta, independiente de la estacionalidad. • Cultura de grupo e identidad corporativa fuertes. • Promoción sin publicidad, sus tiendas son su reclamo. • Responsabilidad social corporativa. • Fortaleza financiera.	• Crisis económica que reduce las expectativas para las marcas más caras. • Fuerte competencia de otros gigantes de la moda (H&M, Mango, C&A) y de productores *low-cost* (Primark, orientales, etc.). • Exigencia y veleidad de la clientela, facilidad para cambiar a otras marcas. • Creciente comercio online muy competitivo. • Endurecimiento de las regulaciones en muchos mercados que elevan el nivel de exigencia para todo el grupo. • Posible saturación del mercado al estar al alcance de todo el mundo.

Tabla 7-1. DAFO del grupo Inditex *(cont.)*

Debilidades	***Oportunidades***
• Envejecimiento de la clientela sin marcas para clientes maduros, enfoque predominante en el público joven. • Insuficiente diferenciación entre sus marcas (demasiadas) que produce canibalismo entre ellas. • Política de personal pobre, sobre todo en tiendas (personal con fama de ser el más antipático). • Distribución centralizada en España que puede restar agilidad para llegar a mercados lejanos. • Excesiva exposición mediática y alto coste en imagen por errores (plagios, denuncias, etc.).	• Interés creciente por la imagen y la moda. • Segmentos de clientes poco explotados: maduros, embarazadas, bebés, deportistas, etc. • Extensión de centros comerciales especializados y *outlets*. • Globalización de la moda y la cultura que simplifica y homogeneiza los gustos. • Abaratamiento del transporte y mejora de las TIC que facilitan la coordinación global.

PRACTICONSEJO

No sigas el orden de DAFO en castellano, porque empezarías con dos factores negativos (debilidades, amenazas), ni como se suele llamar en Iberoamérica, FODA, pues la iniciarías con dos positivos (fortalezas y oportunidades). Haz primero las fortalezas y luego las debilidades, después las oportunidades y luego las amenazas (es la secuencia original, en inglés, SWOT es **S**trengths, **W**eaknesses, **O**pportunities y **T**hreats).

	Amenazas (A)	Oportunidades (O)
Puntos Débiles (D)	Estrategias de SUPERVIVENCIA	Estrategias de REORIENTACIÓN
Puntos Fuertes (F)	Estrategias DEFENSIVAS	Estrategias OFENSIVAS

Figura 7-2: La matriz DAFO y sus estrategias resultantes

Los caminos del DAFO

Una vez identificados y ordenados los elementos que han resultado del análisis, la combinación de ellos ofrecerá cuatro posibles enfoques de la estrategia, que te mostramos en la figura 7-2.

- **Estrategias de supervivencia**: buscan minimizar debilidades y precaverse contra amenazas. Son apropiadas cuando la situación es tan mala que a lo más que se puede aspirar es a conservar vivo el negocio, manteniendo la cabeza fuera del agua.
- **Estrategias de reorientación**: son las apropiadas en situaciones ambiguas, donde hay posibles oportunidades, pero para aprovecharlas hay que resolver las debilidades, y eso suele exigir un cambio de estrategia.
- **Estrategias defensivas**: se aconsejan cuando te puedes atrincherar en las fortalezas para protegerte de amenazas externas, como en un fortín cuando ataca el enemigo.
- **Estrategias ofensivas**: son las propias de la situación más deseable, pues buscan apoyarse en las fortalezas para aprovechar al máximo las oportunidades. Es como salir a comerse el mundo.

La elección del rumbo de la estrategia dependerá de cuáles sean los factores de mayor peso de los ámbitos externo e interno, porque hay que ser conscientes de que los diversos enfoques son generalmente excluyentes entre sí: no se puede pretender seguir una estrategia ofensiva y defensiva al mismo tiempo.

Y por supuesto que hay que seguir trabajando en resolver los demás aspectos, sean debilidades o amenazas, pero para eso están los planes complementarios, en caso necesario.

El unicornio azul: la ventaja competitiva

La estrategia pretende que una empresa mejore su posición competitiva, se adelante a sus competidores y gane dinero.

Por tanto, la pregunta clave que el análisis estratégico tiene que ayudarte a resolver es cómo localizar los pilares en los que apoyar la construcción de una *ventaja competitiva* sólida y duradera, que es el corazón de cualquier estrategia, aquello que da entidad a la oferta de valor que la empresa hace al mercado.

Y aquí, ¿cómo se gana dinero?

Para analizar dónde y cómo situar tu ventaja competitiva tienes que estudiar la cadena de valor del sector, ya que eso te permitirá conocer las fases en el proceso de creación de valor y la cantidad de valor que se suma en cada actividad.

La *cadena de valor de un sector o negocio* refleja el proceso por el que se añade valor en las sucesivas fases de actividad y por los diferentes agentes económicos que intervienen, desde el origen de los factores iniciales hasta el desecho del producto al final de su vida. (Un poco más adelante verás un ejemplo que te ayudará a comprenderlo mejor.)

Céntimo a céntimo, como el tío Gilito

El estudio de la cadena de valor (en la figura 7-3 puedes ver representadas la cadena de valor del sector y de la empresa) sigue una serie de pasos para reconocer cómo se va agregando valor en cada fase y cómo la empresa puede situarse óptimamente en ese proceso:

- ✔ En primer lugar, se analiza la **cadena de valor del sector** en el que se opera, desde la fuente de los recursos básicos con los que se inicia el proceso hasta la vida final del producto; se identifican todas las actividades que se realizan y se estima en qué medida suman valor. En todos los sectores hay fases que producen un valor superior, ya que se usan activos exclusivos, tecnologías originales, recursos humanos especialmente talentosos, etc., mientras que hay otras actividades donde la adición de valor es poco significativa. Los elementos determinantes de una creación de valor superior son los *factores críticos del éxito*.
- ✔ Después se estudia cuáles son las **fases del sector en las que opera la empresa**, viendo no solo las que ocupa, sino las que podría ocupar (o dejar de hacerlo), y la rentabilidad de esas actividades. Con este análisis, la empresa puede valorar cómo ha llegado a posicionarse dentro de su sector, lo que revela si su estrategia pasada la ha llevado a ocupar puestos clave en la industria.
- ✔ A continuación, se considera la **cadena de valor interna de la empresa**, distinguiendo las actividades primarias o esenciales de las actividades auxiliares o de apoyo. En este análisis es preferible trabajar sin ideas preconcebidas sobre lo que son o no actividades primarias, pues estas actividades pueden variar en cada caso. De hecho, hay negocios donde gran parte de su éxito se ha debido a una especial habilidad en gestionar actividades en principio no claves, como las compras o la selección de personal.

- En la cadena de valor interna, se pretende ver **cómo la organización añade valor** a los inputs. Para saberlo, es necesario analizar cada actividad de forma desagregada, considerando también las interrelaciones internas y externas, con proveedores y clientes. Lo esencial es ver si las actividades que realiza la empresa y los recursos que aplica a ellas son rentables, es decir, si la empresa está desplegando bien sus competencias esenciales, si se está concentrando en usar sus mejores recursos en las actividades más productoras de valor.

Como es lógico, a tu empresa le interesará que sus recursos y competencias se correspondan lo más posible con los factores críticos de éxito del sector en el que opera, es decir, que pueda estar sacándole el mayor partido posible a su "talento" usándolo en lo más rentable.

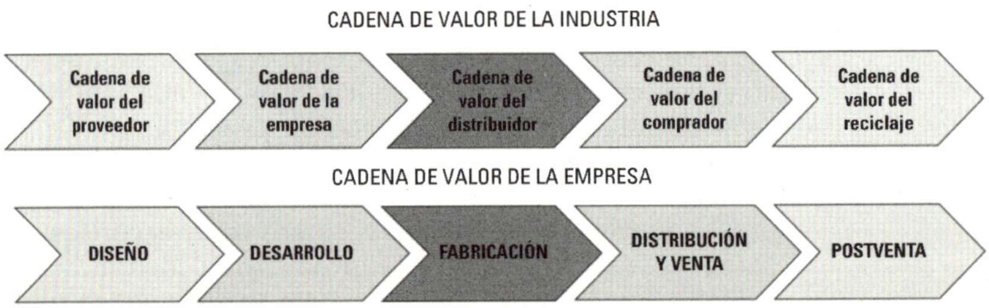

Figura 7-3: Cadena de valor del sector y de la empresa

Un ejemplo de *análisis de la cadena de valor interna* lo podemos ver en el sector de la moda, donde las firmas suelen estar más preocupadas por el diseño y la gestión de su marca que por otras actividades como la confección o la venta. Es resultado de un proceso de análisis de la cadena de valor de esa industria, donde se ha podido apreciar que actividades como la confección, la fabricación de los tejidos o el transporte de las prendas no aportan un valor sustancial, frente al diseño o la gestión de la imagen de marca. Por eso, las actividades de bajo valor añadido tienden ser externalizadas mientras la empresa puede concentrarse en las que generan más valor.

Un ejemplo del *análisis de la cadena de valor del sector* lo tenemos en la fabricación de pan. Si pensamos en la cadena de valor de la industria, nos solemos remontar al campo, donde se siembra y se cultiva el cereal. Pues bien, eso era cierto hace años, pero hoy en día, la cadena de valor empieza en el laboratorio biotecnológico donde se han desarrollado las semillas transgénicas estériles para la reproducción, hiperproductivas y resistentes a las plagas (o a los plaguicidas que fabrica la misma empresa que desarrolla la semilla). La biotecnología ha modificado la cadena de valor del sector y ha añadido una fase que suma mucho valor y que permite agregar otras fases también rentables, como la venta de herbicidas adaptados a esas semillas. Gran parte del valor que crea el cultivo ahora se lo apropia la empresa biotecnológica que suministra inputs claves, reduciendo el margen que conserva el agricultor.

Qué es y qué no es ventaja competitiva

La *ventaja competitiva* es cualquier característica de la empresa o de sus productos que le permite lograr una posición dominante en el mercado y generar beneficios por encima de la media del sector.

La ventaja competitiva supone una protección que la empresa tiene respecto a las amenazas de la competencia. Puede tratarse de algo real o intangible, y normalmente se plasma en cualidades de la organización o de sus productos, como puede ser una forma particular de trabajar, el acceso a materias primas especiales, conocimientos exclusivos, tecnologías superiores, capacidad de interconectarse con clientes o proveedores, etc.

Pero la ventaja no es tal si no posee la capacidad de convertirse en una oportunidad de negocio en el entorno específico en el que se está operando. Una empresa puede disponer de un conocimiento exclusivo, pero si no puede darle utilidad comercial, no sirve para nada.

La especialidad de cada cual

La ventaja competitiva no tiene por qué ser algo secreto o difícil de entender, pero sí debe ser difícil de copiar o imitar a corto plazo y, por tanto, debe ser sostenible en el tiempo.

Por lo general, es el resultado de una habilidad particular a la hora de desplegar los recursos y capacidades de la empresa, pero, sobre todo, es producto de la inteligencia para comprender cuáles son los que van a producir un rendimiento superior en ese sector y en ese momento concreto.

A esos recursos y capacidades claves se les llama *competencias esenciales* y son el núcleo de la estrategia, por lo que también se les llama *competencias nucleares*.

Contrastar y vincular las competencias esenciales de la empresa con los factores críticos de éxito del negocio nos revelará las fases de la cadena de valor en las que a nuestra empresa le convendrá especializarse, así como aquellas otras que puede externalizar a otros agentes económicos, porque en ellas no realizamos aportación esencial alguna.

Por eso, en la mayoría de los casos, la *especialización productiva* dentro de la cadena de valor del sector ofrece las mejores oportunidades para lograr un óptimo desempeño estratégico.

Te proponemos un ejercicio práctico: piensa en ventajas competitivas. ¿Por qué crees que los clientes elegimos estas empresas?

- ✔ Ryanair
- ✔ Mercadona
- ✔ IKEA
- ✔ F. C. Barcelona
- ✔ El Corte Inglés
- ✔ Inditex (Zara, Bershka, Massimo Dutti, Oysho, Zara Home)
- ✔ Mapfre
- ✔ Coca-Cola

¿Qué las hace especiales frente a sus competidoras? Ahí tendrás las claves de sus ventajas competitivas.

Manos a la obra con la estrategia

Cumplido el análisis estratégico, habrás identificado dónde están las ventajas competitivas de tu empresa por las que debes apostar. En consecuencia, y tras el reajuste de la misión y objetivos, desde la alta dirección debéis proceder a diseñar y plasmar la estrategia formalmente.

Y retomando el tema con el que abríamos el capítulo, *formular la estrategia* consiste en desarrollar un plan a largo plazo para el logro de objetivos ambiciosos en el marco competitivo, a través de un modelo de negocio viable y sostenible, apoyado en ventajas competitivas sólidas y duraderas.

La formulación de estrategias es una actividad creativa e innovadora, donde los grandes mánager tienen la oportunidad de demostrar su talento.

No te equivoques: aplicar la metodología de la planificación estratégica no garantiza nada si no eres capaz de formular un proyecto original y potente: hay que echarle imaginación e inteligencia.

Por eso, dedicaremos el próximo capítulo a mostrar las diferentes alternativas en el diseño de la estrategia.

Isak Andic, la sartén por el Mango

Isak Andic nació en Estambul y procede de una familia hebrea sefardí. En 1968 llegó a Barcelona y cuatro años después vendió cuatro blusas traídas de Turquía a una tienda de la Vía Augusta de Barcelona. Fue su inicio en el mundo de la moda. Siguió vendiendo blusas en varias ciudades españolas hasta que abrió su primera tienda en un mercadillo de la calle Balmes.

En 1984 inauguró la primera tienda Mango en Barcelona, bajo tres premisas poco evidentes en la época: ropa para mujer joven y urbana, fabricación en países con bajo coste de producción y control de los costes indirectos gracias a las tecnologías de la información. Desde sus inicios, ha buscado ofrecer las últimas tendencias de moda, con prendas de calidad a un precio accesible. Actualmente cuenta con 13.000 empleados (de los que más del 80 % son mujeres) y ofrece sus productos en 109 países con 1.700 tiendas propias, asociadas y en régimen de franquicia. Ofrece también ropa para hombres (Mango Man), niños (Mango Kids), y para bebés de 0 a 2 años (Mango Baby), además de una tienda online, `Mangoshop.com`.

Todos los tejidos y prendas son diseñados por la compañía, aunque la empresa no fabrica telas, accesorios ni confecciona, sino que subcontrata a proveedores externos (145, sobre todo en Asia, aunque también fabrican en Turquía y Portugal) o adquiere directamente de sus proveedores el 100 % de la producción. Tampoco posee flota propia de transporte, sino que usa compañías externas. La colaboración con los proveedores es a largo plazo y permanente, y Mango mantiene el control de calidad desde las inspecciones en origen de los materiales hasta la entrega en tienda. Se hacen cuatro colecciones anuales, que comprenden más de 4.000 piezas, y el período de diseño, producción y distribución es de tres meses, desde que se detectan las tendencias y se plasman en diseños hasta que el producto llega a la venta.

La planificación de la producción y la distribución es fundamental, por lo que la logística es un factor clave de su éxito. El sistema permite gestionar el inventario a escala global y en tiempo real entre las diferentes tiendas y la sede, lo que facilita reaccionar y adaptarse rápidamente a los cambios. Se trata de conseguir que cada uno de los puntos de venta tenga en cada momento el género necesario, ajustando la producción a la demanda para "producir lo que se vende y no producir para ver si se vende", gracias a una fuerte inversión en tecnologías de la información que permite gestionar todos los procesos de forma integrada.

Mango posee un código ético al que se obliga y que constituye el marco regulador de su responsabilidad con la sociedad. En particular, se obliga a cumplir los principios del trabajo decente y a hacerlos cumplir a sus subcontratistas. Se le considera uno de los principales representantes de la "marca España" en el mundo.

Isak Andic ha sido presidente del Instituto de Empresa Familiar (2010-2012), vicepresidente del Banc Sabadell (hasta septiembre de 2013), miembro del Consejo Asesor Internacional del IESE, patrono de la Fundación Princesa de Asturias, etc. Como Amancio Ortega, es muy discreto y participa en pocos actos sociales. Tras el fundador de Inditex, se le considera la mayor fortuna de España. Apasionado del mar, en 2008 se tomó un año sabático para dar la vuelta al mundo en su velero, el Nirvana Formentera.

Andic resume el espíritu de Mango así: "Nosotros creamos un producto de moda a un precio asequible, envuelto en una atmósfera atractiva para el consumidor. Esa es la base del éxito de Mango. Ni más ni menos".

Capítulo 8

Modelar el futuro deseado

En este capítulo

- Dibujar la estrategia en un lienzo
- El menú de las estrategias y el reloj de 8 horas
- Despliegue y acción
- Ryanair y otros ejemplos de éxito

La estrategia de una empresa es el resultado de una reflexión consciente sobre lo que es y lo que quiere ser en el futuro.

Por eso, cuando una empresa decide con actitud proactiva establecer un proyecto estratégico sólido es porque tiene en mente desarrollar un determinado modelo de negocio. Como decía el insigne filósofo José Ortega y Gasset: "Solo es posible avanzar cuando se mira lejos. Solo cabe progresar cuando se piensa en grande". Manos a la obra: eres Miguel Ángel ante el techo en blanco de la Capilla Sixtina.

Un lienzo en el que plasmar tu proyecto

Un *modelo de negocio* expresa la oferta de valor que una empresa hace al mercado, describiendo la forma en que crea, distribuye y retiene el valor.

Con el modelo de negocio, tu empresa intenta generar ingresos y ser rentable, desarrollando sus actividades para cumplir su misión de servir a los clientes.

Por eso, el modelo de negocio refleja al mismo tiempo la estrategia y cómo esta se despliega en la práctica, considerando aspectos externos de la relación con el mercado, e internos de la organización y coordinación de sus recursos.

El modelo de negocio

Para generar el modelo de negocio se utiliza una herramienta llamada *tapiz* o *lienzo de modelo de negocios* (en inglés, *business model canvas*), propuesta en 2007 por un joven investigador y consultor austriaco en management y estrategia llamado Alex Osterwalder (1974).

El lienzo es de gran utilidad porque permite realizar una reflexión estratégica profunda sobre el negocio para comprenderlo y trabajar sobre él de forma integrada y equilibrada. Te lo mostramos en la figura 8-1.

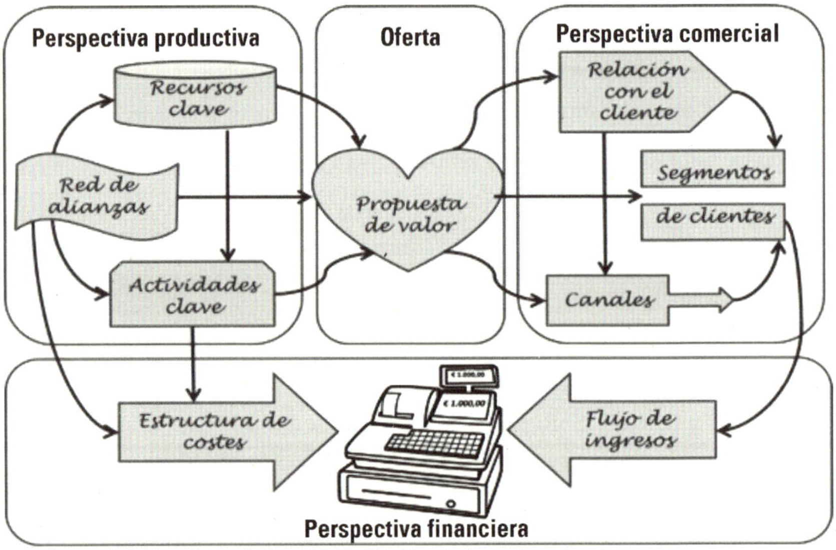

Figura 8-1: El lienzo del modelo de negocio

El *canvas* consta de nueve bloques que giran en torno a la oferta que la empresa hace al mercado, es decir, su *propuesta de valor*, que se sitúa en el centro del lienzo. Esa propuesta se lleva al *mercado* (derecha del lienzo) a través de unos canales hasta los segmentos de clientes con los que hay relaciones. Para formular la oferta, se necesita una *estructura* (izquierda del lienzo) donde se dan unas actividades, que usan unos recursos y requieren la cooperación con otros agentes. Como consecuencia de ambos procesos (comerciales y productivos) se generan unos ingresos y unos gastos que darán lugar al *beneficio* (centro inferior del lienzo).

Las partes del lienzo

Los diferentes bloques que integran el lienzo son los elementos clave que debes tener en cuenta para el desarrollo de tu estrategia, y son los siguientes:

- ✔ **Segmentos de clientes**: la empresa existe para el cliente, por lo que debes saber a qué grupos de clientes diriges tu propuesta de valor y cuáles son sus necesidades.
- ✔ **Propuesta de valor**: expresa la respuesta que tu producto ofrece a las necesidades de los clientes y debe aportar un valor diferencial respecto a la competencia, ya que es la razón por la que elegirán nuestro producto frente a otros.
- ✔ **Relación con los clientes**: son las formas en que llegas hasta los segmentos de clientes objetivo y tratas con ellos para dar a conocer tu producto y convencerles de que lo adquieran.
- ✔ **Canales de distribución**: expresa los circuitos por los que entregarás tu propuesta de valor al cliente e interactuarás con ellos en la venta, pago y posventa.
- ✔ **Actividades clave**: para llevar al mercado nuestra oferta, será necesario poner en marcha una serie de procesos productivos, de aprovisionamiento, logísticos, etc.
- ✔ **Recursos clave**: para realizar las actividades clave, tendrás que usar unos recursos materiales, técnicos, humanos o financieros que habrá que planificar.
- ✔ **Red de alianzas**: dado que la empresa no es autosuficiente y que la especialización productiva es necesaria, deberás contar con unos socios y aliados que te proporcionen los suministros y servicios que mejor refuercen tu propuesta de valor.
- ✔ **Flujo de ingresos**: la oferta en el mercado generará unos ingresos, pero es muy importante diseñar una estructura de ingresos eficaz, que compense sobradamente los esfuerzos realizados para plantear tu propuesta de valor. Hay vías muy interesantes e innovadoras para recibir ingresos más allá de la venta tradicional.
- ✔ **Estructura de costes**: cuando hayas determinado las actividades y recursos clave que necesitas, hay que formular la estructura de costes de la empresa, estimando la inversión necesaria, tanto en fijo como en circulante, que garantice la rentabilidad de nuestra propuesta. El objetivo es dar el máximo valor a los clientes con el mínimo coste.

Desde su aparición, el lienzo de modelo de negocio ha tenido una enorme difusión y goza de mucha aceptación por su facilidad de uso unida a la claridad que aporta para comprender lo esencial para triunfar en un negocio.

Su autor, Alex Osterwalder, actúa como consultor y proveedor de herramientas como *Strategizer* (`https://strategyzer.com/build`), una aplicación informática para generar modelos de negocio.

Si tienes curiosidad por ver aplicaciones del lienzo de modelo de negocio en empresas reales, entra en el buscador de internet usando las palabras clave *lienzo* o *canvas* y *modelo de negocio* y encontrarás muchos ejemplos de empresas conocidas. Uno de los más populares es el de Nespresso.

Diferentes formas de hacer caja

Las constantes necesidades de adaptación a entornos cada vez más complejos y competitivos mueven a las empresas a experimentar con nuevos modelos de negocio. Sin embargo, tradicionalmente se han desarrollado muchos modelos que siguen vigentes, de los cuales, los más habituales son:

- La **venta directa o modelo del tendero**, que consiste en abrir un establecimiento allí donde está la demanda, ofrecer unos productos y esperar a que acudan los clientes.
- El **modelo del cebo y el anzuelo**, donde se vende barato un producto central que necesita suministros específicos recurrentes, que son los que proporcionan ganancias, como las impresoras y sus cartuchos de tinta.
- La **suscripción**, donde el cliente paga una cuota fija para acceder al servicio, como en la telefonía móvil, los gimnasios, etc.
- El **modelo de subasta**, usado desde muy antiguo para fijar precios a productos agrícolas, financieros, etc., como en las lonjas de pescado.
- La **franquicia**, que consiste en la cesión a un agente (franquiciado) para su explotación directa a cambio de un canon, de un modelo de negocio contrastado y exitoso, con un riesgo bajo para el licenciado.
- El **modelo de publicidad**, que busca generar audiencia para obtener ingresos de la publicidad que se vende a unos anunciantes que desean llegar a un mercado amplio, como ocurre con la prensa gratuita o las cadenas de televisión privadas.
- El **modelo *outlet***, que consiste en vender productos fuera de temporada o de catálogo a precios reducidos.
- El **modelo de tres lados o intermediación**, que consiste en poner en contacto a demandantes con oferentes cobrando por ese servicio, como hacen las inmobiliarias o los bancos.

- El **modelo comunidad o economato**, que consiste en reunir a un grupo grande de usuarios bajo una fórmula de afiliación para que se beneficien de mejores condiciones que en el mercado libre.

Seguro que la mayoría de esos modelos los conoces y los utilizas en tu vida cotidiana. Veamos ahora otros más novedosos (pero no tanto).

Lo último en modelos de negocio

El desarrollo de internet ha facilitado la reformulación de muchos de los antiguos modelos de negocio, al permitir que se reinventen actividades tradicionales gracias a la posibilidad de llegar a un mercado global, al igual que ha ofrecido la oportunidad de crear nuevos modelos de negocio. Entre los *modelos de negocio innovadores* más habituales encontramos los siguientes:

- El **modelo *freemium*** (de *free*, "gratis", + premium), que consiste en ofrecer gratuita y masivamente un producto básico y luego cobrar bastante por el producto ampliado; es una variante online del modelo del cebo y el anzuelo. Ejemplo: Adobe Reader y editor de Adobe.
- El **modelo *blogger-youtuber***, que es la versión en la red del modelo de publicidad, donde se generan contenidos para captar a una audiencia interesada que conviene a empresas anunciantes de productos relacionados con esos contenidos.
- La **subasta electrónica**, que es la versión digital y global de la subasta tradicional, donde el ejemplo típico es eBay.
- El **modelo afiliación**, que consiste en una plataforma donde los usuarios generan contenidos y recomendaciones que incitan a otros usuarios a comprar los productos, en cuyo caso los prescriptores pueden recibir una compensación, como por ejemplo, TripAdvisor o Fancy. Es una renovación del modelo de intermediación, que incorpora la prescripción o recomendación de usuarios expertos.
- El **comparador de ofertas**, que consiste en ofrecer gratuitamente un servicio de comparación de la oferta online de algún servicio especializado, que permite redirigir al usuario hacia la oferta seleccionada. Es muy habitual en sectores como el transporte aéreo, hoteles, seguros, etc. Los ingresos proceden de las comisiones que las compañías vendedoras pagan al portal comparador.
- El ***e-commerce glocal*** (de global + local): internet ofrece la posibilidad de hacer viables actividades muy especializadas que no tendrían continuidad en entornos locales al abrir su mercado al ámbito global. Es lo que ocurre con la venta electrónica de muchos productos tradicionales, de artesanía, de lujo, etc. Un buen ejemplo es Aceros de Hispania, que te presentamos en el recuadro gris.

- El **modelo *long-tail*** ("cola larga" es el *e-commerce* típico de empresas como Amazon, donde aunque se ofrece un extensísimo catálogo, los ingresos masivos proceden de un reducido número de artículos, siendo el resto (la larga cola) un reclamo para atraer a los clientes, junto con las recomendaciones y valoraciones de los usuarios.
- El **modelo grupón**, que es una versión online del modelo comunidad, donde se ofrecen cupones en condiciones especiales de descuento en servicios y productos muy diversos, aunque más enfocados al ámbito local del cliente.

Como puedes ver, hay muchas posibles formas de generar negocio, tanto según los modelos tradicionales como a través del mundo digital. Y muchas más posibilidades si combinas algunas de estas formas, que es lo que suelen hacer la mayoría de empresas que triunfan con estos modelos. Por ejemplo, eBay es un portal de subasta electrónica pero también combina el modelo afiliación, ya que las puntuaciones de los usuarios son determinantes para que los vendedores hagan negocio. Lo mismo ocurre con TripAdvisor, que no solo es un modelo de afiliación sino también un comparador.

Aceros de Hispania, líder mundial en cuchillería online

Según decía Ricardo Lop, fundador y gerente de Aceros de Hispania, "en internet no hay cerca ni lejos. Solo conectado o no conectado. Podemos enviar un paquete desde Teruel a Nueva York en menos de 24 horas". Si esto lo dijera el responsable de un negocio situado en Barcelona o Frankfurt, nos parecería natural, pero quien lo dice está en Castelserás (Teruel), un pueblo de 800 habitantes del que seguro no habías oído hablar, que se ha abierto al mundo a través de la red.

Aceros de Hispania es una pequeña empresa que se ha convertido en líder en el comercio electrónico, pues saltó a la fama en 2013, cuando el programa de TVE *Comando actualidad* incluyó su pueblo entre los afortunados que no tienen paro porque "Tienen un filón". Si escribes "cuchillos" en el buscador de Google, lo primero que sale es la web de Aceros de Hispania.

Aceros de Hispania vende cuchillos, espadas, navajas y aceros varios como cascos, yelmos, escudos y armaduras, todo por internet. La web de la empresa recibe cada día unas 15.000 visitas y su facturación fue de 500.000 euros en 2013. Sus inicios en el comercio electrónico arrancan en 1998, cuando su fundador realizó un curso sobre internet y vio las posibilidades que ofrecía para comprar (y vender) todo tipo de cosas desde un pueblo aislado y sin comercios especializados.

Los retos de la empresa son, ante todo, mantenerse y crecer. Para ello, es fundamental la atención al cliente, una web fácil de usar, con fotos de calidad de todos los productos, precios

(cont.)

claros que aparecen en dólares, euros y en la moneda local del potencial cliente, variedad de formas de pago, un servicio de chat online y aplicaciones para móviles que permiten al cliente conectarse desde cualquier dispositivo y recibir atención inmediata. Han reinventado el marketing del comercio electrónico simplificando y facilitando el proceso de compra y pago, para lograr una gran rapidez en el cierre de la venta, evitando que el cliente se marche.

La proyección del negocio es internacional, y uno de los retos es reforzar la internacionalización, particularmente en países con alto potencial, como Estados Unidos. Saben que compiten en un entorno muy duro, y para mantenerse hay que estar muy atentos. Los grandes gigantes del comercio electrónico (el modelo larga cola) son muy difíciles de batir, pero ellos lo han logrado en su segmento. "Antes la gente entraba en Google para buscar cosas que comprar. Ahora lo hace en Amazon. Nosotros ya lo hemos probado —poner una tienda en Amazon—, pero se llevan el 15 % de los ingresos y encima estás alimentando a la bestia..., que 'cualquier día te va a sacar los ojos'. Amazon sabe cuánto vendes tú y tu competencia. En algún momento lo puede sumar e ir directamente al proveedor, le hace un pedido más grande y consigue mejor precio para venderlo todo directamente sin pasar por ti", cuenta Lop.

En su opinión, este modelo de negocio se basa en cuidar al cliente, garantizar el pago y cuidar también al proveedor. Por eso no comparte el estilo de algunas empresas que son capaces de asfixiar a sus proveedores para obtener grandes pedidos a bajo precio y, en el fondo, "se pisan su propio futuro" al vender lo mismo a un solo cliente, pero con rebajas. Ellos prefieren muchos pequeños clientes que buscan calidad y servicio y pagan el precio que eso vale. Por eso, entre las alianzas claves de su negocio, junto con los proveedores, está la logística, un mundo muy complejo y del que depende el éxito o el fracaso de las ventas.

Un ejemplo de que en el comercio electrónico hay sitio para todo tipo de empresas.

Opciones estratégicas

En el centro de un modelo de negocio se encuentra una propuesta de valor que sintetiza la estrategia de tu empresa, aquello que ofertas al mercado y por lo que tu cliente tiene que estar dispuesto a pagar un precio.

RECUERDA

No debes perder de vista que tu propuesta de valor debe contener la ventaja competitiva de tu empresa, y que tiene que ser algo que permita que tu negocio destaque de sus competidores.

Por eso, es fundamental que conozcas cuáles son las opciones que tienes a la hora de formular tu oferta de valor, es decir, cuáles son las opciones estratégicas más importantes entre las que puedes elegir la que mejor convenga a tu negocio.

El origen: las estrategias genéricas de Porter

Michael Porter, el profesor de Harvard del que te hemos hablado en el capítulo anterior, ofreció la clasificación más conocida sobre las estrategias según la ventaja competitiva, es decir, según la forma en la que la empresa crea valor.

Las estrategias genéricas básicas son dos, aunque existe una tercera fórmula que es la combinación de las anteriores.

Ser el más barato

La primera es la *estrategia de liderazgo en costes*, que consiste en lograr una ventaja competitiva a través de los costes, consiguiendo unos costes unitarios menores que los de sus competidores, que le permitan ofrecer el precio más bajo del mercado.

Para lograrlo, deben darse ciertas condiciones:

- ✔ Primero, que se trate de un **mercado amplio**, donde sea factible operar a un gran volumen y obtener economías de escala.
- ✔ Segundo, que se trate de un **producto estándar**, homogéneo y poco diferenciado, donde la compra se decida en función del precio.
- ✔ Tercero, es necesario mantener un **esfuerzo permanente** de revisión y control de todos los procesos que permitan rebajar los costes.

Las claves de esta estrategia están en conseguir siempre un volumen de actividad alto que permita mantener un ritmo acelerado de actividad. Eso se combina con otros elementos, como el efecto del aprendizaje y la experiencia en la gestión, el uso de tecnologías productivas avanzadas, el rediseño de los productos para eliminar todo lo que añade coste sin sumar valor, las compras masivas de factores y la alta ocupación de las instalaciones productivas.

Con esta estrategia se gana dinero gracias a una alta rotación de los activos, pues se fabrica y se vende mucho, y aunque el margen por unidad sea muy pequeño, se logran beneficios por el gran volumen de operaciones.

Un ejemplo típico es el transporte aéreo de bajo coste, cuyo paradigma es la empresa irlandesa Ryanair (de la que te hablamos en el siguiente recuadro), que cobra muy poco por el trayecto, pero factura aparte todos los servicios "extra", incluido el pago con tarjeta, la impresión de la tarjeta de embarque en mostrador, el equipaje facturado, etc., además de llenar los aviones a tope, usar aeropuertos secundarios con tasas bajas, etc.

¡ADVERTENCIA!

Pero no te equivoques: el liderazgo en costes no consiste solo ni necesariamente en apretar las tuercas a los trabajadores, proveedores y distribuidores para que reduzcan sus márgenes hasta la extenuación. Al contrario, requiere una constante disciplina, investigación y aprendizaje en la búsqueda de formas innovadoras de reducir los costes en todos los procesos, en estrecha y productiva colaboración con todos los agentes.

Todo lo que siempre quisiste saber sobre Ryanair (y no te atreviste a preguntar)

(A partir de información suministrada en el blog de S. McCoy)

Al subir en un avión de Ryanair con el pasaje comprado a precio de saldo, no es extraño preguntarse de dónde obtiene beneficio la compañía irlandesa, más allá del mejor o peor trato que dispensa a sus clientes. Pues bien, los resultados son bastante reveladores en ese sentido. Encierran las respuestas financieras que siempre quisiste saber... y no te atreviste a preguntar (por aquello del recargo).

Ryanair no es, ni mucho menos, un advenedizo en el sector. Su primer vuelo tuvo lugar en mayo de 1985 y en 2014 transportó a 90 millones de pasajeros. Su factor de carga —forma técnica de referirse a la ocupación— alcanzó un impresionante 88 %, algo prácticamente inusitado en el sector. Cuenta con 300 aviones, que han previsto que se conviertan en más del doble en los próximos años. Aunque sus billetes son baratos, y la tarifa media cobrada a los clientes, maletas incluidas, es de 40 euros por trayecto, los ingresos totales ascienden a 54, gracias, entre otras cosas, a los asaltos en directo que realizan con el peso de los equipajes, la impresión in situ de los billetes y las ventas en cabina.

Su modelo de negocio es típicamente de liderazgo en costes, es decir, una alta rotación de los recursos con pequeños márgenes por unidad. Aviones siempre llenos, esperas mínimas, embarques a toda velocidad y aparatos que están casi todo el tiempo en el aire (en este negocio, se gana dinero volando, no en tierra). Cuando compras Ryanair, pagas barato el trayecto, pero te cobran aparte cualquier otro servicio, desde el equipaje facturado, la opción de pago con tarjeta (que no sea la suya), la posibilidad de hacer embarque preferente o de elegir asiento a bordo. El trato al pasaje, aunque se ha suavizado en el último año, muchas veces ha sido tachado de deleznable. Pero han hecho posible viajar para mucha gente que, en otras circunstancias, nunca habrían podido permitirse subir a un avión.

Con todo, su éxito financiero es indudable: el beneficio neto acumulado en 2014 se dispara un 49 %, hasta los 844 millones de euros. ¿Cómo llega a esa cifra? Un 35 % de los costes se los llevan los carburantes; otro 12 % son los servicios aeroportuarios, incluidas tasas; el 9 % corresponde a costes asociados al tráfico, hay un 8 % para el personal, un 10 % para mantenimiento y depreciación y el 4 % son gastos de marketing. La rentabilidad sube a un impresionante 18 %, frente a las pérdidas de muchos de sus rivales.

Solo así tu empresa podrá acelerar la rotación y recortar gastos, y no debes perder de vista que los recortes nunca deben aplicarse a aquello que proporciona una utilidad directa al cliente y por lo que está dispuesto a pagar, sino a aspectos accesorios o complementarios de la oferta central de valor.

Ser "especial"

El segundo tipo es la *estrategia de diferenciación*, que persigue crear un producto o servicio que se perciba como original o exclusivo por el cliente o prestado de forma especial, para que esté dispuesto a pagar un precio superior. La diferenciación se asocia a lo no común, así que solo puede aplicarse a aquellos productos en los que tengan importancia la calidad y la exclusividad.

La diferenciación se puede conseguir actuando en muchas fases de la cadena de valor sobre elementos tangibles e intangibles: un diseño original, el empleo de materiales exclusivos y superiores, una elaboración cuidadosa, la adición al producto de complementos o servicios extras, la customización (personalización), las garantías, la utilización de canales de distribución exclusivos, etc., pueden ser factores de diferenciación.

En general, la diferenciación trabaja sobre la calidad, el diseño, la funcionalidad y la personalización del producto. Pero también puedes conseguirla mejorando la interrelación entre las actividades de la cadena de valor, para proporcionar un servicio más completo al cliente, incrementando la conexión entre este y la empresa. Por ejemplo, un taller mecánico que te recoge el coche, lo repara, te pasa la ITV y te lo devuelve a tu domicilio, donde puedes pagar con tarjeta y concertar la siguiente revisión.

La ventaja que tiene esta estrategia es que ofrece posibilidades a un gran abanico de empresas, incluso a las más pequeñas, ya que, por sus propias características, los volúmenes de producción tienen que ser forzosamente reducidos. En este caso, los beneficios surgen del margen superior que se aplica al producto, cuyo precio es elevado.

Un ejemplo paradigmático son los perfumes: es obvio que producir un perfume de firma no cuesta 50 € para que tenga que venderse a 100 €. Pero si se vendiera a un precio bajo, aplicando un margen razonable al coste de elaboración y distribución, estaría al alcance de mucha más gente y entonces perdería su carácter elitista y diferenciador, que es lo que persigue el cliente que lo compra.

Jugar en todas las ligas

La tercera variante de las estrategias genéricas es la *especialización o segmentación del mercado*, que consiste en una combinación de las dos anteriores, que se aplican a los distintos segmentos del mercado, de forma que en unos se apuesta por una mayor diferenciación y en otros por un liderazgo en costes.

Es lo que hacen muchas firmas de moda, electrónica, electrodomésticos, etc., que tienen una línea principal, donde lanzan sus productos más punteros y exclusivos, y otra *low-cost*, con productos más básicos y menos actuales, pero más baratos.

La evolución: el reloj estratégico

En los últimos años, la evolución de las estrategias empresariales ha hecho que la clasificación de Porter que acabamos de ver en el apartado anterior se quede corta, y resulte insuficiente para explicar todos los comportamientos de las empresas actuales. De ahí que haya aparecido una nueva forma de clasificar las estrategias mucho más cercana a la realidad: es el llamado *reloj estratégico*, debido a Cliff Bowman, profesor de estrategia en la Universidad de Cranfield y consultor de empresas.

Figura 8-2: El reloj estratégico

IDEA-CLAVE

El *reloj estratégico*, que te mostramos en la figura 8-2, considera que precio y coste no son lo mismo, ya que la empresa puede ahorrar en costes sin trasladar ese ahorro al precio. Por lo tanto, la oposición entre liderazgo en costes y diferenciación no es tan evidente: la empresa puede diferenciar y mantener costes bajos siempre que tenga una escala de operación suficientemente grande, lo cual es cada vez más factible en los mercados globales.

El reloj estratégico se denomina así porque las opciones estratégicas siguen unas trayectorias en el sentido de las agujas del reloj. Estas alternativas se basan en dos aspectos, el valor añadido del producto que percibe el cliente y el precio del mismo, y ambos pueden ser altos, medios o bajos.

Un reloj de 8 horas

En el reloj, existen ocho posibles alternativas estratégicas, de las cuales solo cinco son factibles de llevar a cabo:

- ✔ **Precio y valor añadido bajos**: es la estrategia *low-cost* pura, sin filigranas, donde el valor percibido es bajo y el precio también. Por ejemplo, Ryanair, Primark, Tata, Lada, etc.
- ✔ **Precio bajo y valor añadido medio**: el producto o servicio tiene un cierto valor percibido y se ofrece a un precio bajo, es un *low-cost* matizado. Por ejemplo, Easyjet, Shana, Bershka, Dacia, etc.
- ✔ **Híbrida**: precios bajos con diferenciación, es la estrategia IKEA o Zara, Renault, Citröen, Opel.
- ✔ **Diferenciación**: un producto con calidad y atributos que permiten un precio medio-alto. Por ejemplo, Massimo Dutti, El Corte Inglés, Cortefiel, iPhone, Saab, BMW, Mercedes Benz.
- ✔ **Diferenciación focalizada**: productos con cierta exclusividad dirigidos a segmentos específicos del mercado, que puedan pagar precios altos. Por ejemplo, Uterqüe, Pedro del Hierro, Lexus, Infinity.
- ✔ **Precio alto y valor añadido medio**: es la estrategia de los márgenes altos, sin una gran diferenciación del producto. Es una estrategia peligrosa, salvo que se tenga una marca muy fuerte, y no es sostenible a largo plazo. Por ejemplo, el iPhone con brillantes Svaroski o chapado en oro y brillantes. O ciertas versiones especiales de productos de serie, sean coches, electrodomésticos, etc.
- ✔ **Precio alto y valor añadido bajo**: la diferenciación es mínima, es la estrategia típica del monopolio (o del mercado cautivo), como ocurre con los productos para celíacos, que valen entre 3 y 5 veces más que sus equivalentes normales, sin que su coste de producción ni su

valor lo justifiquen, pero al dirigirse a un mercado cautivo pueden operar como un monopolio.

- **Precio medio y valor añadido bajo**: forma segura de perder clientes. Algunas marcas de renombre han caído en esta trampa y supuesto que la marca les garantizaría ventas aun con productos de ínfima calidad. Nokia puede ser un ejemplo de cómo una marca que era buena ha fracasado por hacer un producto cada vez más malo.

Las tres últimas son estrategias imposibles o muy peligrosas, ya que desafían la lógica económica más elemental: nadie, en condiciones normales y pudiendo elegir, optaría por comprar caro productos que ofrecen poco o ningún valor.

Del pensamiento a la acción

Aunque el diseño de la estrategia sea la actividad más creativa e innovadora del proceso de dirección estratégica, todo esto no servirá de nada si no somos capaces de valorar convenientemente las diferentes alternativas y de elegir la mejor para nuestra empresa.

Viene ahora lo más complicado, que es, primero, elegir y luego pasar de las ideas a la realidad. Casi nada.

¿Cuál es la mejor estrategia?

Pero ¿qué quiere decir eso de la mejor estrategia? En otras palabras, ¿qué criterios vamos a emplear para evaluar y seleccionar la estrategia que vamos a implementar? Para dar respuesta a esta cuestión hay que formular otras preguntas que nos orientarán sobre cómo hacer esta selección:

- La primera pregunta que tenemos que hacerle a cada posible alternativa es: ¿la estrategia resuelve el problema? Dicho de otra forma, tenemos que asegurarnos de que la estrategia da respuesta a lo que haya revelado el análisis DAFO en cuanto a amenazas, oportunidades, fortalezas y debilidades. Esto nos indicará que la estrategia es *adecuada*.
- La segunda pregunta que hay que plantear es: ¿puede llevarse a cabo? Es decir, ¿contamos con los medios humanos, técnicos, financieros y materiales para ejecutarla? ¿Tenemos capacidad directiva suficiente? ¿Es compatible con la cultura corporativa? ¿Es posible hacer los cambios o adaptaciones que requiere? La respuesta afirmativa a estas preguntas nos dirá que la estrategia es *factible*.

- ✔ La tercera cuestión va más lejos y pregunta: ¿sus efectos se pueden asumir? Aquí nos preguntamos acerca de las consecuencias futuras que acarreará la implementación de la estrategia, para que sea *aceptable*, ya que, aunque sea prometedora puede implicar riesgos e incertidumbres que hay que considerar, teniendo previsto cómo afrontar los escenarios más negativos.

Por ejemplo, una estrategia puede suponer grandes inversiones, que obliguen a un alto endeudamiento, o requerir una I+D que puede tardar más de lo previsto en dar resultados, etc. Esas condiciones pueden ser asumibles en circunstancias normales de estabilidad ambiental, pero en un escenario pesimista pueden suponer un obstáculo infranqueable.

Considerando todos los aspectos descritos, las estrategias que a priori sean adecuadas, factibles y asumibles, deben evaluarse en su rentabilidad y riesgo, usando diversas técnicas de análisis económico, como los árboles de decisión, el análisis de inversiones, el análisis coste-beneficio, el rating, etc., que por su complejidad técnica te recomendamos confíes a los expertos.

Del papel a los hechos

"Por sus frutos los conoceréis", dice el Evangelio. Por sus resultados se valora una estrategia, porque la estrategia es lo que la empresa es realmente capaz de hacer, no solo lo que imagina.

Cuando describíamos el proceso de planificación estratégica en el apartado "Paso a paso se llega lejos" del capítulo 6, hicimos referencia a la necesidad de prever los pasos necesarios para comunicar e implementar la estrategia. La implementación es una actividad tanto o más importante que el diseño y la formulación del proyecto estratégico. De nada sirve que tengas un maravilloso plan estratégico si luego no consigues convertirlo en realidad.

La *implementación de la estrategia* comprende todo el conjunto de decisiones y acciones que tendrás que tomar para llevar la estrategia a la práctica de manera efectiva. Es la integración del plan estratégico con las funciones directivas de organización, liderazgo y control, para que puedas asegurarte de que serán ejecutadas en el devenir cotidiano.

Aunque parezca mentira, esta fase suele descuidarse bastante en la práctica de la gestión estratégica, sin que la literatura directiva le haya dedicado demasiada atención. Quizá pueda ser una de las razones que expliquen el fracaso de muchos planes estratégicos, ya que el éxito de la estrategia no estriba tanto en resolver un reto intelectual como un desafío práctico.

Los pasos necesarios

Poner en práctica la estrategia es complicado, ya que al ser un programa de amplio alcance, obliga a tocar prácticamente todas las áreas y niveles de una organización. Ahí existen infinidad de variables, que además están interrelacionadas entre sí, por lo que los efectos que se derivan de las intervenciones pueden ser mayores de lo previsible.

Si implementar la estrategia implica conectar el plan estratégico con las funciones del proceso directivo, para ejecutar la estrategia habrá que actuar sobre la planificación, la organización, el liderazgo y el control.

- ✔ El plan estratégico se desglosará en **planes de menor alcance** que trasladen a todas las áreas operativas las acciones que hay que llevar a cabo, llegando hasta el *presupuesto.*

  Aquí hay que prever todas las *contingencias* posibles para que, cuando se empiece a ejecutar el plan no se paralice por la aparición de hechos no previstos.

  En este aspecto, es necesario que los *objetivos* se hayan formulado hasta el nivel operativo de las metas individuales, para que sirvan de guía permanente, y que se hayan diseñado los *sistemas de información* y de toma de decisiones adecuados para que los planes y directrices fluyan apropiadamente.

- ✔ Contar con una **organización coherente con el proyecto estratégico** es fundamental, por lo que los reajustes o *reestructuraciones* de la organización que sean necesarios se tienen que hacer conforme a lo que nos propongamos ejecutar y con la suficiente antelación, para vencer la *resistencia al cambio.*

  Como veremos en el capítulo 12, la organización debe *adaptarse a la estrategia* para no frenar su aplicación y para asegurarnos de que todas las tareas y responsabilidades están correctamente asignadas y asumidas.

- ✔ El **liderazgo y la dirección de las personas** son el tercer pilar de una correcta implementación estratégica, ya que las personas tienen que poner en práctica la estrategia y, sin su compromiso, interés y voluntad, nada sería posible.

  La organización reparte las responsabilidades, pero el ejercicio del *liderazgo* moviliza a las personas para conseguir resultados, y para ello es fundamental el que los directivos ejerzan como líderes, compartan la visión y la transmitan a sus colaboradores.

  En este aspecto, es importante conseguir una *coherencia cultural* para que los valores y normas sean comunes a toda la empresa y se enfoquen hacia la estrategia.

- Los **sistemas de control y seguimiento** deben permitir que los resultados de las decisiones puedan ser revisados y permitan reaccionar para corregir las desviaciones. Establecer sistemas de recogida y procesamiento de la información, *indicadores y cuadros de mando* apropiados que permitan el seguimiento de los factores críticos es fundamental, y hablaremos de ello en el capítulo 13, dedicado a la función de control.

Lo que necesitas para ser un buen estratega

Para acabar, vamos a ofrecerte una breve síntesis de las ideas más importantes y de las recomendaciones que todo buen estratega debe aplicar si quieres desarrollar estrategias exitosas. Como te hemos explicado en este capítulo, esos consejos van de la visión a los hechos, del pensamiento a la acción.

- **En la concepción del proyecto estratégico**: sin visión y proyecto no hay argumento para la estrategia, porque no hay ilusión ni voluntad de hacer nada nuevo. Imagina, concibe, crea y cuéntaselo a los demás.
    - Misión, visión y valores: has nacido para cambiar el mundo. Recuerda las lecciones de Steve Jobs, el fundador de Apple, cuando afirmaba que quería dejar su marca en el universo. Tú también puedes.
    - Visión estratégica: ilusión, anticipación de meta, profecía autocumplida. Solo conseguirás aquello en lo que crees y que hayas sido capaz de visualizar antes en tu mente. Lo demás es esperar que te toque la lotería.
- **En la elaboración de la estrategia**: no se trata solo de seguir la moda o hacer lo que todo el mundo; por tanto, no debes:
    - Encargar un plan estratégico como el que encarga un proyecto de decoración a un presunto "experto". Si tú no tienes ideas propias, solo te venderán algo "de serie".
    - Establecer un plan estratégico porque sí, sin estrategia. La metodología no basta, se necesita argumento. Es mejor tener estrategia sin plan que un plan estratégico sin sustancia (aunque lo mejor es tener las dos cosas).
- **En la implementación de la estrategia**: tienes que ser consciente de que ahí empieza todo, es cuando se harán las cosas, y debes prever hechos como:
    - Que la implementación requiera más tiempo del inicialmente previsto, por lo que debes trabajar con márgenes flexibles y opciones alternativas.

- Las carencias del sistema de información para el seguimiento, que debes resolver antes de empezar.
- La aparición de factores del entorno no controlables, por lo que siempre conviene tener esbozado un plan B.

Es evidente que la mayoría de estas causas hacen referencia a factores internos que serían controlables por los responsables del proceso estratégico. Por tanto, como mánager, debes asegurarte de que nada de eso vaya a ocurrir. Como dice el actor, emprendedor y consejero de CEO hindú Ram Charam, "la ejecución es el 90 % de la estrategia".

Aprendiendo de los mejores: los empresarios más innovadores de España

Según la web `www.pymesyautnomos.com`, estos eran los once empresarios más innovadores de España en junio de 2014:

11. Ángel León: Es uno de los mejores cocineros de nuestro país, desde el restaurante A Poniente, del Puerto de Santa María (Cádiz), con una estrella Michelin y tres soles Repsol. Le gusta que le llamen "el cocinero del mar". Experimenta con algas para desengrasar sus platos. Vanguardista, le define la pasión y la innovación.

10. Bernat Ollé: Cofundador de Vedanta Biosciences, trabaja en la fabricación de nuevos medicamentos contra enfermedades autoinmunes, como la colitis ulcerosa o la hepatitis tipo 1.

8 y 9. Horacio Martos y Andrés Bou: Fundadores de Social Point, comercializan juegos sociales por internet.

6 y 7. Javier de la Torre y Sergio Álvarez Leiva. Creadores de Vizzuality, tecnología que permite importar y visualizar datos geoespaciales sobre un mapa. Trabajan con Google, la Nasa o Twitter.

5. Javier Agüera: Trabaja en teléfonos inteligentes. Fundó GeekPhones en 2009 (tenía entonces dieciséis años) y lleva tres *startups* a sus espaldas.

4. Rosendo Garganta: Fundador de Devicare. Con experiencia en la industria de la salud, su proyecto se centra en el desarrollo de productos innovadores para el diagnóstico, monitorización, seguimiento y tratamiento domiciliario de la litiasis renal.

3. Rafael Contreras: De Carbures Group, fabrica piezas de fibra de carbono para aviones, coches, motos, trenes, vigas de edificios, etc.

1 y 2. Andrés Ballesteros y Adrià Tormo: Andrés es fundador y CEO de Vivia Biotech, y Adrià es fundador de BiOnco Tech y Artax Biopharma. Son empresas especializadas en el tratamiento personalizado contra cánceres hematológicos y desarrollo de fármacos para tratar cánceres muy agresivos y enfermedades autoinmunes.

Son empresarios muy innovadores en todo tipo de sectores, desde la biotecnología y la medicina a los videojuegos, el turismo o la gastronomía.

Capítulo 9

El mánager quiere ser global

En este capítulo

- Tu casa es el mundo entero
- Prepara la maleta y sal fuera
- Entenderte con otras personas...
- ... y hacer negocios con ellas

Es una obviedad decir que el mundo ha cambiado mucho en las últimas décadas, pero no nos excusa de analizar en qué han consistido esos cambios y qué consecuencias tienen para hacer negocios. El entorno es otro y la forma de hacer negocios también, por lo que un mánager que quiera desempeñarse con éxito en este escenario tiene que saber a qué se enfrenta y cómo manejarlo.

La globalización es un hecho, y el que tu empresa sea internacional es algo casi inexcusable. Mira en tu calle, en tu barrio, en tu ciudad: ¿cuántas nuevas franquicias, comercios, hoteles, academias, gimnasios, han aparecido en los últimos veinte años que no sean marcas internacionales? Seguro que muy pocas: pues ese es el universo en el que vas a competir y que te interesa, por tanto, entender.

Cosas que debes saber del entorno internacional

El hecho más significativo para las actividades empresariales sucedido en las últimas dos décadas es la *globalización económica*, un conjunto de transformaciones políticas, tecnológicas, económicas y sociales que han conducido a la eliminación de barreras para la libre circulación de recursos y a la creación de un escenario de los negocios mundial.

La extensión mundial del comercio y el aumento de las inversiones internacionales han dado lugar a una gran red económica global: este es el nuevo marco en el que se desarrolla la economía, que se caracteriza por unos mercados mundiales donde se producen grandes movimientos internacionales de capital, personas y bienes.

Qué produjo estos cambios

La globalización tiene muchas causas, pues ha venido propiciada por una combinación de cambios políticos, económicos, sociales y tecnológicos. Podemos citar hechos como los siguientes:

- ✔ El fin de la guerra fría y la desaparición de la política de bloques.
- ✔ El despegue económico de los nuevos gigantes como los BRIC (Brasil, Rusia, India, China).
- ✔ Los procesos de integración económica que han creado mercados comunes.
- ✔ El cambio climático, que provoca carencias que empujan a la emigración.

El medio que ha hecho posible el desarrollo de la globalización es el factor tecnológico, que se ha manifestado de varias formas:

- ✔ Por una parte, mejoras que abaratan el transporte han hecho accesible producir en zonas muy lejanas.
- ✔ Pero el factor más significativo ha sido la emergencia y consolidación de las TIC (tecnologías de la información y comunicación), que han dado lugar al nacimiento de sociedad de la información y del conocimiento.

Las TIC permiten salvar las restricciones de tiempo y lugar, mantener el comercio y las finanzas operativas las 24 horas del día y desarrollar actividades en lugares lejanos sin perder su control en ningún momento. Los empleados pueden trabajar desde cualquier lugar y los datos que la empresa necesita para operar le llegan de forma inmediata desde los confines del mundo.

¿Quién no dispone hoy en día de un *smartphone*, de un portátil o de una tableta electrónica que le permite conectarse desde un aeropuerto, una cafetería o un hotel? Consultar el correo, hacer una videollamada, verificar un dato, mandar un informe o una instrucción son cosas que todos podemos y solemos hacer día a día y que son causa y efecto de esa globalización en la que estamos inmersos.

Qué consecuencias tiene para los negocios

Para las empresas, la globalización representa un cambio sustancial en su entorno que se ha vuelto más dinámico y turbulento, más VUCA (Volátil, Incierto, Cambiante y Ambiguo), como te hemos explicado con detalle en el capítulo 3. Cualquier decisión que tengas que tomar en tu negocio, cualquier proyecto que quieras iniciar, se hace mucho más complejo cuando te enfrentas a un ámbito mundial, ya que en tal caso tienes que tener en cuenta muchos más hechos y circunstancias.

¡ADVERTENCIA!

Y esto vale para todas las empresas, incluso para aquellas que consideran que su mercado es solo local. Puedes decirte: “Si yo ya tengo mi mercado, y está aquí, no fuera, a mí la globalización no me interesa”. Pues bien, estás equivocado si piensas así, ya que la globalización intensifica y endurece la competencia, y ningún negocio está protegido de la posible entrada de competidores externos en sus mercados de siempre. Recuerda la pregunta que te hacíamos al principio de este capítulo sobre los nuevos establecimientos aparecidos en tu zona.

El conocimiento es el factor clave

La revolución tecnológica y el surgimiento de la sociedad del conocimiento han alterado las bases de la mayoría de los modelos de negocio: a diferencia del pasado, donde el activo básico para competir era el capital en forma de tierra (agrícola) o de instalaciones productivas (industrial), hoy día el recurso fundamental es el conocimiento, como te mostramos en la figura 9-1.

Consecuencia de ello es que se ha producido una gran especialización productiva de las regiones, los países y las empresas. Como te hemos

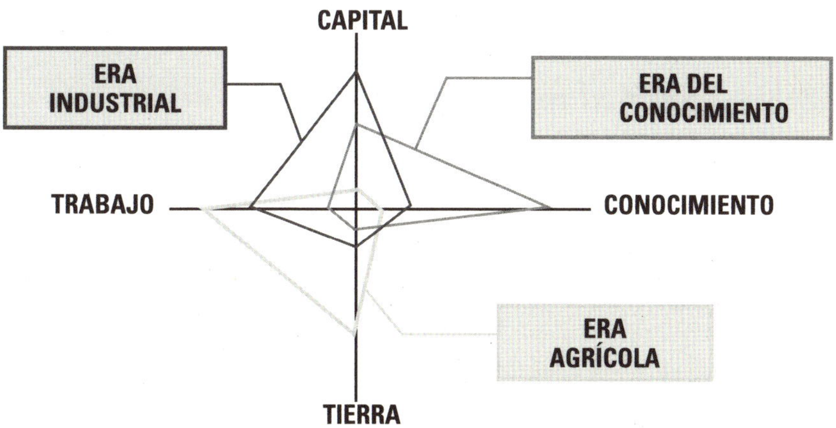

Figura 9-1: Los recursos fundamentales de la actividad económica en las diferentes eras

explicado en el capítulo 7, al hablarte de la cadena de valor y de las competencias esenciales que son la base de la ventaja competitiva, al ser el conocimiento el principal recurso para competir, las diferentes áreas y organizaciones se han centrado en desarrollarse buscando hacer aquello que saben hacer mejor que los demás.

Porque no se trata de ser uno más, hay que lograr ser el mejor en aquello que haces. De ahí ha venido el que haya países que hayan conseguido tener los mejores programadores informáticos, los diseñadores más talentosos o los artesanos más cuidadosos. Y empresas que prestan a escala global productos o servicios altamente especializados y son únicos en su género.

El proveedor fundamental de conocimiento es el factor humano, porque son las personas las que crean, transmiten y usan el conocimiento. Por tanto, en este escenario global, la gestión del capital humano y de su talento se ha convertido en el elemento determinante de la competitividad.

Pero no todo es color de rosa

La globalización también ha tenido consecuencias negativas, al haber creado nuevos problemas y amplificado otros existentes. Por ejemplo, las diferencias entre países ricos y pobres se han incrementado, y aunque algunos hayan salido de la pobreza, el problema se ha agravado para otros, como ocurre en muchos países del continente africano.

Igualmente, algunas empresas y países se aprovechan de estos desequilibrios con malas prácticas, como la explotación laboral, la evasión de impuestos, el trabajo infantil, el expolio de recursos naturales o la degradación ambiental. Por eso es tan importante aplicar la responsabilidad social, de la que te hemos hablado en los capítulos 4 y 5, en el ámbito internacional.

Salir al mundo paso a paso

La cuestión clave en este punto no es si quieres internacionalizar tu empresa, sino comprender que tu entorno se ha internacionalizado estés donde estés. Por tanto, lidiar con el marco global es una necesidad incluso para quienes desempeñan su actividad en una pyme.

Esta salida al mundo es un proceso gradual. Normalmente, una empresa nace como respuesta a una oportunidad de negocio observada en un entorno limitado, generalmente local. Solo cuando se consolida la actividad, se empiezan a buscar nuevos horizontes, y así surge la posibilidad de operar en el ámbito internacional.

El proceso de internacionalización de una actividad económica suele ser progresivo, y consta de varias etapas más o menos estandarizadas.

- ✔ A partir de la **empresa nacional** con un ámbito de actuación local, por lo que la producción y la venta se realizan en territorio propio, la primera etapa en el proceso de internacionalización suele ser convertirse en **empresa importadora**, que adquiere componentes o productos de otros países, aunque siga actuando comercialmente en el mercado original.
- ✔ Un segundo paso significativo es convertirse en **empresa exportadora**, iniciando las ventas en el mercado exterior; al principio, esas exportaciones son esporádicas, y evolucionan hasta ser regulares y convertirse en una parte central de la facturación.
- ✔ Conforme se consolida la demanda exterior de la empresa exportadora, puede convenir abrir unidades en otros países, al principio como delegaciones comerciales, y más adelante, centros logísticos e instalaciones productivas, lo que refuerza el paso a **empresa internacional**.
- ✔ La continuación del proceso en un mayor número de países, donde se instalan plantas y divisiones, supone que se convierta en una **empresa multinacional**, modelo dominante de internacionalización de las grandes firmas en la segunda mitad del siglo XX.
- ✔ Finalmente, el último estadio en este proceso es llegar a ser una **empresa global**, que desarrolla sus operaciones a nivel mundial de forma integrada, actuando como si fuera una única empresa, pero con un ámbito mundial.

La empresa global es más que una empresa ampliamente internacionalizada y es algo completamente diferente al modelo de empresa multinacional típico del modelo de expansión internacional del siglo XX. Por eso en el siguiente apartado te explicamos sus particularidades.

No es lo mismo ser internacional que ser global

Aunque parezca paradójico, la empresa multinacional y la global representan modelos de crecimiento internacional no solo diferentes, sino en muchos casos antagónicos.

Multinacional

La empresa multinacional ha seguido un proceso de crecimiento en forma de racimo: eso implica que se ha ido expandiendo progresivamente por nuevos países a base de replicar el modelo de desarrollo que siguió en su establecimiento original.

Las multinacionales suelen tener filiales en los países en los que operan, que guardan bastantes similitudes entre sí en su estructura y funcionamiento, aunque se adaptan a las especificidades de cada lugar. Así, cada país reúne las actividades operativas que se dan en su territorio: aprovisionamiento, producción, logística, distribución, promoción, venta, posventa, etc.

Los productos se adaptan a los gustos locales, los canales de comercialización varían de un país a otro y hasta las marcas y la publicidad cambian al modo local. Paralelamente, hay uno o varios centros corporativos continentales que concentran las decisiones estratégicas y asumen funciones de coordinación y prestación de servicios comunes, por ejemplo, para la ingeniería fiscal que facilite la reducción del pago de impuestos.

Las grandes multinacionales de la alimentación son un ejemplo de este comportamiento: los gustos, las costumbres e incluso las limitaciones legales, culturales o religiosas hacen que los alimentos que se ofertan en un país no se puedan vender en otro de la misma forma. Seguro que cuando viajas has visto productos que compras habitualmente en tu ciudad bajo etiquetas diferentes, o vendidos en canales inusuales para nosotros.

Por ejemplo, los vehículos de General Motors, en Europa son los Opel, firma alemana que les pertenece desde 1928. Pero en el Reino Unido, esos mismos modelos Opel se venden bajo la muy británica marca Vauxhall, incluso con los mismos nombres que en el resto del continente: Astra, Corsa, etc.

Para que funcione este modelo de crecimiento, son necesarias dos condiciones:

- ✔ Que el adaptarse a las condiciones de los distintos mercados sea un factor crítico para el éxito del negocio.
- ✔ Que sea posible fragmentar las actividades por países sin pérdida sensible de economías de escala.

En caso de no darse estas condiciones, es preferible optar por el modelo de empresa global.

Global

La empresa global, en cambio, es una única empresa, integrada y compacta, que puede operar en muchos o pocos países, pero que planifica sus actividades considerando que el mundo entero es su ámbito de acción. Se conduce igual que lo haría una empresa nacional a la hora de proyectar sus actividades en el territorio nacional, intentando optimizar las diversas localizaciones, solo que esta lo hace a escala mundial.

Así, la empresa global selecciona los lugares más idóneos para ubicar cada una de sus diferentes actividades, de forma que puede investigar y desarrollar en un país, diseñar en otro, fabricar componentes o productos en otros, distribuir desde otros y vender en otros distintos.

Las firmas de ropa, de material deportivo, electrónica o complementos son casos claros: pueden diseñar sus productos en Estados Unidos, Japón o Italia, fabricar en Filipinas, China o Marruecos, y tener sus clientes en Estados Unidos, en el norte de Europa, en Rusia o en el Golfo Pérsico. Se conducen como lo haría la empresa local, que explora su entorno para ver cuál es el sitio idóneo para ubicar la tienda (una calle comercial), cuál para el almacén (un centro logístico) y cuál para la fábrica (un polígono industrial), con la única diferencia que la empresa global hace ese análisis a escala mundial.

Aunque es bastante infrecuente que una empresa nazca siendo global, esto se da en algunos casos, sobre todo cuando se trata de servicios altamente especializados, que no serían viables a escala local. Por eso, una característica particular de la empresa global, que no tienen las multinacionales, es que puede ser una pyme que nace siendo global: muchas de las empresas que prestan servicios especializados a través de internet son pymes globales, que consiguen, gracias a la red, un alcance que les permite combinar una alta especialización productiva con un nicho de mercado muy segmentado pero lo bastante grande, por ser mundial, como para permitir que una actividad sumamente particular pueda ser rentable.

Estrategia de crecimiento internacional

Hoy en día, la internacionalización no es una opción más o menos exótica, sino prácticamente una obligación, ya que, lo quieras o no, tu empresa opera en un contexto global. Aunque tú no te plantees salir al ruedo internacional, la competencia seguramente se meterá en tu patio de atrás, bien en persona, bien de forma virtual a través de internet, y conviene que estés preparado.

La primera fuerza que empuja a la internacionalización es precisamente la extensión de la economía global, que ha hecho que esto no sea solo una opción propia de empresas y negocios de los países más desarrollados económicamente (léase países que de forma tradicional han sido colonialistas), sino el modo de operar normalizado hoy en

La internacionalización instantánea: la empresa *born global*

Si hace treinta o cuarenta años la internacionalización era una competencia exclusiva de las grandes empresas y el hecho de que una pyme saliera al mercado internacional se consideraba una excepción, ese panorama ha cambiado sustancialmente, y desde la década de 1990, un número importante de pymes han desembarcado en el entorno internacional desde prácticamente el momento de su nacimiento: eso se denomina empresa *born global*.

En países como Dinamarca, Finlandia, Francia, Estados Unidos, Canadá, Italia o España, entre otros, se ha manifestado esta tendencia a la internacionalización instantánea. En los países nórdicos, alrededor del 50 % de los emprendimientos de alta tecnología son *born global*. Estudios de la OCDE indican que entre un 1 y un 2 % de las firmas manufactureras son internacionales desde su origen, lo que representa entre 30.000 y 40.000 firmas a nivel mundial.

Son pequeñas empresas que, desde su nacimiento, están pensadas y planificadas para actuar globalmente, sin limitaciones geográficas en su ámbito de actuación, porque sus productos o servicios son demandados en cualquier parte del planeta. Normalmente, una *born global* es una pyme creada por jóvenes emprendedores que tiene relación con la alta tecnología, el diseño o los servicios especializados, aunque también las hay de sectores más tradicionales. Sus rasgos son su actitud proactiva, donde buscan un nicho de mercado a escala global a base de una gran diferenciación de sus productos dentro de un catálogo limitado y, sobre todo, donde desarrollan ventajas competitivas basadas en el conocimiento.

Por tanto, sus recursos fundamentales no son activos financieros o materiales, sino el capital humano, personas muy formadas, innovadoras, comprometidas, capaces de ir por delante del mundo en su área profesional. Como desde su nacimiento tienen claro que sus clientes están en muchos mercados del mundo, saben que deben ser multi-idiomas y que las herramientas de comunicación como las redes sociales son vitales para su promoción.

Algunas empresas españolas *born global* pueden ser Wavegarden, que tiene una tecnología innovadora para generar olas de gran perfección para la práctica del surf en un entorno seguro; Graphenea, dedicada a la fabricación del grafeno, BuntPlanet, que se dedica a la creación de software; o Virustotal, la empresa de seguridad informática malagueña adquirida por Google en 2012.

día en el mundo de los negocios. Y puesto que te verás abocado a competir en el entorno internacional, necesitarás conocer los aspectos más importantes que hay que tener en cuenta.

Qué debes "meter en tu maleta" cuando sales al mundo

La globalización supone que el entorno se ha vuelto global, lo que en términos de análisis supone que los aspectos que debes considerar son los mismos que hemos analizado al hablar del entorno general en el capítulo 3. Por tanto, cualquier proyecto de abordaje del entorno internacional deberá tener en cuenta los factores político-legales, económicos, educativo-tecnológicos, socioculturales y medioambientales.

Política y leyes

Cuando van a operar en otros países, muchos directivos del mundo desarrollado dan por sentado que el sistema político de los lugares de destino es similar al suyo, es decir, estable, con cambios graduales y fórmulas bien establecidas para realizarlos, con estructuras democráticas, elecciones periódicas y sistemas de concertación y consenso que facilitan la participación ciudadana en los procesos políticos.

Pero, en general, esto no es así, y puede afirmarse que las regulaciones son diferentes incluso entre países semejantes, no solo en sus sistemas políticos, sino también en los aspectos económicos, comerciales, fiscales y laborales.

Lamentablemente, en el mundo abundan todavía hoy los regímenes totalitarios, la corrupción y la inestabilidad, el terrorismo, etc. Incluso algunos países con sistemas democráticos dejan mucho que desear en cuanto a participación, transparencia y legitimidad. Todo esto introduce una inseguridad jurídica que incrementa el riesgo natural de la actividad económica.

No obstante, la competencia entre regiones y países por atraer la inversión internacional ofrece oportunidades para la internacionalización gracias a la existencia de incentivos a la localización, condiciones fiscales más favorables, acuerdos comerciales que abren espacios al libre comercio, etc.

También es significativo que la regulación mercantil y laboral sea más ventajosa en muchos países, así como el que haya una menor conflictividad laboral y social.

La economía

La estructura de los sistemas económicos puede variar mucho entre países debido a la especialización productiva de las regiones y a su diferente nivel de desarrollo económico. Un aspecto susceptible de crear problemas para materializar inversiones en otros países es la inexistencia o insuficiencia de infraestructuras adecuadas (por ejemplo, redes de telecomunicación, aeropuertos, suficiente capacidad de suministro eléctrico, etc.).

También debes tener en cuenta que los ciclos económicos varían, y que no siempre el ciclo económico de otras zonas coincide con el de tu región de origen, ya que las crisis y los períodos expansivos no se dan con la misma intensidad ni de forma simultánea en todas las regiones del mundo.

Las empresas que se internacionalizan deben tener en cuenta cuestiones como la regulación sobre la inversión extranjera, las leyes aduaneras, la posibilidad y condiciones de repatriar los beneficios obtenidos, etc.

Diferentes países y sistemas ofrecen distintas estructuras de coste, que representan oportunidades para los negocios. En algunos lugares es más barata y abundante la mano de obra, en otros lo son las materias primas, en otros el suelo, etc., por lo que, combinando adecuadamente las actividades productivas, se pueden obtener unos costes totales inferiores.

La internacionalización de la demanda también permite obtener economías de escala al tener que conseguir mayores volúmenes de producción para atenderla.

En el aspecto comercial, como los productos tienen un ciclo de vida que varía de unos mercados a otros, cuando los mercados originales maduran o se saturan es factible trasladarse a mercados nuevos, lo que alarga la vida de los productos; otras veces, interesa atacar a los competidores internacionales en sus propios mercados; o en ciertos casos, interesa seguir a nuestros clientes cuando estos se internacionalizan.

El entorno educativo y tecnológico

La preparación de los potenciales empleados para el trabajo influye mucho en la clase de inversión que es posible hacer, la clase de actividades que realizaremos, la tecnología que es factible usar, la sofisticación de las instalaciones, el rendimiento del factor humano, etc.

Cuando invierten en el extranjero, los inversores de los países más avanzados deben ser conscientes de que están inyectando una nueva tecnología en un entorno que puede ser reacio, imponiendo un cambio que resulte difícil de aceptar. Por eso, es importante ser muy respetuosos con las tradiciones de los receptores y no suponer que los avances técnicos deben ser necesariamente aceptados.

No obstante, el desarrollo y extensión de la sociedad de la información se han generalizado y ya son pocos los países que no cuentan con infraestructuras tecnológicas de telecomunicaciones mínimamente adecuadas.

Por otra parte, la existencia de yacimientos de conocimiento, parques tecnológicos, redes de incubadoras de negocios intensivos en conocimiento, etc., es foco de atracción y concentración de empresas innovadoras que buscan, tratando de seguir el modelo del Silicon Valley californiano, aproximarse y acceder a las fuentes de investigación y avance técnico. Todo ello contribuye a una mayor internacionalización.

El medio ambiente

Es uno de los elementos que más condicionan la inversión internacional, pues, en muchos casos, las condiciones climáticas son determinantes, como en las inversiones turísticas o en la agricultura. En otros, la disponibilidad de fuentes naturales de recursos, como madera, piedra, petróleo, agua, gas, etc., mueve la localización.

Tener en consideración el medio ambiente natural en las decisiones de internacionalización, sobre todo cuando se trata de establecer nuevas localizaciones, es muy necesario, y siempre se deben minimizar los impactos, particularmente cuando se trata de inversiones en países poco desarrollados, donde quizás exista un menor nivel de exigencia y control sobre las empresas.

RECUERDA

No debes olvidar que es un problema global, ya que los efectos de la degradación ambiental generalmente no se circunscriben al lugar en el que se producen sino que alcanzan a todo el planeta. Todos influimos en el medio ambiente global.

Opciones de internacionalización a tu alcance

Una de las dimensiones fundamentales de la estrategia, como te hemos explicado en el apartado "Las piezas de la estrategia" del capítulo 7, es el vector de crecimiento, ya que la estrategia es un proyecto de desarrollo empresarial que, hoy por hoy, sigue considerando el crecimiento como un objetivo prioritario.

Sin embargo, en sentido estricto cabe hablar de *estrategias de reestructuración*, que son aquellas que buscan reducir el tamaño de la empresa para centrar las actividades en sus negocios básicos, revisando la composición de su cartera de negocios. Pero, como resulta evidente, esta estrategia no es finalista sino intermedia, ya que generalmente busca sanear la empresa, desprendiéndose de actividades poco rentables o que dispersan recursos para concentrarse en las competencias básicas.

Hacia dónde orientar el crecimiento internacional

Por el contrario, la mayoría de las alternativas son *estrategias de expansión*, que buscan que crezca la empresa, aunque en diferentes direcciones posibles. Existen cuatro combinaciones en las que puede darse el crecimiento, según se consideren mercados o productos, actuales o nuevos, y algunas son más aptas para el desarrollo internacional. En la figura 9-2 representamos las distintas posibilidades.

Figura 9-2: Las estrategias de crecimiento de la empresa

		MERCADOS	
		ACTUALES	NUEVOS
	ACTUALES	Penetración en el mercado (no internacional)	Desarrollo de mercados
	NUEVOS	Desarrollo de productos (no internacional)	Diversificación – *Relacionada* – *No relacionada*

- ✔ Las **estrategias de penetración o de profundización en el mercado** consisten en desarrollar los productos y mercados actuales de la empresa, con los mismos recursos pero mayor volumen. Suele consistir en prolongar el ciclo de vida de los productos, incrementar la frecuencia de compra y las cantidades que se adquieren, por lo que es una estrategia no indicada para la internacionalización, salvo que ya esté iniciada de antemano.
- ✔ Las **estrategias de desarrollo de mercados** plantean el crecimiento accediendo a nuevos mercados con la cartera de productos actual. Es una de las más usadas en la expansión internacional, bien para introducir productos aceptados en otros países o bien para trasladar productos cuyo ciclo de vida está maduro en sus mercados originales hacia otros emergentes.
- ✔ Las **estrategias de desarrollo de productos** basan el crecimiento en aumentar la variedad de productos pero manteniendo los mercados convencionales de la empresa. Generalmente, se trata de empresas que poseen una marca fuerte y conocida que puede capitalizarse en productos nuevos bajo una etiqueta de garantía y calidad. No es una estrategia idónea para iniciar la internacionalización, aunque es frecuente que empresas ya internacionalizadas la apliquen para crear productos que se adapten mejor a los países en los que ya operan.
- ✔ La última de las posibles formas de expansión es la **estrategia de diversificación**, que consiste en incrementar la variedad de productos y de mercados, y puede darse en dos direcciones:

- *Diversificación relacionada*, cuando el incremento de variedad guarda afinidad con las actividades actuales de la empresa, buscando capitalizar conocimientos, experiencia, tecnología, canales de comercialización, reputación comercial, etc., por lo que, en esta estrategia, los nuevos mercados y productos comparten algunos de los recursos clave con los actuales.
- *Diversificación no relacionada*, que es el caso en el que el crecimiento básicamente tiene una motivación de rentabilidad financiera y diversificación de riesgos, pues los nuevos negocios y mercados no guardan afinidad ni comparten recursos con los actuales.

Por ejemplo, una empresa productora de jamón ibérico quiere crecer. ¿Cuáles serían sus posibles estrategias? Veámoslas:

- ✔ **Estrategia de penetración o de profundización**: conseguir que la gente que ahora compra jamón ibérico consuma más (lo coma todos los días o coma más cantidad).
- ✔ **Estrategia de desarrollo de mercados**: vender jamón ibérico en el extranjero.
- ✔ **Estrategia de desarrollo de productos**: conseguir que la gente que compra su jamón compre también lomo ibérico u otros productos del cerdo.
- ✔ **Estrategia de diversificación**: producir y vender cecina en los países musulmanes (que no pueden comer cerdo).

Ha quedado claro, ¿no? Como puedes ver, algunas de estas vías son más apropiadas que otras para el crecimiento internacional, aunque en la práctica una empresa puede combinarlas para ir creciendo secuencialmente en la dirección que más le interese en cada mercado.

Formas de entrar en los mercados internacionales

Además de la dirección del crecimiento, la empresa puede optar entre distintas fórmulas para entrar en los mercados internacionales, cuyas modalidades serían:

- ✔ La **exportación**, que empieza siendo indirecta, a través de otras empresas, para consolidarse y llegar a hacerse de forma directa.
- ✔ Las **licencias**, en forma de acuerdos de distribución, contratos de gestión, cesión de patentes, derechos de fabricación o franquicias, que combinan el *know-how* de la empresa licenciataria con el conocimiento del mercado local de la empresa a la que se concede la licencia.
- ✔ La **inversión directa**, en forma de empresas conjuntas (*joint-ventures*), adquisición de negocios locales o filiales de nueva creación.

Las empresas suelen combinar estas modalidades conforme su proceso de internacionalización avanza en cada país o región. Pero dado que es un asunto muy complejo y sujeto a normativas internacionales y locales muy diversas, te aconsejamos que te asesore y acompañe un experto durante tu proceso de internacionalización. En el siguiente recuadro gris encontrarás información sobre las interesantes herramientas provistas por el ICEX, el Instituto de Comercio Exterior, dependiente del Ministerio de Economía y Competitividad.

Simulador de costes de establecimiento del ICEX

El ICEX-España Exportación e Inversiones es, según se lee en su página web, "una entidad pública empresarial de ámbito nacional que tiene como misión promover la internacionalización de las empresas españolas". Pues bien, en la web del ICEX (`www.icex.es`) está disponible un interesante servicio online que permite conocer el coste aproximado de la instalación de su empresa en cualquier mercado y compararlo con otros países. La ruta del buscador es la siguiente: Inicio > Exportadores habituales > Información de mercados > Simulador de costes de establecimiento.

Esta herramienta ofrece información a dos niveles: en el primero, la información gratuita permite hacerse una somera idea del mercado a través de datos de carácter general. En un segundo nivel, tras el alta en este servicio de pago, el usuario accede a la información cuantitativa sobre los gastos necesarios para crear su empresa, según las necesidades específicas que previamente ha configurado.

La respuesta que devuelve el simulador con los costes de la implantación es inmediata. Junto al coste económico, incorpora información cualitativa sobre la coyuntura del mercado, las principales ventajas e inconvenientes para las empresas españolas, o los sectores con mayor potencialidad, entre otra información.

Además, ofrece al usuario información adicional relacionada con otros aspectos como impuestos, condiciones para el personal expatriado, costes de comunicaciones, o los apoyos que las instituciones del país de destino ofrecen a las empresas inversoras extranjeras.

Las culturas internacionales: no es solo el idioma

Si crees que cuando tenemos que trabajar en otros países o tratar con gente de otras culturas el principal problema es el idioma, sentimos decirte que eso es lo de menos. Un idioma se puede aprender, el inglés se habla en casi todas partes y, en último término, hay intérpretes y traductores locales a los que acudir.

El problema principal que te encontrarás en tu despegue internacional es manejar la diversidad cultural, que es algo mucho más sutil y difícil de comprender e interpretar, y es lo que generalmente crea más problemas a los directivos en su trabajo. Es más, si ese choque cultural lo experimentamos incluso en los países de nuestro entorno europeo más cercano, puedes imaginar cómo será cuando tratemos con culturas más lejanas.

Los elementos que vamos a presentarse en los siguientes apartados te afectarán mucho a la hora de desplegar tus actividades empresariales o de relacionarte profesionalmente con gente de otros países.

Debes ser muy cuidadoso y tenerlos en cuenta, pues el desconocimiento de las pautas principales de una cultura puede llevarte a situaciones muy desagradables, por motivos que pueden parecer nimios, pero que pueden traer malas consecuencias.

Misión "casi" imposible: manejar la diversidad cultural

En los últimos años, la cuestión de las diferencias culturales (lo que en inglés se conoce como *cross-cultural analysis*) ha sido una de las que más interés ha despertado en el ámbito profesional del management, y afortunadamente ya contamos con algunas herramientas que nos ayudan a "descodificar" la cultura de otros países para comprenderla mejor.

Tamaño del contexto

El primer paso para empezar a conocer una cultura es analizar el tamaño de contexto. Si recuerdas lo que estudiaste en el instituto sobre el texto y el contexto, recordarás que este último se refiere a todo el conjunto de circunstancias que matizan o modifican el contenido del mensaje, o sea, del texto.

En una cultura, el tamaño del contexto indica el grado de sutileza y simbolismo contenido en los mensajes, al margen de su significado formal y obvio, y en principio, puede hablarse de culturas de contexto bajo y contexto alto, con toda una gama de matices intermedios (en la figura 9-3 puedes ver una representación del tamaño de contexto de algunos países del mundo).

- Las **culturas de contexto bajo** son directas, claras y sin ambigüedades. Las palabras contienen todo el peso del significado y los mensajes expresan exactamente lo que dicen; en los negocios, se valoran la racionalidad, la experiencia y los resultados, se entra directamente en el asunto y se adoptan acuerdos mediante contratos formales escritos. En las negociaciones, se busca la eficacia en el mínimo tiempo.

- Las **culturas de contexto alto** son complejas y pueden resultar oscuras e inextricables. La comunicación emplea unos códigos de símbolos muy diversos, que se superponen y que contextualizan el significado de los mensajes verbales y escritos. Estos códigos incluyen gestos y símbolos de posición y estatus; ante todo, es fundamental establecer la confianza social. Las relaciones personales, la buena voluntad y la palabra dada son muy valorados, y las negociaciones son lentas y plagadas de rituales, sin importar tanto su eficacia.

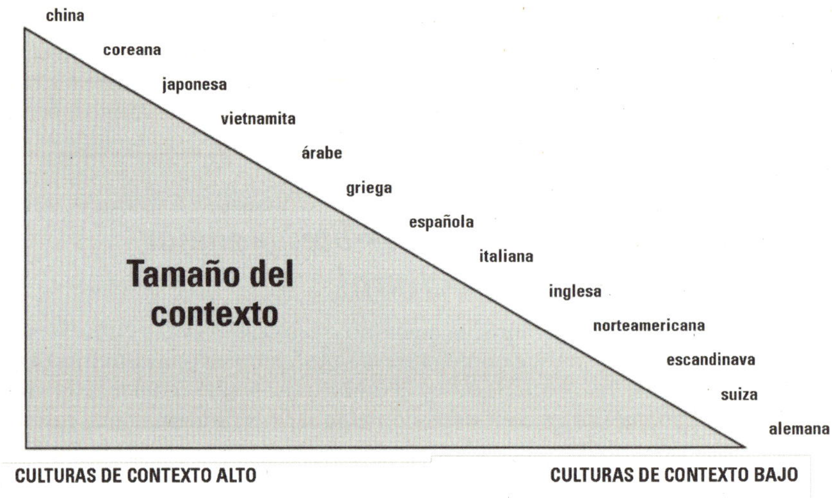

Figura 9-3: Tamaño del contexto cultural entre algunos países

Por ejemplo, en China, el país del gráfico de más alto contexto, las negociaciones son largas y complicadas y están llenas de rituales, gestos y símbolos de estatus que pueden alterar el curso normal del proceso. Que te digan que sí a algo puede significar que te han escuchado (pero no que te hayan entendido), que te han entendido (pero no que te harán caso), que a lo mejor se lo piensan (y puede que te contesten o no) o, en el mejor caso, que acceden a tu propuesta.

Pero no creas que todo acaba ahí. Hay muchos más elementos del marco cultural susceptibles de influir en los negocios, como los que te contamos a continuación.

El espacio

Las personas nos relacionamos en un espacio físico, y las culturas difieren en la forma en que conciben su utilización y posesión. Para algunas culturas, el espacio es público y prefieren la relación en la calle, hacer las cosas delante de mucha gente y compartir el territorio en multitud de actividades; la gente ama la interacción, el contacto físico y visual, y la proximidad es fuente de confianza social. Los países mediterráneos, orientales, árabes y latinoamericanos son así.

Otras culturas tienden a valorar la privacidad, y las personas ocupan territorios individuales privados: se rehúye el contacto físico y se despliega un espacio territorial personal mayor, donde no se "invita" a entrar a casi nadie. Los anglosajones y nórdicos encajan en esta categoría.

El uso del espacio en las culturas

Las culturas que tienden al espacio público generan zonas de trabajo comunes y compartidas, pocas oficinas privadas y las que hay son pequeñas. Las instrucciones y recompensas se dan públicamente y las reuniones son frecuentes y convocan a mucha gente de diferentes unidades.

En estas culturas, que suelen ser de contexto alto, la relación interpersonal es importante, por lo que la proximidad y el contacto físico tienen un gran peso. La gente está habituada a acercarse mucho a los demás y hay preferencia por las distancias cortas, debido a la alta implicación sensorial de las relaciones cara a cara: es vital el lenguaje gestual y corporal, los microgestos, el tono de voz, la mirada, etc.

Las sociedades que poseen una concepción privada del espacio otorgan territorios individuales amplios, despachos privados, la gente se trata con cierta distancia y las reuniones son específicas, rápidas, a puerta cerrada y con escasos participantes. Otras culturas tienen una orientación mixta del espacio, como la nuestra, pues diferencian espacios públicos y privados según las actividades.

Un ejemplo típico que suele mencionarse en la posesión del espacio es este: cuando los japoneses empezaron a hacer negocios con los estadounidenses, estando acostumbrados a un espacio público y una territorialidad minúscula (es un país densamente poblado con casas muy pequeñas), se acercaban mucho a sus interlocutores, que se sentían incómodos, ya que estaban acostumbrados a un espacio más privado y a un territorio personal mayor. Eso complicó muchos negocios.

La territorialidad en el management

El factor espacial de la territorialidad en las organizaciones afecta a aspectos como el diseño de los flujos de trabajo y de comunicación, el contenido y grado de interacción de los puestos de trabajo, la accesibilidad de los directivos, la facilidad para dirigirse a otras personas, el tipo de supervisión directa y control del trabajo visual o no, etc.

La enseñanza que debes extraer es que la gente trabajará mejor si el diseño de los espacios de trabajo se adapta a su cultura. No debes tratar de imponer un modelo de uso del espacio propio en otros lugares sin asegurarte de que es compatible, ni tampoco puedes trasladar, como se ha querido hacer muchas veces, a nuestras empresas occidentales modelos que no son propios de nuestra idiosincrasia.

Así, aunque desde hace años el mundo occidental apuesta por espacios de trabajo diáfanos o por las celdas comunicadas, últimamente se cuestiona la eficacia de estos diseños, y se está regresando a los espacios que otorgan mayor privacidad y posibilidad de concentración al trabajador, incluso siendo espacios no privativos, no de uso secuencialmente compartido.

Se estima que cada trabajador pierde casi una hora y media de su tiempo por distracciones en su entorno laboral, que se podrían evitar con un diseño adecuado de los espacios que respetara la privacidad y asegurara el correcto flujo de actividad.

La responsabilidad

Las culturas difieren mucho en la forma en que conciben y atribuyen la responsabilidad. Hay tres situaciones que sintetizan la mayoría de los casos.

- ✔ La primera es la **responsabilidad individual**, es decir, la responsabilidad centrada en la persona: una sociedad individualista entiende que cada persona debe cuidar de sí misma y de los suyos, nada más; se concede gran libertad individual pero compensada con una exigencia alta de responsabilidad personal. El éxito y el fracaso se atribuyen al esfuerzo y la valía de cada uno. El caso típico es la cultura norteamericana.
- ✔ La segunda es la **responsabilidad colectiva**, propia de culturas que entienden que el grupo es más importante que las personas, que debe velar por sus miembros, apoyarlos, protegerlos y darles seguridad a cambio de lealtad. Se comparten obligaciones, tareas y recompensas, poniéndose por delante la unidad, la armonía y la lealtad al grupo. Un ejemplo son las culturas mediterráneas, latinas y árabes, africanas, etc.
- ✔ El tercer caso es la **responsabilidad institucional**, que se atribuye a la jerarquía, en vez de al individuo o al grupo. Cuando algo va mal, la culpa es de la empresa, del sistema, del poder o del gobierno, dándose una forma de elusión de la responsabilidad en las situaciones negativas. Es bastante característico de culturas centroeuropeas.

En el siguiente apartado te explicamos cómo influyen, y debes tener en cuenta todas esas situaciones en el management internacional.

Administrar culturalmente la responsabilidad

La concepción cultural de la responsabilidad afecta al diseño de puestos y a la autoridad que se les atribuye, la mayor o menor autonomía que se dé a la gente para tomar decisiones, los criterios de administración de recompensas y salarios vinculados a la responsabilidad y logros individuales o colectivos, las directrices para seleccionar al personal buscando méritos y logros frente a recomendaciones, la intensidad de la supervisión dejando más o menos autonomía, etc.

En las culturas donde la responsabilidad es individual se deben incentivar los logros personales mientras que, en las colectivistas, los sistemas de incentivos deben dirigirse a valorar el rendimiento del equipo y dejar que sean administrados por el propio grupo. Te explicaremos todo esto con detalle en el capítulo 18, dedicado a la práctica de la motivación.

Las actitudes

Las actitudes de las personas son factores muy característicos de las culturas, que tienen gran influencia en el comportamiento de las personas. Por eso, a continuación, vamos a explicarte cómo funcionan las actitudes y qué diferencias y consecuencias presentan para el management internacional.

Afrontar el ambiente

La forma en que las personas se relacionan con el ambiente físico y social que les rodea y cómo interactúan con él puede manifestarse de tres formas:

- ✔ **Dominio**. Hay sociedades que abordan el ambiente con intención de dominarlo, siendo culturas proactivas, orientadas a la acción y a los resultados. La cultura norteamericana y la anglosajona son culturas de dominio.
- ✔ **Dependencia**. Por el contrario, las culturas pasivas asumen tácitamente que dependen del ambiente y se resignan a lo que les depare. En ellas, importan más las emociones que los hechos y se da por sentado que lo tiene que ser, será. Bastantes culturas indígenas tienden a ser de dependencia, como es frecuente donde la religión tiene mucho peso, al igual que ocurría en la Europa medieval.
- ✔ **Armonía**. Las culturas integradoras intentan vivir en armonía con el medio. En ellas, se combina la acción con la emoción, y la racionalidad con la espiritualidad buscando un equilibrio. El ejemplo más típico es el de las culturas orientales, que tienden a ser integradoras.

Estas actitudes también deben tenerse muy en cuenta en el ejercicio del management: el que la actitud hacia el ambiente sea proactiva o reactiva, es decir, de dominio o de dependencia, afecta al comportamiento en cuestiones como el establecimiento de metas, la motivación de los empleados, los sistemas de recompensas y sanciones, la receptividad al cambio y la innovación, el grado de responsabilidad de los puestos, la iniciativa que se puede esperar de los empleados, etc.

- ✔ En las culturas dependientes, las personas esperan que se las dirija y no habrá iniciativas personales.
- ✔ En las culturas proactivas, enfocadas a la acción, la gente estará dispuesta a tomar iniciativas y a afrontar retos para conseguir logros personales.

El que la cultura esté más enfocada a la acción o a la emoción influye en la actitud de la gente hacia los resultados del trabajo, en el aprovechamiento del tiempo, en la mayor o menor racionalidad o emotividad en la toma de decisiones, en el pragmatismo e incluso en la ética en el comportamiento, ya que la orientación a la acción puede dar lugar a conductas donde se antepongan los resultados a las consideraciones morales.

Distancia al poder

La distancia al poder es la percepción social de la desigualdad y el grado en que se acepta como normal. Las dos situaciones extremas son:

- ✔ Las sociedades con **gran distancia al poder** son muy estructuradas, con amplias diferencias de clases, poca movilidad social entre las clases y una amplia aceptación de que la desigualdad es natural y justa; la autoridad no se cuestiona y hay un gran respeto por los títulos, rangos y escalafones. Generalmente, los países con una larga historia, gobiernos autoritarios y un gran peso de la tradición tienden a tener una gran distancia al poder.
- ✔ En cambio, una **distancia al poder pequeña** crea una expectativa general de que los dirigentes y mandos se comportarán democráticamente y trabajarán por la reducción de las desigualdades: el ejercicio del poder se basa en la racionalidad y en la legitimidad, se respeta la opinión y criterio del subordinado, predomina la transparencia y la rendición de cuentas, etc. Por lo general, en los países más democráticos y avanzados suele ser pequeña.

Aunque solemos pensar que, por principio, los jefes democráticos son siempre preferibles, esto no funciona en las culturas con gran distancia al poder, donde se espera que los que mandan sean autoritarios e impositivos, exigentes y, a veces, incluso arbitrarios. Un jefe igualitario puede percibirse como “blando” y perder el respeto de sus subordinados. Sé muy consciente de la distancia correcta al poder en la organización y en la cultura en la que te mueves.

Manejo de la ambigüedad

Cada cultura prepara a sus miembros de ciertas maneras para afrontar los riesgos y la ambigüedad, de forma que se pueden sentir más o menos cómodos ante situaciones inciertas: la evitación (evasión) de la incertidumbre define la actitud negativa hacia lo nuevo, lo diferente o lo desconocido, e influye en el grado de tolerancia y aceptación de la diversidad.

- ✔ En las sociedades con **alta evitación de la incertidumbre**, todo aquello que es diferente o desconocido se percibe como una amenaza. Hay tendencia al dogmatismo, apego a las tradiciones y preferencia por la seguridad, dándose poca tolerancia a las desviaciones de la norma social. Las culturas muy reglamentistas y burocráticas, de contexto alto, tradicionales y con gran carga simbólica tienden a ser menos tolerantes con la ambigüedad.
- ✔ En cambio, cuando la **evasión de la incertidumbre es baja**, hay mayor tolerancia a la ambigüedad, apertura de miras y respeto y aceptación de la diversidad.

La evasión de la incertidumbre es un factor que influye mucho en el management: cuando sea alta, como directivo tendrás que procurar que tu organización se centre en reducir el riesgo, estableciendo reglas formales, procedimientos y manuales que estimulen un comportamiento uniforme de sus miembros y tengan poca tolerancia con las desviaciones.

La evasión de la incertidumbre influye en la actitud hacia el cambio y la innovación, en la predisposición a tener iniciativa, en la motivación (seguridad contra logros) de los empleados, en las recompensas apropiadas para estimular el comportamiento deseado, en la capacidad para asumir riesgos, etc.

La confianza en la gente

La confianza social también es un rasgo cultural aprendido y en todas las culturas hay una presunción apriorística sobre si la gente es esencialmente buena o mala, es decir fiable o no.

En algunas sociedades se supone tácitamente que la gente es deshonesta por naturaleza y poco digna de confianza, mientras que en otras se tiende a suponer que la gente es esencialmente buena. Por ejemplo, en Estados Unidos los datos muestran que la población de origen mexicano tiene mucha menos confianza en la bondad de la gente que los angloamericanos.

¡ADVERTENCIA!

Algunos países, como el nuestro, adoptan una posición mixta, donde se otorga una amplia confianza a personas cercanas (familia, amigos, vecinos, conocidos o recomendados), combinada con una tendencia general a la desconfianza ante desconocidos. Eso hace que demos más valor a las recomendaciones personales que a las referencias profesionales (craso error, por cierto).

La presunción sobre la naturaleza de la gente determinará el grado de confianza que se puede otorgar a los empleados y directivos medios, el carácter más o menos autocrático o participativo del estilo de mando, el grado de control que es adecuado aplicar, el reparto de la responsabilidad, el uso de la información, las relaciones con otras empresas e instituciones, el crédito que se da a clientes y empleados, la actitud hacia los *stakeholders*, las pruebas y referencias en la selección de personal, etc.

Evidentemente, si la confianza es baja, deberemos crear organizaciones muy jerarquizadas, muy centralizadas, con muchos controles y procedimientos reglados para hacer las cosas, ya que no se permitirá autonomía ni iniciativa a los empleados.

¿El tiempo es cal o arena?

Es muy significativo cómo las culturas consideran el tiempo. Hay tres aspectos en los que la percepción cultural del tiempo se manifiesta culturalmente:

- ✔ Por una parte, en el **foco temporal**, que mide si una cultura mira al pasado, al presente o al futuro.
- ✔ En segundo lugar, en el **valor del tiempo**, que puede considerarse un recurso escaso o irrelevante.
- ✔ En tercer lugar, en la **sincronía de las tareas**, que define cómo se distribuye el uso del tiempo entre las actividades:
  - Las *culturas de tiempo monocrónico* se caracterizan por una utilización ordenada, precisa y ajustada a un horario del tiempo público, que valora la eficiencia según el tiempo empleado, y donde se hace una sola cosa cada vez.
  - En las *culturas de tiempo policrónico* las actividades son múltiples y se entrecruzan, las relaciones con personas son diversas y se gestionan distintos asuntos de forma simultánea.

En general, las culturas de contexto bajo tienden a ser monocrónicas, pues se hace una sola cosa cada vez, se enfocan al presente y futuro cercano y el tiempo se considera un recurso valioso. Por ejemplo, Alemania, Suiza o Estados Unidos presentan esa naturaleza.

En cambio, las culturas de contexto alto suelen mirar al pasado porque pesa la tradición, son policrónicas y el uso del tiempo es más disperso, ya que no se considera tan valioso. China, Rusia, Italia o los países árabes responderían a este modelo.

La influencia de la percepción del tiempo es fundamental en cuestiones como la ordenación del tiempo de trabajo, la planificación y establecimiento de objetivos y plazos que cumplir, la puntualidad y asistencia, la atención a los clientes, el diseño de las carreras de cara a la evaluación y promoción de los empleados, etc. En los países donde el tiempo es valioso, los empleados quieren promocionar rápidamente y recibir *feedback* inmediato de sus resultados, por ejemplo. La gente cambia de empleo si no ve perspectivas claras o no se siente apreciada.

Aprende de los líderes: las empresas españolas más internacionales

Según el informe 2015 de la consultora Tormo Franchise, las franquicias españolas con más establecimientos en el extranjero son las siguientes:

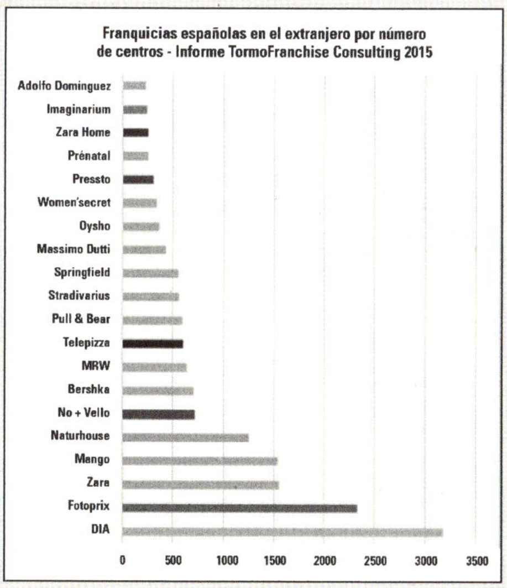

Sectores	***Establecimientos***
Moda	7.892
Alimentación	3177
Fotografía	2330
Dietética	1247
Salud y belleza	847
Transporte	642
Hostelería	600
Moda de hogar	338
Tintorería	308
Juguetes	291
Agencias de viajes	176
Publicidad	115

Los destinos preferidos son los países europeos, encabezados por Francia y Portugal. Hay dos fenómenos característicos de la franquicia española en el mundo:

(cont.)

- El primero es que un grupo de nueve compañías (DIA, Grupo Inditex, Grupo Cortefiel, Mango, Fotoprix, Naturhouse, No+Vello, MRW y Telepizza) suman en conjunto 15.837 unidades, lo que representa un 80 % de nuestra presencia en el exterior.
- El segundo es que cuando hablamos de 259 empresas españolas con presencia en el exterior, 139 de las mismas se localizan en Portugal.

Si nos fijamos en las empresas que cotizan en Bolsa, un 60 % de su facturación procede del exterior. En el Ibex 35, siete empresas concentran más del 70 % de sus ventas en el extranjero. Algunas prácticamente trabajan fuera, como Grifols, Técnicas Reunidas, Gamesa y Amadeus, que facturan más del 90 % fuera de nuestro país.

Capítulo 10

Hazte con un buen diseño... y triunfa

En este capítulo

- Qué es y para qué sirve la estructura
- Dibujar la organización
- No odies la burocracia, aprende a usarla
- Todas las maneras de coordinar
- BBVA, cambio de estructura para conquistar el mundo virtual

El management se ejerce dentro de una organización, que es un grupo humano caracterizado por tener una estructura. Entre las habilidades más importantes del mánager, junto con elaborar el proyecto de futuro deseado como te hemos explicado en los tres capítulos anteriores, está la de crear la arquitectura de la organización y hacer que funcione con las personas que la integran.

La creación y adaptación de la estructura orgánica de la empresa es una tarea fundamental, ya que es el marco para que cada persona encuentre su sitio y haga su trabajo. De hecho, la propia denominación de *organización* hace hincapié en ese aspecto estructural, lo que nos puede dar una idea de su importancia.

La estructura como herramienta del mánager

Una *estructura* es un conjunto de elementos dotados de un orden interno, una totalidad formada por unos componentes entre los que se establecen unas relaciones, es decir, un todo ordenado. Si hablamos de la empresa, la estructura orgánica es la red de relaciones que hay entre sus miembros, que los enlaza y articula para que cada cual pueda desempeñar su función de forma coordinada con los demás.

Gracias a la organización, cada persona conoce su tarea y cómo debe actuar para contribuir a los objetivos comunes. Por eso se dice que la estructura es un marco de relaciones para facilitar el desempeño de la organización.

Cualquier estructura de organización consta de tres tipos de elementos:

- ✔ Unos **puestos** de trabajo.
- ✔ Que se agrupan en **unidades** (departamentos, secciones o equipos).
- ✔ Y están sometidos a un **sistema de coordinación** a través de la autoridad y otros mecanismos.

La función de la estructura es proporcionar coordinación, y esta es tanto más necesaria cuanto mayor y compleja sea una organización. Cuando una empresa es pequeña no es necesario establecer un sistema prolijo de relaciones para operar armónicamente, pues todo el mundo se conoce y se trata de forma directa, la gente se entiende hablando y los asuntos se resuelven sobre la marcha. Pero conforme crece y aumenta la complejidad de la organización y de su trabajo, es necesario un diseño más sofisticado que permita resolver las interrelaciones de manera rápida y eficaz.

Piensa en tu puesto de trabajo, en tu departamento, en tu empresa. ¿Cuáles son tus responsabilidades? ¿Cómo encaja tu puesto dentro de toda la unidad? ¿Por qué está en ese departamento y no en otro? ¿Cómo se relaciona con los demás puestos del departamento y con los de fuera? ¿Quién te dirige y a quién rindes cuentas? En este y en los siguientes capítulos aprenderás a responder a todas estas preguntas y a entender la lógica de todos los procesos que llevan a diseñar la organización de una determinada manera.

Los organigramas

Cuando queremos representar gráficamente un resumen de la estructura de la organización utilizamos una herramienta llamada organigrama: el *organigrama* es una representación convencional, objetiva y comprensible de la organización, una especie de mapa o plano de la estructura formal.

El organigrama se compone de cuadrículas, que representan los puestos, unidades u órganos, y de líneas, que representan las relaciones entre ellos. Puede incluir el detalle de los cargos y puestos de trabajo y de las personas que los ocupan. Generalmente, solo refleja los niveles superiores, sin llegar hasta los puestos operativos, salvo en el caso de organizaciones pequeñas.

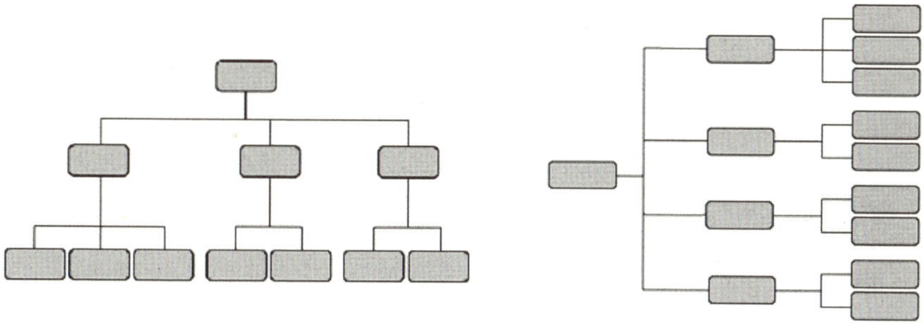

Figura 10-1: Organigrama vertical y horizontal

El organigrama nos proporciona mucha información acerca de las características de una organización, como su tamaño, actividad, complejidad e incluso nos da idea de su cultura y estilo. Revela los criterios usados para repartir las tareas, los órganos de decisión, el número de niveles de la jerarquía, los canales formales de comunicación, las funciones prioritarias y las actividades operativas y auxiliares.

Para un mánager, saber representar y "leer" organigramas es necesario, tanto para reflejar de forma fidedigna la estructura de la empresa, como para comprender y aprehender todo lo posible de su naturaleza y forma de trabajar.

Hay varios tipos de organigramas, de los cuales los más importantes son dos, que aparecen representados en la figura 10-1:

- ✔ El **organigrama vertical**, que tiene forma de pirámide, donde la alta dirección es el vértice y los niveles sucesivos van hacia abajo. Visualmente, esta representación pone el énfasis en la autoridad, que se sitúa en el centro y arriba, y así es lo primero que nos llama la atención.
- ✔ El **organigrama horizontal**, que es producto de girar el vertical 90º en sentido contrario a las agujas del reloj, por lo que la autoridad más elevada se coloca a la izquierda y de ahí se van representando los órganos hacia la derecha. Esta representación da más visibilidad a las funciones, que se sitúan en el centro de la imagen.

Otros tipos de organigramas, como los circulares o los que tienen forma de constelaciones, son menos utilizados en la práctica.

Coordinar, coordinar y coordinar

El canadiense Henry Mintzberg, gran experto en estrategia y diseño organizativo, dice que la organización es el resultado de dividir el trabajo para luego coordinarlo. Es decir, que al diseñar la organización, dividimos la tarea total de la empresa en partes menores y la repartimos entre diferentes órganos y personas. Pero, al dividir el trabajo, automáticamente es necesario coordinarlo.

Eso mismo ocurre en cualquier ámbito de la actividad humana. Piensa en las tareas domésticas: cuando una persona vive sola, no tiene que coordinarse con nadie para cocinar, hacer la compra o poner orden en casa. Cuando comparte la vivienda, es necesario establecer algún mecanismo o acuerdo sobre quién hará cada cosa, para evitar que se repitan tareas o que queden cosas sin hacer.

Eso es lo que consigue la organización: distribuir las actividades pero mantener la coordinación, de modo que las diferentes partes de la organización contribuyan a producir sinergias.

Coordinar equivale a acompasar, armonizar, actuar al unísono. Es integrar los esfuerzos de diferentes personas para garantizar que todas converjan hacia los objetivos generales y no entren en colisión. Cuando ves a las chicas del equipo español de natación sincronizada, seguro que piensas que eso sí que es coordinación.

Las formas básicas de coordinar

Las formas elementales de coordinarse las personas son los llamados *mecanismos básicos de coordinación,* y según Henry Mintzberg, son seis, que van de lo más simple a lo más sofisticado.

Hablando se entiende la gente

El primer mecanismo es la *adaptación mutua*. Es informal, ya que surge de la iniciativa y buena voluntad de las personas, no pudiendo ser impuesto sino solo facilitado por la organización.

Consiste en coordinar a base de hablar y ponerse de acuerdo, es decir, mediante la comunicación directa y voluntaria entre los empleados; pese a su sencillez, es muy eficaz gracias a que es muy flexible y versátil, y lo mismo funciona en situaciones sumamente simples (una micropyme que empieza) como en las más inciertas, como en proyectos complejos, en una crisis o una emergencia.

Solemos creer que es bueno propiciar que haya mucha comunicación en las organizaciones, pero es verdad solo hasta cierto punto. El problema que tiene la adaptación mutua es que si el grupo de trabajo es medianamente grande (más de 5 o 6 personas) el número de interacciones entre los miembros crece exponencialmente y se consume todo el tiempo hablando. Por eso no hay que abusar de la adaptación mutua como forma de coordinar y caer en la "reunionitis", esa enfermedad que seguro has sufrido más de una vez.

¡Que alguien ponga orden!

El segundo mecanismo es la *supervisión directa*, un mecanismo formal establecido oficialmente por la organización. Consiste en coordinar a través de la autoridad, de manera que se sitúa a una persona jerárquicamente por encima de otras, para que las coordine.

La persona que supervisa centraliza las instrucciones estableciendo un único plan de trabajo, lo que reduce las interacciones entre los empleados, pues no tienen que ponerse de acuerdo entre ellos, solo seguir las órdenes.

Pero cuando el número de empleados bajo las órdenes del supervisor aumenta, también empieza a tener limitaciones por la necesidad de dar a cada persona instrucciones específicas y resolver sus dudas una a una.

Un manual de instrucciones, por favor

El tercer mecanismo es la *normalización de métodos de trabajo*, que consiste en establecer a priori el procedimiento más racional y eficiente para realizar una tarea, detallando y describiendo las operaciones que la componen, ya que normalizar significa ajustar algo a una norma o estándar.

De esta forma, se asigna al empleado una tarea definida, lo que obvia la necesidad de comunicación y casi la de supervisión directa durante el trabajo, como ocurre en la producción en cadena. El empleado casi nunca necesita consultar a su jefe, ni ponerse de acuerdo con los colegas.

¡ADVERTENCIA!

La limitación de esta fórmula está en que no todas las tareas son tan previsibles como para que se puedan normalizar de antemano y en que la excesiva especialización produce tareas sin contenido ni significado para el trabajador, lo que mina su motivación. Recuerda la película de Chaplin *Tiempos modernos*.

Lo quiero así, y punto

El cuarto mecanismo es la *normalización de productos*, bastante utilizado cuando en la práctica es imposible o costoso normalizar el proceso de trabajo porque la actividad sea variable o imprevisible, porque se realice en un momento o lugar distinto o porque admita múltiples maneras válidas de hacerla.

En tal caso, lo que se fija de antemano son los resultados que se desea obtener al final del proceso, es decir, el *output* requerido, sin decir cómo hay que alcanzarlo. Puede combinarse con la normalización de métodos, ya que afecta a partes distintas del proceso.

Por ejemplo, no le decimos al transportista cómo tiene que conducir o por dónde debe ir a su destino, sino únicamente qué mercancía debe llevar a qué sitio y en qué momento. Ni al comercial cómo tiene que vender, solo cuánto debe vender.

Cuando la gente es capaz de resolver

El quinto mecanismo es la *normalización de habilidades*, frecuente en actividades complejas cuyos resultados pueden ser dispares incluso con la ejecución más competente, o también cuando las situaciones que pueden darse admiten tantas combinaciones que es imposible preverlas ni normalizar sus métodos o resultados.

En estos casos, la coordinación se logra preparando de antemano a los empleados de base en el manejo de situaciones complejas, para que sean ellos quienes determinen qué hacer y cómo actuar en cada caso.

Es habitual en las profesiones facultativas, como la medicina, la abogacía, las profesiones técnicas, la educación, etc., donde los profesionales tienen amplia autonomía de actuación por su formación y experiencia, siempre que se conduzcan conforme a unos principios técnicos, deontológicos y profesionales. En la sanidad, por ejemplo, el juicio del experto es el llamado *criterio médico*, algo así como la última palabra, y no es cuestionado.

Si te lo crees, lo harás bien

El último de los mecanismos es la *estandarización de las normas*, que consiste en normalizar a través de las convicciones: muchas empresas y organizaciones han aprendido que la mejor forma de armonizar el trabajo es haciendo que la gente se coordine a sí misma a base de generar compromiso en el empleado.

La estandarización de las normas pretende que los participantes compartan un bagaje de creencias y valores comunes, que orienten su comportamiento hacia las metas de la organización.

Este es el caso de las organizaciones normativas, como los partidos políticos, las organizaciones religiosas, las ONG o las sectas, que crean una cultura fuerte que propicia que los miembros desarrollen un comportamiento normativo, es decir, regido por unas normas internas, sin tener que ser supervisados para que se conduzcan como es debido.

Todos estos mecanismos de coordinación siguen una secuencia de complejidad creciente, que empieza por la adaptación mutua para seguir con otros cada vez más formales hasta acabar en la estandarización de las normas.

Pero esta secuencia no es lineal sino cíclica, puesto que cuando los mecanismos formales no son suficientes para proporcionar toda la coordinación necesaria, se vuelve de nuevo a adaptación mutua. ¿Qué hacen los médicos con los casos difíciles? La respuesta es: "sesiones clínicas", reuniones de diversos especialistas donde se discuten estos casos. Recuerda la serie de televisión del doctor House: cuando los protocolos y manuales fallan, el "método House" da con la solución.

Mecanismos, ¿formales o informales?

Los mecanismos de coordinación se usan con diferente intensidad y en combinaciones variables en todas las organizaciones: la mayoría de ellos normalmente coexisten, aunque por diversas circunstancias, hay algunos que predominan sobre otros.

Conforme maduran y aumentan su tamaño, las organizaciones incorporan más mecanismos en el orden que hemos descrito. Inicialmente, empiezan siendo muy flexibles y la distribución del trabajo es prácticamente improvisada. Así que evolucionan, se usan cada vez más soluciones formales, pero en etapas maduras se observa que muchas organizaciones vuelven al uso de la adaptación mutua para recuperar frescura y flexibilidad.

Este fenómeno se puede explicar a través del llamado *grado de formalización* de una organización, que expresa la abundancia de reglas y principios establecidos para regular el comportamiento de sus integrantes, haciéndolo más previsible y ordenado.

En este aspecto, podemos encontrar dos situaciones extremas: la organización absolutamente reglamentada y formalizada, llamada *burocracia*, frente a la organización flexible y poco formalizada, a la que Henry Mintzberg llamó *adhocracia*.

La burocracia no es el coco

Aunque el término *burocracia* sugiere algo negativo, técnicamente corresponde a la organización formalizada: la burocracia es un sistema de organización en el que los cargos, la autoridad, la responsabilidad, las actividades y los procedimientos de trabajo están definidos y asignados de antemano de forma racional y objetiva. La burocracia es impersonal, pues establece reglas y rutinas completas y conocidas para asegurar un trato uniforme e igual para todo.

Históricamente, supuso un avance importante en la organización, ya que introdujo orden, lógica y eficacia, desterrando el personalismo, la arbitrariedad y el abuso que predominaban en las prácticas administrativas anteriores. La burocracia es al management lo que el taylorismo (la racionalización del trabajo a través de la administración científica) fue para la actividad industrial.

¡Peligro, burócrata a babor!

El problema que hay con la burocracia es que se abusa de ella o se utiliza cuando no conviene, de manera que se convierte en un fin en sí misma en vez de ser una herramienta para trabajar. El declive de la burocracia casi siempre surge cuando los procedimientos, rutinas y reglas se anteponen al problema que hay que resolver, y se olvida la misión de la organización en beneficio de los métodos.

Los inconvenientes más frecuentes de la burocracia se manifiestan en hechos como los siguientes:

- ✔ Una escasa sensibilidad a las demandas de los usuarios que se salgan de peticiones catalogadas.
- ✔ Dificultad para amoldarse a nuevas exigencias del entorno.
- ✔ Comportamiento rígido de los empleados que se adhieren estrictamente a las obligaciones formales del puesto.
- ✔ Pérdida de iniciativa, espontaneidad y despilfarro del talento creativo.
- ✔ Falta de colaboración entre personas y departamentos, etc.

En definitiva, se da una sacralización de los procedimientos y las normas, que se vuelven inviolables aunque no funcionen.

Seguro que te has encontrado muchas veces con inconvenientes como estos en tu trato con las organizaciones burocráticas. Y recuerda, no son solo los organismos públicos, sino que encontrarás burocracia en el sector privado, en particular en la empresa. A continuación te explicamos los distintos tipos de burocracia y te mostramos algunos ejemplos.

Hay clases de burocracias

La burocracia puede ser maquinal o profesional. La *burocracia maquinal* es la clásica, que se da en empresas con actividades repetitivas y rutinarias, que aplican métodos de trabajo normalizados creando un sistema que funciona como una máquina, por lo que también se les llama *mecánicos*.

Como ejemplos encontramos las empresas de producción en serie, las compañías de seguros y bancos, las cadenas de restaurantes de comida rápida y otras muchas franquicias, las oficinas de la Administración Pública, el ejército, etc. ¿A que un BigMac sabe igual y se sirve igual en cualquier restaurante McDonald's?

Las burocracias maquinales se caracterizan por usar mucho la normalización de métodos de trabajo, unida a la comunicación formal y casi siempre escrita, una gran centralización, una jerarquía larga que ejerce estrecho control sobre los subordinados, etc. Es adecuada para organizaciones maduras, que tengan operaciones repetitivas a gran escala y se muevan en entornos sencillos y estables.

La *burocracia profesional*, en cambio, se da en actividades que tienen un gran volumen de operaciones que al mismo tiempo es diverso, por lo que no pueden normalizar los métodos, ya que, a priori, no se sabe qué tipo de asunto se va a presentar, y la variedad es tan grande que no pueden preverse de antemano todas las posibles contingencias. Imagina lo que ocurre en el servicio de urgencias de un hospital, donde lo mismo llega un paciente en estado crítico que alguien con un dolor leve.

En ese caso, hay que buscar la normalización unida a la descentralización, y eso se logra haciendo que el trabajo sea controlado directamente por los profesionales que lo ejecutan: el empleado evalúa el problema, lo cataloga y lo resuelve aplicando su criterio, sin seguir un manual y sin tener que consultar a su superior. Se usa la normalización de habilidades como mecanismo de coordinación.

Esta clase de organización es habitual en muchos servicios públicos como la sanidad (centros de salud, hospitales), la educación (colegios, institutos, universidades), la justicia, etc., y también en otros servicios profesionales públicos y privados que se prestan de forma masiva (servicios jurídicos, gestorías, asesorías, formación, etc.).

Como características principales tiene el que la jerarquía es más bien reducida, sus empleados son profesionales cualificados y gozan de gran autonomía y criterio para trabajar dentro de las normas de su profesión. La coordinación, además de venir de la normalización de habilidades, se apoya también en la normalización de productos, ya que se evalúa por resultados, y algo en la de métodos, sobre todo para el registro de información y el control de trabajo.

La adhocracia

Frente a la rigidez de la burocracia, la *adhocracia* es un sistema de organización que se dota de gran flexibilidad para innovar y adaptarse a los cambios, como un organismo vivo, por lo que a estos sistemas se les llama también *orgánicos*.

La escasez de reglas y normas permiten un comportamiento de los empleados poco formalizado que ayuda a que desarrollen iniciativas y se fomente la comunicación en todas direcciones, el juicio crítico y la creatividad.

El hábitat natural del trabajador del conocimiento

El empleado tipo de este sistema es el *trabajador del conocimiento*, un profesional experto en un campo determinado que es capaz de integrarse en equipos diversos y multidisciplinares para trabajar en proyectos que requieren pensar de forma no lineal, es decir, innovar. Por eso no se le puede someter a normas y reglamentos que encorsetarían su espontaneidad e imaginación e inhibirían su creatividad.

La creación de conocimiento requiere que las personas compartan información e ideas, por lo que la coordinación se basa en la adaptación mutua. El órgano característico no es el departamento sino el *equipo ad hoc,* una agrupación de las personas más adecuadas para cada proyecto que trabajan temporalmente juntas hasta su conclusión.

El equipo es coordinado por el profesional más cualificado para esa misión, que puede asumir el liderazgo en un proyecto y un papel subordinado en otro, por lo que las posiciones de autoridad no son permanentes, como tampoco los equipos. La jerarquía es mínima y la distancia al poder, pequeña, ya que se espera un funcionamiento democrático e igualitario donde todos participen y aporten sin sentirse juzgados. Por eso, los equipos gozan de gran autonomía y trabajan de forma descentralizada, siendo evaluados por sus resultados.

Esta estructura, flexible por excelencia, está en proceso de cambio permanente, por lo que es adecuada para negocios que se dan en entornos muy dinámicos, como la investigación avanzada, el diseño, la alta tecnología, etc. Pero también puede ser una estructura temporal, que es adoptada por grandes empresas, básicamente burocráticas, cuando tienen que emprender proyectos innovadores, como ocurre con los departamentos de I+D de las grandes compañías, con los equipos de puesta en marcha de nuevas instalaciones, etc. En el recuadro gris "Los malagueños que cambiaron el chip de Google" tienes un ejemplo de una organización adhocrática en la empresa VirusTotal.

Los malagueños que cambiaron el chip de Google

VirusTotal es la principal web que analiza ficheros sospechosos de contener virus informáticos y fue comprada por Google en 2012. A continuación te resumimos lo que dijo de ellos el *Diario Sur*: "La empresa fue fundada en 2004 en Málaga por un grupo de amigos que habían estudiado en la universidad pública y que no tenían un currículum académico apabullante, ni lo intentaban aparentar. Su brillantez radicaba en su trabajo en VirusTotal, la empresa que levantaron desde cero hasta convertirla en una pieza fundamental de la industria antivirus, y que fue suficiente motivo para que una de las compañías más avanzadas del mundo apostase por ellos".

Como afirma uno de los empleados, la razón por la que fue contratado en versión corta es que "se dieron cuenta de que era un 'friki'". La versión larga es que no importa el currículum o la experiencia, sino lo que esa persona sabe hacer y, sobre todo, lo que le gusta hacer. De hecho, si algo comparten todos estos "hackers buenos" es su pasión por los ordenadores: además de su trabajo, son su *hobby*.

A los artífices de VirusTotal no les importó ceder el timón a Google: "Es como si a un niño le abrieran la puerta de una fábrica de juguetes. En Google trabajan algunos de los padres de la inteligencia artificial, autores de libros que estudiamos en la universidad... Se nos ha abierto un campo impresionante".

También disfrutaron de la búsqueda de su "oficina Google" en Málaga: un chalet grande con cocina, gimnasio y algunas de las comodidades que vieron en el cuartel general de la empresa en Mountain View (California). Seis jóvenes en una casa con piscina y un amplio catálogo de distracciones a su disposición. Un jefe de la vieja escuela se llevaría las manos a la cabeza: menudo descontrol.

Pero esto es Google, la empresa que más veces ha sido votada la mejor del mundo para trabajar, famosa por mimar a sus empleados y dejarles libertad para cumplir con sus objetivos.

Y los hechos demostraron que Google no se había equivocado, ni ellos tampoco. En su primer año de pertenencia al buscador, VirusTotal cuadruplicó su volumen de operaciones, sus clientes y sus resultados. Y en marzo de 2015, el Kaspersky Security Analyst Summit, la cumbre anual más importante de seguridad informática, a la que acuden por estricta invitación las 250 personas que más saben sobre "cibercrimen" en el mundo, otorgó el premio Save the World MVP a VirusTotal, por la mayor contribución a la industria de la seguridad informática, ya que consideró que ningún otro proyecto había desempeñado un papel tan importante en el sector de los antivirus. La importancia del galardón es mayor si cabe teniendo en cuenta que fue la primera vez que se concedió, por lo que prácticamente lo inventaron para ellos.

Diseñar la organización

Construir la arquitectura de los procesos es una función directiva esencial. En palabras Peter Drucker, uno de los padres del management que te presentábamos en el capítulo 1: "La mejor organización no asegura los resultados. Pero una estructura equivocada sería garantía de fracaso".

La organización como función directiva se traduce en realizar el diseño organizativo, es decir, en tomar las decisiones necesarias para configurar una estructura orgánica eficaz y eficiente. En otras palabras, es el modelaje de la organización formal que sea más adecuada para llevar a cabo las tareas que conduzcan a los objetivos.

Cómo y cuándo hay que diseñar la organización

Probablemente pienses que el diseño de la organización es algo que hubo que hacer cuando se creó el negocio o muy de tarde en tarde, cuando haya cambios profundos o la estructura anterior se quede muy obsoleta. Pues lamentamos decirte que no es así.

La modificación o reestructuración organizativa es más frecuente de lo que crees: se estima que las grandes compañías (que serían también las más resistentes al cambio) hacen reestructuraciones profundas como media cada dos o tres años y, a veces, con mayor frecuencia.

La actualización y adaptación de la organización es muy importante y necesaria, ya que la estructura es el circuito a través del que se toman y ejecutan las decisiones de la empresa, es como su sistema nervioso: si la estructura no está bien diseñada, una organización no podrá funcionar.

Son muchas las razones que aconsejan el rediseño de la organización, no solo las situaciones de crisis y los malos resultados. En realidad, las adaptaciones vienen demandadas por circunstancias que se pueden interpretar la mayoría de veces como oportunidades, como pueden ser cambios del entorno, de la estrategia, de la tecnología de la empresa, del mercado o de la competencia, aunque también se critica que a veces se hacen excesivas reorganizaciones, sobre todo cuando los directivos recién nombrados quieren hacer alarde de su nuevo poder.

Por eso, un buen mánager tiene que revisar continuamente la organización, preguntándose y preguntando cómo podemos trabajar mejor, más rápido, de forma más económica, dando más servicio al cliente, simplificando tareas, evitando solapamientos, resolviendo conflictos de competencias, facilitando la supervisión, ahorrando tiempo, etc.

Esbozar la estructura

La actividad de diseño de la organización consta de varias tareas, como te contábamos al principio, al describir qué es la estructura:

- ✔ Definición de los tipos de puestos de trabajo y de su contenido.
- ✔ Agrupación de los puestos en unidades organizativas.
- ✔ Diseño de un sistema de autoridad y comunicación para que las directrices puedan fluir y controlarse sus resultados.
- ✔ Por último, el establecimiento de otros enlaces que puedan ser necesarios para coordinar.

En resumen, para diseñar la organización hay que tomar dos tipos de decisiones: las que se destinan a dividir el trabajo (*decisiones de diferenciación*) y las que buscan mantenerlo coordinado (*decisiones de integración*). En el capítulo 11 las estudiaremos con detenimiento.

No hay organización perfecta

Si a estas alturas has llegado a la conclusión de que organizar no es fácil, tienes razón. Efectivamente, no lo es, y como cualquier otra función directiva, requiere, además de sentido común, unos conocimientos determinados sobre las distintas opciones que hay en el diseño organizativo, sus pros y sus contras.

Por mucho que se han investigado y contrastado las diferentes formas de organizar, no se ha podido encontrar la organización perfecta. No hay "modelos" de organización, en el sentido de estructuras predeterminadas que una empresa pueda incorporar sin más, como si fuera un traje *prêt-à-porter*. Si fuera así, sería mucho más fácil.

Cada empresa, en función de sus características y circunstancias, tiene que diseñar "su" organización, la que le resulte más adecuada. Y tendrá que modificarla y adaptarla cada vez que esas contingencias cambien o se prevea que puedan hacerlo, para responder adecuada y proactivamente a esos cambios.

Por ejemplo, a la hora de crear la estructura de la organización, como mánager tienes que hacerte preguntas como las siguientes: ¿necesitamos que los puestos estén muy especializados o poco?; ¿con qué criterios los agrupamos para formar secciones o departamentos?; ¿qué tamaño deberían tener esas unidades?; ¿cuántas personas deben estar a las órdenes de cada jefe?; ¿cuántos niveles debe tener la jerarquía?; ¿es mejor centralizar o descentralizar?

Como puedes deducir, la respuesta a estas preguntas no es universal, ya que lo que puede valer en un momento o en una empresa determinada puede no funcionar en otras circunstancias.

Esa idea resume lo que sostiene el *enfoque contingente del management*, que es el que hoy tiene mayor aceptación, que asegura que no existen maneras óptimas de organizar o de dirigir, en forma de modelos universalmente válidos.

Si aplicamos esta idea al diseño organizativo, el enfoque contingente nos indica que la estructura debe ajustarse a las características de cada empresa y de su entorno, y debe ser congruente con los factores externos e internos, es decir, con las variables que influyen en la organización. Una organización eficaz es la que se ajusta mejor a las variables que condicionan a la empresa, y eso significa que en cada caso se debe adoptar el tipo de estructura más compatible con esas variables.

La estructura depende de unas variables clave

Esos factores que influyen en la organización son las llamadas *variables de contingencia* o *variables determinantes de la organización*, y las más importantes son dos:

- ✔ El medio ambiente externo.
- ✔ La tarea y tecnología de la organización.

Y de ellas nos ocuparemos a continuación.

El ambiente externo

Como sistemas abiertos, las organizaciones dependen de su entorno y deben adaptarse al mismo, por eso es tan importante conocerlo para lograr el diseño organizativo que consiga el mejor ajuste al medio. El entorno es una fuente de incertidumbre para la organización, que tiene que responder con fórmulas de gestión que le permitan enfrentarse a esa incertidumbre.

Como hemos visto en el capítulo 3, el entorno se puede caracterizar por su nivel de incertidumbre, que evalúa la estabilidad, complejidad y hostilidad del ambiente.

Históricamente, se ha investigado la relación que existe entre los distintos ambientes y la estructura de la organización, así como también se ha valorado lo eficaces que eran las distintas formas organizativas en cada entorno. Como resultado, se constata que hay relación entre la organización y la incertidumbre ambiental, que puede resumirse así:

- ✔ En los **ambientes estables** resultan más apropiadas las estructuras burocráticas, con sistemas formalizados que prevén cómo actuar en cada circunstancia. Como estos entornos no exigen respuestas rápidas ni innovadoras, sino una gran capacidad para tratar de forma estandarizada operaciones a gran escala, las estructuras formalizadas son muy apropiadas.

- En **ambientes inciertos y dinámicos** convienen más las estructuras adhocráticas y orgánicas, que por su flexibilidad y capacidad de adaptación pueden responder ágilmente a los desafíos externos. La complejidad del entorno requiere diversos conocimientos especializados para interpretar las demandas ambientales y proporcionar soluciones innovadoras, lo que solo puede darse en una organización flexible e integradora.

Es importante que recuerdes estas correspondencias, ya que se manifestarán en otros temas relacionados con el tipo de organización, como las comunicaciones, el estilo directivo o la forma de tratar a los empleados. En el recuadro gris "Aprende de los mejores: BBVA, la transformación de un banco analógico en uno digital" te contamos un caso de cómo las nuevas exigencias del entorno obligan a uno de los primeros bancos del país a reorganizar su negocio para enfrentarse a un mercado global y a un mundo donde el negocio digital será prioritario.

La actividad de la organización

Toda organización tiene que desempeñar una tarea que supone adquirir y consumir unos recursos y transformarlos en los bienes y servicios que constituyen su producto. Y esa actividad transformadora se realiza mediante unas técnicas y procedimientos determinados, que es lo que conocemos con el nombre de *tecnología*.

IDEA-CLAVE

Cuando se habla de la actividad o tarea de la organización solemos referirnos más al "cómo" se hace que al "qué" se hace. Por tanto, para comprender el papel de la tecnología en diseño de la organización tendremos que fijarnos en qué se transforma, cómo se transforma y con qué resultado. Es la misma idea en la que venimos insistiendo desde el capítulo 1 y que hemos desarrollado en los capítulos 6 y 7 cuando decíamos que un mánager debe saber cómo crear valor en su negocio y cómo diseñar la arquitectura de los procesos para lograrlo.

La tecnología está muy relacionada con el tamaño o escala de actividad. Es evidente que el "cómo" se hace tiene mucho que ver con "cuánto" se hace: no es lo mismo construir una casa unifamiliar que una promoción de cientos de pisos, ni hacer un traje a medida que confeccionar ropa masivamente.

Al contrario de lo que solemos dar a entender en el lenguaje común, la palabra *tecnología* no tiene por qué asociarse con equipamiento industrial o informático. Te lo explicamos en el recuadro gris adjunto "Pero ¿qué es eso de la tecnología?"

Pero ¿qué es eso de la tecnología?

La tecnología es el conjunto de técnicas disponibles para producir, es decir, para desarrollar una actividad. Es la forma en que se aplican los conocimientos para obtener productos y resultados dotados de valor, que sean susceptibles de satisfacer necesidades y puedan ser objeto de intercambio en el mercado.

Parte de la tecnología puede ir insertada en el equipamiento físico, maquinaria y herramientas, otra parte está implementada en procedimientos, métodos de trabajo y rutinas de la organización, otra en sistemas de procesamiento de la información, como bases de datos o *software*, pero el repositorio fundamental de la tecnología es el capital humano, ya que solo las personas poseen y usan los conocimientos.

La tecnología se puede definir como el *saber* (conocimiento) *hacer* (aplicado) *cosas útiles* (bienes y servicios con valor económico).

La tecnología y la escala de actividad influyen en muchos aspectos de la organización:

- ✔ En general, cuanto mayor sea el volumen, más factible es usar estructuras burocráticas, como ocurre en la producción industrial en serie, ya que la racionalización y estandarización de los procesos aportan eficacia y permiten ahorrar costes y producir con rapidez y uniformidad.
- ✔ Eso también ocurre cuando la organización es más "vieja", ya que la edad favorece la creación de rutinas y aumenta la resistencia al cambio.

Igualmente, según si producimos en pequeñas cantidades o grandes, cambia el orden y la importancia de las actividades funcionales en el proceso de creación de valor. Aclararemos esta idea: toda actividad productiva implica *desarrollar* (crear un producto), *producir* (fabricarlo) y *comercializar* (venderlo).

- ✔ Cuando una empresa produce para el mercado de forma masiva, primero desarrolla, luego produce y después comercializa. Lo más importante es el desarrollo, crear un producto que atraiga a la demanda y la producción, a un coste competitivo. El ciclo es:

  Desarrollo → Producción → Comercialización.
- ✔ Pero cuando la producción es por encargo, habitual en el caso de

productos singulares, como una casa unifamiliar o un traje a medida, esa secuencia cambia: primero se recibe el encargo en firme (comercialización), luego se diseña el producto según las especificaciones del cliente (desarrollo) y finalmente se fabrica (producción). Lo más importante es la comercialización, ya que sin encargo no hay actividad, y el ciclo es:

Comercialización → Desarrollo → Producción.

En resumen, el estudio de la actividad o tarea de una organización tiene como finalidad determinar el grado de incertidumbre de la tarea o complejidad tecnológica para dotarla del diseño organizativo más ajustado. La incertidumbre de la tarea considera su dificultad, su extensión, la posibilidad de descomponerla en operaciones más sencillas, y la variabilidad, es decir, la medida en que es previsible o presenta casos frecuentes que se salen de lo común.

- ✔ Una tarea es más **incierta** cuanto más extensa, difícil, variable y poco analizable sea. Eso hace muy complicado, por no decir imposible, el estandarizarla.
- ✔ En cambio, las tareas **ciertas**, con un grado de incertidumbre bajo, son tareas que pueden organizarse de forma rutinaria, según procedimientos normalizados.

Por eso, la conclusión es que cuanto mayor sea la incertidumbre de la tarea, serán preferibles las estructuras más flexibles, ya que son las únicas válidas para afrontar una demanda diversa e imprevisible que requiere soluciones innovadoras; en cambio, cuando la incertidumbre de la tarea sea baja y la actividad es rutinaria y previsible, las estructuras burocráticas son perfectamente convenientes.

Piensa en dos actividades que se desarrollen tanto a gran como a pequeña escala, como los servicios sanitarios especializados. La sanidad pública toma la forma de una burocracia profesional, con abundancia de reglas, manuales y protocolos, con una jerarquía bien definida y permanente. En cambio, las pequeñas clínicas privadas punteras en algún tipo de especialidad (oftalmología, medicina estética, reproducción asistida...) funcionan a base de equipos, con estructuras variables que permiten a unos trabajadores del conocimiento desarrollar su trabajo en un ambiente favorecedor de la innovación y la adaptación a las necesidades particulares de cada cliente.

Aprende de los mejores: BBVA, la transformación de un banco analógico en digital

La primera semana de febrero de 2015, Ángel Cano, por entonces CEO (consejero delegado) de BBVA, anunció los siete pasos de la transformación digital de la entidad. Los siete pasos eran los siguientes:

1. Desarrollar un mapa estratégico.
2. Revisar el modelo de distribución.
3. Transformar en profundidad la experiencia del cliente.
4. Reducir los costes del banco.
5. Alinear los procesos, las actividades comerciales y las oficinas "del mismo modo digital".
6. Generar los cambios organizativos y culturales para simplificar la estructura.
7. Crear valor "en este entorno digital" a través de transacciones digitales esenciales.

A finales de 2014, BBVA tenía más de 9 millones de clientes digitales en todo el mundo, los cuales interactúan con el banco vía internet a través de sus teléfonos móviles, ordenadores o tabletas. De ellos, casi la mitad (4,2 millones de clientes) usan sus iPhones o Androids.

¿Cuál es el impacto de esta transformación digital? En palabras de Ángel Cano, eficiencias de 340 millones de euros (un 8 % del total) en Servicios Corporativos. En coherencia con su estrategia digital, BBVA, que posee activos por valor de 745.000 millones de euros, invirtió en IT (Tecnologías de la Información) 951 millones de euros en 2014, un 3'8 % más que el año anterior.

La estructura sigue a la estrategia: ante un nuevo contexto competitivo disruptivo, marcado por las nuevas demandas de los clientes, competidores del ámbito digital y nuevos modelos de negocio, BBVA definió una estructura para abordar la transformación digital como prioridad.

El 4 de mayo de 2015, el Consejo de Administración nombró consejero delegado a Carlos Torres Vila en sustitución de Ángel Cano "para iniciar una nueva etapa en la que la transformación digital sea la prioridad estratégica del grupo". El nuevo CEO se incorporó a BBVA en 2008 como responsable de Estrategia y Desarrollo Corporativo y posteriormente asumió la dirección del área global de Banca Digital.

Así pues, con su ascenso, la nueva estructura incorporaba al primer nivel capacidades digitales críticas para competir en el nuevo entorno y talento global con experiencia demostrada en el ámbito de los negocios digitales, con los siguientes objetivos:

- ✔ Impulsar de forma global el desarrollo de productos y servicios digitales, aprovechando al máximo el diseño, la tecnología y la información para satisfacer las necesidades de sus clientes, tanto particulares como empresas.
- ✔ Transformar el modelo de negocio de cada geografía para ofrecer las mejores soluciones a sus clientes, desplegando y adaptando localmente los desarrollos globales.
- ✔ Acelerar el cambio cultural del grupo hacia una organización más ágil y flexible y facilitar la incorporación y el desarrollo de talento en disciplinas clave en la transformación digital, como son el marketing digital, el diseño de la experiencia de cliente, el desarrollo de software y el *big data.*

"Sobre los tres pilares de su estrategia, principios, personas e innovación, en esta nueva etapa que hoy comienza, BBVA da un gran paso hacia delante en su ambición de ser el mejor banco universal de la era digital", decía el presidente de la entidad, Francisco González.

Capítulo 11

La arquitectura de la organización

En este capítulo

- Construye tu castillo de naipes con puestos y relaciones
- Una palabra de nueve sílabas: departamentalización
- Quién y cómo se manda aquí
- Comunicar mediante la estructura

Seguramente has visto alguna vez el programa de televisión *Pesadilla en la cocina* o has oído hablar de él. Independientemente de su vocación de *reality-show* y de la necesidad de llamar la atención del espectador, es muy revelador la mayoría de los errores que se pueden cometer en la gestión de un negocio, en apariencia tan sencillo, como es llevar un bar o un restaurante.

Y esos errores, convendrás con nosotros, son casi siempre fallos en el diseño de la organización: no hay un buen reparto de las tareas, la gente no sabe cuál es su rango y su función, unos se meten en el terreno de otros, alguien tiene demasiado poder o demasiado poco para sacar adelante su responsabilidad, hay tareas sin asignar, o los diferentes puestos y unidades no se coordinan entre sí. Por eso es tan importante que nos detengamos a explicar cómo diseñar correctamente la organización.

El primer paso en el diseño de la estructura

Diseñar la organización consiste en repartir el trabajo manteniéndolo coordinado. Por eso, el primer paso en el proceso de construcción de la arquitectura de una organización consiste en tomar las decisiones necesarias acerca de cómo dividir el trabajo, para establecer el *grado de diferen-*

ciación (especialización) de la estructura. Posteriormente, mediante las *decisiones de integración* (coordinación) aseguraremos el funcionamiento armónico de todas las actividades.

Juntemos a los que hacen lo mismo

Dividir el trabajo consiste en fraccionar la actividad total que desarrolla una organización en partes manejables. La división del trabajo facilita que las personas y las unidades se dediquen a un conjunto de tareas propias y diferentes de las de los demás, alcanzando un nivel conveniente de especialización.

La creación de departamentos corresponde a las decisiones de *diferenciación y agrupación* que dan forma a la organización en sentido horizontal: mediante estas decisiones se divide el trabajo y se reagrupan los puestos que resultan tras esa división en unidades homogéneas en sí y heterogéneas respecto a las demás.

En un restaurante, como los que vemos en el programa *Pesadilla en la cocina* que hemos mencionado, normalmente hay dos grandes unidades operativas: la cocina y la sala, que se ocupan de dos grupos de tareas diferentes.

La *división del trabajo* es necesaria cuando la actividad que hay que realizar excede a la capacidad de una persona y requiere la colaboración de un grupo, es decir, de una organización. Pero cualquier forma de división del trabajo no es igual de eficaz, porque si fragmentáramos una tarea sin un criterio racional, no se producirían sinergias.

Por ejemplo, si tuviéramos que preparar en casa un menú para cuatro personas entre todos, y cada uno tuviera que preparar "su" ración, el resultado sería absurdo: la comida sería dispar, se estorbarían unos a otros, desperdiciarían material y tiempo, etc. En el recuadro gris "La división del trabajo según Adam Smith" te lo contamos.

Por eso, la división del trabajo siempre va acompañada de la *especialización*, de manera que cada persona y unidad se dediquen a unas tareas diferenciadas. Gracias a la división especializada del trabajo se obtienen ventajas: mayor experiencia, posibilidad de usar herramientas específicas, mayor rapidez al no tener que cambiar de tarea, mejor aprovechamiento de las destrezas de cada cual... Así, en nuestra cocina, una persona iría a la compra, otra prepararía los ingredientes, la más experimentada cocinaría y otra recogería y limpiaría, haciendo que el resultado fuera más satisfactorio y productivo para el grupo.

La división del trabajo según Adam Smith

La división del trabajo es un principio económico que fue formulado por el escocés Adam Smith, el padre de la teoría económica.

"En una tribu de cazadores o pastores, un individuo, pongamos por caso, hace las flechas o los arcos con mayor presteza y habilidad que otros. Con frecuencia los cambia por ganado o por caza con sus compañeros, y encuentra, al fin, que por este procedimiento consigue una mayor cantidad de las dos cosas que si él mismo hubiera salido al campo para su captura. [...] De esta suerte, la certidumbre de poder cambiar el exceso del producto de su propio trabajo, después de satisfechas sus necesidades, por la parte del producto ajeno que necesita, induce al hombre a dedicarse a una sola ocupación, cultivando y perfeccionando el talento o el ingenio que posea para cierta especie de labores."

La riqueza de las naciones, capítulo II

IDEA-CLAVE

Pero la división del trabajo tiene limitaciones, ya que si se llega a una excesiva fragmentación, la tarea pierde interés y sentido para el empleado, y eso produce desmotivación y bajo rendimiento. Recuerda la película de Chaplin *Tiempos modernos*, donde el operario es tratado y se siente como una pieza más de la maquinaria.

¿Departamentos, grupos o equipos?

La división del trabajo en unidades especializadas tiene como finalidad que esas tareas se puedan hacer de forma más eficaz y eficiente, dentro de una unidad organizativa y bajo la responsabilidad de un directivo.

IDEA-CLAVE

A las unidades que resultan de la reagrupación especializada del trabajo se les suele llamar *departamentos*, y por ese motivo a esta actividad del diseño organizativo se le denomina *departamentalización*.

La departamentalización es la agrupación de puestos afines en unidades, para facilitar el hecho de compartir conocimientos y recursos, así como para que estén bajo la autoridad de un mánager o directivo, responsable de sus resultados.

Aunque normalmente se habla de departamentalización y departamentos, realmente deberíamos referirnos genéricamente a *unidades*, ya que el departamento es solo uno de los tipos de agrupaciones que pueden resultar de esa agrupación.

Departamentos

El *departamento* es una unidad organizativa especializada que se caracteriza por su permanencia: los puestos que lo forman, las actividades a las que se dedica, las personas que ocupan los puestos, la autoridad que lo dirige, las normas y reglamentos que rigen su funcionamiento son estables y cambian muy de tarde en tarde.

El departamento es la unidad organizativa típica de las estructuras burocráticas. Por lo tanto, siempre que las variables que condicionan la organización (la incertidumbre ambiental y la incertidumbre de la tarea, que te hemos explicado en el apartado "La estructura depende de unas variables clave", del capítulo 10) aconsejen adoptar una organización burocrática, el departamento será la solución adecuada.

Pero no siempre es así, y menos en las condiciones en las que se mueven hoy la mayoría de empresas, sujetas a entornos dinámicos y a una creciente complejidad tecnológica, que aconsejan formas organizativas mucho más flexibles y adaptables. Recuerda el caso del BBVA que te hemos mostrado en el capítulo 10.

Equipos de trabajo

En las nuevas organizaciones, la unidad organizativa básica es el *equipo de trabajo*. Un equipo es una agrupación de personas, bajo el liderazgo de un mánager, que realizan de forma interconectada una tarea indivisible, tanto en sus fines como en su ejecución.

Los equipos reúnen normalmente a personas de diferente formación, experiencia y forma de trabajar, ya que la diversidad es fuente de sinergias creativas. Los roles y funciones se discuten y distribuyen por el propio equipo y pueden variar a lo largo de su actividad.

La dirección del equipo reconoce un liderazgo basado en el conocimiento y la experiencia que se comparte con los miembros, y que no es una posición permanente, sino que varía con cada proyecto.

Un equipo es diferente a un grupo. Los grupos han existido en las organizaciones desde siempre, y muchos departamentos tradicionales están formados por grupos. El equipo de ingenieros de VirusTotal, que te hemos presentado en el recuadro "Los malagueños que cambiaron el chip de Google" del capítulo 10 es un buen ejemplo.

Grupos de trabajo

Un *grupo de trabajo* son personas que trabajan juntas, pero no siempre de forma interconectada, que comparten recursos y espacio, pero cuyas tareas se pueden individualizar en su ejecución, objetivos y evaluación. Casi siempre los grupos se integran en departamentos.

Las interrelaciones entre las tareas de los distintos puestos son menores que en un trabajo de equipo, y normalmente un puesto solo se relaciona con otro en un ciclo *input-output*, de forma que la salida de uno es la entrada del siguiente, pero no hay demasiada conexión dentro del proceso de cada puesto con los demás.

Generalmente, los grupos son también bastante estables en su reparto del trabajo y asignaciones, aunque son más flexibles que el departamento convencional. Una oficina administrativa donde se tramitan expedientes de usuarios sigue este esquema: cada funcionario o técnico hace su parte del trabajo y pasa el expediente al siguiente puesto, siendo la entrega-recepción el único punto donde se cruzan los puestos.

Por tanto, según la flexibilidad, la agrupación más versátil sería el equipo, seguido del grupo y por último, el departamento. Antes de organizar una unidad, piensa qué clase de trabajo hay que hacer, bajo qué condiciones y durante cuánto tiempo. Así podrás decidir qué tipo de agrupación necesitas.

¿Cómo juntamos a la gente?

Cuando reagrupes los puestos de trabajo para formar departamentos sigue un criterio de homogeneidad o afinidad, es decir, sigue algún *criterio de especialización*, ya que no tendría sentido agrupar las tareas si no tuvieran nada en común, si no compartieran conocimientos, recursos, destinatarios o metas.

La elección de los criterios de agrupación o departamentalización es una decisión muy importante del diseño organizativo. Aunque existen varias formas de agrupar unidades, todas tienen ventajas e inconvenientes, por lo que su adecuación debe ser bien estudiada en cada caso.

Departamentalización funcional

El criterio más usado es la *departamentalización por funciones*, que agrupa las actividades según las tareas típicas de la empresa, que corresponden a las áreas funcionales de los negocios: compras, producción, logística, comercialización, finanzas, recursos humanos, etc. (figura 11-1). Este criterio suele aparecer en todas las organizaciones, en un solo nivel o en varios sucesivamente.

La agrupación funcional presenta ventajas en cuestión de eficiencia interna, dando lugar a unidades capaces de gran destreza, habilidad especializada y calidad técnica. Facilita el reunir una masa crítica de conocimiento que puede producir sinergias dentro de su área de competencia. Eso permite absorber los retos del crecimiento y enfrentarse a asuntos complejos en su especialidad. Funciona muy bien en ambientes estables y siempre que la estrategia requiera productos de calidad.

¡ADVERTENCIA!

Pero tiene los inconvenientes derivados de la excesiva especialización, que dificulta el entendimiento y la cooperación entre unidades, pues se sobrevalora la propia materia en menoscabo de las demás; es difícil ubicar correctamente los asuntos interdisciplinares; se dan conflictos con la autoridad y, en general, un comportamiento guiado por criterios técnicos, no siempre acordes con los objetivos generales. Es la "tiranía de los expertos".

Figura 11-1: Departamentalización funcional

Departamentalización por conocimientos

Este criterio se parece al anterior, que se basa en agrupar según los conocimientos y disciplinas profesionales de las personas. Es muy frecuente en las burocracias profesionales, como la universidad o los hospitales, como puedes ves en la figura 11-2. Sus ventajas e inconvenientes son similares a los del criterio funcional.

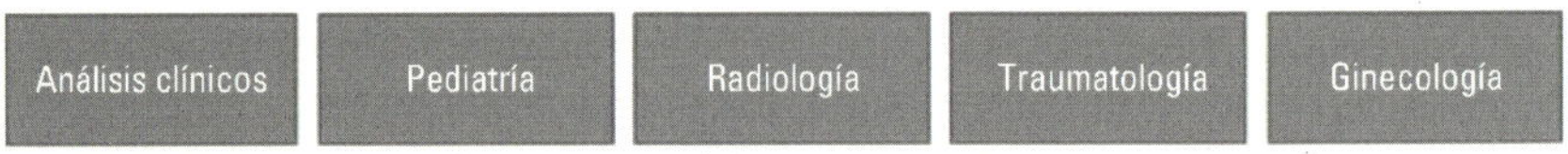

Figura 11-2: Departamentalización por conocimientos en un hospital

Departamentalización por procesos

Aunque nació en el ámbito industrial, la departamentalización por procesos se ha generalizado a todo tipo de actividades, incluidas las de servicios. En su origen, se agrupaban los puestos en secciones de trabajo con un criterio técnico, según las etapas de un proceso productivo. Por ejemplo, en un taller de carpintería de aluminio podemos encontrar secciones de corte de aluminio, vidrio, ensamblaje y montaje, siendo un caso de departamentalización por procesos de actividades operativas.

Hoy en día este criterio se usa cada vez más en todo tipo de actividades por su carácter integrador y sistémico, que mantiene el foco en el proceso de creación de valor y suprime barreras entre funciones y departamentos, centrando el interés en la sucesión de procesos (secuencia de actividades) que conducen a un objetivo final: la satisfacción del cliente o usuario.

Por eso pone énfasis en los flujos transversales de trabajo en vez de en las funciones, y lo que importa no es cómo se hacen las cosas sino por qué y para quién se hacen. Debido a ello, la organización por procesos está en la base de muchos sistemas integrados de gestión de la calidad.

La organización por procesos se aplica a los diferentes niveles de la gestión, es decir, a los procesos estratégicos, operativos y de apoyo. Es muy recomendable como criterio base para la mayoría de actividades y puede superponerse con otros de mayor especialización técnica o enfocados al mercado (figura 11-3).

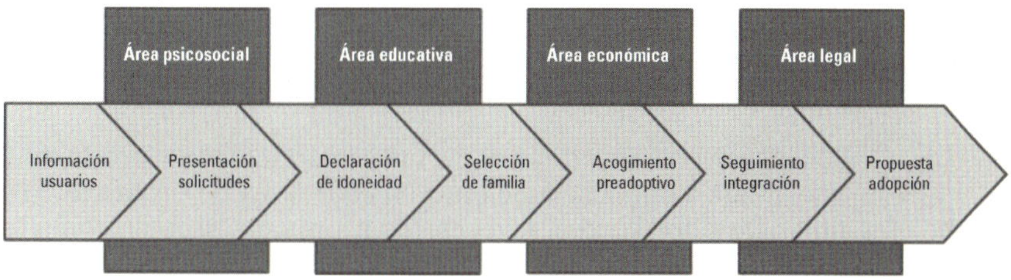

Figura 11-3: Organización por procesos en un organismo público de adopción de menores

Otros criterios de departamentalización, en vez de fijarse en las actividades y procesos internos de la empresa, se fijan más en lo que está fuera, en el mercado, en las salidas o en el destinatario de los productos de la empresa, con un enfoque externo.

Departamentalización por productos

La departamentalización por productos crea unidades usando como referencia los tipos o grupos de productos (bienes o servicios) que ofrece la empresa. Es habitual cuando la oferta incluye una gran variedad de productos, porque ayuda a ordenar la diversidad de salidas y a evitar interferencias y conflictos entre los diferentes grupos de productos (figura 11-4).

Figura 11-4: Departamentalización por productos en una empresa de servicios de consultoría

En las actividades de servicios, como la arquitectura o la ingeniería, los productos son *proyectos*, servicios caracterizados por su singularidad.

Se usa cuando la importancia del producto es clave para el éxito. Por ejemplo, en aquellas actividades muy afectadas por la moda, la novedad es más importante que la calidad técnica, por lo que interesa focalizarse en el producto más que en cómo elaborarlo, y eso hace necesario que los diferentes especialistas cooperen estrechamente para conseguir productos innovadores.

Su principal ventaja es que promueve la diversificación y la innovación de la oferta, permitiendo que las funciones especializadas colaboren mejor. Permite que cada línea de productos trabaje de forma autónoma y hace posible visualizar sus resultados. Es adecuada para ambientes inestables y competitivos.

Por ejemplo, un hotel que quiere desarrollar su oferta gastronómica hará mejor en crear varios restaurantes de diversas especialidades, como un japonés, un italiano, un asador, una marisquería, uno de tapeo, etc., en vez de tener una oferta amplia y diversa en un único restaurante grande (seguro que no pedirías *sushi* en un restaurante así).

Los inconvenientes de la departamentalización por productos están en que obliga a duplicar funciones en cada línea de producto, lo que puede provocar altos costes. A veces, los productos propios compiten entre sí por recursos o cuota de mercado, en vez de hacerlo con los competidores externos. Al focalizarse en el producto, se relega la calidad técnica en beneficio de la moda y la innovación, lo que no siempre es bueno.

Departamentalización territorial

Cuando la segmentación territorial del mercado forma parte de la estrategia competitiva se suele usar una departamentalización por áreas geográficas. También es un criterio habitual en las empresas que cubren un espacio físico amplio, por la comodidad de usar un formato conocido y familiar para todo el mundo, como es el geográfico.

Consiste en reunir todas las actividades que se lleven a cabo o que se destinen a un territorio determinado dentro de la misma unidad de gestión. Es muy aconsejable cuando el éxito dependa de cómo nuestro producto y la forma de llevarlo al mercado se adecúen a las condiciones locales de la demanda, a los gustos del consumidor, a los canales usuales, al poder adquisitivo, etc. Este criterio también suele ser empleado por las empresas internacionales para adaptarse a las leyes, usos mercantiles y prácticas comerciales de cada país (figura 11-5).

Como todos los criterios, tiene ventajas e inconvenientes, que dependen de las áreas de actividad: las primeras son indudables en el aspecto comercial, porque facilitan la adaptación al mercado.

Pero hay inconvenientes, como, por ejemplo, en el área productiva, ya que hay que fragmentar las actividades, con pérdida de economías de escala. En el área financiera tampoco interesa, porque se reduce el poder negociador de la empresa y su capacidad de acceder a ciertos mercados e instrumentos financieros. También en la gestión implica duplicar actividades y costes de coordinación elevados.

Figura 11-5: Departamentalización territorial o geográfica

Departamentalización por clientes

Es un criterio orientado al mercado muy usual en la actividad comercial, al nivel operativo (figura 11-6). Se utiliza cuando lo que importa es la cercanía al cliente y la rapidez para responder a sus necesidades, adaptando el producto o servicio a cada segmento. También lo utilizan algunas empresas que prestan múltiples servicios a los mismos clientes, en cuyo caso se denominan *cuentas*: cada cliente es una cuenta, como en empresas bancarias, agencias de publicidad y relaciones públicas, empresas de servicios de consultoría, etc.

El riesgo más importante de este tipo de departamentalización es que los diferentes grupos de clientes se desarrollen de forma desequilibrada, y la empresa tenga que reajustar con frecuencia los recursos destinados a cada tipo.

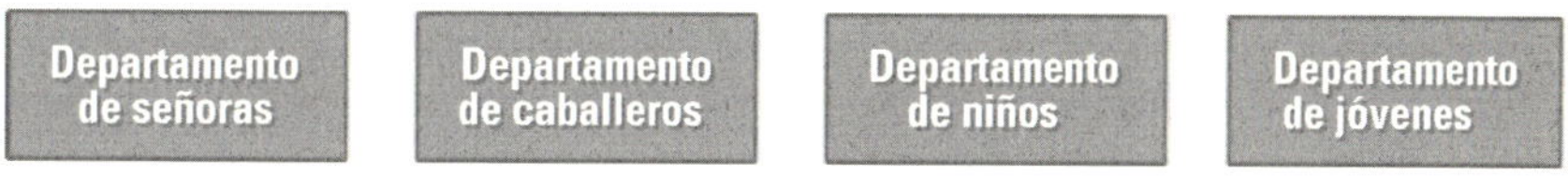

Figura 11-6: Departamentalización por clientes en un comercio

Coordinación e integración del trabajo

El segundo grupo de decisiones de diseño de la organización se destina a *integrar y coordinar* las actividades que ya hemos distribuido entre las unidades organizativas. Son decisiones que pretenden enlazar toda la organización, formando un todo integrado, y esto se consigue estableciendo una red de autoridad y unos dispositivos complementarios de enlace.

En nuestro restaurante, una vez que hemos decidido establecer las unidades de cocina y de sala, la cuestión clave es ¿cómo hacer que funcionen armónicamente? La misma pregunta que el programa de televisión intenta ayudarles a resolver.

La autoridad, más que necesaria, es imprescindible

Aunque solemos asociar *autoridad* con *autoritarismo* y por eso tenemos un cierto rechazo a la idea de autoridad, es absolutamente necesaria e ineludible. De hecho, puede considerarse que la presencia de una autoridad es un fenómeno natural en todos los grupos sociales y, en especial para el ser humano, por su naturaleza social. En las organizaciones, la autoridad forma parte sustancial de la idea de grupo ordenado, siendo un requisito imprescindible para este que funcione con eficacia.

Volviendo a *Pesadilla en la cocina*, cuántas veces vemos que las cosas no funcionan porque hay empleados de cocina o sala que literalmente "torean" a sus jefes o a los propietarios del negocio, quienes carecen de autoridad o son incapaces de ejercerla.

Hay tres ideas básicas muy relacionadas con el ejercicio de la autoridad que es necesario dejar claras:

- ✔ **La autoridad**: derecho que oficialmente tienen algunas personas para mandar sobre otras, esto es, para dirigir sus actividades; los mánager gracias al estatus formal que les otorga la organización, poseen autoridad sobre el trabajo de sus subordinados.
- ✔ **La jerarquía**: cuando una organización gana en tamaño y complejidad, es necesario distribuir la autoridad de forma escalonada, creando una estructura escalar o jerarquía que reparta la responsabilidad de coordinar por niveles. Observa de dónde procede esta idea en el siguiente recuadro gris.
- ✔ **La responsabilidad**: concepto que evoca la idea de compromiso y rendición de cuentas, pues la persona a la que se confiere una responsabilidad se compromete a llevar a cabo una tarea rindiendo cuenta de sus resultados.

La jerarquía del cielo

Hemos pasado tanto tiempo con el concepto de *jerarquía* que nos resulta natural, creemos que está en la naturaleza. Sin embargo, es un concepto históricamente reciente. *Jerarquía* proviene de dos palabras griegas: *arcos*, que quiere decir 'lo primero' y *hieros*, que es 'sagrado'.

Pseudo Dionisio Areopagita, teólogo bizantino de los siglos V-VI d.C., soñó un orden en el cielo, la jerarquía celeste, compuesto por tres tríadas de ángeles, de tres coros cada una: la primera tríada, con serafines, querubines y tronos; la segunda tríada, con las virtudes, dominaciones y potestades; la tercera tríada, la de los principados, arcángeles y ángeles.

Este orden perfecto se trasladó a la jerarquía eclesiástica, que está llena de trilogías, porque el número tres tiene un alto valor simbólico: es el principio, el medio y el fin, la representación numérica de Dios. Las obras de Dionisio fueron traducidas del griego al latín a finales del siglo XIV y principios del XV por un monje benedictino que trabajaba para los Médici. Este orden tan simple y elegante le vino muy bien al poder para justificarse, desde la Florencia del Renacimiento hasta nuestros días.

La autoridad y la responsabilidad deben estar compensadas: a más responsabilidad debe corresponder más autoridad y viceversa, si queremos que la autoridad pueda desempeñarse de forma eficaz.

Pero la responsabilidad existe para toda persona que forme parte de una organización, aun careciendo de autoridad, pues al ser partícipe de un proyecto común tiene asignadas unas obligaciones y asume el compromiso de cumplirlas y rendir cuentas.

Por lo tanto, cuando escuches a alguien decir "que no tiene responsabilidad alguna" en lo que sea, debes entender que probablemente se equivoque al expresarlo y quiera indicar que no tiene autoridad más allá de su propio trabajo.

Cómo diseñar la red de autoridad

A la hora de establecer el sistema de autoridad en una organización hay que decidir sobre varios aspectos, que determinarán el sistema decisor. Esas variables o elementos de la red de autoridad son cuatro:

- ✔ La cadena de mando.
- ✔ La unidad de mando.
- ✔ El ángulo de control.
- ✔ El binomio centralización-descentralización.

A continuación te los explicamos.

A sus órdenes, jefe

La *cadena de mando* es la línea continua de relaciones de autoridad que va desde lo más alto de la organización hasta su base. Gracias a esa continuidad, se asegura de que se transmiten los objetivos y estrategias y que la información para el control y los problemas importantes suban hacia arriba.

La cadena de mando es resultado de coordinar por supervisión directa y por normalización, ya que se difunden los objetivos y planes, así como las políticas, procedimientos y reglas (normalización) a través de las instrucciones que emanan de los directivos (supervisión directa).

El principal reto en el diseño de la cadena de mando es conseguir agilidad, logrando que no sea demasiado larga para que no haga que la toma de decisiones se eternice, tanto porque las órdenes como la información necesaria para el control tarden en llegar a su destino.

Cuando la cadena de mando es larga, se suelen producir "saltos" que es conveniente evitar, ya que suponen ignorar la autoridad del mánager al que se elude, y eso puede resentir su liderazgo. Pero tampoco hay que alarmarse, ya que los saltos en la cadena de mando son frecuentes y no deben ser motivo de preocupación mientras no se concentren sistemáticamente en los mismos lugares, porque en ese caso pueden ser síntoma de un cuello de botella, por sobrecarga de funciones en un directivo o por simple incompetencia directiva. En cualquier caso, alerta con este problema.

Un solo jefe verdadero

Para los primeros padres del management, la *unidad de mando* era un principio inviolable, según el cual cada subordinado debe responder ante un único jefe, porque en caso contrario se podría encontrar con órdenes contradictorias, sufrir presiones dispares en su trabajo y no cumplir las instrucciones recibidas.

Pero aunque es un concepto sencillo de comprender, no siempre es fácil respetarlo, y menos en unas organizaciones complejas donde las actuaciones de las personas están sujetas a múltiples presiones y son juzgadas por diversos criterios, como los que provienen de los grupos informales, los sindicatos, las instancias disciplinarias, los servicios de inspección, los de calidad, los de seguridad, los de riesgos laborales, etc., además de los jefes directos.

La solución a este problema es, en caso de que puedan darse órdenes contradictorias, que siempre haya un supervisor que tenga la última palabra. Esto clarifica la dirección para los subordinados y refuerza el liderazgo de los directivos, particularmente de los supervisores directos, que muchas veces son los más cuestionados.

¿Cuántos subordinados tienes?

El *ángulo o tramo de control* es el número de subordinados que pueden ser supervisados por un jefe sin perder eficacia. Como la capacidad directiva tiene límites, este problema ha preocupado durante mucho tiempo a los estudiosos del management, que han dado varias recomendaciones, e incluso fórmulas matemáticas para definir el ángulo ideal.

Actualmente se considera que el ángulo de autoridad varía con las circunstancias de la organización y, en este caso, los aspectos que más influyen son la incertidumbre de la tarea, la necesidad de una estrecha supervisión y la facilidad para comunicarse jefes y empleados.

- ✔ El tramo de control es más estrecho (menos subordinados a su cargo) cuando la actividad sea más incierta y variable, y más amplio cuando la actividad se pueda predecir y estandarizar, ya que la normalización sustituye la necesidad de supervisión. Pensemos, por ejemplo, en una cadena de montaje, donde decenas de operarios pueden ser dirigidos a distancia por una sola persona, ya que el control del trabajo lo impone el diseño de la cadena y su velocidad de avance.
- ✔ De forma semejante, si la comunicación entre jefe y empleados es complicada, ya sea por la distancia o por otras dificultades, el ángulo de control será más cerrado.
- ✔ Lo mismo ocurre si se trata de una tarea compleja que requiera una vigilancia y supervisión muy intensa, donde habrá pocos subordinados para cada jefe.

En definitiva, no hay una recomendación genérica sobre la conveniencia de que el ángulo sea grande o pequeño en una organización. Este problema hay que resolverlo para cada tarea y en cada unidad, pues en unas podrá ser amplio y en otras tendrá que ser cerrado.

En general, en las tareas complejas y de nivel más alto, el ángulo será menor que en las tareas básicas de nivel operativo. Por ejemplo, en un hospital, todos celadores pueden estar bajo un único supervisor, pero no ocurre lo mismo con los médicos especialistas, donde cada especialidad tiene un jefe.

Centralización contra descentralización

Centralizar es concentrar autoridad y poder de decisión en los niveles altos de la organización, mientras que *descentralizar* es, por el contrario, distribuir autoridad y poder de decisión hacia niveles más bajos.

Aunque por cultura democrática nos parece que la descentralización es, en general, preferible a la centralización, al igual que con las demás variables de la autoridad, dependerá de las circunstancias de cada organización e incluso de la tarea de cada unidad.

Así, en cualquier organización, lo más probable es que convenga centralizar unas tareas y descentralizar otras.

Todo se decide arriba

Conviene **centralizar** las tareas que requieren conocimientos especializados, que tienen que operar a gran escala para ser eficientes, que deben aplicar políticas y metodologías iguales en toda la organización o que manejan conocimientos o recursos críticos que hay que proteger.

Como ejemplo de estas actividades tenemos las compras, los sistemas de información, la contabilidad o la I+D. En ellas, al centralizar puede dotarse a la unidad encargada de medios técnicos, humanos y económicos adecuados, lo que no sería posible si las actividades estuvieran fragmentadas y cada departamento llevara, por ejemplo, sus suministros de forma separada.

También es aconsejable centralizar cuando haya que usar procedimientos iguales en toda la organización, o bien asegurar que se aplican las mismas políticas y criterios en las decisiones, como ocurre en la gestión de recursos humanos, la contabilidad o el servicio posventa.

Más autonomía a la base

Conviene **descentralizar** en las organizaciones que, por haber crecido necesitan recuperar agilidad y romper barreras, ya que, al adquirir un mayor tamaño, han sobrecargado a los cargos intermedios, que se enfrentan a múltiples problemas que no dominan o conocen bien. Generalmente, son asuntos operativos que tienen que ver con las relaciones con clientes, empleados, proveedores, etc.

Al descentralizar, estos problemas pueden derivar hacia directivos de rango inferior más experimentados y cercanos al tema, que pueden abordarlos de forma inmediata, evitando dilaciones mientras esperan la decisión de arriba; además, así, los altos mandos están mucho más descargados de cuestiones rutinarias, y pueden dedicarse a los roles propios de su estatus, como el de empresario.

En cualquier caso, no olvidemos que hay riesgo de abusar de la descentralización, y llegar a caer en una falta de control sobre las unidades del negocio, con actuaciones descoordinadas, duplicidades o demasiada fragmentación de las actividades, haciendo que se opere a una escala antieconómica e incurriendo en excesivos costes de coordinación.

Una solución que han adoptado muchas grandes empresas con centros de actividad dispersos, es combinar la centralización con la descentralización

¿Salvar al mundo de una guerra nuclear o respetar la cadena de mando?

A continuación reproducimos un extracto del artículo de Juan Jesús Velasco publicado en `eldiario.es` en septiembre de 2014, que ilustra muy bien alguna de las disfuncionalidades extremas que podrían llegar a ocurrir en el caso de una cadena de mando absolutamente centralizada e inflexible.

Aunque *Juegos de guerra* sea una película, la realidad suele superar a la ficción y en más de una ocasión el mundo ha estado al borde de la guerra nuclear precisamente, por anomalías en los sistemas de defensa. Uno de ellos ocurrió un 26 de septiembre de 1983 y, aunque los sistemas de la Unión Soviética indicaban que Estados Unidos había lanzado un ataque con misiles, el teniente coronel Stanislav Petrov pensó que "la gente no empieza una guerra nuclear con cinco misiles" y decidió no activar el protocolo de respuesta.

El pensamiento lógico de Petrov

En septiembre de 1983 la Guerra Fría estaba viviendo un momento álgido. La Unión Soviética había derribado un avión de pasajeros por entrar en su espacio aéreo, la OTAN había respondido organizando unas maniobras militares y el KGB soviético pronosticaba un ataque inminente de Estados Unidos como represalia. En este contexto, el teniente coronel Stanislav Petrov comenzó su turno de guardia en el búnker Serpukhov-15 de Moscú, lugar desde el que se controlaba el sistema de satélites OKO que se usaba en el sistema de alerta ante ataques nucleares.

Los satélites OKO apuntaban a las bases de lanzamiento de Estados Unidos y detectaban misiles distinguiendo su silueta en el horizonte en contraposición a la oscuridad del espacio. Este sistema era de nueva implantación y, de hecho, era el primer equinoccio de otoño en el que se utilizaba (un detalle que luego sería de vital importancia). A las 00:14, hora de Moscú, uno de los satélites detectó el lanzamiento de un misil desde Estados Unidos y, según el protocolo, Petrov debía activar el procedimiento de respuesta y alertar a sus superiores.

Sin embargo, Petrov pensó que no tenía sentido iniciar una guerra con un único misil. En vez de alertar a los mandos, Petrov decidió esperar porque intuía que el sistema podía equivocarse, y ordenó cancelar la alerta. Poco después, el sistema volvió a alertar del lanzamiento de un segundo misil y después de otros 3 misiles más; con 5 misiles en el aire, Petrov pensó que seguían siendo pocos (famosa es su frase de "la gente no empieza una guerra nuclear con cinco misiles") y decidió esperar la confirmación de los sistemas de radar de tierra (a pesar de acortarse el tiempo de respuesta).

Finalmente, el radar confirmó la falsa alarma y, por tanto, el error del sistema OKO. Petrov documentó el incidente en el diario de operaciones de aquella noche y su superior, el general Yuri Votintsev, le prometió que sería condecorado por salvar al mundo de una guerra.

El sistema OKO fue objeto de investigación y se dictaminó que el Sol, la Tierra y el satélite OKO habían experimentado una alineación que provocó que la luz solar reflejada en las nubes de altas cotas se confundiese con el lanzamiento de un misil. Petrov también fue investigado porque, al no haber seguido el protocolo, se consideró que actuó de manera indisciplinada al saltarse la cadena de mando. El teniente

(cont.)

coronel perdió la confianza de sus mandos, pasó a puestos de baja responsabilidad y vio sus ascensos bloqueados; además, tuvo problemas nerviosos y de ansiedad como consecuencia de la tensión vivida en aquel búnker de Moscú.

Lo más curioso de toda esta historia es que, a pesar de haber librado al mundo de una guerra nuclear, Petrov no es un personaje muy conocido. Hasta 1998, el incidente permaneció en secreto y no fue hasta 2004 cuando se le concedió el World Citizen Award por su temple aquella noche de septiembre, y también se realizó un homenaje en su honor en la ONU en 2006. Petrov hoy disfruta de su jubilación en la ciudad de Friázino (Rusia). Según sus palabras, "Simplemente hacía mi trabajo, fui la persona indicada en el momento adecuado. Eso es todo".

a base de normalizar o estandarizar procesos. Lo que se hace en ese caso es adoptar a nivel central un criterio y procedimiento unitario para manejar una actividad, aunque se descentralice su ejecución operativa.

Por ejemplo, para gestionar sus compras, una cadena hotelera con establecimientos en todo el territorio nacional suele negociar y contratar a proveedores con cobertura nacional. Este acuerdo se hace para toda la empresa desde la central corporativa, consiguiendo las condiciones más favorables posibles. Paralelamente, se establece un manual de procedimiento para las compras e inversiones. Después, cada explotación hace sus pedidos a esos proveedores homologados de forma fragmentada bajo las condiciones acordadas por su central, siguiendo el manual, con lo que se descentraliza operativamente, pero se conservan las ventajas de la centralización en cuanto a volumen, coste y metodología uniforme.

Complementos de coordinación

Además de la red de autoridad, es frecuente que, por su tamaño y complejidad, muchas organizaciones tengan que incorporar fórmulas de coordinación adicionales. De hecho, la mayoría de las organizaciones utilizan diversos mecanismos básicos, y para ello tienen que hacer uso de otras herramientas, además de la red de autoridad, donde básicamente se coordina por supervisión directa y normalización.

Estos *complementos de coordinación* se enfocan a proporcionar adaptación mutua. Si hiciéramos un listado de los diferentes dispositivos que se usan en el diseño organizativo para coordinar y del mecanismo básico de coordinación al que responden, encontraríamos lo reflejado en la tabla 11-1.

Tabla 11-1. Dispositivos de coordinación y mecanismos básicos correspondientes

Mecanismo básico de coordinación	*Dispositivo de coordinación*	
Supervisión directa	Jerarquía	Red de autoridad
Normalización	Sistema de planificación y control	
Adaptación mutua	• Reuniones • Comités y grupos de trabajo • Puestos de enlace • Unidades de coordinación	Complementos de Coordinación

- ✔ La **red de autoridad** es la aplicación de dos mecanismos básicos de coordinación: la *supervisión directa*, que se ejerce a través de la jerarquía, y la *normalización* (de métodos, productos, habilidades y normas), que se ejecuta a través del sistema de planificación y control, fijando objetivos, procedimientos, estándares, etc.
- ✔ Los **complementos de coordinación** ayudan sobre todo a que se dé la *adaptación mutua*, pues facilitan el contacto entre personas y órganos, la discusión y el contraste de ideas, la negociación y la resolución de conflictos. Estos complementos serían, de menor a mayor complejidad:
  - Las reuniones (ocasionales o regulares).
  - Los grupos de trabajo, comités y juntas.
  - Los puestos de enlace.
  - En el caso más extremo, los departamentos o unidades de coordinación, que además de la adaptación mutua, ejercen la supervisión directa y la normalización, estableciendo procedimientos y auditando resultados, y que son frecuentes en el caso de empresas multinacionales con muchas filiales y líneas de negocio.

Observa tu empresa y comprueba cuántos de estos mecanismos se utilizan y en qué actividades y niveles. Si el diseño organizativo es correcto, comprobarás que cuanto más variable e incierta sea la tarea y el entorno, es probable que se utilicen más soluciones que propician la adaptación mutua, mientras que donde la tarea y el entorno sean más predecibles y estables, predominará la supervisión directa y la normalización de métodos y productos. Si no se dan esas correspondencias, entonces habrás podido detectar posibles incorrecciones en el diseño de la organización.

La estructura es una red

La estructura es una red: de comunicaciones, de flujos de autoridad, de rendición de cuentas y de trabajo..., y hay que tenerlo muy presente al diseñar la organización.

Podríamos usar el símil de que la estructura es a una entidad como el sistema nervioso o circulatorio es a un organismo vivo, solo que lo que circula por ella es información.

En el diseño organizativo buscamos, ante todo, que la estructura permita una comunicación eficaz, que provea de la información necesaria para la toma de decisiones y el control de la organización, de forma adecuada, oportuna y económica. Pero las necesidades de información de una organización varían según su nivel de incertidumbre ambiental y su complejidad tecnológica, y no todas las estructuras tienen la misma capacidad para generar, circular y procesar información.

Retomamos el ejemplo que utilizamos para ilustrar el dinamismo ambiental en el capítulo 3 "Tu pequeño universo es un complejo microcosmos", donde explicábamos las diferentes necesidades de información especializada comparando la producción de pan fresco con la investigación biotecnológica. La clase de estructuras que necesitamos en una actividad u otra, considerando las necesidades de procesamiento de información, son completamente diferentes.

Los productores de pan fresco se mueven en un entorno estable, donde el comportamiento de la demanda, la competencia, los precios, la disponibilidad de los factores y la tecnología o conocimiento necesarios para operar son prácticamente constantes desde hace años. La clase de organización adecuada no requiere personal con gran formación ni mecanismos de captación y circulación de conocimiento sofisticados, y si operamos a un volumen grande, probablemente nos convenga una estructura burocrática capaz de hacer mucho pan todos los días, a bajo coste, en condiciones homogéneas y que llegue a tiempo al punto de venta.

Pero si estamos trabajamos en biotecnología de la salud, el surgimiento constante de nuevos desarrollos científicos, susceptibles de modificar radicalmente las condiciones competitivas, obliga a tener personal capaz de localizar, interpretar y transmitir rápidamente información compleja y especializada, aunque solo sea para estar al día. Una estructura rígida y estandarizada no nos serviría para eso.

Centralizar o descentralizar las comunicaciones

En general, el ajuste entre la estructura y las necesidades de información se resuelve teniendo en cuenta la incertidumbre del ambiente y de la tarea, que deben ir en consonancia con el grado de centralización de las comunicaciones.

La red de comunicación puede ser más o menos centralizada, y la experiencia y el sentido común nos indican que cuanto más complejo sea el entorno y la actividad de una empresa, más descentralizada y aplanada debe ser la red de comunicaciones para facilitar el flujo libre, rápido y productivo de información apta para la innovación y la creación de conocimiento.

Por el contrario, cuanto más estables sean el entorno y la tarea, más fácil es que funcionemos bien con redes centralizadas, que pueden tener más niveles o eslabones, ya que la rapidez no es un requisito de estas actividades.

Recordando nuestro ejemplo de los restaurantes de *Pesadilla en la cocina*, habrás visto que muchas veces lo que falla es la comunicación entre quienes toman las comandas, quienes las elaboran y quienes deben servirlas. Aunque a veces es porque alguien no trabaja bien o hay personas que no se entienden, la mayoría de los casos muestra que el problema es una red de comunicación mal diseñada, lenta y con obstáculos, que pierde o altera la información, incapaz de responder ágilmente en una actividad que requiere rapidez, precisión, es muy variada y está sujeta a cambios frecuentes.

PractiConsejos para comunicar en la estructura

Por todas las razones que venimos apuntando, hay que considerar diversos aspectos al diseñar la red de comunicación, para conseguir que responda a las necesidades de cada de actividad:

- ✔ **Formalización**: a mayor formalización, más orden y permanencia, pero menos matices, libertad y rapidez en el flujo de información. Las organizaciones formalizadas usan canales reglamentarios, documentación escrita, registros oficiales, etc., que hacen la comunicación fiable, pero lenta y pesada; eso muchas veces provoca que se genere una red paralela de comunicación informal que puede ayudar, pero también distorsionar la información con rumores, chismorreos y manipulaciones interesadas.
- ✔ **Jerarquía**: muchos niveles del escalafón dificultan las comunicaciones, ya que se pierde contenido informativo en cada transmisión, además de tiempo. Cuando la jerarquía es larga, los proble-

mas menores se acumulan junto con los importantes en la alta dirección, restándole eficacia, ya que lo anecdótico se mezcla con lo trascendente.

- **Estatus**: la distancia al poder (que te hemos explicado en el capítulo 9 al hablarte de los factores culturales), es decir, la amplitud de los niveles jerárquicos, también incide en las comunicaciones, ya que es más difícil el entendimiento entre jefes y subordinados, y sobre todo es un obstáculo al flujo ascendente de comunicación, porque los empleados no se atreven a abordar a sus jefes de forma natural. Las organizaciones muy jerarquizadas y con grandes diferencias de estatus tienen que apostar por políticas de puertas abiertas y de petición de ideas e iniciativas a los empleados.
- **Centralización**: las organizaciones centralizadas, al concentrar todo el poder de decisión en la alta dirección, provocan una lentitud general en las comunicaciones, sobrecarga de tareas en los directivos, atención dispersa a los problemas, etc., reproduciendo todos los inconvenientes típicos de la centralización. Pero una excesiva descentralización puede llevar a un desconocimiento y pérdida de control de las unidades operativas.
- **Especialización**: la especialización de las tareas afecta a la comunicación, facilitándola en unos casos y dificultándola en otros: es más fácil comunicarse con otras personas cuando se comparten conocimientos y un lenguaje común, mientras que es más difícil o imposible entre quienes provienen de profesiones distintas.
- **Diferenciación**: es una consecuencia de la especialización, que hace que sea más difícil coordinar unidades cuando sean muy diferenciadas entre sí, ya que la autoridad que esté por encima de ellas tiene que disponer de conocimientos diversos, y esto no siempre es posible.

Por tanto, no debes olvidar que, como todo mánager, estás trabajando con información, por lo que, en los sistemas y estructuras que diseñas siempre deberás tener en cuenta que deben poder trabajar con ella de forma fluida y eficaz.

Capítulo 12

El "traje" de la organización

En este capítulo

- Catálogo de diseños, elige el tuyo
- Lo antiguo y lo nuevo en estructuras
- Las versiones orientales
- Adaptación, cambio, evolución

Como hemos ido desgranando en los capítulos anteriores, diseñar una organización supone tomar una serie de decisiones para dar forma a la estructura. Como resultado de esas decisiones, nos encontraremos con una configuración que no es más que la solución que le damos a la cuestión de cómo organizar nuestra empresa.

Aunque cada negocio deba adaptar su estructura a sus condiciones particulares, en la práctica hay coincidencias en los rasgos de muchas empresas, razón por la que podemos hablar de tipos de estructuras, formas organizativas o incluso de modelos de organización (aunque la palabra *modelo*, como te hemos explicado en el capítulo 10, no es apropiada porque hace pensar en algo definitivo y óptimo, y no es el caso).

Un *tipo de estructura* es una solución concreta que da respuesta a las preguntas básicas del diseño organizativo, y aunque atienda a las condiciones propias de cada negocio, presenta rasgos comunes que permiten ubicarla dentro de una tipología.

Podríamos hacer un símil con el hecho de comprar un traje, al que le pedimos calidad, diseño, adecuación a la ocasión, precio a nuestro alcance, etc., y en función de eso, elegimos el que más nos convenga. Pero pese a todo, es probable que tengamos que pedir que nos hagan algunas composturas, como el largo de las mangas, para que el ajuste a nuestra figura sea perfecto.

Muchos diseños, para toda ocasión

A primera vista, hay mucho donde elegir dentro del "catálogo" de formas organizativas, pero como cuando vamos a comprarnos ropa, una segunda mirada nos alerta de que no todo nos vale y que hay que revisar esa variedad para simplificar y mejorar nuestra selección.

Para empezar, podemos hablar de las estructuras según su novedad, según su complejidad, etcétera, e incluso, podemos considerar que sean de empresa única o que estén formadas por agrupaciones de empresas:

- ✔ **Según su novedad**, las estructuras pueden ser:
  - **Tradicionales**: de toda la vida, que tuvieron su origen en la racionalidad que introdujo la burocracia en las organizaciones en el siglo XIX, que perduraron durante prácticamente todo el XX, y que aún se mantienen en muchas empresas.
  - **Nuevas**: surgidas al albur de la globalización y la generalización de las TIC en la sociedad del conocimiento.
- ✔ **Según su complejidad**, tenemos:
  - **Estructuras simples**: pocas unidades y niveles, y usan uno o dos criterios de departamentalización para diferenciar sus actividades y órganos.
  - **Estructuras complejas**: muchos niveles jerárquicos, actúan en ámbitos diversos y combinan muchos criterios de departamentalización para ordenar las actividades.
- ✔ **Según el número de empresas** que la forman, encontramos:
  - **Estructuras de empresa** o **de negocio único**.
  - **Estructuras multiempresa o agrupaciones**, con diferentes negocios y sociedades.

Conforme vayamos describiendo los tipos más importantes, iremos explicándote dónde se ubican dentro de cada categoría, aunque vamos a ir describiendo de las antiguas a las nuevas y de las simples a las complejas.

La más sencilla

La *estructura simple,* también llamada *organización empresarial,* es típica de las pymes de nueva creación que intentan introducirse en el negocio, y para eso deben ser dinámicas, muy flexibles y centrarse en el mercado.

El caso típico es el negocio fundado por un emprendedor con visión y olfato, que crea una organización a su medida. Suele tener una estructura centralizada y dependiente del fundador para todas las decisiones. En la figura 12-1 verás un ejemplo.

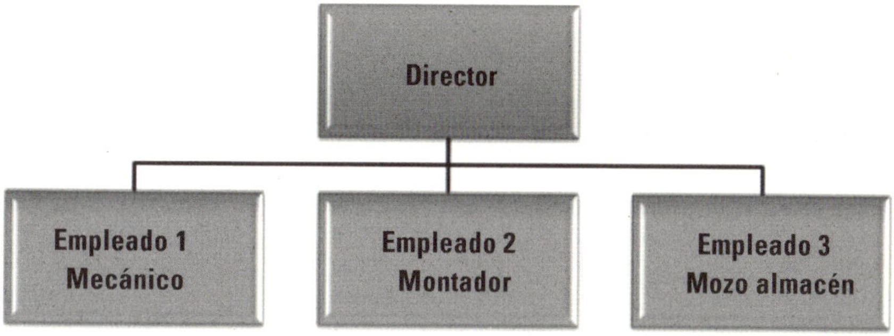

Figura 12-1: La estructura empresarial

Hay poca especialización entre puestos y prácticamente no existen departamentos diferenciados. El comportamiento es poco formalizado, se improvisa y resuelven los problemas conforme surgen sin seguir procedimientos ni manuales.

Tampoco hay directivos, y toda la autoridad se centra en el emprendedor, que ejerce un liderazgo carismático y enérgico, y lo supervisa todo con un estilo personalista y visionario con el que moviliza a su equipo.

¡ADVERTENCIA!

Esta dependencia absoluta de una única persona es su principal inconveniente, ya que, sin su aprobación, no se puede hacer nada: en caso de ausencia, o simplemente por la sobrecarga de trabajo que sufre, la organización puede ralentizarse o paralizarse. El reto de esta estructura es empezar a descentralizar (delegar) y diferenciar (especializar).

La más usada

La organización funcional es la más utilizada en el ámbito empresarial, e incluso en organizaciones no mercantiles, porque es muy conocida y posee indudables ventajas.

IDEA-CLAVE

La *estructura funcional* se llama así porque, para formar departamentos y órganos diferenciados, usa el criterio funcional que te hemos explicado en el capítulo 11 al hablarte de los criterios de agrupación de las actividades. Por tanto, los departamentos que aparecen en esta forma organizativa llevarán normalmente los nombres de las actividades funcionales de la empresa, como Producción, Finanzas, Compras, Personal, Comercial, etc. Puedes ver un ejemplo en la figura 12-2.

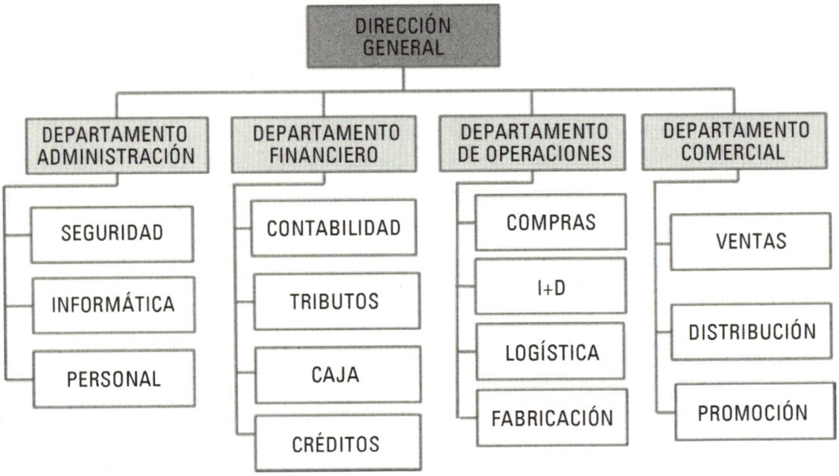

Figura 12-2: La estructura funcional

Esta estructura suele aparecer como la evolución natural de la organización simple cuando ve que, a medida que crece, necesita mayor especialización, y así descargar al empresario de decisiones para las que es importante el conocimiento técnico. Aunque está algo más descentralizada, sigue siendo una estructura bastante integrada y compacta, ya que el conjunto de los departamentos especializados debe coordinarlo alguien con una visión global que conecte a toda la organización y la mantenga enfocada hacia el mercado. En caso contrario, los especialistas tienden a sobreestimar su propia función y a dar de lado todo lo demás.

Es un tipo de organización que puede usarse durante mucho tiempo, aunque la empresa crezca, por lo que suele verse tanto en empresas pequeñas como grandes, mientras no estén diversificadas.

La centralización es su inconveniente más importante, pues obstaculiza el crecimiento a partir de ciertos límites. Por el contrario, si aumenta la diferenciación y la especialización, surgen los problemas típicos para integrar a los especialistas, de los que te hemos hablado en el capítulo 11 al explicarte la departamentalización funcional, lo que incrementa los costes de coordinación.

Las variantes de lo simple

A veces, la estructura empresarial simple empieza a diferenciar unidades, no por las actividades sino considerando algún aspecto del mercado, como los productos, las zonas geográficas o los clientes. Esta fórmula suele usarse en el ámbito de la distribución, el comercio o los servicios, negocios que deben prestar mucha atención al mercado.

Surgen así unas *estructuras de mercado simples,* que son adoptadas por empresas pequeñas que mantienen uno o dos niveles jerárquicos especializados por un criterio externo o de mercado, como productos, clientes o territorios, en vez de usar el criterio funcional, enfocado a las actividades internas. Observa la figura 12.3.

Figura 12-3: Estructura de mercado simple por clientes

Estructura híbrida

Otra variante muy frecuente entre las pymes que siguen creciendo es la *estructura híbrida*, que surge como evolución y combinación de algunas de las anteriores. Esta estructura combina dos criterios de departamentalización, uno de mercado y el otro funcional, pero en el mismo nivel jerárquico. Lo que resulta es algo como lo que te mostramos en la figura 12-4.

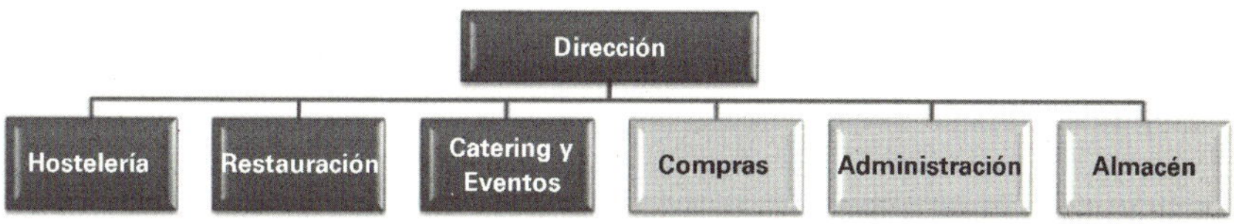

Figura 12-4: Estructura híbrida

Con ello se intentan combinar las ventajas de los criterios de departamentalización interno y externo, y minimizar sus inconvenientes. Muchas veces surge como evolución de la estructura simple de mercado, cuando es necesario centralizar actividades comunes para ejecutarlas de una forma más eficiente, como las compras, la gestión de personal, la contabilidad o el proceso de datos.

Es decir, suele ser el resultado de volver a centralizar actividades auxiliares o de apoyo comunes a las actividades comerciales y servicios del negocio base. Por tanto, lo más correcto sería representarla situando las actividades de apoyo como tales, y no al mismo nivel que las operativas, como puedes ver en la figura 12-5.

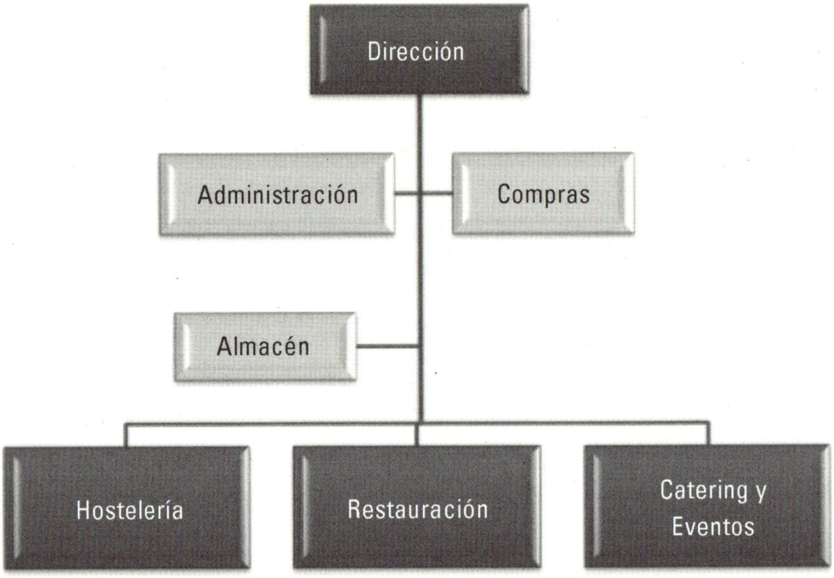

Figura 12-5: Estructura híbrida bien representada

La búsqueda del equilibrio: la estructura matricial

Las empresas de mayor tamaño y con una actividad más compleja que las que hemos descrito hasta ahora suelen encontrar que ningún criterio de agrupación es suficiente para responder a todas las interconexiones que existen entre sus actividades.

Piensa en una empresa que tenga varias líneas de negocio con productos propios y que deba investigar y desarrollar nuevos productos en ellas:

- Si organiza sus actividades por un **criterio funcional** y posee una unidad de I+D para todas las líneas de productos y mercados, es probable que le cueste reaccionar con rapidez y bien ante las dinámicas variables de esos mercados, ya que el personal técnico de la unidad probablemente sea poco sensible a los intereses comerciales.
- Por el contrario, si organiza sus actividades con un **criterio de mercado** (productos, áreas, etc.) tendrá que multiplicar sus unidades de I+D creando una para cada segmento de mercado/producto, con el consiguiente coste y el peligro de que varias unidades dupliquen esfuerzos en los mismos desarrollos básicos y compitan por los recursos.

Para resolver este problema se inventó la *estructura matricial*, que superpone dos criterios de agrupación al mismo tiempo y en el mismo nivel: uno de mercado y otro funcional; de este modo presiona con la misma intensidad hacia el enfoque de mercado y hacia la excelencia técnica. El nombre *matricial* viene de la forma de matriz de dos dimensiones que adopta la estructura, como la que te mostramos en la figura 12-6.

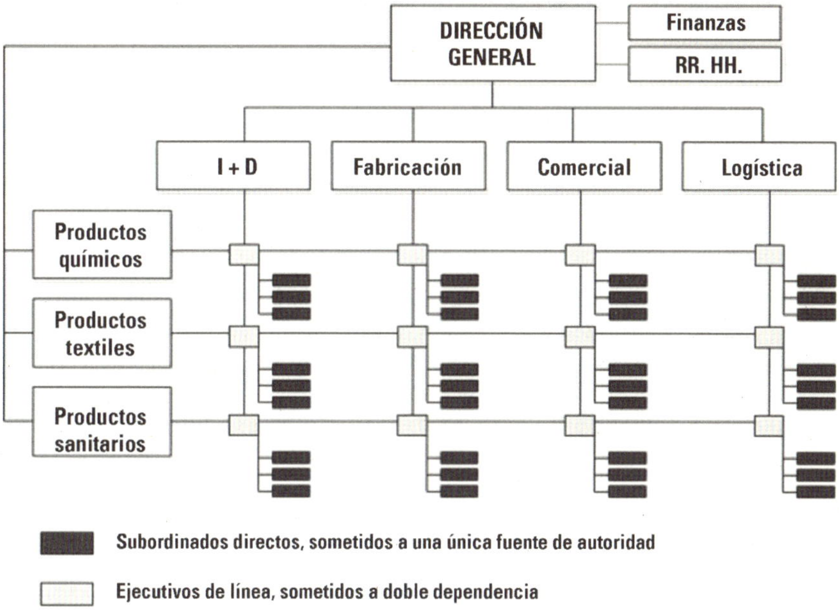

Figura 12-6: Estructura matricial

Como puedes apreciar, hay una cuadrícula en la que se ubican los directivos que están sometidos a una doble supervisión, por un jefe funcional y otro jefe de área de mercado. Así, el directivo de la primera casilla de arriba a la izquierda es responsable de I+D de productos químicos, y tiene que conciliar las exigencias del director de I+D de toda la empresa (que conoce la política de desarrollo de la compañía y lo que se hace en cada línea de producto) con las del director de productos químicos (que compite en ese sector de negocio y tiene su vista puesta en el mercado, la competencia y la clientela).

Un equilibrio delicado

Es evidente que esta estructura contraviene la recomendación de aplicar la unidad de mando en el diseño de la red de autoridad, como te habíamos contado en el capítulo 11, en el apartado "Un solo jefe verdadero". Pero como dice Jay Galbraith, uno de los grandes investigadores en el diseño de organizaciones, esto no tiene por qué crear problemas a nadie, ya que todos nos hemos criado en el sistema de doble autoridad de la familia (o triple o cuádruple, si tenías hermanos mayores), donde hemos aprendido a conciliar dos sistemas de autoridad sin morir en el intento.

La estructura matricial es complicada, tiene altos costes de coordinación, implica muchas reuniones, discusiones y a veces conflictos, y genera mucho estrés a los directivos sometidos a doble autoridad, ya que siempre deben mantener un delicado equilibrio entre sus dos superiores, sin inclinarse más por uno que por otro.

Sin embargo, es más frecuente de lo que parece, ya que muchas empresas la adoptan sin representarla como tal en su organigrama. De hecho, muchas estructuras híbridas (que ya te hemos explicado en este capítulo) en realidad funcionan como matriciales.

Esta estructura se utiliza mucho en empresas que trabajan por proyectos, en sistemas de franquicias, en cadenas de establecimientos de tiendas, restaurantes, hoteles, servicios, etc. El esquema que siguen estas empresas es tener, por un lado, una estructura de autoridad con unidades funcionales clásicas (finanzas, compras, recursos humanos, marketing, etc.) y, por otro, la red de proyectos, tiendas o explotaciones, de forma que cada responsable de una de estas unidades operativas responde ante cada uno de los directivos funcionales en su área de especialidad, y ante el directivo jefe de su línea de negocio por sus actividades operativas y resultados.

La estructura de las grandes empresas

Iniciamos la descripción de estructuras complejas. Vamos a empezar por la estructura divisional.

La *estructura divisional o multidivisional* es una forma organizativa compleja caracterizada por presentar múltiples niveles, usar diversos criterios de agrupación en los diferentes niveles con predominio de los criterios de mercado, y por estar formada por divisiones, también llamadas *cuasi-empresas*.

Casi una empresa

La *división* es la unidad organizativa típica de la estructura divisional, y es más que una parte de una organización, por lo que nunca debes confundirla con el *departamento*: es una unidad empresarial completa que cuenta con todo lo necesario para ser una empresa independiente, por lo que sería viable si se segregase del grupo al que pertenece.

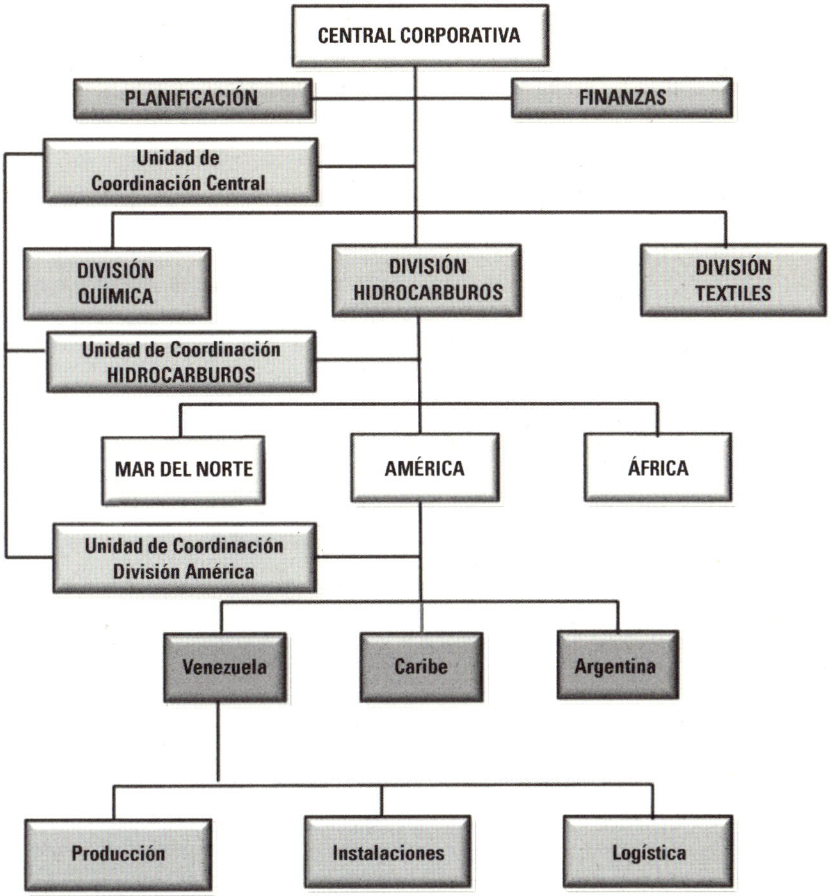

Figura 12-7: Estructura divisional

Una *división* es una unidad empresarial totalmente responsable de la planificación y el control de sus operaciones, que desarrolla su propia estrategia competitiva diferenciada. Para ejecutarla, realiza todas las actividades operativas necesarias para presentar su oferta al mercado, incluyendo el desarrollo de productos, la compra de factores, la fabricación, la logística, la comercialización, las inversiones, etc.

La división funciona como un centro responsable de beneficios, es decir, como una *unidad estratégica de negocio* (UEN o SBU, *Strategic Business Unit*, de las que te hemos hablado en el apartado correspondiente a los objetivos y niveles de los planes del capítulo 6), aunque dependa de una unidad central de decisión en su estrategia y recursos financieros.

Pensada para las grandes empresas

La estructura divisional es propia de grandes empresas muy diversificadas y, en general, muy internacionalizadas, que con esta forma de organización pueden gestionar una gran variedad de actividades y operar en muchos mercados y territorios.

Para lograrlo, la estructura multidivisional utiliza diversos criterios de agrupación en los sucesivos niveles, empezando por criterios de mercado: es frecuente que se agrupe por productos, áreas geográficas, países, etc., y, dentro de cada empresa filial de país, de cada unidad productiva o línea de negocio específica, se use el criterio funcional.

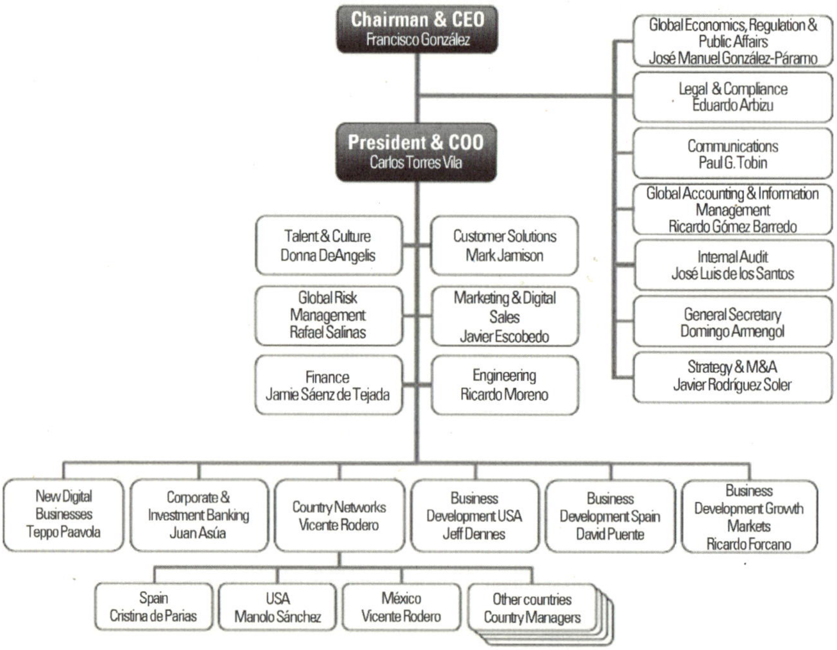

Figura 12-8: Estructura del BBVA en junio de 2015

Esta forma organizativa es muy característica de las empresas multinacionales, como puedes ver en las figuras 12-7 y 12-8. La segunda es el organigrama del BBVA en junio de 2015, del que te hemos hablado en el recuadro *Aprende de los mejores:* "BBVA, la transformación de un banco analógico en digital", del capítulo 10, que tiene una estructura en la que en el primer nivel se agrupa por líneas de negocios y, en el segundo, por zonas geográficas.

Cómo se controla al gigante

Las divisiones son unidades descentralizadas que cuentan con mucha autonomía. Por eso, el control de la unidad central se aplica sobre los resultados, dejando que actúen libremente en sus operaciones mientras logren los objetivos asignados.

Para garantizar que todo funciona como es debido, la sede central se reserva otra serie de funciones que le permiten mantener el control del conjunto de divisiones, como las siguientes:

- ✔ Define la **estrategia corporativa** y los negocios en los que operará el grupo. Para ello, se encarga de la composición de la cartera de negocios, y compra o vende divisiones según su estrategia global.
- ✔ Provee de **recursos financieros** a las sociedades del grupo desde el mercado de capitales, y asigna los recursos para inversiones moviendo fondos de unas divisiones a otras.
- ✔ Fija los **objetivos** de las divisiones y controla su rendimiento: establece los criterios de rendimiento de los directivos, supervisa su desempeño y aplica, según sus resultados, los sistemas de recompensas y sanciones.
- ✔ Proporciona ciertos **servicios de apoyo** comunes que interesa mantener centralizados.

Este tipo de organización es muy apta cuando la empresa opta por la diversificación, con variedad de productos y mercados, y opera en entornos medianamente complejos y dinámicos. Favorece el crecimiento y la reducción de riesgos, pero muchas veces supone una excesiva concentración de poder, con gran dominio sobre el mercado, e incluso con más poderío económico y político que muchos gobiernos.

La sociedad de cartera

Seguro que has oído hablar de este caso particular de la estructura divisional: el *holding* o sociedad de cartera. Un *holding* es una sociedad creada para controlar la propiedad de otras empresas mediante la posesión de un porcentaje de acciones que le garanticen este control.

Su rasgo más característico es que las divisiones y filiales del *holding* no suelen estar relacionadas entre sí, ni en recursos ni en actividades. El *holding* las considera meras inversiones, no interviene en su gestión ni controla sus operaciones y, dentro del grupo, cada filial tendrá su propia estructura organizativa, apropiada a su entorno y actividad.

Realmente, el *holding* no es más que una cartera de inversiones con empresas de sectores dispares, como si fuera la cartera de acciones de un particular. Los *holdings* son flexibles y, según sus resultados y expectativas de rendimiento, las empresas que los forman pueden ser vendidas o compradas con facilidad, variando la composición de la cartera según criterios de rentabilidad y control del riesgo financiero.

La última moda en estructuras

Como la organización debe dar solución a la necesidad de dirigir y coordinar negocios, teniendo en cuenta su ambiente y actividad, los cambios experimentados por el entorno y la tecnología en las últimas décadas han llevado a muchas empresas a experimentar con fórmulas organizativas innovadoras que permitieran responder mejor a esas nuevas condiciones.

El resultado de este esfuerzo de innovación organizativa ha sido un conjunto de formas de organización que, aunque con variantes, en lo esencial responden a unos tipos básicos. Esas nuevas formas comparten dos rasgos principales:

- ✔ **Flexibilidad**: estructuras poco formalizadas y agiles para adaptarse a los cambios.
- ✔ **Se basan en intangibles**: gestionan conocimiento, procesan información diversa y compleja procedente del entorno, y usan intensivamente las TIC.

Además, las nuevas estructuras no solo aportan formas de organización novedosas, sino que también implican nuevos estilos directivos, culturas y valores.

La federación

Una agrupación de empresas que actúan en común es una *organización federal*. Nace como una evolución de la empresa multidivisional que, por su tamaño, suele ser poco flexible para soportar las épocas de recesión.

Por eso, en la década de 1990, muchas corporaciones optaron por deshacerse de divisiones y filiales, a las que dejaban independizarse, aunque seguían trabajando con ellas bajo fórmulas como acuerdos de cooperación, redes tecnológicas o alianzas estratégicas.

Si al grupo original se le suman otras empresas conforme se necesiten actividades diversas, nuevas y especializadas (de distribución, logísticas, financieras, promocionales, de consultoría, etc.), se acaba creando una federación. En todo caso, son empresas que mantienen en común ciertos valores, sentido de la misión y cultura corporativa.

El pariente japonés: keiretsu

El *keiretsu* es la versión japonesa de la estructura divisional, aunque se acerca más a la federación de empresas que al modelo divisional occidental.

Tras la disolución forzosa de los grandes monopolios familiares al acabarse la segunda guerra mundial, muchas de esas empresas volvieron a agruparse mediante relaciones diversas, formales, informales y horizontales, y crearon grupos de negocios. En el recuadro gris te explicamos la composición de uno de esos *keiretsus*, el grupo Mitsubishi.

Esta agrupación suele estar formada por tres tipos de elementos:

- ✔ Un **banco o corporación financiera** (encargada de las finanzas e inversiones del grupo).
- ✔ Una **compañía comercial** (responsable del marketing y del comercio nacional e internacional del grupo).
- ✔ Un **conglomerado manufacturero**, con diversas industrias integradas en sentido vertical (a lo largo de la cadena de valor del sector) y horizontal (especializadas en las diferentes fases del proceso productivo).

En el *keiretsu*, las empresas centrales cumplen el rol de orientación y desarrollo estratégico para todo el grupo. Funcionan eficazmente, sobre todo en ciclos de expansión y desarrollo económico, aunque en épocas de recesión adolecen de falta de flexibilidad y altos costes de coordinación.

El primo coreano: chaebol

El *chaebol* es la federación de empresas típica de Corea del Sur. Es una agrupación de tipo familiar de empresas muy diversas, protegida y apoyada por el gobierno. Las relaciones entre las empresa son tanto formales, de propiedad, como informales y de vínculos familiares. De hecho, la palabra *chaebol* en coreano significa "negocio de familia", aunque también se utiliza para referirse a un monopolio.

Son empresas bastante centralizadas, de corte paternalista, aunque con vocación emprendedora y una cultura de clan muy acusada. De hecho, mantienen sus propias instituciones educativas donde forman a sus "cachorros" en la cultura y tradición del negocio familiar.

Han sido muy eficaces como herramienta de crecimiento económico y desarrollo tecnológico para el país, aunque en los últimos años se han tenido que centrar en ser más competitivas y menos monopolísticas. La mayoría de las marcas coreanas que conocemos y usamos forman parte de *chaebols*, como Hyundai, Samsung o LG.

Mitsubishi: un *keiretsu* poderoso

Mitsubishi es un grupo japonés de empresas de ámbito multinacional que cubre un amplio rango de negocios bajo la misma marca. El grupo, como entidad, es un *keiretsu*, cuyas 25 principales compañías forman el Mitsubishi Kin'yōkai, o Club de los Viernes, cuyos CEO se reúnen una vez al mes.

La compañía original, una naviera, fue fundada por Yatarõ Iwasaki (1834-1885) en 1870, pero fue diversificando su negocio con el paso de los años. Al principio lo hizo de forma relacionada, y entró en la minería del carbón (para mover los barcos), astilleros, acero, papel y vidrio, seguros de navegación, consignatarios, servicios a buques... Más adelante, se expande hacia la manufactura aeronáutica y los bienes de equipo, y su experiencia del entorno mundial como naviera le permite entrar en el comercio internacional. Tal conglomerado le permitió jugar un papel central en la modernización de la industria japonesa.

El proceso de diversificación ha llevado a la creación de tres entidades que hoy forman el núcleo duro del *keiretsu*: el Mitsubishi Bank, nacido en 1919, que se fusiona con el Bank of Tokyo en 1996 y con el UFJ Holdings en 2004, convirtiéndose en el primer banco japonés; Mitsubishi Corporation, creada en 1950, la mayor compañía comercial japonesa, con más de 200 bases de operaciones en 80 países, en el sector de consumo y servicios; y Mitsubishi Heavy Industries, que incluye a su vez varios grupos de empresas del sector del motor y la automoción, industria atómica, química, energía y óptica (Nikon Corp.).

Mitsubishi fue protagonista del espectacular crecimiento industrial japonés de las décadas de 1950 y 1960. La compañía siempre ha prestado gran interés al desarrollo tecnológico, aventurándose en sectores como computación, desarrollo espacial, aviación, nuevas energías, etc., y, en los primeros años del milenio, incorporó negocios farmacéuticos y de alimentación. En suma, el grupo emplea a unas 54.000 personas.

Pese a su envergadura y complejidad, en Mitsubishi no hay una empresa matriz. Las alrededor de 40 compañías del grupo mantienen una trama de participaciones cruzadas bajo la dirección de un triunvirato formado por Mitsubishi Bank, Mitsubishi Corporation, y Mitsubishi Heavy Industries, que establecen las políticas comunes del grupo. En su reunión mensual, los 25 directivos del Club de los Viernes fijan las políticas comunes como una especie de Junta Directiva sénior para todo el grupo.

La red de empresas

La red es la estructura más representativa de las nuevas formas organizativas. Una *red de empresas* está formada por un conjunto de organizaciones interconectadas en una relación a largo plazo, donde cada una se centra en un tipo de actividad. Es el resultado de la desintegración de actividades y de la especialización productiva. En la figura 12-9 tenemos un ejemplo de una red de una firma de ropa de moda.

Las relaciones que se establecen siguen diversas fórmulas, como la participación en el capital, las alianzas, los acuerdos estratégicos, los contratos de suministro a largo plazo, los proyectos de cooperación para desarrollar nuevos productos o la subcontratación de actividades, entre otras.

La organización en red es causa y resultado del entorno competitivo actual. Gracias a las TIC, las empresas pueden desintegrar sus actividades, ya que soportan menores costes de interconexión electrónica con socios, proveedores y clientes.

Por eso, la red es resultado de un proceso de división del trabajo en el que cada organización se especializa en unas actividades, en aquello que hace mejor. En cambio, la empresa líder que constituye el núcleo central de la red se centra en la coordinación y el diseño de la estrategia general.

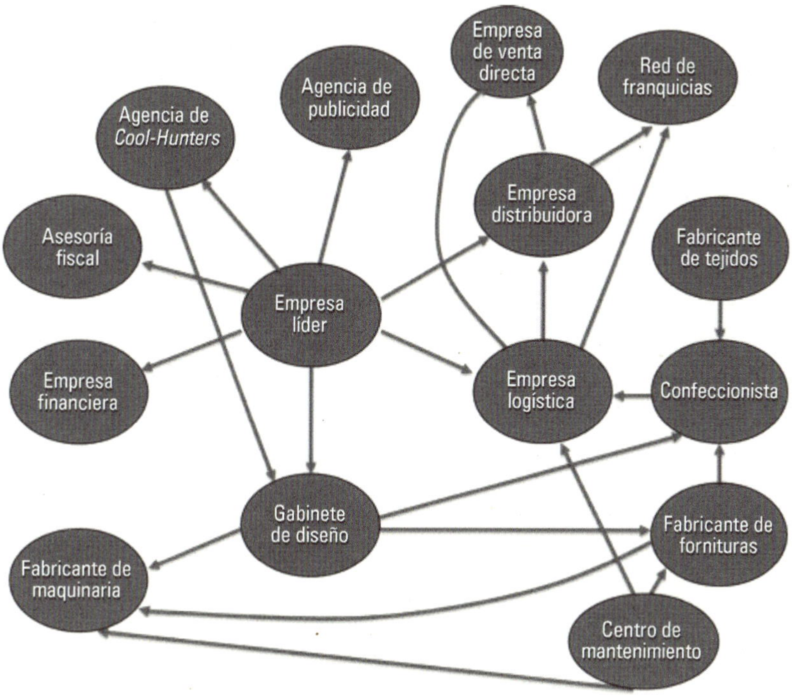

Figura 12-9: La red de empresas

Una red como la de la figura anterior suele estar formada por una empresa líder que dirige una actividad innovadora en el sector industrial o de servicios. En parte, la innovación puede generarse dentro de la empresa o puede subcontratarse a centros especializados. Los productos son elaborados por diferentes empresas de la red. Algunas producen componentes o fases del producto y otras los ensamblan y terminan.

La distribución y venta se lleva a cabo por diversos medios, como puede ser la venta directa (de la que se ocupa una empresa especializada), una red de franquicias, internet, etc. En este ejemplo, la venta está apoyada por una agencia de promoción y publicidad, otra empresa logística y otra de servicios financieros.

Algunas empresas de la red pueden ocuparse de líneas o versiones *low cost* o personalizadas de los productos, adaptadas a diferentes segmentos del mercado; otras prestan servicios diversos, como el mantenimiento, la selección y formación de personal, la asesoría fiscal, la consultoría, etc. En la figura 12-8 vemos un ejemplo de estructura en red. Empresas como Inditex, Benetton o IBM funcionan como redes.

Organización virtual

La *organización virtual* es el caso más avanzado de las nuevas estructuras, ya que supone una versión evolucionada de la red. En este caso, la red mantiene el núcleo principal, la empresa líder, y subcontrata o cede a terceros todas sus actividades operativas, productivas, comerciales, logísticas y de I+D.

La red virtual solo conserva el *núcleo estratégico*, el órgano neurálgico encargado de la contratación y coordinación de las demás actividades (sería la empresa líder de la figura 12-8), y posee una extensa trama de relaciones con proveedores, fabricantes y distribuidores.

Su competitividad se basa en activos intangibles, como son su capital relacional, del que te hemos hablado en el capítulo 4, en el apartado "Por qué la responsabilidad social es innovadora", y su visión estratégica y habilidad de gestión para concebir y poner en el mercado un producto o servicio innovador. Probablemente, esta empresa apenas posea activos tangibles en forma de edificios, maquinaria o instalaciones.

Te hemos presentado un caso real de una empresa de este tipo en el capítulo 7, en el recuadro de "Isak Andic, la sartén por el Mango". También IKEA o McDonald's pueden considerarse empresas prácticamente virtuales, ya que su núcleo se ocupa de gestionar conocimiento y todas sus actividades están externalizadas o subcontratadas.

Estructura en trébol

Una variación aún más evolucionada de la organización virtual es la estructura en trébol, llamada así porque adopta la forma de un trébol con tres hojas, cuyo centro es un núcleo estratégico donde está la alta dirección (el cerebro del negocio), y donde se concibe la estrategia y se coordina el conjunto. De ahí salen las tres hojas del trébol:

- La **primera hoja** es el grupo de directivos, profesionales, técnicos y empleados propios muy cualificados que se ocupan de las funciones clave, la base de su ventaja competitiva.
- La **segunda hoja** está formada por un conjunto de actividades productivas, comerciales y de servicios que se externalizan y subcontratan a otras empresas.
- La **tercera hoja** es una fuerza de trabajo flexible con la que se opera bajo figuras como los contratos temporales, el teletrabajo, el trabajo a domicilio, la contratación de autónomos o *freelances*, etc.

Se suele decir que la perfección del trébol se logra cuando se le añade una cuarta hoja, que serían los clientes, haciendo por sí mismos el trabajo que necesitan mediante dispositivos automáticos y medios electrónicos. ManpowerGroup, Rank Xerox o Ryanair son o se aproximan mucho a esta estructura.

Qué aportan las nuevas estructuras

Como habrás comprobado hasta ahora, estas nuevas formas de organización no solo representan diferentes maneras de repartir y coordinar el trabajo sino también nuevos y distintos estilos directivos, culturas, modos de conducirse con clientes, trabajadores y proveedores, etc.

Entre los **elementos** que caracterizan estas nuevas formas organizativas podemos citar los siguientes:

- **Organizaciones horizontales**, con pocos niveles jerárquicos y una toma de decisiones más descentralizada.
- **Equipos** como órgano base para la organización, en vez de puestos pensados para individuos o grupos.
- Interconexión de los equipos en una organización que se gestiona por **procesos**, no por tareas o funciones.
- **Empleado tipo** muy capacitado, emprendedor, fiable y versátil, capaz de desempeñar diversos roles, con elevadas habilidades técnicas y sociales.
- **Gestión del talento** y de las competencias de las personas, y recompensas por resultados del equipo.
- **Comunicación interna** fluida y multilateral, supervisión basada en la autoridad del conocimiento y coordinación apoyada en el compromiso de los empleados y autocontrol.
- **Orientación al cliente** y a la satisfacción de sus necesidades.

- ✔ Relación estrecha y productiva con los **proveedores y socios** comerciales e industriales, mientras cada organización mantiene su especialización.
- ✔ Ventajas competitivas basadas en la gestión de **activos intangibles**: conocimiento, diseño, calidad, personalización, garantías, servicio.
- ✔ **Tecnología intensiva**, particularmente en el uso de las TIC.

Por eso se suele decir que las redes y empresas virtuales son las formas organizativas propias de la *economía del conocimiento*, al igual que la burocracia y la organización funcional sustentaron el desarrollo de la economía industrial, ya que estas nuevas estructuras son capaces de trabajar con el conocimiento y de ser flexibles y ágiles para innovar de forma permanente.

Adaptar la estructura, ¿necesidad o moda?

La estrategia es la forma en que una empresa responde a los retos de su entorno y la estructura es la manera en la que dispone los medios para desarrollar su estrategia. Siendo así, está claro que existe una relación muy estrecha entre ambas, que se manifiesta en que primero definimos la estrategia y luego diseñamos la organización. Es decir, primero decidimos qué hacer y cómo hacerlo y luego disponemos los medios necesarios para lograrlo.

Cuando la estrategia exige cambios

Desde hace décadas, los estudiosos del management han investigado la naturaleza de la relación entre la estrategia y la estructura, llegando a la conclusión de que, con matices, la estructura debe diseñarse después de crear la estrategia.

Si se analiza la evolución histórica de las grandes empresas, se puede ver que la estrategia condiciona la estructura, y que hay ciertas regularidades en ese proceso de cambio y adaptación. El patrón de esa adaptación sigue más o menos estas pautas:

- ✔ Al inicio, cuando la empresa opera en un mercado con un negocio único, adopta estructuras de tipo simple o funcional.
- ✔ Cuando se desarrolla la variedad de productos y mercados, se introducen diseños de carácter híbrido.
- ✔ Cuando aumenta la diversificación y está relacionada, las organizaciones tienden a ser multidivisionales o federales.

- Si la diversificación no está relacionada, se opta por la estructura *holding*.
- Cuando el crecimiento no es diversificado sino de negocio integrado, se opta por la estructura matricial.

IDEA-CLAVE

Aunque la estrategia condiciona la estructura, también hay una cierta influencia a la inversa, ya que la estructura condiciona el cómo se procesa la información, cómo se toman las decisiones y qué peso específico se le da a las diferentes funciones dentro de la organización.

La organización es un ser vivo

Las organizaciones son sistemas sociales y, como los seres vivos, evolucionan a lo largo de su vida. El estudio de las pautas en el desarrollo y evolución de las organizaciones pretende conocer esos procesos para aprender a llevarlos a cabo con la mayor eficacia posible.

IDEA-CLAVE

El *cambio organizativo* es un proceso de cambio planificado que pretende modificar la cultura, la estructura y los procesos de una organización para mejorar el comportamiento de las personas y la efectividad de las actividades.

La evolución de las organizaciones presenta ciertas regularidades en forma de etapas. Larry E. Greiner, experto en management norteamericano y profesor en las universidades de Harvard y del Sur de California, formuló un famoso modelo en el que describe este fenómeno. Greiner explica que toda organización crece, lo que le obliga a hacer ajustes. Pero una vez logrado el ajuste, en el éxito reside la semilla del fracaso, lo que provoca la necesidad de buscar un nuevo ajuste.

Bonanza, crisis y catarsis

Según el modelo de Greiner, cada fase se divide en dos etapas, a las que llamó *evolución* (períodos prolongados de crecimiento estable) y *revolución* (períodos previsibles de cambio profundo en la organización): cada etapa de crecimiento sufrirá una crisis generada por las mismas condiciones que le permitieron el crecimiento anterior. Puedes verlas representadas en la figura 12-10.

- **Fase 1. Creatividad.** En la etapa inicial, la empresa nace para aprovechar una oportunidad de negocio, por lo que la actividad básica es producir y vender; la estructura es informal, sin un modelo muy definido; la fortaleza de la empresa está en la orientación emprendedora, el estilo de dirección individualista y la fuerte presencia del fundador. El crecimiento se debe a la creatividad y al ímpetu inicial y se detiene cuando se produce una *crisis de liderazgo personal*, que tiene que resolverse dotando a la organización de una dirección más profesionalizada.

- **Fase 2. Dirección**. La expansión de la actividad y la crisis de liderazgo se resuelven designando a directivos funcionales, por lo que la organización evoluciona hacia un modelo funcional, y busca la especialización y la eficiencia; la estructura es más formal y se racionalizan las operaciones con métodos y procedimientos burocráticos, aunque sigue siendo centralizada y con rasgos individualistas, pero con una dirección más profesional. El problema aparece cuando la centralización provoca la siguiente revolución, que se manifiesta en una *crisis de autonomía* de los niveles inferiores, que reclaman más poder de decisión.
- **Fase 3. Delegación**. Continúa la expansión y es frecuente que se amplíe la gama de productos dentro de un sector de actividad definido. Por ello, se suele descentralizar en lo geográfico mediante una organización territorial para atender las distintas zonas y conservar las ventajas de la especialización. Se concede autonomía a las unidades operativas, pero esto termina creando una *crisis de control* sobre las operaciones, lo que da paso a la siguiente etapa.
- **Fase 4. Coordinación**. La crisis de control se suele solucionar con la implantación de sistemas formales de coordinación, mediante la homologación de sistemas y la auditoría. En esta etapa, se logra la máxima diversificación, por lo que la estructura tiende a alguna forma divisional que permita a las unidades de negocio seguir estrategias competitivas propias. La coordinación se basa en la estandarización de procesos y el control por resultados mediante manuales y sistemas de administración por objetivos. Pero todo eso termina provocando una *crisis de papeleo*, cuando esas reglas empiezan a asfixiar a las unidades.
- **Fase 5. Colaboración**. La crisis anterior se resuelve mediante la colaboración, el énfasis en el trabajo en equipo y la integración de talento en la organización, cambiando el control externo por el autocontrol. La dirección se vuelve más flexible, se implantan equipos interdisciplinares, se simplifica el control y se usan avanzados sistemas de información. La vuelta a la integración propicia el uso de estructuras matriciales, que unen especialización y colaboración. El estilo directivo es más participativo y la organización evoluciona hacia formas orgánicas y flexibles. Sin embargo, como la empresa sigue creciendo, aparece otra crisis, la de *crecimiento*, que hace difícil seguir funcionando con un sistema tan integrado.
- **Fase 6. Alianzas**. La sexta fase consiste en la búsqueda de soluciones externas a la organización, tras la etapa anterior, que es de supervi-

vencia, más allá de la cual las soluciones tienen que venir de fuera mediante la integración y cooperación con otras organizaciones, a base de fusiones y adquisiciones, redes o alianzas estratégicas. Como resultado, se tenderá hacia alguna de las nuevas formas organizativas de tipo federal, en red o virtual. La organización central conservará el control estratégico, y contará con una constelación de empresas colaboradoras, más o menos integradas, que se especializarán en diferentes fases de la actividad.

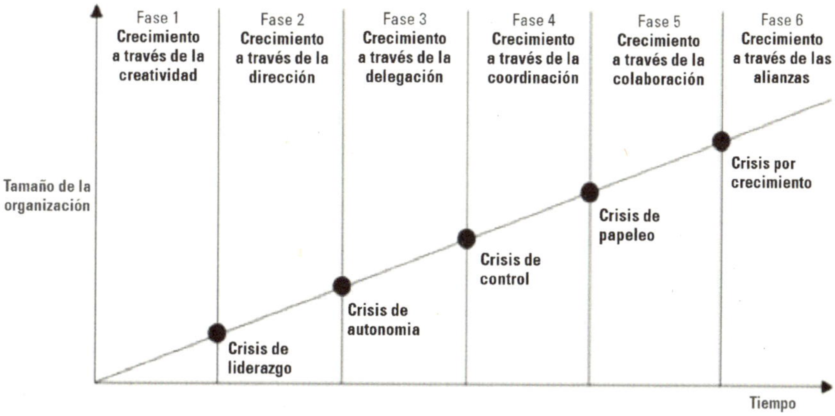

Figura 12-10: Modelo del cambio organizativo de Greiner

Pese a que fue formulado por primera vez en 1972, y revisado en 1998, el modelo de Greiner sigue siendo una buena herramienta para explicar el proceso evolutivo de la organización.

En este punto puedes preguntarte: ¿en qué fase está mi empresa? Ya cuentas con las herramientas de análisis necesarias para contestar a esta pregunta. Así que vamos a darte unas cuantas pistas que te ayuden en este proceso: fíjate en la antigüedad, investiga la historia de la empresa (negocio al que se ha dedicado, evolución del tamaño, crisis y reorganizaciones previas) y analiza su estructura actual y la estrategia que viene desarrollando, así como los problemas de coordinación más típicos que se presentan en el día a día.

Capítulo 13

Todo bajo control

En este capítulo

- Comprobar que todo vaya bien
- Controlar compensa si se hace bien
- La clave son los indicadores
- Un tablero equivocado

El management, como te hemos explicado a lo largo de todo el libro, es un proceso que empieza con la determinación de lo que quieres conseguir y de cómo hacerlo, y termina con la comprobación de que lo que se ha hecho ha permitido lograr lo que se buscaba.

Pues bien, esa última actividad que permite completar el proceso del management es el control, que vamos a desarrollar en este capítulo.

El control consiste en asegurarte de que todo funciona como es debido. Para ello, observa lo que sucede, comprueba si lo que pasa es lo que habías planeado que pasara y, si el comportamiento se desvía de los planes, valora la importancia de la desviación, analiza sus causas y toma decisiones para corregir el rumbo.

El control, por lo tanto, es también un proceso, ya que son varias las actividades que hay que llevar a cabo para controlar; esas actividades siguen un orden: observar, medir, comprobar, valorar y corregir.

Igual que las demás funciones del management, el control trabaja con información, que es su materia prima y su resultado, ya que lo que captamos para verificar si todo es correcto es información y también lo es lo que se genera para rectificar y corregir las posibles desviaciones.

Por qué controlar dejó de ser una palabra fea

En general, no nos gusta la palabra *controlar*: pensamos en alguien respirando sobre nuestro cogote mientras anota cualquier cosa que podamos hacer mal para reprendernos. Sin embargo, tenemos que desterrar la idea arcaica del control como una actividad inquisitorial. No tiene por qué ser así.

Hoy en día no se considera que controlar sea fiscalizar o buscar fallos porque sí, sino mantener un sistema orientado hacia sus objetivos. Por tanto, control implica seguimiento, verificación y regulación del desempeño de una empresa u organización. Siendo así, la acepción que debemos dar a esta palabra es la que nos evoca la expresión "tener algo bajo control". Como un capitán que lleva el barco a buen puerto.

El control pretende asegurar la eficacia de la empresa en el camino hacia el logro de sus objetivos. Es un ejercicio de madurez y responsabilidad en el comportamiento de una organización, que actúa consciente y racionalmente hacia su desarrollo y mejora.

Además, el control facilita que la organización se conozca, que averigüe la causa de sus fallos y de sus logros para que pueda corregir o prevenir lo que pueda poner en riesgo la consecución de sus objetivos y explotar mejor lo que aprenda de sus éxitos. La información que nos ofrece el control es un *feedback* muy valioso para realimentar el proceso de management.

Para qué sirve el control

El control bien entendido, en el sentido en que te lo hemos presentado aquí, cumple diversas funciones de mucha utilidad para cualquier organización:

- ✔ Asegurar la consecución de los objetivos.
- ✔ Cumplir los plazos establecidos en la programación.
- ✔ Garantizar que se usan los medios en la cuantía prevista.
- ✔ Proveer de información para planes y proyectos sucesivos.
- ✔ Motivar a las personas relacionando su comportamiento con los resultados.

Que el control muestre su verdadera utilidad, es decir, que sirva para todo lo que tiene que servir, puede lograrse si se realiza de modo preventivo, para que no ocurra nada negativo, más que actuando cuando el mal ya está hecho.

Al igual que en planificación te hemos hablado varias veces de la actitud proactiva o anticipatoria frente a la actitud reactiva, que responde a los problemas una vez se han presentado (muchas veces "demasiado tarde"), en el control debemos mantener el mismo espíritu: asegurarnos de que disponemos de los resortes necesarios para actuar si algo va mal, pero procurando prevenir los riesgos y posibles fallos eliminando la posibilidad de que ocurran antes de que se materialicen.

El control cierra el círculo

Podríamos afirmar que, si no existiera el control, todo el proceso de management, con sus funciones previas de planificación, organización y dirección de las personas, no serviría de mucho o, en el mejor de los casos, no podríamos saber si ha servido para algo.

El control cierra el ciclo del management al verificar que se alcanzan los objetivos marcados. La relación del control con las funciones anteriores del proceso directivo —planificación, organización, liderazgo— está clara, pero con la que guarda estrecha relación es con la planificación. La planificación y el control son dos funciones inseparables, ya que una no puede darse sin la otra. Te lo demostramos:

- ✔ Para controlar tienes que basarte en unos planes donde se establecen los estándares que servirán como referencia para comprobar lo ejecutado.
- ✔ Una planificación completa, con objetivos fijados hasta el nivel individual, te permitirá adjudicar las responsabilidades por los logros o los fallos.
- ✔ Los planes rigurosos y completos, con una programación temporal y un presupuesto detallado, te permitirán controlar plazos, costes y resultados de forma objetiva.
- ✔ El control también te ayudará a apreciar la calidad del comportamiento de los directivos de menor responsabilidad en su liderazgo y dirección de las personas, su capacidad de comunicación y motivación del equipo humano.
- ✔ Del control surge un flujo continuo de información que realimenta el proceso de management, enlazando de nuevo con la planificación: todo lo que aprenderás al revisar e investigar las causas de los problemas te será sumamente útil para formular planes sucesivos.

Controlemos, vayamos por partes

El control, como te hemos explicado, es un proceso, no una acción aislada u ocasional. Por tanto, para llevar a cabo este proceso, debemos presentarte los pasos que debes seguir para aplicar adecuadamente el control en tu organización:

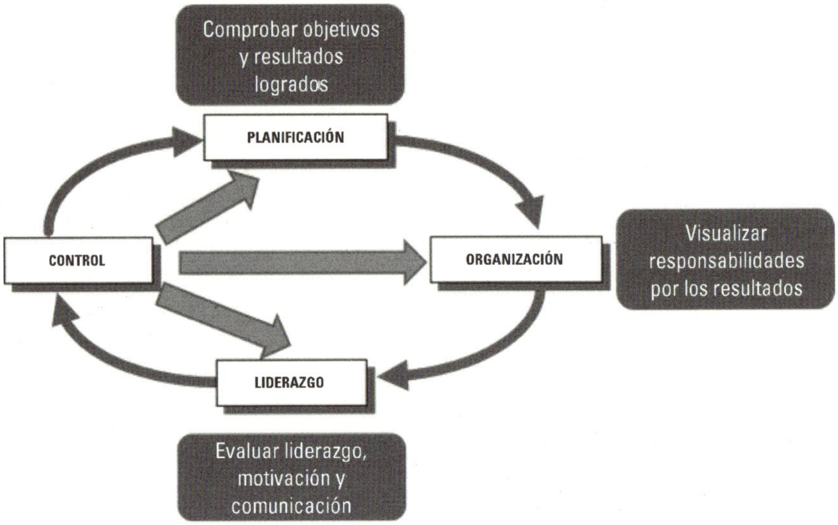

Figura 13-1: La relación del control con las funciones del management

- **Establecer los estándares de rendimiento**: los planes establecen unos objetivos, pero para apreciar el avance hacia esos objetivos hay que disponer de estándares en todas las áreas y niveles, llegando hasta el individual. Por ejemplo, los objetivos de ventas anuales se tendrán que desglosar en ventas por zonas, por productos, por meses y hasta por vendedor. Pues bien, solo podremos medir el rendimiento de los vendedores para comprobar si es adecuado si antes hemos llegado a establecer objetivos individuales, los hemos programado por meses, semanas o días y hemos establecido unos márgenes de tolerancia: esos serán los estándares para evaluar el logro del objetivo de ventas.
- **Medir el desempeño**: es obvio que, si queremos saber lo que pasa, hay que medir lo que está ocurriendo y compararlo con los estándares fijados, pero, para hacerlo, tendremos que disponer de la información precisa y oportuna, convenientemente elaborada y presentada. Siguiendo con nuestro ejemplo, deberemos tener listados de facturación por cada vendedor, presentar la información por semanas, meses, zonas, productos, etc., para que veamos si se está vendiendo como se planeó.
- **Dar *feedback***: la comparación entre lo previsto y lo logrado permite apreciar si hay desviaciones que deban valorarse para calibrar su importancia. Esa información debe usarse para mejorar, por lo que la retroalimentación hay que dirigirla a los responsables de los procesos, que tienen que lograr los resultados y pueden actuar cuando sea necesario corregir algo. Por ejemplo, la información sobre los

resultados de los vendedores se trasladará a sus jefes de equipo, de zona, de producto, a los directores comerciales, etc.

- **Analizar las causas de las desviaciones**: cuando el desempeño no se ajuste a lo establecido en los estándares, habrá que analizar las causas que han podido provocar los incumplimientos, ya que si las conocemos podremos actuar sobre ellas. Un descenso de las ventas puede deberse a una contracción general de la economía o a un bajo rendimiento de los vendedores.
- **Corregir lo que se ha hecho mal**: cuando se requiera una acción correctora, será necesario tomar las decisiones oportunas, lo que cierra el ciclo de control. Siguiendo con nuestro ejemplo, si las ventas han bajado por causa de la recesión, las acciones de la empresa irán a estimular la demanda a base de bajar el precio o intensificar la promoción, pero si se deben a un bajo rendimiento de los vendedores, habrá que actuar sobre el equipo de ventas, dándoles formación, mejorando su motivación, liderándoles de manera más eficaz, etc.

En definitiva, si quieres controlar, debes saber que el control tiene que completar todas las etapas para producir resultados, ya que controlar solo para saber que algo va mal no te servirá si no averiguas el porqué de esos fallos y no tomas las medidas oportunas para corregirlos.

Controlar cuesta, pero compensa

El control es una herramienta y, como tal, debe aportar utilidad. Eso significa que el control tiene un coste, pero que produce unos beneficios. Los aspectos económicos del control son fundamentales, porque todo control debe valer lo que cuesta.

Sin embargo, esto que parece una obviedad no es tan fácil de aplicar como parece, ya que es frecuente que las organizaciones no estén en condiciones de estimar cuánto les cuestan los sistemas de control que utilizan ni de compararlos con los rendimientos que genera su aplicación.

Por ejemplo, muchas empresas aplican controles de puntualidad y asistencia usando el antiguo método de supervisar si los empleados están a su hora en el puesto de trabajo. Pero seguro que muy pocas saben valorar cuánto cuesta cada minuto que un supervisor dedica a verificar el retraso o ausencia de un empleado. Tampoco habrá muchas en condiciones de saber qué coste tiene el tiempo en que el empleado ha estado ausente. Y menos aún serán capaces de establecer la relación entre la productividad del empleado y la presencia en el puesto de trabajo, que es algo que en la mayoría de las actividades no se cumple, ya que "estar" en el puesto de trabajo no significa "producir".

No olvides que el control molesta

Muchas veces se justifica el control con la suposición poco realista de que está para suministrar información a los gerentes. Sin embargo, los efectos reales del control no se reducen a eso.

Los controles influyen en la motivación y en la conducta de las personas sometidas a ellos, ya que el mero hecho de implantar sistemas de control afecta al comportamiento de quienes se saben observados y evaluados: es difícil, por no decir imposible, medir el comportamiento sin que se vea afectado.

Por ese motivo, hay que tener cuidado en no provocar efectos indeseados, haciendo que las personas persigan intereses propios que se desvíen de las metas de la organización: por ejemplo, al aplicar sistemas de incentivos por volumen de producción, los trabajadores pueden aumentar la cantidad en detrimento de la calidad, o aumentar la producción por encima de lo deseable, creando un exceso de stocks o incurriendo en un consumo excesivo de materiales.

Entre los efectos negativos del control pueden citarse los siguientes:

- Presión y tensión en el personal, que provoca reacciones negativas contra la dirección, conflictividad, etc.
- Énfasis en el corto plazo, que genera baja calidad, abuso de horas extra, pérdida de cohesión en los equipos, etc.
- Apego a las normas y a completar la propia tarea, en detrimento de la visión global de los problemas y la cooperación.
- Elusión de los controles, mediante trucos administrativos como manipular la información para presentar mejores datos o destacar lo que se hace mejor.

El control, cuando está bien diseñado y aplicado, aporta objetividad e integridad a la evaluación del trabajo de los empleados, ya que se basa en datos contrastables y no en opiniones o apreciaciones subjetivas de los jefes, analiza las causas y relaciona los resultados con el desempeño. Y eso estimulará la motivación para el esfuerzo cuando del control se deriven consecuencias justas, es decir, recompensas que premien los comportamientos positivos y que castiguen los negativos.

Estudiaremos esta cuestión más ampliamente en el capítulo 18, dedicado a la práctica de la motivación, donde te mostramos ejemplos de empresas preferidas para trabajar en España. Como verás, la clase de control que aplican sobre los empleados no tiene nada que ver con los controles convencionales, como los horarios, la presencia en el puesto de trabajo o las vacaciones obligatorias en ciertas fechas. Fomentan la responsabilidad al cerrar el círculo del control. Han optado por un control interno, basado en la preparación, compromiso y ética del empleado, frente al control externo por parte de los jefes, lo que ha permitido reducir al mínimo la supervisión y, en cierto modo, eliminar los mandos intermedios.

La regla de oro del control

La cuestión clave estriba en decidir qué clase de sistema de control debemos utilizar que nos compense los costes y la energía que vamos a invertir en su implantación. En este punto, podemos afirmar que la utilización de complejos programas de control podrá estar al alcance de una gran organización, pero para una pequeña empresa es más económico implantar un sistema más simple. Actualmente, con el desarrollo de las TIC, incluso las pymes pueden contar con sistemas eficaces y económicos de control, y hay recursos de software libre al alcance de cualquier empresa.

La regla de oro para el control es "más vale poco y bueno que mucho y malo", es decir, es aconsejable que se establezcan controles *solo* para los factores críticos y *solo* en las áreas más importantes. En conclusión, controlemos los factores cruciales para evaluar el avance de los planes, pero nada más.

Ten presente que el control nunca puede ser total: a mayor precisión en el control, el coste será más elevado, mientras que un mayor control proporciona más eficiencia en la gestión. El 100 % de control no es realista; y, en caso de ser posible, sería demasiado caro.

El *beneficio neto del control* es la diferencia entre la mejora de resultados provocada por el control y el coste del mismo, y lo que debes conseguir es el grado de perfección del control que te permita maximizar ese beneficio.

Por eso, antes de implantar ninguna medida de control la pregunta que siempre debes hacerte es: ¿cuánto cuesta y cuánto retorna? Si la diferencia no es significativa o si ni siquiera puedes saberla, olvídate de implantar el control.

El control de gestión

El control que se aplica en la empresa para garantizar que se llevan a cabo sus actividades de forma correcta para alcanzar el logro de sus objetivos es el llamado *control de gestión.*

El control de gestión es un conjunto de técnicas racionales, precisas y organizadas de forma que se pueda realizar un análisis permanente de la información disponible en la empresa, que permita detectar problemas y corregirlos a tiempo. Básicamente, el control de gestión es el control económico de la empresa.

Una pirámide de control

Aunque parezca una obviedad, hay que insistir en que el control de gestión tiene ámbito global, pues abarca a toda la empresa, todas sus áreas funcionales y todos los niveles: al igual que hacemos al planificar, es decir, establecer objetivos y planes en cada nivel directivo y área funcional, se deben instaurar controles en cada lugar con el alcance y finalidad que le corresponda.

Esa escala de controles forma una pirámide de control. Al formular los planes y los objetivos desde la alta dirección hacia abajo, como te explicábamos en el capítulo 6, se va diseñando el sistema el control, manteniendo el mismo esquema de los objetivos cuyo seguimiento realiza. Observa dicha pirámide en la figura 13-2.

NIVEL DE DECISIÓN	NIVEL DIRECTIVO	CONTENIDO DE LA DECISIÓN	TIPO DE CONTROL	OBJETIVOS
Estratégico	Alta dirección	Qué hacer	Control estratégico	Estratégicos UEN - Unidades de negocio
Táctico	Dirección intermedia	Cómo hacer	Control de gestión funcional	Funcionales Área
Operativo	Supervisión directa	Mandar hacer	Control operativo	Departamento Sección Unidad
Ejecución	Personal no directivo	Hacer	De tareas	Individuales

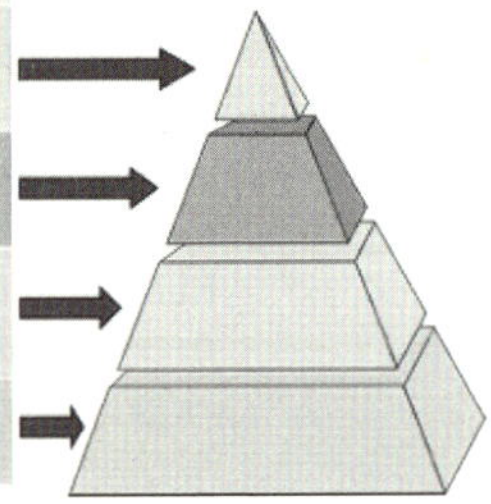

Figura 13-2: La pirámide: planes, objetivos y controles

Un ejemplo práctico

Veamos cómo se usaría la pirámide en un caso concreto. Imagínate una empresa que ha planteado una estrategia de crecimiento y se ha propuesto incrementar su facturación en un 15 % anual durante los próximos tres años. Es un *objetivo estratégico comercial* que se complementará con un *objetivo estratégico financiero* que expresará la rentabilidad que prevea obtener, que supongamos que es de un 12 %. Recordarás que en el apartado "Objetivos, objetivos, objetivos" del capítulo 6 te explicábamos cuáles eran los objetivos estratégicos.

Evidentemente, si la empresa se limitara a comprobar si ha cumplido o no los objetivos estratégicos, tendría que esperar hasta acabar el ejercicio económico para saberlo, y para entonces poco podría hacer para rectificar si las cosas no han salido como querían. Por tanto, el control tiene que establecerse de forma que pueda actuar antes para reconducir las cosas a tiempo.

Supongamos que esa empresa tiene varias líneas de negocio con sus propios productos. Como es lógico, en unos mercados y productos tendrá mejores perspectivas que en otros, por lo que el 15 % de crecimiento global seguramente consistirá en subir un 10 % en uno, un 25 % en otro, un 18 % en otro, etc., o incluso puede que espere descensos en algún mercado. De esa forma, el objetivo estratégico comercial global se tendrá que establecer separadamente para cada unidad de negocio. De esta forma, se completará el *nivel de control estratégico*, considerando la estrategia global y las estrategias de negocio o competitivas.

Luego tendrá que fijar objetivos funcionales y de área de actividad, en producción, compras, costes, personal, finanzas, etc. Ahí tendremos otro nivel de control, el táctico. Así, el responsable de cada área tendrá sus objetivos, presupuestos y estándares que servirán para controlar si esa área se está gestionando correctamente.

A continuación, esos objetivos funcionales habrá que llevarlos a cada sección, unidad operativa, equipo de trabajo, línea de producción, etc., estableciendo el *control operativo* con estándares como, por ejemplo, qué volumen de ventas tendrá que hacer cada tienda mensualmente o qué coste de producción deberá conseguirse en cada unidad del producto Z.

Y en su máximo detalle, cada empleado tendrá unas metas individuales asignadas y temporalizadas, lo que permitirá poner en práctica el último *nivel de control de ejecución*, que será efectuado por los supervisores directos.

Indicadores, tan fácil y difícil a la vez

El control de gestión se realiza con indicadores. Para un mánager, establecer indicadores es fundamental, por eso tienes que prestar atención a lo que te vamos a contar ahora.

Un *indicador*, también llamado KPI (*Key Performance Indicator*), Indicador Clave de Rendimiento, o KSI (*Key Success Indicator*), Indicador Clave del Éxito, es una medida que permite evaluar la evolución de la trayectoria de una variable significativa de una organización hacia un objetivo determinado.

Los indicadores son medidas *cuantificables* (es decir, se pueden medir en euros, kilos o vatios) y *validadas* (cuya calidad para medir lo que se quiere se ha comprobado), que muestran el comportamiento de los factores claves del éxito de una empresa.

Para que un indicador tenga utilidad para el management, debe no solo reflejar resultados de variables significativas para la empresa, sino que además debe tener *permanencia*, para que se puedan hacer comparaciones entre diferentes momentos del tiempo que permitan apreciar la evolución de dicha variable.

Los indicadores deben abarcar todas las áreas claves de resultados, como son:

- ✔ Ventas y resultados comerciales.
- ✔ Producción, calidad y costes.
- ✔ Recursos humanos.
- ✔ Resultados financieros.

Solo así serán útiles para mantener el control global de la empresa sin descuidar ningún aspecto importante.

Diseñar indicadores eficaces

Como te hemos contado, diseñar indicadores es una labor fundamental para el buen ejercicio del management: un directivo tiene que saber dónde y qué mirar para garantizar que las cosas funcionan como es debido. Y ya sabemos que controlar bien no significa poner muchos controles sino poner los adecuados, y mientras menos numerosos pero más precisos sean, mejor.

Para cumplir esta recomendación debes seguir unos principios básicos a la hora de *diseñar indicadores*:

- ✔ **Sencillez**: Los indicadores deben ser simples, comprensibles, fáciles de elaborar y de usar. Un indicador que solo sirve para un gran experto no es aconsejable.
- ✔ **Adecuación**: Se deben ajustar a las características de la organización, a sus recursos, actividades, conocimientos, tamaño, etc. Los indicadores que necesita una pyme no son los mismos que una empresa grande que cotiza en Bolsa, por ejemplo.
- ✔ **Disponibilidad**: los indicadores deben medir de forma sistemática la evolución de los resultados, y para ello deben basarse en datos que ya están disponibles en el sistema de información de la empresa, sin exigir nuevas tomas de datos o la creación de fuentes primarias.
- ✔ **Utilidad**: Nunca hay que olvidar que los indicadores tienen que servir para medir la eficacia (cumplimiento de objetivos) y la eficiencia (buen uso de los recursos).

Te aconsejamos que mires algunos de los indicadores que se usen habitualmente en tu empresa y contrastes si cumplen las condiciones que hemos señalado. Si no las cumplen, analiza cómo podrían mejorarse y rediséñalos de la forma adecuada.

Qué debe incluir un indicador

Cuando establezcas indicadores, recuerda las recomendaciones que te hemos trasmitido en el apartado anterior: sencillez, adecuación, disponibilidad y utilidad. Eso te ayudará a perfilar todos los aspectos que debe contemplar un indicador para cumplir esas condiciones:

- ✔ **Denominación**: nombre que exprese lo que mide para que todo el mundo lo pueda entender.
- ✔ **Procedimiento de cálculo**: cómo se elabora, qué datos y operaciones hay que hacer para obtenerlo.
- ✔ **Unidad de medida** en la que se expresa: puede ser un porcentaje, euros, vatios, kilos, metros, horas, etc.
- ✔ **Sentido deseado**: cómo es deseable que evolucione, creciendo, decreciendo, manteniendo un valor fijo o quedando dentro de un intervalo, etc.
- ✔ **Fuente de información**: de qué documentos o fuentes se obtendrán los datos para el cálculo, sin olvidar que es preferible usar datos existentes en el sistema de información de la empresa.
- ✔ **Frecuencia de la toma de datos**: es decir, cada cuánto tiempo se recogerán los datos.
- ✔ **Valor actual o inicial** de partida: valor que servirá de base para comparar la evolución de la magnitud que estamos siguiendo.
- ✔ **Valor potencial u óptimo**: al que se desea llegar en un contexto ideal.
- ✔ **Valor del objetivo** fijado para el período de análisis, mensual, anual, etc., ya que normalmente es difícil conseguir el valor óptimo a corto plazo.
- ✔ **Frecuencia del análisis**: cada cuánto tiempo se elaborará el indicador, que es lo mismo que referirse a la frecuencia del control: cada semana, cada mes...
- ✔ **Responsable del análisis**: persona que valorará la información resultante del indicador para decidir si hay que hacer algo o no.
- ✔ **Responsable o responsables del proceso**: quienes tienen en sus manos la actividad que es objeto de análisis y son quienes deberán responder del cumplimiento del objetivo o aplicar las medidas correctivas, en su caso.

Para que puedas apreciar cómo elaborar un indicador, a continuación te ofrecemos un ejemplo:

Tabla 13-1: Ejemplo de un indicador de eficacia

1. **NOMBRE:** Conformidad del producto.
2. **PROCEDIMIENTO DE CÁLCULO:** [(Productos entregados – Productos devueltos) / Productos entregados] × 100.
3. **UNIDAD DE MEDIDA:** Porcentaje.
4. **SENTIDO DESEADO:** Creciente.
5. **FUENTE DE DATOS:** Registro de entregas (albaranes de venta) y Registro de devoluciones (albaranes de recepción).
6. **FRECUENCIA DE LA TOMA DE DATOS:** Diaria.
7. **VALOR DE PARTIDA (ACTUAL):** 87 %.
8. **VALOR ÓPTIMO:** 100 %.
9. **OBJETIVO AÑO 2015:** 95 %.
10. **FRECUENCIA DEL ANÁLISIS:** Mensual.
11. **ANALISTA:** Responsable de Gestión Comercial.
12. **RESPONSABLE/S DEL PROCESO:** Responsable de Expediciones y Responsable de Producción.

De forma similar al que acabamos de ver, en la gestión empresarial es necesario establecer indicadores que midan todas las variables importantes para el buen funcionamiento del negocio. Y como te decíamos, cada mánager tiene que crear en su área los indicadores que mejor puedan revelarle cómo lo está haciendo.

Por eso, como ejercicio práctico, te proponemos que trates de poner por escrito cuáles son los indicadores que mejor podrían describir el buen desempeño de tu unidad, departamento o puesto de trabajo. Si esos indicadores ya existen, trata de explicar todos los aspectos que hemos enumerado en el ejemplo anterior, y eso te ayudará a comprender qué miden y cómo lo hacen, o incluso, si están bien diseñados. Si no existen los indicadores o son insuficientes, es aconsejable que trates de elaborar los que estimes más significativos y útiles para evaluar el buen hacer en tu unidad. Y no dudes de que eso puede ayudarte a hacer mejor tu trabajo.

El cuadro de mandos

Al conjunto de los indicadores que se utilizan en el control de gestión empresarial se le llama *cuadro de mando* (del francés *tableau de bord*, que traducido de manera literal sería “tablero de mandos” o “cuadro de instrumentos”, como el del salpicadero de un coche).

El *cuadro de mando* es una herramienta diseñada para ofrecer a los mánager una visión global y comprensible del funcionamiento de la empresa en su conjunto y en cada una de sus áreas. Está formado por un conjunto de indicadores que reflejan las variables más importantes y expresivas de la eficacia y eficiencia en la gestión.

Cuando en el apartado anterior te pedíamos que elaboraras la lista de los indicadores más apropiados para medir el buen hacer en tu departamento o negocio, lo que realmente te estábamos pidiendo es que presentaras el cuadro de mando de tu unidad.

Al igual que hay un cuadro de mando del conjunto de la empresa, conforme bajamos en la jerarquía los indicadores de las unidades tienen que ser más detallados y específicos.

Por ejemplo, el cuadro de mando de un supervisor de equipo incluirá indicadores sobre las horas trabajadas por el equipo y por cada uno de sus integrantes, la producción obtenida de cada producto, los materiales consumidos, las incidencias como averías o herramientas extraviadas, etc. Pero al nivel de toda la fábrica, esos indicadores serán agregados para medir la producción de toda la fábrica, el número total de horas trabajadas o el coste de los materiales empleados.

Controlar con el presupuesto

Una parte fundamental del control se hace a través del presupuesto, que por el capítulo 5 ya sabemos que es el plan llevado al máximo grado de desglose, temporalización y cuantificación. Ese control se conoce como *control presupuestario*.

El control presupuestario se apoya en los presupuestos, donde se definen las variables que se quieren controlar y los valores que esas variables deben alcanzar en cada momento del ejercicio al que se refiere el plan.

El control presupuestario, como el plan y el presupuesto en el que se apoya, se debe desarrollar en todas las áreas de la empresa y en todos los niveles. Solo así será posible llevar a cabo el control exhaustivo y periódico de todos los ingresos y gastos de cada unidad orgánica para verificar si están dentro de lo establecido.

Problemas de control comunes en las pymes

Según los expertos, algunos de los problemas más comunes en las pymes son problemas de control, por carencia de indicadores adecuados o por desatención a áreas clave del negocio. Entre los problemas más habituales a los que se enfrentan las pymes estarían los siguientes:

- **Control de inventarios.** La ausencia de una buena planificación de la producción y de las compras, basada en un correcto cálculo de la demanda prevista, conduce a excesos de stocks que producen un sobrecoste por inversión, mantenimiento y mermas. A ello se une la falta de sistemas adecuados de control de inventarios que mantengan los stocks actualizados y alerten sobre los niveles de inventario, tanto por exceso como por defecto.
- **Control de tesorería.** En general, la cultura financiera del pequeño empresario es baja, por lo que se descuida el control de la gestión del crédito y de los cobros, se desconoce el monto de la deuda vencida y eso provoca costes financieros elevados y riesgo de falta de liquidez, cuando no de solvencia.
- **Control de la producción.** Es frecuente que las pymes carezcan de sistemas que les permitan controlar adecuadamente los consumos, los costes, la productividad y la calidad de su producción, lo que les resta competitividad a la hora de concurrir, especialmente para servir pedidos grandes, donde los márgenes deben estar muy bien calibrados.
- **Control económico y financiero.** En las pymes es habitual que el llevar la contabilidad se considere una carga que se asume por obligación legal más que una herramienta necesaria para la gestión. Comúnmente los registros contables son escasos, están externalizados o se producen con tanto retraso que no permiten contar con información oportuna para iluminar las decisiones económicas y financieras.
- **Control comercial y de posventa.** Las pymes carecen de herramientas que les permitan un seguimiento y control de variables comerciales clave, y muchas veces tardan en reconocer que sus ventas caen, que sus clientes son menos leales o que para mantener su clientela tienen que reducir sus márgenes, achacando estas situaciones a factores externos cuando el problema está en la empresa y en su incapacidad para procesar señales del mercado y reajustar su oferta.
- **Control de los recursos humanos.** La mayor parte de los controles sobre el personal que aplican las pymes no están directamente relacionados con la productividad del factor humano ni con su aportación de valor a la empresa. Se carece de conocimiento sobre cuánto vale el rendimiento del empleado y cómo retribuirlo adecuadamente, cuando este control se podría realizar a través de indicadores elaborados a partir de la información económico-financiera.

La mayoría de estos problemas se podría resolver contando con un adecuado paquete integrado de gestión, del tipo ERP (siglas en inglés de Enterprise Resource Planning o Planificación de Recursos Empresariales) como el SAP Business One, Microsoft Dynamics, etc.

El presupuesto no solo concreta cantidades, sino también los momentos del tiempo en los que deben haberse cumplido las actividades. Por eso es un instrumento de control tan poderoso, ya que permite tomar las medidas correctivas necesarias desde el momento en que nos damos cuenta de que nos estamos desviando del objetivo.

Por ejemplo, si el presupuesto establece que para un determinado momento deberíamos haber alcanzado un volumen X de producción con un coste de materiales Z y de mano de obra Y, el control presupuestario nos permitirá apreciar si ha habido desviaciones en cualquiera de esas variables: la cantidad de producto planificada, el consumo de materiales, las horas trabajadas y el tiempo empleado en ello.

Hoy en día, dada la accesibilidad de los sistemas integrados de gestión informatizada para la mayoría de las empresas, incluso las pymes, el control presupuestario es mucho más sencillo de llevar a cabo. Pero para ello es necesario que el registro de datos y la contabilidad se lleven al día y estén disponibles para los directivos de la empresa de forma inmediata, y eso muchas veces no ocurre cuando la gestión contable se externaliza.

Si ese es el caso en tu negocio, debes procurar que tu gestor te provea de un sistema que te permita la interconexión permanente, tanto para la introducción de los datos desde tu empresa de forma inmediata como para que puedas consultar la información contable cada vez que necesites datos para tomar decisiones.

Aunque no lo parezca, esto también es control

Aunque el control presupuestario del que te acabamos de hablar es el más importante, hay otras técnicas y herramientas que también forman parte del control de gestión, que aunque cuenten con información económica y contable, no están directamente relacionadas con los presupuestos. A estas herramientas se les suele llamar *técnicas no presupuestarias de control* y, a su vez, podemos dividirlas en cuantitativas y no cuantitativas.

No solo los números sirven para controlar

Hay muchas maneras de controlar sin acudir a complejos sistemas basados en la estadística, la contabilidad o las matemáticas. Piensa por ejemplo cómo nos han controlado nuestras madres toda la vida. Ahí tienes algunas muestras:

- ✔ **Observación directa**: es normal que los supervisores hagan giras de observación para apreciar sobre el terreno el comportamiento y el desempeño del personal a su cargo.

- **Entrevista de seguimiento**: se mantienen por parte del mánager responsable con sus colaboradores y subordinados para apreciar su trabajo; normalmente, se hacen uno a uno, y permiten profundizar sobre hechos detectados en la observación directa.
- **Memorandos e informes**: documentos detallados que analizan y explican un determinado asunto ofreciendo información amplia y precisa que permita investigar un problema a fondo. Para ser útiles, deben seguir unas recomendaciones acerca de la extensión, la estructura, la forma de presentación, las conclusiones y las recomendaciones, que te explicamos detalladamente en el recuadro gris adjunto.
- **Auditoría**: aunque siempre pensamos que la auditoría evalúa la validez y fiabilidad de los estados financieros de la empresa, en realidad el concepto se refiere a la revisión de cualquier proceso o área, por lo que hoy en día se aplica a todo tipo de ámbitos de gestión, como la calidad, la comunicación, las políticas de recursos humanos, etc.

Seguro que como mánager haces uso de esas herramientas en tu día a día, lo mismo que tus superiores las usarán contigo, ¿verdad?

Cómo elaborar un buen informe de gestión

Muchas empresas usan los informes y memorandos como herramientas de gestión, y su utilidad para el control es indudable, ya que permiten profundizar en las causas de los problemas. Además proveen de valiosos registros históricos que constituyen una memoria viva de la organización (al cabo de unos años nadie recuerda por qué o qué se hizo en un determinado asunto), y también son muy reveladores del desempeño y el compromiso de los empleados a los que se les demandan.

Sin embargo, un informe no es cualquier recopilación de información, sino que debe cumplir unas determinadas condiciones para mostrar su verdadero valor.

Características de un buen informe

- **Autoría:** el informe debe encargarse a la persona responsable de la actividad objeto del mismo, aunque esta deba reclamar la colaboración de otras que puedan haber participado en ella.
- **Concreción temática:** un informe debe referirse a un asunto concreto, y quien lo demanda debe especificar qué desea: un análisis, una evaluación, una propuesta, una simple recopilación y tratamiento de datos, una depuración de responsabilidades, etc.
- **Extensión:** un informe debe ser conciso, por lo que aunque la extensión vaya a depender de la complejidad del asunto a tratar, hay que evitar digresiones o redundancias que hagan más difícil su lectura. Unas diez páginas puede ser un límite adecuado.
- **Identificación y registro:** todo informe debe permitir su identificación, codificación y registro, de forma que se facilite su rápida

(cont.)

localización en un momento posterior, por lo que en su portada o encabezado deberíamos incluir los siguientes datos:

- Título del informe.
- Palabras clave.
- Datos del autor y ubicación orgánica.
- Fecha.
- Destinatarios.
- Carácter (confidencial, público, uso interno, etc.).

Estructura del informe

Un informe debe permitir que quien lo lee se haga cargo de la situación descrita, así como de las razones que han motivado su redacción, por lo que debe incluir diversos apartados:

- ✔ **Índice:** es recomendable que sea sintético y que aparezca en la primera página o en la portada.
- ✔ **Resumen ejecutivo:** un resumen de no más de una página donde se sinteticen todos los aspectos importantes tratados en el informe, que debe permitir saber lo esencial del problema.
- ✔ **Antecedentes:** breve descripción del asunto y motivos por los que se realiza el informe.
- ✔ **Fuentes de información** a las que se ha acudido, metodología y técnicas para la elaboración de la información y resultados del informe, problemas y limitaciones encontradas, etc. Esta parte puede ir como anexo final.
- ✔ **Desarrollo del tema:** refleja el tratamiento del asunto central del informe. Es recomendable usar un estilo directo, agrupar la información en tablas, gráficos y esquemas e indicar claramente las ideas que se tratan en apartados o secciones.
- ✔ **Resultados:** según la finalidad del informe, el apartado final incluirá conclusiones, recomendaciones o cualquier otro resultado del análisis que sea relevante. Este apartado debe poder leerse y entenderse sin haber leído el cuerpo central del informe, solo el índice y el resumen ejecutivo.

La redacción de informes es una excelente oportunidad para que los empleados más talentosos puedan mostrar su capacidad e implicación en la empresa, por lo que es una habilidad que, como mánager, es conveniente que desarrolles.

Controlar los números

Las técnicas cuantitativas de control normalmente son más complejas de utilizar, ya que requieren el concurso de técnicos expertos en ellas. Las más importantes son:

- ✔ **Análisis de datos estadísticos**: las empresas cuentan con muchos conjuntos de datos que pueden usarse para el control mediante su adecuado tratamiento estadístico, para presentarse en forma de series, tablas, gráficos, indicadores, etc.

- ***Business Intelligence***: la inteligencia de negocio ofrece interesantísimas posibilidades para el control, por ejemplo, los SIG (Sistemas de Información Geográfica) se utilizan para el control de rutas por parte de empresas logísticas y permiten saber dónde está cada camión, contenedor y envío en un momento dado.
- **Ratios e indicadores**: las ratios son relaciones por cociente entre dos magnitudes, que suelen presentarse como porcentajes y que expresan una variable que interesa controlar. El ejemplo que te presentábamos antes en este capítulo de un indicador de eficacia llamado "conformidad del producto" es una ratio. Aunque los indicadores pueden ser también magnitudes absolutas, no solo relativas, como el consumo total de energía o el coste total de personal.
- **Análisis del punto muerto o umbral de rentabilidad**: es un concepto económico que determina el volumen de operaciones a partir del cual la empresa empieza a ganar dinero, y que, en general, muestra qué efecto tienen en los beneficios las variaciones del coste, del volumen de actividad y del precio. Te aconsejamos que acudas a un experto para su cálculo y utilización para el control.
- **Técnicas de control de proyectos**: existen técnicas tradicionales como el PERT, CPM, los gráficos de Gantt y otras para el control temporal y económico de proyectos complejos, como los eventos y los productos singulares. Pero hoy en día se pueden llevar a cabo la planificación y el control de estos eventos con programas estándar como el Project de Microsoft Office.
- **Simulaciones mediante hoja de cálculo**: la extensión en el uso de la hoja de cálculo electrónica, aunque tiene su mayor utilidad en el control presupuestario, también facilita la realización de controles en otros ámbitos, así como el tratamiento estadístico de los datos. Las simulaciones son útiles para analizar las posibles consecuencias de desviaciones, mediante comandos del tipo "qué pasaría si...".

EJERCICIO

Como en el apartado anterior, volvemos a proponerte que repases cuáles de estas herramientas utilizas en tu trabajo cotidiano y cuáles crees que podría convenirte utilizar o aprender. No olvides que siempre hay que controlar los aspectos críticos y determinantes del éxito en tu gestión. No se trata de imponer controles porque sí, sino de cerrar eficazmente el círculo del management.

Control de estado mayor

¡Atención, aquí controlan los generales! El estado mayor de la empresa es la alta dirección y a ella corresponde ejecutar un nivel clave dentro del sistema de control como es el control estratégico, y así te lo anticipábamos en el apartado "Los pasos necesarios" del capítulo 8, en el que te explicábamos las etapas en la implementación de la estrategia.

El *control estratégico* tiene como fin revisar y evaluar el proceso de dirección estratégica y garantizar que funciona correctamente, es decir, que la estrategia se está implementando de la forma prevista y que los objetivos estratégicos se están alcanzando.

Para este control, la herramienta fundamental es el llamado *cuadro de mando integral* (*CMI*), en inglés Balanced Scorecard, un modelo de gestión y control creado por el profesor de la Harvard Business School Robert Kaplan y el consultor financiero David Norton, considerado por la Harvard Business Review como una de las ideas de gestión más influyentes en los últimos setenta y cinco años.

El cuadro de mando integral combina la visión tradicional del control, basado mayoritariamente en datos financieros, con una visión global que va más allá y considera otros aspectos relevantes del éxito, particularmente los ligados a los activos intangibles. Por eso, en la actualidad, es una de las herramientas más utilizadas por las grandes empresas de todos los países y sectores.

Balanced Scorecard, el tablero equilibrado

El cuadro de mando integral es un modelo de gestión y de control estratégico que traduce la estrategia en cuatro grupos de objetivos relacionados entre sí: financieros, comerciales, de procesos y de innovación. Estos objetivos se miden mediante indicadores y se ejecutan a través de unos planes de acción que aseguran que el comportamiento de las personas se alinea con la estrategia de la empresa.

En la figura 13-3 tienes una representación del CMI. El nombre original remite a la idea de un cuadro de mando (*Scorecard*) equilibrado (*Balanced*), destinado a comunicar, implantar y hacer el seguimiento de la estrategia en toda la empresa, para que se lleve a niveles operativos implicando a toda la organización.

En definitiva, lo que pretende el CMI es hacer que la estrategia sea el trabajo diario de todo el mundo, y para lograrlo, el liderazgo de los mánager debe movilizar el cambio.

Cada grupo de objetivos e indicadores da respuesta a una pregunta que es clave para asegurar el éxito de la estrategia:

- **Perspectiva financiera**: ¿Cómo aparecemos ante los accionistas?
- **Perspectiva del mercado**: ¿Cómo nos ven los clientes?
- **Perspectiva de procesos internos**: ¿En qué debemos ser los mejores?
- **Perspectiva de innovación y aprendizaje**: ¿Podemos continuar mejorando y creando valor?

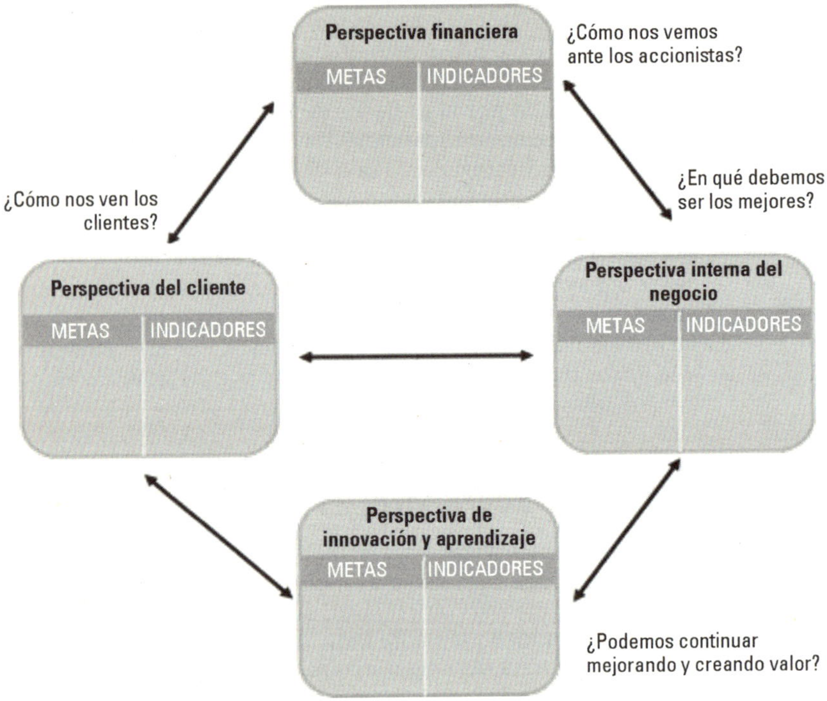

Figura 13-3: El cuadro de mando integral

Como puedes ver, el cuadro de mando integral adopta una perspectiva multilateral del control, próxima a la idea de considerar a todos los grupos de interés implicados en la creación de valor y el logro de resultados. En ese sentido, es un modelo congruente con la aceptación de que la empresa tiene una responsabilidad social que va más allá de simplemente ganar dinero para sus accionistas.

Los indicadores del Balanced Scorecard

Como te decíamos, para los cuatro grupos de objetivos del cuadro de mando integral se establecen indicadores que permitan medir su avance. Estos indicadores muestran las expectativas de los grupos de interés que están relacionados con ese objetivo.

- **Perspectiva financiera**: desde esta perspectiva, se persigue maximizar el valor para los accionistas, con indicadores como rentabilidad económica y financiera, flujos de dinero, liquidez, solvencia, dividendos, rentabilidad bursátil, etc.
- **Perspectiva comercial**: se enfoca a evaluar y asegurar las necesidades del cliente que hay que satisfacer para ganar dinero, con indicadores como la cuota de mercado, el incremento de clientes, la retención de clientes, calidad percibida, precios, tiempo de servicio, etc.
- **Perspectiva de procesos internos**: evalúa el nivel de excelencia que se requiere en los procesos para crear valor y así satisfacer las necesidades de clientes y accionistas; los indicadores en este campo serían de productividad, calidad, rotación de stocks, consumos, costes, etc.
- **Perspectiva de innovación y aprendizaje**: trata sobre los recursos y las formas de usarlos para alcanzar los objetivos, con especial énfasis en el factor humano, donde reside el talento individual y colectivo; para su gestión se establecen indicadores de productividad, satisfacción, rotación de personal, formación, clima laboral, etc.

En resumen, el CMI es una herramienta que consigue ligar el control de alto nivel estratégico con el seguimiento directo de los procesos operativos de la organización.

Aprender de los errores: Pescanova, sin control, "lo bueno no sabe bien"

Pescanova es una empresa con sede en Redondela (Pontevedra), creada en 1960 por José López y sus hermanos, archiconocida por su publicidad del Capitán Pescanova y Rodolfo Langostino (finales de la década de 1990). En 1980, Manuel, hijo del fundador, tomó las riendas del negocio y la compañía empezó a cotizar en la Bolsa de Madrid en 1985.

En abril de 2013, Pescanova era líder en su sector y no parecía amenazada por la crisis. Sin embargo presentó uno de los mayores concursos de acreedores de la historia de España. Asumía una deuda de 1.522 millones de euros, ocho veces su resultado de explotación. La empresa contaba en ese momento con más de 10.000 empleados en todo el mundo, un 12 % de ellos en España.

La crisis había estallado el 28 de febrero anterior. La compañía anunció que no iba a hacer públicas las cuentas anuales de 2012 porque "tenía que certificar la venta de ciertas actividades relacionadas con el cultivo del salmón". La Comisión Nacional del Mercado de Valores (CNMV) suspendió cautelarmente su cotización en la bolsas, y el mes siguiente las acciones de Pescanova perdieron dos tercios de su valor en los mercados.

(cont.)

Oficialmente, en septiembre de 2012 la empresa tenía deudas por 1.500 millones de euros, pero en ese momento la deuda real podía ser de más del doble. Las 45 entidades financieras a las que la compañía debía dinero crearon un comité y encargaron a la auditora KPMG y al despacho Freshfields analizar pormenorizadamente las cuentas.

La empresa era propiedad de Manuel Fernández de Sousa (14,4 % de las acciones), Damm (6,11 %) y otros accionistas minoritarios. El entonces presidente y Damm estaban enfrentados. El concurso de acreedores voluntario se solicitó con el voto en contra de cinco de los doce consejeros, incluidos los de Damm. Además de los problemas internos, Pescanova estaba en litigio con BDO, su auditor anterior.

Y por si todo esto fuera poco, pesa sobre Fernández de Sousa la sombra de un posible delito financiero, porque vendió un 7 % de la empresa sin comunicarlo al organismo regulador ni al resto de los accionistas. ¿Una huida precipitada para defender su patrimonio, antes de la catástrofe? La CNMV se limitó a solicitar la contabilidad de la compañía, sin éxito.

Los informes posteriores de KPMG y Deloitte, la administradora concursal, revelaron que el 80 % de las ventas de Pescanova de 2011 y 2012 fueron ficticias y que el agujero patrimonial ascendía a 1.667 millones de euros.

El 23 de mayo de 2013 el juez de la Audiencia Nacional Pablo Ruz imputó a Fernández de Sousa y a dos consejeros más por uso indebido de información relevante, falseamiento de información económico-financiera y de cuentas anuales. Al parecer, Fernández de Sousa había vaciado la actividad económica de la empresa matriz al traspasar a sus empresas particulares una parte significativa de las ventas de congelados, langostino, calamar y merluza. Ese mismo día, Pescanova relevó a su presidente. Respecto al poder interno, se hizo con las riendas la cervecera Damm y, para salvar la empresa, situó como primer ejecutivo a Juan Manuel Urgoiti y López Ocaña (Madrid, 1939), que había sido Consejero Delegado del BBV, quien logró el cierre transitorio de algunas plantas y empezó las negociaciones con los acreedores.

En noviembre de 2013, BDO confirmó que había en Pescanova una "contabilidad B" oculta al auditor, y a principios del año siguiente la compañía cerró su convenio de acreedores con una importante quita de los bancos. Aunque en 2013 registró pérdidas de 715 millones de euros, en 2014 obtuvo unos beneficios de 1.654 millones.

En mayo de 2014, el Consejo de Administración aceptó la dimisión de Urgoiti, y el consorcio formado por los siete bancos acreedores que habían capitalizado la deuda de la compañía, con un 95 % del capital, asumió el control de la empresa y nombró como presidente de la Comisión de Vigilancia a Jacobo González-Robatto, presidente del consejo asesor del Banco Popular. Se creó Nueva Pescanova, que no cotiza en Bolsa, con los activos de la anterior Pescanova, donde Damm pasó a tener solo el 0,3 % del capital. La banca "perdonó" unos 2.000 millones de euros a la empresa e inyectó 150 millones de euros de liquidez.

Según Marc Garrigasait, autor del blog "El abrazo del koala" (*El Confidencial*), las lecciones del caso Pescanova se pueden sintetizar en las siguientes:

1. Cuando el máximo dirigente de una empresa dedica gran parte del tiempo a cometer un fraude usando filiales no consolidadas en países como Namibia o Mozambique, es imposible que ningún auditor en sus funciones básicas de auditoría pueda averiguarlo. Si la persona que mejor conoce los entresijos de la empresa y sus filiales internacionales dedica

(cont.)

su tiempo a intentar engañar a otros, difícilmente lo podrá detectar nadie hasta que explote. Probablemente tampoco un banco puede detectarlo.

2. Una auditoría comprueba que cuadre toda la contabilidad y, especialmente, que sean correctos los asientos contables y las cuentas de resultados, balances y estado de flujos de caja. Pueden revisar los stocks si están en Vigo, pero no en la Patagonia. Es la diferencia entre una simple auditoría y un análisis forense o *forensic*, un examen casi detectivesco que examina con lupa las cuentas de una sociedad, y, en caso necesario, sus conclusiones pueden constituir pruebas válidas para un juez. Un análisis de este tipo busca indicios, como una factura en Namibia que no corresponda a una entrega de mercancía.

3. Otorgar demasiado crédito a una empresa la puede hundir cuando el tamaño de su pasivo es descomunal. Los préstamos otorgados por la antigua Caixa Galicia en 2005-2007 permitieron una huida hacia delante de Pescanova. Si una empresa se acostumbra a crecer mediante préstamos, sin autofinanciación, el riesgo financiero se dispara y puede acabar estrellándose.

4. Las entidades financieras más afectadas por el caso Pescanova vuelven a ser las cajas de ahorros nacionales y los bancos internacionales de siempre, el Royal Bank of Scotland (RBS) y algunos bancos alemanes. Otra vez, el Banco Popular, con una deuda de Pescanova de 165 millones de euros, solo superado por el Banco Sabadell (que proviene de alguno de sus bancos adquiridos), vuelve a liderar los rankings de mala gestión de los controles de riesgo. E igualmente de nuevo, BBVA y Banco Santander vuelven a escaparse de una quiebra por los pelos.

5. Con el caso Enron-Pescanova como le llamaron algunos, hemos aprendido de la existencia de bancos internacionales muy exóticos: 85 bancos, de los cuales más de cincuenta eran extranjeros, con nombres como Banco Amazonas, Mauritius Commercial Bank, Banco Patagonia, Nedbank Namibia, Banco Guayaquil o Banco Bolivariano, tienen deudas del Grupo Pescanova. También aparecen en la interminable lista que publicó Expansión, el ICO, el Ministerio de Industria o Xesgalicia, sociedad de capital riesgo.

Para que un fraude pueda perpetuarse muchos años, como el que parece haber ocurrido en Pescanova, la empresa debe tener activos muy buenos. En este caso, los derechos de pesca en todo el mundo, pero especialmente en zonas de pesca únicas como Namibia o Mozambique, así como la flota de barcos, eran y son activos muy valiosos. Aunque con un pasivo final de 3.170 millones euros, el doble del contabilizado, unas ventas de 1.664 millones de euros en 2011, pero con un flujo neto de caja negativo, la empresa ya no tiene salida posible como grupo.

Parte IV

El día a día del mánager

En esta parte...

Todo lo que te hemos explicado en las tres partes anteriores no tendría sentido si no te explicáramos cómo se lleva a la práctica en la realidad, cómo se plasma en el día a día del trabajo del mánager. Por ello, en esta parte trataremos aspectos clave en tu actividad cotidiana: cómo prevenir y detectar problemas y tomar decisiones para corregirlos (capítulo 14); cómo mandar con autoridad y respeto, haciendo que las decisiones se ejecuten correctamente, con eficacia y a tiempo (capítulo 15); los canales y flujos formales e informales de comunicación y cómo hacer que funcionen lo mejor posible (capítulo 16), y habilidades imprescindibles e importantísimas de liderazgo y motivación de equipos, con especial atención a la gestión del talento (capítulos 17 y 18). Lo que aprenderás en estas páginas vale mucho más que su peso en oro.

Capítulo 14

Problemas y decisiones

En este capítulo

- Problema no es solo lo que va mal
- Elegir y renunciar
- El valor de la intuición
- Contar con los demás

Desengáñate; en tu día a día, casi todo lo que haces como mánager implica tomar decisiones. Ya se trate de acudir o no a una cita, llamar a una persona para aceptar una propuesta, felicitar a un colaborador que ha hecho un buen trabajo o dar a un buen cliente un trato especial, son acciones tras las cuales están decisiones que has tomado previamente.

En línea con los roles directivos que te presentábamos en el capítulo 2, los directivos siempre ejercen una serie de papeles o roles mediante los que se relacionan con personas, manejan información y, como resultado de ello, toman decisiones para desarrollar el proyecto de futuro, resolver anomalías, asignar recursos o negociar.

También son decisiones todas las tareas relacionadas con lo que hay que hacer para cumplir las funciones directivas de planificación, organización, liderazgo y control: establecer unos objetivos, elaborar una estrategia, distribuir responsabilidades, motivar a los colaboradores para que trabajen mejor o rectificar lo que va mal... también son el resultado de decisiones.

El núcleo del trabajo directivo es la toma de decisiones, que es la forma en que se ejerce la autoridad en la empresa. De hecho, cuando definimos al mánager decimos que es una persona que tiene autoridad otorgada por la organización, lo que es lo mismo que decir que tiene poder de decisión.

De ahí que, como directivo, conocer las situaciones que implican tomar decisiones, cuál es su importancia, cuánta atención debes dedicarles, qué información necesitas para abordarlas o en qué grado debes contar con otras personas para resolverlas es una parte fundamental de tu preparación como mánager, y a eso vamos a dedicar este capítulo.

Un mánager es como un médico

En una empresa, dirigir supone afrontar continuamente situaciones en las que hay que decidir, a veces bajo fuertes presiones internas y externas. Y es que, aunque hablemos de decisiones empresariales continuamente, no es esta una actividad privativa de la empresa: todos los directivos y administradores que operan en organizaciones son “tomadores de decisiones”, ya sean gestores en organismos públicos, dirigentes de ONG, responsables de centros educativos, sanitarios, deportivos, etc. Logramos lo que decidimos.

El hecho es que, como decía el premio Nobel de Economía Herbert Simon, cualquier acción que se ejecute en una organización ocurre porque previamente alguien ha tomado una decisión al respecto.

La toma de decisiones no solo consiste en elegir una alternativa, sino que es algo mucho más complejo: un proceso que empieza cuando alguna señal nos alerta de que hay una situación que, al menos, debe considerarse. Es decir, no se toman decisiones porque sí, sino que lo habitual es que vengan motivadas por algo.

Como probablemente sepas, la palabra *crisis* es un término médico acuñado por Hipócrates en la antigua Grecia. Cuando un enfermo está “en crisis” puede sanar o morir. Igual que el trabajo del médico se remonta al momento en que se detecta algún síntoma que alerta al paciente de que algo no va bien (por eso el médico le preguntará desde cuándo le ocurre, qué otros síntomas presenta, si toma alguna medicación, qué antecedentes familiares y clínicos tiene, etc.), para el mánager la toma de decisiones empieza cuando se vislumbra un posible problema. El 90 % de una decisión correcta es un análisis bien hecho, paso a paso.

Lo más difícil: identificar y diagnosticar problemas

Solemos pensar que un problema es algo que va mal, pero no tiene por qué ser así desde el punto de vista de la toma de decisiones. Una definición de *problema* bastante usual en el ámbito del management es la que lo considera un *gap*, una divergencia entre el estado real de las cosas y el estado deseado: es decir, una diferencia entre lo que es y lo que debería ser. Por tanto, para una empresa sólida es también un reto, un desafío, una oportunidad de mejora. Las empresas decadentes tratan de "escabullir el bulto" y tapar los problemas (porque se condenan los errores). Las empresas longevas se dedican en cuerpo y alma a detectar todo lo que se puede mejorar.

Por eso, podemos considerar que un problema es cualquier situación que lo mismo se deba estudiar, abordar o resolver, y eso refleja algo que vaya mal o algo que, yendo bien, podría ir mejor. De ahí que debamos hablar de *dilemas*, es decir, tanto de problemas como de oportunidades, lo que incluiría ambos elementos, que se diferencian en que:

- ✔ Un **problema** pone en peligro la consecución de un objetivo.
- ✔ Una **oportunidad** nos puede permitir sobrepasar nuestros objetivos.

Es fundamental que, como mánager, sepas reconocer tanto los problemas como las oportunidades. En términos generales, la identificación de dilemas o problemas de decisión puede surgir a raíz de dos situaciones, que entrañan a su vez dos actitudes directivas:

- ✔ Una, que llamaríamos **actitud reactiva**, se produce cuando señales externas o datos espontáneos alertan sobre la existencia de un problema. Entrarían en esta categoría las demandas de acción a la organización, las críticas externas y reclamaciones, las desviaciones respecto a lo planificado, etc.
- ✔ Otra, la **actitud anticipativa o proactiva**, surge de la exploración, investigación y reflexión que la organización hace de su forma de actuar, analizando sus procesos y actividades y tratando de detectar dónde existe riesgo de que se produzcan problemas. Las empresas que son capaces de adelantarse a la aparición de los problemas, previniéndolos y tratándolos antes de que sean graves, son más innovadoras y exitosas.

Si te paras a pensar en tu trabajo, ¿cuántas de las cosas que has hecho (asuntos de los que te has ocupado, decisiones que has tomado) en la última semana han sido una respuesta a situaciones negativas, es decir, a problemas? ¿Y cuántas son situaciones que implican mejoras, innovaciones o prevención de posibles problemas futuros?

La respuesta a esas preguntas es también una medida de tu actitud estratégica como directivo: lo que pretendemos es hacerte ver si eres un bombero (reactivo) que apaga fuegos, o un explorador (proactivo) que abre caminos nuevos, es decir, si tu enfoque del management está más orientado a resolver lo que va mal (problemas) que a explorar y explotar lo que se te ofrece de cara al futuro (oportunidades).

¿Bombero o explorador? Nuestro consejo es que intentes no caer en la "fuego-adicción" (como en *Farenheit 451*, la novela de Bradbury llevada al cine por François Truffaut, en la que los bomberos se dedicaban a quemar libros). Sin dejar de lado tu trabajo de bombero (que probablemente es lo que esperan tus jefes y para lo que te han contratado), cultiva tu talento explorador, pues marcará la diferencia en tu actitud y te dará la oportunidad de hacer un trabajo sobresaliente, que supere las expectativas.

Errores que debes evitar al tratar con problemas

Como sabes, es muy importante ser capaz de identificar y anticiparse a los problemas, pero no siempre es fácil, ya que existen limitaciones que entorpecen el proceso, tanto en la percepción como en el momento de definirlos de forma correcta.

Entre los obstáculos que te puedes encontrar para la correcta identificación y diagnóstico de los problemas seguro que te suenan muchos de los siguientes:

- ✔ Falta de información, retrasos o sesgos que impiden contar con las alertas oportunas.
- ✔ Carencia de metas y referentes para valorar la importancia de los problemas, falta de planes o de detalle suficiente para que sirvan como referencia.
- ✔ Identificar como problemas hechos que no lo son: en todo debe haber un margen de error inevitable y no conviene magnificar las pequeñas desviaciones, las ocurrencias, las opiniones aisladas.
- ✔ Lo contrario, minimizar verdaderos problemas (que son la primera ola de un tsunami) o suponer que se arreglarán solos.
- ✔ Confundir urgencia con importancia: siempre estarás apagando fuegos y nunca tendrás tiempo para explorar.
- ✔ Crear una falsa asociación de hechos, confundiendo causas y efectos: no olvides que correlación no implica causalidad.
- ✔ Precipitarse a intervenir sin haber analizado y diagnosticado correctamente el problema, muy típico de la gente demasiado orientada a la acción: el "¡Haz algo, lo que sea!" te puede hacer ir como "pollo sin cabeza".
- ✔ Restringir los problemas a sus síntomas, sin profundizar en las causas: tratar la fiebre en vez de la infección que la provoca.
- ✔ Aplicar soluciones ya elaboradas sin conocer el problema, lo que lleva a definirlo a partir de la solución que se le ha querido dar. Un ejemplo es lo que ocurre en la sanidad, donde se critica que se hagan muchas

intervenciones quirúrgicas para curar dolencias que se podrían tratar menos agresivamente. Pero si le han operado, es que la dolencia debía ser grave, se suele pensar para justificar la mala decisión.

- ✔ Otra variante es aplicar soluciones estandarizadas o iguales a problemas diferentes, del tipo "café para todos", o por el contrario, aplicar soluciones extravagantes a problemas comunes: "los experimentos, con gaseosa", como dijo Eugenio D'Ors.
- ✔ Suponer que todo problema tiene solución o que la solución a cualquier problema debe ser única: en general, ninguna de las dos cosas es cierta.

Lo peor, además, es que estos obstáculos vienen matizados por la influencia de la personalidad y de las condiciones individuales de la persona que decide, pues no todos percibimos la información de la misma manera, la valoramos igual, damos la misma importancia a las señales, ni soportamos igual la presión o la influencia del entorno, de las normas, etc.

Recomendaciones para decidir mejor

En su libro *Decídete* (Gestión 2000), los hermanos Dan y Chip Heath nos demuestran que analizamos mal y decidimos peor. Por ejemplo, el 83 % de las fusiones fracasan en términos de creación de valor para la empresa, el 44 % de los abogados no recomendaría la carrera de Derecho a futuros universitarios y el 40 % de los procesos de selección de directivos (*headhunters*) no elige a un buen candidato. Para los Heath hay "cuatro villanos en la toma de decisiones":

- ✔ Una **visión estrecha**: pocas opciones, la mayor parte de las veces A o B, blanco o negro.
- ✔ El **sesgo de confirmación**: una idea preconcebida que se impone.
- ✔ La **emoción a corto plazo**: los sentimientos intervienen de forma decisiva y nublan la reflexión.
- ✔ La **confianza desmedida**: la seguridad da paso a la euforia; la persistencia se convierte en cabezonería, "parecía tan buena idea...".

Para que no triunfen esos villanos, nos proponen un modelo cuyas siglas en castellano podrían leerse como ACME:

- ✔ **Aumenta tus opciones**. "La mayoría de las empresas decide como si fuera un adolescente con las hormonas disparadas" (Paul Nutt, experto en toma de decisiones). Mejor que te asesore alguien que abra el abanico, o que invites a más cabezas a pensar y a aportar.
- ✔ **Contrasta tus suposiciones**. Cuidado con la soberbia, con que el jefe se crea infalible. El antídoto es el "desacuerdo constructivo": alguien

que haga de "abogado del diablo". Desde que la Iglesia católica abolió esa figura de "promotor de la fe" en 1983, las canonizaciones se han multiplicado por 20. El escepticismo sano vale su peso en oro.

- ✔ **Marca distancia antes de decidir**. Como las emociones están presentes en toda decisión, debemos utilizar la perspectiva tanto en el tiempo (cuidado con ir demasiado rápido) como en el espacio (plantéate qué le dirías a un buen amigo si el problema lo tuviera él). Las prisas pueden ser malas, especialmente si hay un conflicto con los valores o con las prioridades.
- ✔ **Errores: prepárate para ellos**. "El futuro no es un punto; es un espectro". Los mánager deben prepararse para dos contingencias extremas: que no funcione o que todo vaya mejor de lo esperado (cuidado con perder la cabeza).

Como ejemplo paradigmático de no estar preparados para el error, la compañía Kodak, que en 1997 estaba en la cresta de la ola (valía 31.000 millones de dólares) y en 2011, tras la revolución digital en la fotografía, menos de 2.000 millones de dólares. En enero de 2012 se declaró en bancarrota. El error: no haber apostado por la fotografía digital por el temor de matar su gallina de los huevos de oro, que era la venta y procesado de carretes, donde ganaban más dinero. Quién iba a decir que la fotografía tradicional iba a morir sola, y Kodak se aferró a ella.

Tu materia prima es la información

La información es la sustancia con la que se trabaja en el management: un directivo es un artesano de la información, alguien capaz de convertir un material en bruto en una obra con sentido y significado. En términos actuales, podemos concluir que un mánager es un trabajador del conocimiento, el paradigma del empleo de esta nueva era del talento.

Puesto que nuestra materia prima es la información, averiguar dónde está, si es la que necesitas, dónde obtener más y cómo usarla son los pasos obligados en la toma de decisiones. En ese proceso, hay dos tipos de información:

- ✔ El **input** o **estímulo** que alerta de la existencia de un problema.
- ✔ El **output** o **resultado** del proceso de decisión, que se comunica en forma de información sobre objetivos, planes, instrucciones o políticas.

La información reduce la incertidumbre, y evita que aparezca la *entropía*, la tendencia natural que tienen todos los sistemas al desgaste, la aleatoriedad y la descomposición. Cuando aumenta la entropía, los sistemas se degradan, pero conforme mejora la información, la entropía disminuye. Como las organizaciones son organismos vivos, la información es una vacuna que previene el desorden y la desintegración.

Para qué sirve la información

La información es importante y necesaria, pero tiene un límite. No siempre hay que utilizar la mayor cantidad posible de información. De hecho, la información útil para el mánager debe cumplir tres condiciones:

1. Asegurar que las operaciones y actividades se llevan a cabo de manera eficaz y eficiente.
2. Proporcionar un entorno de trabajo agradable, práctico y libre de *infoxicación*, es decir, de saturación informativa (sería como tratar de beber agua de una boca de riego).
3. Facilitar la percepción y asunción de los retos de cambio e innovación para la mejora de la competitividad de la organización.

Es evidente que la información que necesitas no debe ser mucha ni poca (tan malo es el exceso obsesivo como el defecto perezoso), sino la adecuada, y en general es preferible una cantidad más limitada de información de una calidad superior, en términos de precisión, validez y oportunidad, que mucha información sin depurar (datos, datos y datos sin consistencia). Si quieres conocer más sobre los distintos niveles de información, los encontrarás en el recuadro gris.

Uno de principales problemas que tenemos en las organizaciones actuales es el de la sobrecarga de información, ya que las TIC (Tecnologías de la Información y la Comunicación) nos ofrecen, con un simple clic, cantidades ingentes de datos, lo que ha convertido en un problema, no su obtención, sino su depuración. Y tenemos el vicio de guardarlo todo, "mientras el disco duro aguante", lo que termina creando más problemas de los que resuelve. Cuidado con caer en una especie de "síndrome de Diógenes de la información".

Todos somos nodos

Antes, cuando se hablaba de gestión, se solía dedicar un apartado al llamado "sistema de información empresarial", que quería decir que el sistema de información se consideraba una "parte" concreta de la organización, con sus propios elementos, personas y procedimientos de trabajo.

Pero toda esa idea ha cambiado en los últimos años, y hoy en día se considera que la organización es un sistema de información, del mismo modo que la sociedad actual se concibe como una sociedad de la información y del conocimiento.

Sus implicaciones para el management son muy importantes, ya que al suponer que toda la organización es una red de información, se asume que cada persona y cada puesto es un eslabón necesario en esa red. Recordarás que en el capítulo 12 te decíamos que "La estructura es una red" de comunicación, y que cuando diseñamos la organización tenemos que asegurarnos de que la información necesaria para trabajar fluye en la cantidad, calidad y velocidad adecuadas.

Según esa idea, cada puesto en la estructura es un "nodo" del sistema de información, y de ahí la convicción de que no hay un sistema informativo aparte, sino coincidente con la propia organización. Esto refleja el concepto del trabajador actual como trabajador del conocimiento, pues en la organización todas las personas actúan indistintamente como productores, intermediarios y consumidores de conocimiento.

Jerarquía del conocimiento

Aunque la palabra *información* se usa como término genérico para designar todo tipo de contenido con potencial para reducir la incertidumbre, no toda la información tiene la misma capacidad de hacerlo, por lo que es conveniente distinguir tres niveles o clases de información, que constituyen una jerarquía del conocimiento:

- ✔ Los **datos** (*raw data* o datos "crudos") son las partes mínimas de información. Un dato es una representación simbólica (numérica, alfabética, espacial, etc.) de un atributo o variable cuantitativa o cualitativa relativa a hechos empíricos, sucesos y entidades del mundo que nos rodea. Los datos por sí solos pueden no contener información relevante, y solo se aprecia cuando se examinan usando un determinado enfoque, hipótesis o teoría que permite apreciar la información contenida en esos datos. Por tanto, para ser útiles como proveedores de información, los datos deben estar convenientemente agrupados y estructurados para ser susceptibles de interpretación y usarse en la toma de decisiones. Las empresas almacenan muchos datos, como los registros de ventas, las direcciones de sus clientes, los nombres de sus empleados o las contraseñas de acceso a sus webs corporativas.
- ✔ La **información** es un conjunto organizado de datos que han sido procesados para ofrecer un mensaje con sentido, susceptible de cambiar el estado de conocimiento de quien la recibe, lo que permite tomar decisiones pertinentes y acordes a dicho conocimiento. La información tiene un propósito y capacidad de modificar las expectativas o disposición del usuario. Aunque está compuesta por datos, estos han sido procesados de alguna forma que los dota de sentido. Es conocimiento explícito, que se puede almacenar, transmitir y compartir, por lo que tiene la capacidad de afectar al comportamiento de la persona que la utiliza. La información tiene una estructura interna, ya que posee significado (semántica), importancia para el receptor, vigencia en el tiempo, validez (fiabilidad) y valor o utilidad. Por ejemplo, los registros de ventas pueden ordenarse para mostrar información sobre el comportamiento de compra de los clientes.

(cont.)

- El **conocimiento** es la suma de las representaciones abstractas que se poseen sobre la realidad, una especie de "mapa" conceptual que se genera a través de los procesos de aprendizaje a los que una persona se expone durante su vida. El conocimiento combina experiencia, valores e información que ha sido contextualizada para interpretar el entorno y actuar de forma coherente y orientada. En las organizaciones existe un conocimiento tácito, que poseen las personas que la forman, y un conocimiento explícito, que se plasma en documentos, rutinas y procedimientos, que puede enseñarse y transmitirse, y que la organización usa para desarrollar su actividad.
- El cuarto y último eslabón en la jerarquía es la **sabiduría**, el conocimiento al que se han sumado los valores de la ética, la inteligencia emocional y la humanidad para producir decisiones y actuaciones acordes con estos valores. Recuerda que el conocimiento (la ciencia) puede enseñarte cómo clonar a un dinosaurio, pero solo la sabiduría (la ética) te mostrará que no es una buena idea.

La importancia del conocimiento como base para generar ventajas competitivas en el mundo actual ha convertido la **gestión del conocimiento** en un área de gran importancia para las organizaciones. La gestión del conocimiento tiene como propósito hacer que el conocimiento tácito que reside en el capital humano se convierta en explícito, permitiendo a la organización utilizarlo, disponer de un acervo de conocimiento creciente e incrementar su capacidad para generar nuevo conocimiento.

Tomar decisiones no es fácil: nadar entre tiburones

Desde que se empezó a estudiar la toma de decisiones desde un punto de vista científico, se ha insistido en la necesidad de abordar este proceso a la luz de la racionalidad, la objetividad y la lógica, considerando que solo de esa forma podemos tomar las mejores decisiones. Como siempre nos han dicho nuestros mayores: "¡Piensa antes de actuar!".

Pero no es tan fácil, ya que la toma de decisiones no algo aséptico, sino un proceso que, como toda actividad humana, se ve afectado por diversos elementos y circunstancias. Estos factores que afectan a la toma de decisiones pueden provenir de las características de la persona que decide, de la organización en la que se mueve o de las circunstancias que rodean a la empresa y su entorno.

En resumen, la toma de decisiones no es algo neutro sino que está sujeta a constricciones externas de tipo personal, social, económico, cultural y político.

Cada persona es un mundo

El primer grupo de elementos que afectan a las decisiones son las características del sujeto decisor, y en ellas aparecen factores psicológicos, cognitivos, sociales, emocionales, etc. Entre los más significativos podemos citar los siguientes:

- ✔ Habilidad para percibir la información, que es la capacidad de la persona para enterarse de las cosas.
- ✔ Conocimientos que posee, tanto generales como específicos sobre el tema objeto de la decisión.
- ✔ Capacidad para procesar la información, que depende de la rapidez de pensamiento, la capacidad de abstracción y el criterio para juzgar y valorar los datos, separando lo importante de lo intrascendente y relacionando los datos entre sí.
- ✔ Actitudes, emociones y valores, que modifican y matizan la información que se recibe, pues tratan de que sea congruente con los conocimientos y creencias previas de la persona.
- ✔ La personalidad, que afecta a la objetividad, la emotividad, el pragmatismo, la flexibilidad, la creatividad, etc.
- ✔ La actitud hacia el riesgo, según cuáles sean las percepciones de la persona acerca de la probabilidad de éxito o fracaso de las alternativas, y su predisposición a aceptarlas.

¿Cuáles son tus constricciones como tomador de decisiones? ¿Crees que hay algún aspecto que pueda suponerte una debilidad? ¿Eres una persona muy condicionada por los factores de tu personalidad en la toma de decisiones? Si la respuesta a esta última pregunta es "sí", hay muchos aspectos en los que puedes trabajar para mejorar, y si es con la ayuda de un coach, mejor.

El peso del entorno

El segundo grupo de factores son los ambientales, tanto los internos como los externos a la organización:

- ✔ **Factores internos**: valores y cultura de la organización, estrategia, estructura, distribución de la autoridad y responsabilidad, conocimiento disponible en la organización, tecnologías empleadas, rutinas y procedimientos, disponibilidad de información y calidad de la misma, sistema de toma de decisiones, recursos disponibles, estructura del grupo de trabajo, complejidad de la tarea, etc.
- ✔ **Factores externos**: dinamismo, turbulencia ambiental, intensidad de la competencia, presiones de tiempo, riesgos y amenazas, hostilidad, etc.

Como puedes ver, estos elementos demuestran que las personas estamos sometidas a condiciones muy diferentes a la hora de tomar decisiones, y eso explica que cada individuo reaccione de forma particular ante un mismo problema.

En todo caso, pese a que las condiciones ambientales internas y externas puedan ser las mismas para todas las personas de una organización, no afectan de la misma manera a todo el mundo. Hay individuos más proclives a someterse a las normas sociales y de la cultura, a sentirse más presionados por las exigencias ambientales, a ceder el criterio propio ante las imposiciones de la política de la organización, etc.

Sin embargo, como mánager, debes esforzarte y aprender a forjar tu propio criterio, y eso solo se hace con conocimiento, experiencia y valores sólidos. Recuerda la *Jerarquía del conocimiento* que te hemos expuesto en el anterior recuadro gris: intenta llegar al nivel de la sabiduría.

"Papá, mamá, ¿en qué trabajas?" "Tomo decisiones." "¿Y eso qué es?"

Como tomar decisiones es el centro del trabajo directivo, durante mucho tiempo los estudiosos del management se han preocupado de analizar esta actividad para encontrar las formas más productivas y eficaces de decidir. Y esta preocupación siempre se ha visto marcada por un doble deseo:

- ✔ Aportar objetividad, a base de dotar de racionalidad y lógica al proceso de decisión, haciéndolo menos incierto y arriesgado.
- ✔ Simplificar y facilitar la toma de decisiones, tratando de estandarizar y automatizar las decisiones rutinarias para descargar al directivo de los asuntos menores.

El estudio del proceso de toma de decisiones considera que, ante un dilema, hay que hacer un estudio analítico del problema para identificar el mayor número posible de elementos y relaciones. De esa forma se estima que es más factible proporcionar soluciones eficaces, como resultado del procesamiento de una buena cantidad de información.

Ese enfoque cartesiano se ha preocupado también de conferir orden y sistematización a esta actividad, esforzándose en establecer la secuencia de pasos que conlleva. En definitiva, la idea que subyace es que podemos aprender a tomar decisiones utilizando más y mejor información y siguiendo un proceder metódico.

La toma de decisiones paso a paso

La toma de decisiones no es una actividad aislada, sino un proceso que empieza con la señal que alerta sobre la existencia de un problema o dilema de decisión y que sigue una serie de pasos lógicos hasta ver cuál ha sido el resultado final de aplicar lo que se ha decidido.

Según el mencionado Herbert Simon, premio Nobel de Economía y padre de la moderna teoría de la decisión, hay cuatro grandes fases en el proceso de decisiones:

- ✔ **Inteligencia**: explorar la realidad para identificar situaciones que requieren decisiones, es decir, problemas u oportunidades. Para ello hay que:
  - Tener presente un objetivo, la referencia para valorar la adecuación de la situación.
  - Percibir la situación mediante la observación e interpretación de la realidad.
  - Identificar el problema, viendo la diferencia entre la situación real y la deseable.
  - Recabar y analizar información sobre los hechos relevantes para el problema, para confirmar o revisar la definición inicial.
  - Elaborar expectativas sobre la posible evolución de los hechos, viendo qué ocurrirá tanto si se interviene como si no.
- ✔ **Diseño**: exposición, análisis y evaluación de los posibles cursos de acción, buscando generar soluciones y valorar su factibilidad:
  - Formular y definir las posibles alternativas, lo que exige un esfuerzo creativo y pensar de forma no lineal.
  - Evaluar las alternativas, según las técnicas y criterios relevantes.
- **Selección**: elegir la alternativa o curso de acción más adecuado de entre los disponibles, para ponerla en práctica, por lo que comprende:
  - Elección o adopción de una de las alternativas disponibles.
  - Implementación o ejecución de la decisión, convirtiéndola en acciones.
- ✔ **Revisión**: verificar los logros de las decisiones, para apreciar si han cumplido su objetivo o rectificar si procede. El control puede darse en cualquier fase anterior, cuando sea necesario reconsiderar la situación, redefinir el problema y las alternativas, o modificar su elección e implementación.

¿Eres metódico en el proceso de decisión? ¿Acostumbras a cumplir rigurosamente todas las etapas? ¿Crees que tiendes a saltarte alguna? Para responder a estas preguntas, te daremos alguna pista: revisa situaciones que hayan dado malos resultados y analiza qué paso se realizó de forma incorrecta o incompleta. Aprende de los errores para que no se conviertan en fracasos.

Razón contra instinto

Tradicionalmente, las decisiones se han estudiado como un proceso lógico donde las personas, de forma lo más objetiva y neutral posible, recibimos información, la analizamos y reflexionamos sobre ella, para decidir qué alternativa es la mejor a la luz de la razón. De hecho, así nos programan en casa y en el colegio, para que seamos racionales y reflexivos.

En el mejor de los casos, este racionalismo está matizado para tener en cuenta las limitaciones de la subjetividad individual (percepciones, gustos, prejuicios, experiencias) y de la incapacidad del ser humano para considerar simultáneamente toda la información disponible. Esta aportación de la teoría de la *racionalidad limitada* le valió a Herbert Simon el premio Nobel de Economía en 1978. Pero en lo esencial, el modelo básico sigue siendo racional y sostiene que hay que pensar antes de actuar.

Sin embargo, recientemente se ha empezado a cuestionar esta creencia y los científicos comienzan a demostrar que la intuición puede ser en ciertos casos más eficaz que el proceder racional. Contra la idea de que para tomar una decisión correcta lo más acertado es elaborar listas con los pros y contras, ahora sabemos que esto no es siempre así, y que a veces el instinto funciona de forma infalible.

El valor de la intuición

Tenemos un pensamiento consciente y otro preconsciente o intuitivo. Daniel Kahneman, premio Nobel de Economía y uno de los padres de la psicología positiva, lo llama "pensar rápido y pensar despacio". Otros estudiosos del tema lo han denominado *pensamiento automático* (involuntario, sin esfuerzo, en paralelo y en gran parte opaco a la introspección) y también *controlado* (voluntario, esforzado, consecutivo, abierto a la inspección) o "sistema frío y sistema caliente".

El psicólogo alemán Gerd Gigerenzer, director del Centro para la Conducta Adaptativa y la Cognición del Instituto Max Planck de Berlín, ha formulado la *teoría de las decisiones instintivas*, según la cual, las personas solemos tomar decisiones de manera instintiva, sin ser conscientes del razonamiento que nos lleva a esa conclusión. Y lo más curioso es que esta forma de decidir conduce la mayoría de las veces a mejores resultados que cuando sopesamos todos los puntos a favor y en contra de cada alternativa.

La clave está en la intuición, que en realidad refleja la *heurística*, un extenso conjunto de reglas generales que nuestra especie ha ido aprendiendo a lo largo de miles de años de evolución para su supervivencia, pero de las que no somos conscientes. Gracias a la heurística, ignoramos información que en realidad no es demasiado relevante, y así podemos tomar decisiones de forma instantánea fijándonos en lo esencial: por lo general, es más fácil acertar en una decisión si se tiene en cuenta una sola buena razón que si se analizan detenidamente diez razones mediocres.

Las decisiones instintivas son un campo de investigación interdisciplinario de reciente desarrollo que, a su vez, se enmarca en otro más amplio que es la *neuroeconomía*: el estudio de la conducta económica con el fin de entender cómo funciona el cerebro en la toma de decisiones, y combina métodos de investigación de la neurología, la psicología, la economía, la biología, las matemáticas, la inteligencia artificial y la teoría de la comunicación.

El mencionado Daniel Kahneman y Gary Klein han demostrado que la intuición (el reconocimiento de pautas) es más fiable cuando se cumplen dos requisitos: un medio con características regulares, para que se repitan las pautas, y recibir con rapidez suficiente información como para aprender, cosa que no siempre ocurre.

Si quieres conocer mejor esta línea de investigación, puedes hacerte con un ejemplar del libro *Cómo funciona tu cerebro para Dummies*, del neurocientífico Néstor Braidot, en esta misma colección.

No todas las decisiones son igual de importantes

El estudio de las decisiones tiene como fin tanto ordenar el proceso de decisión como filtrar las decisiones para separar las importantes de las que no lo son, con el objeto de que los directivos y los mánager de alto nivel no malgasten su tiempo en considerar cuestiones de poca entidad y puedan reservar su energía para los temas importantes. El tiempo es oro, y por ello hay que dedicarlo a lo importante.

En la empresa, esta cuestión no es secundaria: calibrar correctamente la importancia de las decisiones permite establecer no solo a qué nivel directivo corresponde tomarlas, sino también cuál es la metodología correcta para ello, teniendo en cuenta la participación de otras personas, los conocimientos necesarios, las técnicas y modelos de decisión que sea más apropiado usar, etc.

Para valorar la importancia de una decisión hay que considerar aspectos como:

- ✔ Recursos afectados, de forma que cuantos más recursos, más importante.
- ✔ Plazo de tiempo, más trascendente mientras más amplio sea el horizonte.
- ✔ Áreas de actividad involucradas, más importante cuanto más general.
- ✔ Reversibilidad, ya que si no se puede dar marcha atrás, es más trascendente.
- ✔ Consecuencias de la decisión, más importante cuanto mayores sean.
- ✔ Objetivos, cuanto más elevado sea el fin, más trascendente es.
- ✔ Complejidad del problema, siendo más importante cuanto más complejo.
- ✔ Singularidad frente a recurrencia, siendo más importante la decisión única que la que se repite con frecuencia.

Considerando esos aspectos de forma global, la tipología más habitual de las decisiones distingue entre:

- ✔ Decisiones estratégicas.
- ✔ Decisiones tácticas.
- ✔ Decisiones operativas.

Esta jerarquía de decisiones, que desarrollaremos a continuación, se corresponde con los niveles directivos de la empresa (recordarás que este tema lo hemos tratado en el capítulo 2, en el apartado "Como en el deporte, hay primera, segunda y tercera división" y con los niveles de planificación que hemos desarrollado en el capítulo 5 en el epígrafe "Paso a paso se llega lejos". En la figura 14-1 se muestran las tres clases de decisiones y su correspondencia con los niveles directivos.

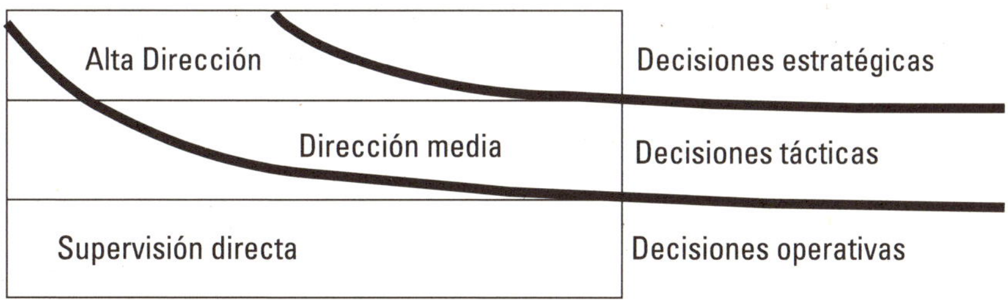

Figura 14-1: Tipos de decisiones y niveles directivos

Decisiones estratégicas

Estas decisiones tienen gran alcance y consecuencias, porque comprometen muchos recursos, tienen un carácter global que afecta a todas o a la mayoría de las áreas de la organización y abarcan un horizonte temporal de largo plazo. Son decisiones que configuran la posición futura de la organización en el entorno competitivo, por lo que corresponde tomarlas a la alta dirección.

Por lo general no son reversibles, o lo son a un coste muy alto, y por sus características únicas son singulares, en el sentido de que no se repiten o lo hacen en condiciones nuevas para las que la experiencia pasada no ayuda. Un claro ejemplo lo tenemos en el caso "Una cadena de errores: Disneyland París", que encontrarás en el capítulo 3.

Como son poco frecuentes, nuevas y singulares, no se dispone de procedimientos establecidos para estudiarlas, por lo que se consideran decisiones no programadas, que tratan de problemas nuevos, no estructurados, cuyos objetivos y variables no suelen estar claros o incluso son contradictorios o excluyentes entre sí.

Para esta clase de decisiones, el mánager tiene que poner en juego una gran dosis de intuición y creatividad, imaginación, visión anticipativa y sentido de la oportunidad y del riesgo (las capacidades conceptuales que se requieren para ser un buen mánager, de las que te hemos hablado en el capítulo 2). Como son decisiones muy importantes, el criterio a seguir es la eficacia, es decir, hay que tomar la mejor decisión sin equivocarse, aunque eso implique un coste elevado en consultas, informes, participación diversa, etc. Son el banco de pruebas de los grandes directivos.

Decisiones tácticas

Son decisiones que aparecen con relativa frecuencia, es decir, que se repiten, aunque con variaciones que les otorgan cierta singularidad. Son de medio alcance en cuanto al tiempo y recursos comprometidos, y comprenden variables conocidas, aunque no siempre controlables, con objetivos bastante claros y medibles, que a veces son contrapuestos, aunque cabe el consenso.

Corresponden a la dirección intermedia. La experiencia anterior sirve en parte de apoyo a estas decisiones, pero no para repetir recetas anteriores, ya que los problemas no se reproducen de forma exacta. Suelen ser decisiones de carácter funcional que afectan a áreas específicas del negocio, como la productiva, comercial o financiera, y se enfocan a determinar cómo desplegar los recursos de la empresa. Sus consecuencias son de importancia media y suelen ser reversibles, aunque con un coste. En ellas se busca equilibrar la eficacia (decisión de calidad) con la eficiencia (coste).

Podrían ser ejemplos decidir entre diferentes alternativas de inversión en maquinaria de producción, negociar un convenio colectivo o cerrar un contrato de suministro permanente con un proveedor.

Decisiones operativas

Se trata de decisiones frecuentes, cotidianas, que tratan sobre actividades rutinarias del trabajo normal de la organización, son de corto alcance en tiempo y recursos y se refieren a asuntos concretos y específicos. Al afectar a problemas estructurados, son fácilmente estandarizables pues comprenden pocas variables, conocidas y medibles, y se rigen por criterios de eficiencia (mínimo coste de decisión).

El objetivo de estas decisiones es que las operaciones corrientes se realicen de forma fluida y eficaz, por lo que normalmente corresponden a la supervisión directa. Por ser repetitivas y rutinarias, estas decisiones se pueden programar y automatizar, usando procedimientos estandarizados, de modo que no sea necesario tratarlas cada vez como si fuesen problemas nuevos.

Entrarían en esta categoría de decisiones problemas como el tratamiento de las ausencias o retrasos del personal (se automatiza poniendo un control automático de fichaje), la reposición de stocks cuando bajan al nivel de pedido (se normaliza calculando el punto de pedido, que es el nivel del stock en el cual se lanza automáticamente un nuevo pedido para reponer existencias), la devolución de productos por parte de los clientes (se establece un procedimiento para ello), etc.

¿Solo/a o acompañado/a?

Esta cuestión se plantea con frecuencia a la hora de tomar decisiones, quizá se te haya presentado más de una vez, y se traduce en el dilema de si es mejor tomar la decisión de forma individual o si es preferible hacerlo en grupo. Ambas opciones tienen sus ventajas e inconvenientes, y si eres capaz de calibrar los factores que hacen que la balanza se incline de un lado o de otro, podrás obtener mejores resultados en tus decisiones.

Aunque nos hayan educado en la creencia de que la participación es siempre deseable, algo bueno en sí mismo, en la toma de decisiones no siempre es lo más apropiado. Por eso, es importante saber discernir cuándo es aconsejable involucrar a más personas, así como dominar algunas técnicas y metodologías que permiten simplificar y agilizar los procesos de participación en la decisión.

Varias mentes piensan mejor

Es comúnmente admitido que varias mentes trabajan mejor que una, ya que aportan diversidad de ideas y puntos de vista. Por eso, en las organizaciones suele haber juntas, comités y órganos colegiados que se encargan de tomar decisiones sobre muchos asuntos, particularmente sobre los más espinosos.

El problema es que no todos los asuntos se prestan a la toma colectiva de decisiones, ya que, aunque ofrezca buenos resultados en algunos aspectos, adolece de ciertos defectos en otros. Por eso, es necesario que conozcas sus ventajas e inconvenientes.

Por qué conviene invitar a más gente

La toma de decisiones en grupo tiene algunas ventajas, como las siguientes:

- ✔ Variedad de información y conocimientos, ya que al agregar a diversas personas se añaden más datos y experiencias al proceso.
- ✔ Diversidad de perspectivas, ya que se integran distintos puntos de vista y se proponen más alternativas.
- ✔ Compromiso con los acuerdos, ya que al participar en la toma de decisiones es más probable que las personas implicadas en la decisión la acepten y se involucren en su ejecución.
- ✔ Mayor legitimidad, pues la participación apela a los ideales democráticos y provoca que las decisiones en grupo se perciban como más correctas que las individuales.

Cuando estas cuestiones sean importantes según la naturaleza del problema, será preferible optar por la decisión en grupo.

A menos bulto, mayor claridad

Pero también hay importantes inconvenientes en la toma de decisiones en grupo, que abonarían la preferencia por la decisión individual. Entre ellos podemos encontrar:

- ✔ **Dilación de la decisión**. Siempre se tarda más al ocupar a más personas, al requerirse tiempo para organizar el grupo y para llegar a una solución. Recuerda todas esas películas que hemos visto sobre jurados que no terminan de alcanzar un veredicto.
- ✔ **Efecto Asch**. Presión del grupo hacia los miembros "díscolos" para que adopten el punto de vista mayoritario. La denominación viene de un conocido experimento realizado por el psicólogo Salomon Asch en 1951, que demostró que las personas son presionadas hacia

la conformidad aprovechando su deseo de ser aceptados en el grupo, lo que tiene como efecto que se reduzca la variedad de alternativas y se eliminen las más originales.

- **Manipulación y dominio**. En casi todos los grupos hay personas más hábiles, mejor informadas o más intrigantes que pueden imponer su criterio a los demás, haciendo inútil la diversidad.
- **Polarización artificial**. La discusión en grupo tiende a intensificar las posturas iniciales. Pero también se da cuando el grupo se aboca a posturas extremas, como consecuencia de un conflicto personal que se extiende artificialmente al conjunto.
- **Responsabilidad ambigua**. En una decisión individual es fácil identificar al responsable, pero en un grupo la responsabilidad se reparte entre muchos. Aunque cuando se trata de decisiones difíciles o dolorosas la responsabilidad compartida alivia la presión, en otros casos solo la diluye, y hace que nadie rinda cuentas.

Por tanto, no siempre es mejor la decisión en grupo, ya que depende del objetivo de la decisión y de cuáles sean los criterios por los que valoramos la eficacia en el proceso.

¡ADVERTENCIA!

Cuidado también con el "pensamiento de grupo" (*groupthink*, en inglés), concepto desarrollado por Irving Janis, eminente psicólogo de la Universidad de Yale: un conjunto de personas muy inteligentes pueden tomar colectivamente decisiones asnales. Como ejemplo notorio, en la presidencia de J. F. Kennedy, la absurda decisión de invadir Cuba por la Bahía de Cochinos en 1961. El presidente, su hermano Robert, Dean Rusk, Robert McNamara, Arthur Schlesinger y Lyndon B. Johnson eran personas inteligentes y preparadas. La suma de grandes capacidades resultó en un fiasco.

Cómo decidir quién decide

La clave es elegir las ocasiones en que conviene más la decisión individual frente a la decisión en grupo. Así, las decisiones individuales son preferibles en estos casos:

- Cuando la rapidez de respuesta sea importante.
- Cuando el problema sea sencillo.
- Cuando el decisor cuente con suficiente información.
  Cuando la aceptación de la solución no se ponga en entredicho.
- Cuando la diversidad de actitudes hacia el problema impidan el consenso.

EJEMPLO

Un caso muy común: ¿has visto lo difícil que es poner de acuerdo a un grupo de personas para una cita, como por ejemplo, una comida de celebración o un encuentro de antiguos compañeros? Nunca hay forma de que todo el mundo coincida. Al final, la solución estriba en que alguien (el líder) fije una fecha, y el que quiera, que acuda, y el que no pueda... pues se siente. Y curiosamente, al final casi todo el mundo puede. Si no se fuerza la decisión, no ocurre.

En cambio, las decisiones mancomunadas serán preferibles cuando se den las siguientes circunstancias:

- ✔ Es importante la calidad de la decisión, no errar bajo concepto alguno.
- ✔ La creatividad y variedad de información, perspectivas y experiencias es relevante.
- ✔ El problema es complejo.
- ✔ La solución adoptada puede ser difícil de aceptar o implementar.
- ✔ Las consecuencias de un error en la decisión serían graves.
- ✔ El coste del proceso de decisión es irrelevante frente a sus posibles consecuencias.

Por eso, las decisiones en grupo solo están justificadas cuando lo importante sea la eficacia (acertar con la decisión) más que la eficiencia (reducir el coste de decidir). Estos procesos consumen tiempo y necesitan implicación (la ejecución, como sabes, es el 90 % del diseño estratégico).

La alquimia de la decisión: el grado de participación adecuado

La mayor parte de lo que hemos contado sobre las decisiones colectivas se refiere a grupos de personas del mismo nivel jerárquico, como es el caso de miembros de diferentes áreas y departamentos que confluyen en órganos colegiados, como juntas o comités.

Sin embargo, una cuestión que se te planteará con frecuencia como mánager es determinar qué nivel de participación debes dar a tus colaboradores en tus decisiones, ya que, sabiendo que la participación suele ser deseable por su efecto motivador, no siempre está claro cuándo deben intervenir en la toma de decisiones.

Esta cuestión varía según si el asunto afecta a una persona (un traslado, un ascenso, un proyecto individual, etc.) o a un grupo (reparto del trabajo, incentivos, turnos de vacaciones, cambios en los procesos, etc.). Teniendo en cuenta las circunstancias que te hemos presentado en el apartado anterior, "Cómo decidir quién decide", la recomendación general es que cuanto más complejas y difíciles sean esas condiciones, más participación debes ofrecer, mientras que cuando las cosas sean más simples, más probable es que funcione bien la decisión individual.

Los distintos niveles de implicación que se te presentan, ordenados de menos a más, son los siguientes:

- **Decisión autocrática**: el mánager decide por sí mismo con la información de la que dispone, sin consultar ni preguntar a los miembros de su equipo.
- **Decisión autocrática con información**: el directivo recaba de sus subordinados la información necesaria, pudiendo informarles o no del problema en el que está trabajando, y luego decide.
- **Consulta uno a uno**: el mánager comenta el problema individualmente con todos o algunos de los colaboradores, obteniendo información, ideas o sugerencias, y luego toma la decisión, que puede reflejar o no la influencia de los subordinados.
- **Consulta en grupo**: el directivo comparte el problema con sus subordinados en una reunión de grupo, donde obtiene información y propuestas, aunque posteriormente será él quien tome la decisión, teniendo presente o no la influencia de los miembros del equipo. Si se trata de un problema individual, este paso se funde con el anterior.
- **Decisión de consenso**: el mánager comparte el problema con sus subordinados como grupo, lo discuten juntos formulando y valorando alternativas para alcanzar un acuerdo sobre la solución. El papel del directivo es el de moderador de las discusiones, y debe estar dispuesto a adoptar la solución que surja del grupo. Si se trata de un problema individual, la formula equivalente es la decisión delegada, dando al subordinado la autonomía total sobre la solución al problema.

No olvides lo que te hemos comentado en apartados anteriores: la participación solo está justificada cuando las condiciones del problema lo requieran y lo permitan, por su importancia y no por su urgencia.

Posibles acuerdos

Cuando se decide en grupo, hay distintos caminos para llegar a soluciones, ya que el grado de acuerdo entre los participantes puede ser diverso. Las opciones son:

- **Decisión por mayoría**: exige que más de la mitad de los miembros estén de acuerdo con la opción elegida. La mayoría puede ser simple (la mitad más uno) o cualificada (dos tercios, tres quintos, 75 %, etc.).
- **Decisión por unanimidad**: cuando todos están de acuerdo en una solución.
- **Decisión por consenso**: aquella en la que se adopta el criterio de la mayoría, pero se tienen en cuenta las objeciones de quienes discrepan para llegar a un acuerdo satisfactorio.

Elegir el tipo de acuerdo adecuado es importante para que la toma de decisiones sea eficaz: por ejemplo, exigir unanimidad en problemas nimios solo hará que la decisión se dilate, se encarezca y se adopten soluciones poco conflictivas, pero pobres en calidad. Recuerda el dicho: "Un camello es un caballo diseñado por un comité".

Algunos trucos para tomar decisiones en grupo sin morir en el intento

Como las decisiones en grupo presentan inconvenientes, se han buscado fórmulas que posibiliten la generación de soluciones colectivas de calidad sin caer en un consumo excesivo de tiempo y energía. Estas fórmulas tratan de evitar las presiones hacia la conformidad que producen el *pensamiento de grupo*: generar un resultado gris y mediocre que no aporta nada, pero que tiene la cualidad de no suscitar polémica ni enfrentamientos.

Aunque las técnicas de las que te vamos a hablar se han pensado para reuniones cara a cara, porque es donde los inconvenientes suelen darse con mayor intensidad, pueden usarse en reuniones virtuales o electrónicas, como la videoconferencia o el videochat.

La lluvia de ideas

El *brainstorming* o lluvia de ideas es una de las formas más conocidas de optimizar el trabajo de grupo. Su finalidad es vencer las presiones hacia la conformidad (el efecto de Asch del que hemos hablado antes) impidiendo las criticas prematuras y facilitando que afloren las ideas más rompedoras y creativas, por descabelladas que puedan parecer.

Para llevarla a cabo, se reúne a los participantes, se les presenta el asunto por parte de la persona encargada de moderar la reunión (que debe actuar como un facilitador) y se les pide que ofrezcan todas las ideas que se les ocurran en un tiempo limitado, durante el cual no se permite ninguna crítica ni comentario a lo que dicen los demás, lo que facilita que surjan ideas totalmente nuevas.

En una fase o reunión posterior se discutirán, perfilarán y reformularán las ideas. Pese a su popularidad, no es una técnica muy útil para la toma de decisiones ya que no contribuye tanto a la obtención de una solución como a la formulación de alternativas originales. Pero muchos directivos y organizaciones están enamorados del *brainstorming*, y seguro que has asistido a alguna sesión.

La Técnica de Grupo Nominal

La Técnica de Grupo Nominal (TGN) es un procedimiento más formalizado que trata de unir las ventajas de la toma de decisiones individual y en grupo, al tiempo que limita las críticas que pueden frenar la producción de ideas nuevas, combinándolo todo con una cuidadosa administración del tiempo. Consta de varias etapas:

1. **Presentar el encargo**. El asunto a tratar se plantea como una pregunta, por escrito y de forma visible para todos, haciendo que quede claro qué se pide al grupo.
2. **Producir ideas**. Individualmente y en silencio, cada participante escribe sus ideas, a razón de una idea por tarjeta, durante un tiempo limitado.
3. **Exponer las ideas**. El facilitador recoge las tarjetas, las baraja y expone en voz alta y escribe las ideas aportadas en un panel, de forma que sean visibles para todos.
4. **Desarrollar ideas**. Fase de preguntas y aclaraciones donde los miembros pueden aclarar sus ideas y responder a preguntas de otros participantes.
5. **Votar ideas**. Una vez revisada y clarificada la lista de ideas, se realiza una votación, que permite jerarquizarlas. Suele usarse un sistema de asignación forzada de puntos, como el que se usa en el Festival de Eurovisión, para evitar empates y marcar distancias en la lista.
6. **Priorizar ideas**. Una vez sumadas las puntuaciones otorgadas a cada idea, se elige la que tenga mayor puntuación.

La votación puede hacerse una sola vez o repetirse entre las ideas mejor colocadas a modo de sistema de doble vuelta, sobre todo si no hay mucha diferencia entre las mejores ideas.

El oráculo de Delfos

No te asustes, no es una pitonisa ni nada parecido, sino la muy conocida y utilizada técnica Delphi. Es una forma costosa de conseguir un acuerdo de grupo de calidad, y por eso suele emplearse para explorar escenarios complejos. Consiste en un proceso de consulta iterativa a expertos en diversos campos disciplinares que casi siempre están dispersos geográficamente.

El proceso consta de varias etapas que se repiten en bucle hasta llegar a un acuerdo:

1. Se **formula el problema** que hay que resolver y se confecciona un cuestionario para su análisis y petición de soluciones. Este cuestio-

nario se envía a los participantes, dándoles un plazo razonable para que lo contesten.

2. **Las respuestas recibidas en la primera oleada se procesan** y los resultados se analizan enviando una copia de los mismos a cada participante como *feedback*, además de un nuevo cuestionario, producto de la reformulación del primero a la luz de lo aportado en las respuestas.

3. Una vez recibido el *feedback* y el nuevo cuestionario, cada miembro del grupo **revisa su aportación anterior** y contesta el segundo cuestionario, modificando sus respuestas si le parece oportuno.

4. Se **repiten los pasos dos y tres** las veces que sea necesario hasta alcanzar una solución de consenso.

5. En caso de que algún participante haya ofrecido **respuestas muy dispares** respecto de la media, se le pedirá que **lo argumente y lo justifique**, ya que puede tener información o puntos de vista originales que interese compartir.

La técnica es cara porque lleva tiempo, los expertos no suelen ser gratuitos y la información, al ser cualitativa en su mayor parte, es más difícil de procesar estadísticamente. Pero los resultados que produce son de gran calidad, al reunir y hacer converger una gran variedad de conocimientos.

Aprendiendo de los mejores mánager. Grupo Alimentario Guissona: decisiones inteligentes

Cuando las decisiones se toman de forma oportuna, colaborativa y valiente, el éxito puede ser mayor de lo imaginado. El Grupo Alimentario Guissona es una buena prueba de ello.

Guissona es una localidad leridana de la comarca de La Segarra, al norte de Cervera, con unos 7.000 habitantes, de los que más de 4.000 trabajan para el Grupo Alimentario Guissona, que lleva más de treinta años siendo la mayor empresa de la provincia.

Como decía Peter Drucker, "todo éxito empresarial es el fruto de decisiones valientes". El Grupo fue fundado en 1959 por Jaume Alsina Calvet como presidente de la Junta Rectora de la cooperativa, y otros 14 cooperativistas, con el nombre de Agropecuaria de Guissona. Tres años después se inauguró la fábrica y las oficinas, y, en 1963, la Caja Rural Nuestra Señora del Claustro de Guissona (hoy CaixaGuissona). Dedicados a la comercialización de huevos, cerdos y pollos, en la segunda mitad de la década de 1960 amplían su actividad al servicio de piensos a granel, suministro de material ganadero, servicio técnico para el ganado y abonos para el campo, abren un nuevo matadero (1967) y compran el primer ordenador, un IBM (1969). En la década de 1970, el grupo sigue creciendo con una sala de incubación, otro matadero de cerdos y una fábrica de piensos.

(cont.)

En 1974, el año de su 15.º aniversario, se decide reestructurar los sistemas de producción de ganado y aves. Se abre un nuevo matadero general frigorífico en Guissona (1974), otra fábrica de piensos, un matadero de pavos, una sala de incubación (1978), un matadero de codornices (1978) y una nueva línea de sacrificio porcino (1981).

La década de 1980 se inicia con más de 1.000 trabajadores. Se amplía la planta de elaborados en 1986 y, ya en la década de 1990, el grupo se decide por la integración vertical: servicio de carburantes (1990), productos de libre servicio y tiendas propias (1994), tiendas de franquicia (hasta treinta, en 1995), áreas promocionales (con tienda, restaurante y gasolinera), productos cocinados desde 1996 y nueva planta de elaborados (1998).

En 1999, tras cuarenta años de actividad, se produce una importante reestructuración societaria. Se funda la Corporación Alimentaria Guissona para las actividades industriales y comerciales del grupo, en tanto que la Cooperativa se dedica a la cría y engorde del ganado a través de sus socios. Al año siguiente obtiene el certificado de calidad ISO 9002. En el año 2002 se constituye la Fundación, para ofrecer atención sociosanitaria a la gente mayor: se ponen en marcha un centro geriátrico, un centro médico y un centro de salud. Ese mismo año las tiendas pasan a llamarse "bonÀrea" y dos años después nacen los primeros supermercados bonÀrea. La Fundación bonÀrea para actividades deportivas y de ocio y dinamización del medio rural surge en 2006.

En el 50.º aniversario del Grupo Alimentario Guissona (2009) se inauguran un almacén automático para 25.000 pallets, una nueva fábrica de piensos y se alcanzan los 350 establecimientos bonÀrea. Durante los cinco años siguientes, se amplía el complejo La Closa, se abre una nueva fábrica de elaboración de pan, se inaugura el centro comercial La Jorba (supermercado, gasolinera y bufet-restaurante), se incrementa el número de tiendas (429 en 2014) y de gasolineras (más de 40). El Grupo supera los 4.400 trabajadores y los 4.300 agricultores y ganaderos vinculados. Un gran ejemplo de economía social.

El presidente del grupo y fundador de la cooperativa es Jaume Alsina (Guissona, 1934), que estudió Veterinaria en Zaragoza y fue alcalde de la localidad. Como suele decirse en el mundo del deporte, "el éxito no es por casualidad" y Guissona es muestra de ello: devoción por la estrategia y por la dirección por objetivos (las enseñanzas del maestro Peter Drucker y la DpO se han implantado en este grupo como en pocos sitios), un sentido muy práctico de la "ruralidad" en la mejor acepción (prudencia, austeridad inteligencia, cercanía y concreción), espíritu de equipo para seguir consiguiendo sinergias, amabilidad y buen gusto en todo lo que hacen... Y una clara conciencia de que la sostenibilidad depende de que la tasa de cambio de la organización sea al menos como la del entorno. Guissona es el municipio de Cataluña con mayor porcentaje de extranjeros (inmigrantes de hasta cuarenta nacionalidades), prueba de inclusión y excelente gestión de la diversidad.

En el libro *Una estrategia singular*, Josep Roca y Mercè Roca analizan las claves del éxito del Grupo Alimentario Guissona, quienes, de los dos caminos posibles, eligieron el menos transitado. Cuentan con el ciclo productivo completo, con actividades agrícolas y ganaderas, actividades industriales y de venta directa, servicios financieros (la Caja Rural de Guissona) y seguros. El modelo se basa en la gestión directa del ciclo productivo completo y en el control exhaustivo de toda la cadena alimentaria, lo que hace que los productos lleguen al consumidor en menos de 24 horas,

(cont.)

sin intermediarios y a precios hasta un 30 % más económicos.

Antonio Condal, Director de Recursos Humanos, lleva en el Grupo Alimentario de Guissona más de treinta y cinco años. Destaca en el proceso de toma de decisiones de la compañía la sensatez, la coherencia con los valores del grupo, esa sana "ruralidad" que marca la diferencia. Ramón Alsina, el Consejero Delegado, y su equipo de dirección con más de una veintena de profesionales, han logrado la integración vertical y una identidad propia de calidad de la que se sienten muy orgullosos.

El éxito no es por casualidad. Es la consecuencia natural de tomar decisiones inteligentes, contar con la gente e implantar lo que se ha decidido.

Capítulo 15

Dirigir a las personas

En este capítulo

- Expectativas mutuas
- El mánager y el poder
- Algunas cosas básicas que debes saber para liderar
- El liderazgo del siglo XXI

Anteriormente te hemos hablado del programa de televisión *Pesadilla en la cocina*, usándolo como ejemplo de errores que suelen darse en el management. En muchos de los episodios del programa hemos visto restaurantes desorganizados, personal sin interés por su trabajo y, sobre todo, jefes incompetentes, que incluso después de haber tenido su negocio reconducido por el equipo del programa y su personal motivado de nuevo gracias a las charlas de Alberto Chicote (o de Gordon Ramsey, en la versión norteamericana), vuelven a fallar como líderes porque no consiguen que la gente conecte con el negocio. Precisamente de eso te hablaremos en este capítulo: de cómo hacer que las personas funcionen y se comprometan con tu empresa y tu proyecto.

Convendrás con nosotros que, entre las principales habilidades de cualquier gestor, como te explicábamos en el capítulo 1 al hablarte de los secretos del management, está el saber trabajar con las personas para que pongan en juego todo su potencial, se comprometan y se esfuercen en lograr las metas de la empresa.

IDEA-CLAVE

Estamos ante una de las funciones claves del management, que es el liderazgo o dirección de las personas, mediante la cual los directivos tratan de llevar lo que está recogido en los planes y plasmado en las estructuras formales al nivel del comportamiento humano, de los hábitos cotidianos, con toda su carga de complejidad, emotividad, subjetividad, personalismos, etc. Por tanto, de lo que tratamos es de cómo manejar las relaciones humanas en la organización, algo que requiere unas habilidades directivas específicas, de tipo relacional (te hemos hablado de la necesidad de estas competencias en el capítulo 2, "Competencias humanas" y lo haremos de nuevo en el capítulo 20 en varios apartados).

Sin ellas, no eres nadie

La conducción de personas es una parte del management que se apoya en las ciencias de la conducta, especialmente la psicología social y la psicología de las organizaciones. Lo que hace especial esta función es que opera con personas, y este "material" presenta características que lo diferencian de cualquier otro recurso o capital.

La gestión de las relaciones humanas en la empresa presenta unas peculiaridades distintas a cualquier otro ámbito del management, debido a la complejidad del ser humano, pero también con la prioridad que deben tener las consideraciones éticas en su gestión:

- ✔ Las personas desempeñamos diferentes roles en las distintas organizaciones en las que participamos: padre o madre en la familia, socio en la ONG, líder vecinal en el barrio, jugador en el equipo deportivo, trabajador en la empresa...
- ✔ No existe el ser humano promedio, por mucho que la estadística así lo quiera, ya que todos somos personas diferentes, verdaderamente únicas, y la dirección tiene que ser consciente de la individualidad de cada cual.
- ✔ Por muy importantes que sean las metas que hay que conseguir, la dignidad de la persona nunca debe quedar postergada, y esto es un requisito ético indiscutible.
- ✔ El ser humano tiene facetas diversas, que van más allá de ser un factor económico, que es lo único que desgraciadamente se suele tener en cuenta: hay que tener presente su faceta social, cognitiva, de personalidad, etc., por lo que hace falta una visión integral e integradora para gestionarlo adecuadamente.

Por tanto, no hay posibilidad de llegar a ser un mánager competente sin dirigir eficazmente a las personas, ya que, sin su colaboración, nada se puede lograr. Como decía uno de los padres del management contemporáneo, Peter Drucker, al que te hemos mencionado en diversas ocasiones, el liderazgo efectivo no consiste en hablar bien o en gustar a la gente; el liderazgo se define por sus resultados, no por las cualidades personales.

El contrato psicológico

Mediante el liderazgo, los mánager intentan conseguir que se hagan las cosas, es decir, que las personas se integren en la empresa, se comprometan con su proyecto y actúen en aras a conseguir las metas.

Esta cuestión ha preocupado desde siempre al management: el problema de la integración de las personas con la organización, que, aunque se supone que debe ser una relación cooperativa y satisfactoria para ambas partes, no suele ser así, sino que muchas veces es tensa y conflictiva.

Desde el campo de la psicología, esta relación se explica como un *contrato psicológico*, un cruce entre las expectativas del empleado y las de la empresa:

- ✔ La expectativa de la empresa es que el empleado cumpla con su trabajo, asuma su responsabilidad y use correctamente los recursos de la organización.
- ✔ El empleado espera recibir una compensación adecuada por su trabajo, un trato digno y la posibilidad de satisfacer sus aspiraciones profesionales.

Este contrato expresa un intercambio bilateral y, para que se mantenga en el tiempo, ambas partes deben percibir que la interacción les beneficia mutuamente. En caso contrario, el intercambio se reducirá o detendrá por la parte insatisfecha: si el empleado cree que la empresa no le compensa adecuadamente, lo más probable será que reduzca su esfuerzo, adopte una actitud más pasiva, se ausente con frecuencia o, incluso, que abandone definitivamente la empresa. En este cambio de era, que va *Del capitalismo al talentismo* (nombre con el que tituló Juan Carlos Cubeiro su libro publicado por Alienta en 2012), el contrato psicológico está cambiando y el talento de las personas es cada vez más decisivo; eso explica que, en estos momentos, el 40 % de los empleados estén pensando en cambiar voluntariamente de trabajo.

Te hablaremos más en profundidad de esta cuestión en el capítulo 17, en el apartado "La búsqueda de la equidad".

¿Cómo conseguir el éxito en este contrato psicológico? La explicación es muy sencilla: el contrato psicológico funciona cuando el mánager consigue que coincidan todo lo posible los objetivos individuales y los personales, es decir, las metas que se asignan a cada individuo y las expectativas y deseos que esa persona espera satisfacer trabajando en la empresa (te hemos hablado de la diferencia entre objetivos individuales y objetivos personales en el apartado "La pirámide de objetivos", del capítulo 6). De esta forma, los empleados, al esforzarse en lograr sus metas personales, simultáneamente contribuyen a alcanzar los objetivos de la empresa.

Dicho de otra forma, lo que debe buscar un directivo que quiera ser eficaz es tratar de aproximar todo lo posible los intereses y expectativas de las personas a los de la organización, y ahí es donde entra en juego su habilidad como líder, comunicador y motivador. De todo esto nos ocuparemos más detenidamente en este capítulo y en los siguientes.

Los directivos somos humanos y tenemos prejuicios

Hablando de relaciones humanas, debemos recordar que los directivos también somos humanos, es decir, que tenemos nuestras manías, gustos y subjetividades, como cualquier hijo de vecino. Por tanto, todos los mánager no se comportan igual como dirigentes de personas, y esta cuestión se puede explicar, entre otras causas, por las presunciones de los mánager acerca de cómo son y se comportan las personas en el trabajo.

De forma consciente o inconsciente, todas las personas tienen en mente un modelo estereotipado de cómo debe ser la conducta de los empleados, que se basa en presunciones. Estas presunciones, que muchas veces llegan a ser prejuicios, tienden a producir una visión generalizada del comportamiento laboral, es decir, a suponer que las personas se desenvuelven de determinada manera, y esto determina su estilo directivo.

Douglas McGregor (1906-1964), un gran psicólogo, profesor y conferenciante norteamericano, formuló las famosas teorías X e Y, según las cuales el estilo de los directivos puede ser explicado según sus presunciones sobre la naturaleza y el comportamiento laboral de las personas, y estas presunciones corresponden a dos grupos de creencias opuestas, la teoría X y la teoría Y.

Teoría X de McGregor

La teoría X es tradicional, conservadora y pesimista. Los directivos que se identifican con esta posición asumen que los seres humanos son, en general, indolentes, evitan el trabajo o rinden lo menos que pueden; por eso, a las personas se las debe dirigir, controlar, presionar e incluso amenazar con castigos para que se esfuercen; además, la mayoría prefieren ser dirigidas, rehúyen las responsabilidades porque tienen poca ambición e imaginación, y buscan seguridad ante todo.

De acuerdo con esto, el estilo directivo de un mánager que se identifique con la teoría X se basará en la desconfianza, abusará del control externo, es decir, fiscalizará estrechamente a sus subordinados, y aplicará amenazas y castigos con frecuencia. Cuando tenga que dar una recompensa, lo que será raro, optará por las económicas. Su estilo será autoritario, inflexible y distante con los subordinados. Seguro que has conocido a algún jefe así. Pero cuidado, no tiene por qué ser un jefe tóxico, de los que te hablaremos más detenidamente en el capítulo 19.

Teoría Y

La teoría Y es optimista y flexible, exenta de prejuicios, más próxima al concepto actual del ser humano como un depósito de talento por desarrollar. Asume que, para las personas, trabajar y comprometerse profesionalmente es tan natural como descansar o divertirse. Por eso, los empleados son capaces de autocontrolarse y autodirigirse cuando se sienten comprometidos con un proyecto o unas metas, y desean obtener logros. Por tanto, el control externo y los castigos no son los mejores medios para conseguir este compromiso, porque eso sería considerarlos como seres inmaduros, mientras que en realidad las personas, conforme crecen, aprenden a buscar y a asumir mayores responsabilidades. Pero lo que ocurre es que, en el ámbito laboral, el potencial de los seres humanos se utiliza de una forma muy limitada.

De acuerdo con este modelo, un mánager que haga suya la teoría Y desarrollará un estilo basado en la confianza, fomentará la participación y permitirá bastante libertad y autonomía a sus colaboradores. En vez del control externo, promoverá el control interno, es decir, el autocontrol de las personas, a las que considerará maduras y responsables. Su forma de dirigir será más flexible y democrática y las animará para que asuman responsabilidades y crezcan profesionalmente.

No olvides que las teorías X e Y son los extremos de un continuo y que, en realidad, casi siempre nos encontramos situaciones intermedias, aunque, por lo general, todos los directivos se inclinan siempre más a un extremo que a otro. ¿Dónde te ubicas tú?

El mánager tiene que liderar

Para una empresa es muy importante que sus directivos sean líderes, porque este papel de estímulo es fundamental para que un negocio funcione: el liderazgo es el talento para influir decisivamente sobre las personas, para que se comprometan con los objetivos de la organización e intenten, con voluntad e interés, contribuir a su logro.

Seguro que si piensas en empresas u organizaciones que conozcas verás que hay algunas donde la gente se siente vinculada al negocio, lo asumen como propio y no necesitan que se les controle para que actúen como es debido. En cambio, probablemente recordarás otros lugares donde buenos proyectos se han quedado en nada porque no se ha conseguido involucrar al personal para sacarlos adelante. En unos casos y otros, la diferencia está en el liderazgo: se calcula que el liderazgo es lo que genera el 60 % de la productividad y competitividad de una empresa.

Los líderes elaboran la visión del futuro deseado y hacen que se difunda y genere compromiso. El liderazgo es inspiración, orientación, impulso, conducción de personas que voluntariamente se integran en un equipo y asumen como propio el proyecto de la organización. Pero es una influencia sujeta a exigencias éticas, ya que no debe implicar coerción o presiones, y sí generar una colaboración voluntaria y, a ser posible, entusiasta.

"Seguidme y lo conseguiréis"

Esa es la consigna de todos los líderes de la historia. El liderazgo implica seguimiento, y esta relación se da en esa doble dirección: del líder respecto al grupo y viceversa: no hay líder sin seguidores ni seguidores sin alguien delante que los guíe.

En general, las personas tenderán a seguir a un líder (hombre o mujer, da igual) cuando entiendan que eso puede contribuir a satisfacer sus aspiraciones. Siendo así, para que exista liderazgo son necesarias tres condiciones:

- ✔ Que haya una persona con capacidad para dirigir a otras hacia un objetivo: visión, y coraje para ponerse delante.
- ✔ Que haya un grupo que necesite orientación: equipo.
- ✔ Que haya una situación que exija esa polarización de las personas y su movimiento en la dirección señalada por el líder: energía potencial que puede convertirse en real.

Por ejemplo, en un centro comercial hay muchas personas (directivos, técnicos, empleados, clientes, paseantes) moviéndose con normalidad, y el ejercicio del liderazgo es tenue o inexistente (casi podría decirse que innecesario, aunque no es del todo cierto). Si surge una emergencia y la mayoría de la gente no sabe cómo actuar (hay un grupo sin orientación, pero necesitado de ella, y una situación extrema) puede emerger el liderazgo cuando alguna persona tome las riendas, tranquilice a los demás, ponga orden y dé directrices para evacuar y manejar la situación. Si no confluyen los tres factores (líder en potencia, grupo sin orientación y situación descontrolada), no se producirá el liderazgo.

De ahí que a las organizaciones les interese que el liderazgo, esa forma de autoridad moral, se vincule a la autoridad formal, es decir, que los directivos se desarrollen como líderes, ya que, si no lo hacen, el liderazgo puede emerger de forma incontrolada y al margen de la estructura, en cuyo caso es probable que se produzcan conflictos entre la autoridad oficial y el liderazgo informal. Cuántas veces se han visto situaciones en las que los empleados se ven más influidos por colegas veteranos, caudillos autoproclamados o referentes externos que por sus jefes directos.

Las piedras de toque del liderazgo

Para que los mánager puedan ejercer un liderazgo eficaz, deben saber qué tienen que desarrollar. Esas piedras de toque, la base del liderazgo, son estos cuatro componentes:

- ✔ **La autoridad y el poder formal**. Aunque la autoridad que se confiere a un mánager le otorga poder formal sobre sus subordinados, existen otras facetas del poder que tienen una base personal, y que pueden sustentar un liderazgo más duradero y efectivo. Te hablaremos de ello en el siguiente apartado, *El poder, la palanca del líder.*
- ✔ **La capacidad de comprender** a los subordinados, de aceptar que las personas tienen diversas actitudes y motivaciones, que reaccionan de distinta manera, que poseen diferentes gustos y aspiraciones, se concreta en la empatía, destreza básica de la inteligencia emocional, de la que te hemos hablado en el capítulo 2, en el apartado "¿Pensar o sentir?", y que es especialmente importante para un líder.
- ✔ **La capacidad para inspirar** en los seguidores las actitudes y conductas deseables para que apliquen todo su talento es lo que materializa el liderazgo al lograr que los seguidores quieran hacer lo que el líder desea. De nuevo aquí las competencias emocionales juegan un papel crucial, ya que no se trata de mandar sino de influir, para lograr no solo que se hagan las cosas sino además que se hagan de cierta manera.
- ✔ **El estilo del líder y el ambiente** que instaura en su entorno y equipo, ya que el mánager es el encargado de diseñar y mantener un clima laboral que estimule el buen desempeño, creando un sistema de creencias, valores y normas exigente y productivo, es decir, una cultura organizativa enfocada al respeto a las personas, a la excelencia y a los logros.

Como las personas tienden a seguir a quienes creen que les ofrecen un camino para satisfacer sus metas personales, cuanto mejor comprendan los directivos lo que motiva a sus subordinados y mejor lo demuestren en su ejercicio de la dirección, más efectivos serán como líderes.

PRACTICONSEJO

Por eso, si quieres ser un líder eficaz, ve paso a paso y trabaja estas cuatro habilidades básicas, y aunque la primera, la autoridad formal, no depende de ti sino de la organización, hay fuentes del poder que puedes desarrollar. Te sugerimos que empieces ya, leyendo el siguiente apartado.

El poder, la palanca del líder

El poder es la capacidad para afectar o modificar el comportamiento de otras personas, de manera que actúen como desea la persona que ejerce el poder, algo que no pasaría de forma natural si no se ejerciera ese poder. El poder, por tanto, tiene que inducir un cambio en el comportamiento de las personas sobre las que se aplica.

El ejercicio del poder puede apoyarse en diferentes bases, es decir, hay diversas fuentes de poder. Una persona puede tener poder porque es más inteligente o tiene más conocimientos que los demás, porque es más fuerte físicamente o porque es más resistente psicológicamente. No todas las formas de poder son iguales, y un líder debe conocerlas y preocuparse de desarrollar las que pueden serle más útiles.

Las fuentes del poder

Esas fuentes del poder son de dos grandes tipos: hay un *poder de base formal*, que tiene su origen en la autoridad y en los recursos que la organización otorga a los directivos para que manden; y hay un *poder de base personal*, que tiene su raíz en las habilidades, competencias y capacidades de la persona.

A su vez, estas dos fuentes de poder se materializan en varios tipos de poder con los que un mánager puede operar, que son los siguientes, empezando por los más formales para acabar con los de base más personal:

- ✔ **Poder legítimo o legal** es el que acompaña a la autoridad formal que la empresa otorga a sus directivos, que les confiere legitimidad para dirigir a los empleados en el trabajo. El poder legítimo tiene unos límites, ya que los directivos no pueden mandar sobre sus subordinados en cualquier asunto, sino solo en aquellos que afecten a los resultados del trabajo, es decir, al comportamiento profesional pero no a lo que hagan en su tiempo libre, por ejemplo.
- ✔ **Poder de sanción**, que viene ligado al anterior, es la capacidad para aplicar recompensas o penalizaciones, tanto materiales como inmateriales; de esta forma, los mánager pueden reforzar positiva o negativamente el comportamiento de sus colaboradores, por lo que comprende el *poder de recompensa* (poder de premio) y el *poder coercitivo* (poder para castigar): como ejemplos tenemos la capaci-

dad de otorgar incentivos al rendimiento o de despedir en caso de grave incumplimiento.

- **Poder sobre recursos**, que es la capacidad para administrar medios como el dinero, el equipo, el uso de tiempo o las instalaciones, de forma que, en cierto sentido, es una expresión del poder de recompensa, ya que su origen es también formal, pues la organización, junto con la autoridad formal, otorga los recursos. Otro poder muy relacionado con este es la *capacidad de generar recursos*, que aparece cuando son departamentos o personas que, por su actividad o habilidad en proveer ingresos, alcanzan un poder y un estatus superior al de otros órganos de nivel similar. Es frecuente que ocurra eso con los departamentos comerciales, que generan ingresos, o con los financieros, que los administran (muchas veces, como si los recursos fueran suyos).
- **Poder de información**, que tiene su origen en la posesión o el acceso a información significativa, exclusiva o clave para los resultados. En teoría, este poder debe corresponderse con la autoridad formal, ya que el directivo tiene que ocupar el lugar central en el flujo de información de su unidad, como te explicábamos cuando hablábamos de los roles informativos en el capítulo 2, pero es un poder que también tiene base personal, ya que la habilidad individual puede hacer que ese poder se modifique, por ejemplo, cultivando relaciones personales con gente bien informada.
- **Poder de experto o poder de conocimiento**, que es el que se funda en la habilidad, competencia y capacidad del líder en su ámbito profesional. Es un tipo de poder de base personal, que depende de la preparación, la experiencia y la actitud del mánager que logra un dominio elevado de su trabajo, lo que le proporciona credibilidad y autoridad profesional, de modo que es más probable que sus decisiones e instrucciones sean acatadas sin cuestionarlas. Si ves que tu jefe sabe más que tú del trabajo seguirás con confianza sus directrices, pero si te parece que sabe menos que tú, seguro que te surgen muchas dudas acerca de cómo actuar.
- **Poder de referente**, que es la capacidad para inspirar en los seguidores un modelo de conducta digno de ser imitado. Cuando el directivo se comporta con equidad, respeto a las personas, buena educación, empatía y justicia surge un aprecio personal y una inclinación en los seguidores a comportarse como lo hace el líder. De ahí la importancia de que los directivos sean conscientes del efecto espejo que produce su comportamiento, particularmente al exigir a sus subordinados ciertos valores y conductas, y si ellos mismos no los siguen, nada de lo que dicen servirá de mucho.

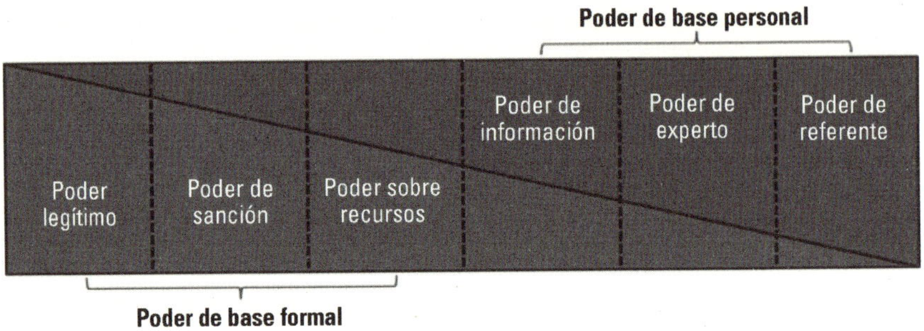

Figura 15-1: Base formal o personal de los tipos de poder

Como puedes comprobar en la figura 15-1, estos tipos de poder van desde los que tienen una base formal, porque proceden del estatus y la autoridad que otorga la organización, a los que tienen una base personal, que son los que puedes cultivar conscientemente. Eso significa que los tres primeros van con el cargo y pueden desaparecer con él, por lo que el control que tienes sobre ellos como directivo es limitado, puesto que la empresa define y puede modificar los límites y alcance de esas fuentes de poder. Pero los tres últimos dependen de ti, no de la organización, y puedes cultivarlos y desarrollarlos mediante tu actitud y tu esfuerzo, siendo por lo tanto, tan duraderos como desees.

Vencer o convencer, mandar o liderar: de eso se trata

Un líder efectivo debe utilizar todas las clases de poder que tiene a su alcance, pero tiene que ser consciente de que son más eficaces y creíbles los mánager que asientan su liderazgo en el poder de base personal, ya que es el que está bajo su control y también el que genera un seguimiento más duradero, pues conecta con el universo emocional de los seguidores, no solo con su racionalidad.

Eso no significa que los buenos directivos no utilicen las fuentes de poder formal cuando sea necesario, pero no basando todo su liderazgo en ellas. De hecho, en la realidad empresarial se puede observar que los directivos que carecen de poder de base personal tienden a abusar de los poderes de base formal, siendo autoritarios en exceso, sobrepasando los límites del poder legítimo, aplicando castigos frecuente o desproporcionadamente, etc. En palabras de Margaret Thatcher, la que fuera primera ministra del Reino Unido, "lo de tener poder es como ser una señora. Si tienes que recordárselo a la gente, malo".

La credibilidad es necesaria para liderar

En el Imperio romano distinguían entre la *auctoritas* y la *potestas*: la *potestas* era el poder formal, la capacidad legal para tomar decisiones. La *aucto-*

ritas, la autoridad moral, que coincide con las fuentes del poder de base personal.

Más allá de su poder formal, los buenos mánager fomentan la autoridad moral a través de la credibilidad y el ejemplo diarios. Es lo mismo que decir que fomentan las fuentes del poder de base personal, y en particular, el poder de experto y el poder de referente.

¿Cómo puedes, como mánager, elevar tu credibilidad? Te proponemos estas seis vías:

- ✔ Sé genuino en lo que haces. Genuino viene del latín *genus*, linaje. Eres genuino si eres auténtico, legítimo, propio, sincero. Si actúas como lo que eres y no pretendes ser alguien diferente.
- ✔ Aporta tanto o más valor a tus clientes internos y externos del que declaras. Valor es lo que los que te rodean esperan de ti. Ten el valor (el coraje, la valentía) de seguir tus valores (tus principios, tu brújula ética) para ponerte en valor (para aportar). Mejor entregar en exceso y superar las expectativas que prometer demasiado.
- ✔ Aporta datos relevantes. José Manuel Otero Novas, que fue vicepresidente con Adolfo Suárez, suele decir: "Usted puede tener opiniones distintas a las mías, pero no datos distintos a los míos". Los hechos son los hechos. Los datos, la información (te hemos hablado de los diferentes niveles de la información en el capítulo 14, al explicar la toma de decisiones) son la materia prima para el conocimiento y la sabiduría. Y el poder de información tiene también mucha base personal.
- ✔ Escucha con atención, tómate las cosas concienzudamente, responde con claridad. Las personas con mayor credibilidad son las que escuchan de verdad a los demás, las que piensan antes de actuar, las que deciden cabalmente y llevan sus decisiones a la realidad.
- ✔ Nunca escribas o hables como un "vendemotos". La primera motocicleta es de 1867; la expresión "vender la moto" es una actualización de "vender la burra" (en inglés se dice "vender un cachorro") o "darla con queso" (si lo tomas con queso, cualquier vino está bueno). Es engañar, convencer a alguien de lo que no es, tratar de que compre algo que no tiene valor. La mentira tiene las patas muy cortas y el lenguaje no verbal la pone en evidencia.
- ✔ Sé un catalizador más que un héroe individualista. Es más creíble hacer participar a las personas e involucrarlas en una tarea común que ir de salvador y tratar de ocuparse de todo. Necesitas a tu equipo. Recuerda: sin las personas no eres nadie.

En resumen, prepárate, sé honesto, generoso y cuenta con los demás. No es tan difícil.

El líder ni nace ni se hace, sino todo lo contrario

El mundo necesita líderes, porque, no nos engañemos, la mayoría de las cosas importantes que se hacen en la vida ocurren porque alguien, una persona, se ha empeñado en ello. Todas las organizaciones son conscientes de eso, y por mucho que se esfuercen en depurar sus estructuras, procesos y sistemas de gestión, al final, nada de eso funcionaría si detrás no hubiera el compromiso, la dedicación y la implicación de personas concretas.

Por esa razón, siempre ha interesado averiguar qué hay detrás del fenómeno del liderazgo y durante mucho tiempo los psicólogos, los sociólogos, los politólogos y los expertos en management se han esforzado en tratar de descubrir la "chispa" que enciende la reacción química del liderazgo. A continuación te contamos algunas de las explicaciones que se han propuesto a este fenómeno.

Nacer con estrella

Los primeros intentos de explicar qué generaba el liderazgo se basaron en estudiar las características de los líderes, analizando sus rasgos, en un primer avance, y sus comportamientos, en un estadio posterior.

El estudio de los *rasgos personales del líder* partió de la suposición de que el líder nace y no se hace, abonándose a una especie de "teoría del gran hombre" (a nadie se le ocurrió que podría haber una gran mujer) que aparece recurrentemente desde la Antigüedad. Estos rasgos identificados como predictores del éxito incluían características de tres tipos:

- ✔ **Físicas**, como sexo masculino, estatura elevada, fortaleza física, buena apariencia, voz grave y persuasiva, etc.
- ✔ **Cognitivas**, como inteligencia superior a la media, educación y erudición.
- ✔ **Psicológicas**, como una personalidad dominante, asertividad, confianza en uno mismo, proactividad, orientación al poder y a los logros, etc.

El problema de estas investigaciones basadas en los rasgos es que no han proporcionado resultados concluyentes, ya que existen muchas personas que poseen esas características y nunca han emergido como líderes, mientras que otros líderes destacados poseen cualidades bien distintas e incluso contradictorias con las identificadas como claves. Por ejemplo, líderes históricos como Mahatma Gandhi, la madre Teresa de Calcuta o Adolph Hitler no poseían los rasgos físicos ni mentales considerados "apropiados", y nadie puede cuestionar su liderazgo (nos gusten o no alguno de ellos, lo cierto es que movían masas).

Portarse como es debido

En vista de que los rasgos no explicaban mucho, el siguiente paso en el estudio científico del liderazgo fue fijarse en el comportamiento de los líderes, suponiendo que no es el "qué" son sino el "cómo" se conducen los líderes lo que puede explicar su éxito.

Estas investigaciones se ocuparon de analizar las conductas de los mánager más eficaces, y así se estudiaron los tipos de comportamiento que desarrollaban, que se distinguen entre:

- Los mánager **orientados a la tarea**, que se centran en la dirección y supervisión, teniendo como prioridad la realización del trabajo y cumplir las metas.
- Los líderes **orientados a las personas**, que tienen como referente principal la motivación y satisfacción de los empleados y la creación de un ambiente grato.

El problema de este enfoque es que tampoco ofrece una conclusión definitiva acerca de si es mejor enfocarse a los resultados o preocuparse por las personas, ya que hay líderes eficaces e ineficaces tanto en una como en otra posición.

La rejilla del liderazgo

Dentro de esta línea de trabajo que se preocupó por analizar el comportamiento de los líderes, probablemente hayas visto alguna vez la muy conocida rejilla directiva de Robert R. Blake y Jane Srygley Mouton, investigadores y consultores en gestión de la Universidad de Texas.

La rejilla del liderazgo resume los resultados de muchos trabajos anteriores y representa la combinación de los estilos más frecuentes de los líderes según mezclen en su forma de dirigir el interés por los resultados de la tarea y el interés por el bienestar de las personas. Estas dos variables son las coordenadas de una cuadrícula de 9 × 9, que puedes ver representada en la figura 15-2, donde se reflejan los estilos de liderazgo resultantes de la combinación en diferentes grados de esas dos orientaciones (a la tarea o a las personas):

- **Estilo 1.1, dirección empobrecida**, donde hay un interés mínimo por el cumplimiento del trabajo y en el bienestar del grupo.
- **Estilo 9.1, dirección de tarea,** un estilo autocrático donde los resultados son la prioridad, por encima del clima social o la satisfacción del grupo.
- **Estilo 1.9, "club de campo"**, un estilo paternalista y concesivo, que busca cultivar una organización amistosa y un ritmo de trabajo cómodo.
- **Estilo 5.5, dirección de nivel medio**, en el que se trata de equilibrar la necesidad de resultados y el espíritu de grupo sin excesiva presión.
- **Estilo 9.9, dirección de equipo**, que es el más exigente, ya que el trabajo es cumplido por personas comprometidas, con interdependencia e interés común, para lograr resultados excepcionales en un clima de confianza y respeto.

Los mejores directivos son los que son capaces de desempeñar el estilo 9.9, que obtienen buenos resultados al tiempo que promueven la confianza y el desarrollo de las personas a su cargo.

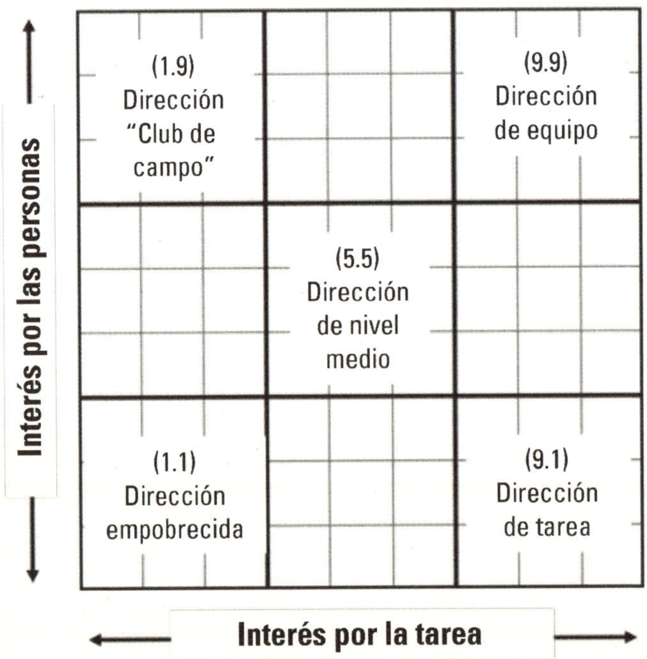

Figura 15-2: Rejilla del liderazgo de Blake y Mouton

El mundo no se divide en líderes y no líderes

Si siguiéramos compartiendo las conclusiones anteriores, probablemente pensaríamos que el mundo se divide entre líderes y seguidores, que es algo así como pensar que hay personas que han nacido para mandar y otras para obedecer. De ahí a aceptar la desigualdad como algo justo y defendible, e incluso al racismo, solo hay un paso.

Como es evidente que esto no es cierto, los investigadores han ampliado su atención para considerar más elementos que influyen en el liderazgo, y hoy en día se acepta que el liderazgo debe ser *situacional*, es decir, producto de una combinación de circunstancias. Según cuáles sean esos condicionantes habrá unos estilos de liderazgo que funcionen y otros que no. Pero, a priori, ningún estilo es descartable, incluso el liderazgo autocrático (mandar).

Piensa, por ejemplo, qué ocurre en una situación límite, como la que se le presenta a un equipo de rescate, a un comando militar en acción o a un servicio médico de emergencias. ¿Crees que en una situación donde está en juego la vida o la seguridad de las personas se puede ejercer un liderazgo benevolente o consultivo? ¿Puede el jefe de una brigada de bomberos pararse a debatir con los miembros de su equipo quién subirá por la escalera y quién manejará la bomba? Evidentemente, no.

¿Qué factores influyen en el liderazgo?

El ejemplo anterior muestra que no hay estilos de liderazgo que sean buenos o malos en cualquier circunstancia, sino estilos oportunos o no, adecuación que dependerá de cuáles sean esas condiciones. De ahí que la atención venga desde hace tiempo enfocándose en investigar cuáles pueden ser esas circunstancias o variables que influyen en el liderazgo y cómo lo hacen.

Lo malo de esto es que los factores que influyen en la eficacia del liderazgo son muy numerosos, aunque podemos agruparlos en tres categorías, según su origen. Te los explicamos a continuación.

El protagonista

Los primeros elementos que influyen son los *factores del líder*, como sus características personales, creencias y actitudes, valores, educación, conocimientos y experiencia, inteligencia, personalidad, etc.

Aquí vuelven a presentarse muchos de los rasgos personales que te hemos explicado en el epígrafe "Nacer con estrella", en este mismo capítulo.

También es importante el estatus del directivo dentro de la organización, ya que no es lo mismo ser director general que un supervisor de base, y los seguidores son conscientes del poder que tiene su jefe a la hora de hacerle más o menos caso.

La corte

El segundo grupo de elementos son los *factores de los subordinados*, donde hay que tener en cuenta sus características como individuos y como trabajadores, sus actitudes y motivaciones, las experiencias con jefes anteriores, su nivel de integración en la organización, sus aspiraciones profesionales y personales, como el deseo de independencia, autonomía, responsabilidad y participación en las decisiones, la medida en que se identifican con las metas de la organización, los conocimientos y experiencia que poseen, etc.

Lo que sabemos de todo esto indica que cuanto más positivas sean las actitudes y aptitudes de los subordinados, el estilo de dirección tenderá a ser más participativo, ya que hay más compromiso por parte de los empleados y más posibilidades de que hagan aportaciones a la organización: mejores subordinados pueden dar un mayor rendimiento si no los asfixiamos. Te daremos más recomendaciones en este sentido en el capítulo 19, al hablarte de cómo gestionar el talento.

Una de las investigaciones más interesantes en este terreno es la que relaciona el estilo de liderazgo con el nivel de madurez (combinación de motivación y experiencia) del subordinado, de forma que el líder tendrá que aplicar la combinación adecuada de interés por la tarea o por la persona según que el empleado esté más o menos capacitado y más o menos motivado. Te la explicamos más extensamente en el siguiente recuadro gris.

El escenario

El último grupo de elementos que también influyen en el ejercicio del liderazgo son los **factores de la situación**, y aquí tenemos a su vez dos grupos:

- ✔ Las **características de la empresa**, como el clima de la organización, los estilos de dirección establecidos y su coherencia interna, la estrategia, las políticas, el sistema de toma de decisiones, la comunicación interna, la cultura organizativa, la estructura orgánica, el nivel de centralización, el carácter más o menos burocrático, etc.

  Todos estos aspectos pueden estar diseñados de forma que favorezcan estilos de dirección más participativos o autocráticos.

La teoría del ciclo de vida del liderazgo

La teoría del ciclo de vida se debe a los investigadores y consultores norteamericanos expertos en management Paul Hersey y Kenneth Blanchard, quienes consideran que la principal variable que explica la eficacia del liderazgo está en lo que denominan el *grado de madurez del subordinado,* y que el líder debe adaptar su estilo a las características del empleado.

El grado de madurez del subordinado es la combinación que tiene cada trabajador de competencia y de motivación a la hora de realizar su tarea: así, el subordinado puede ser competente (experto) o incompetente (inexperto) y puede estar motivado o no. Y este nivel de madurez evoluciona de la siguiente forma a lo largo de la vida profesional del trabajador y su dominio del puesto de trabajo:

Estadio 1. Propio del trabajador novato: alta motivación e inexperiencia.

Estadio 2. Aún es poco competente pero sus expectativas iniciales se desinflan, por lo que baja su motivación.

Estadio 3. Propio del trabajador experimentado que ya domina el puesto pero no encuentra retos en él, por lo que su motivación es baja.

Estadio 4. El trabajador es experto y fiable, domina el trabajo y está dispuesto a asumir responsabilidades.

Por su parte, el comportamiento del líder puede combinar la orientación a la tarea, que es la medida en que el directivo determina y supervisa el trabajo del subordinado, y la orientación a la persona, que es el grado en que el directivo motiva e implica a los empleados.

Al combinar esas dos orientaciones y considerar el nivel de madurez de los subordinados, se producen cuatro estilos de liderazgo:

El **estilo control**, apropiado para el estadio 1, cuando la capacidad del subordinado es baja y su motivación alta, algo habitual cuando una persona empieza en un trabajo o puesto nuevo; entonces necesita ser dirigida, que le digan qué hacer y cómo, por lo que la supervisión debe ser estrecha para instruir y controlar sus resultados; en cambio, no es necesario realizar un gran esfuerzo para animarlo teniendo en cuenta el nivel de motivación elevado propio del novato.

El **estilo supervisión**, que se adecúa a niveles de capacidad y motivación bajos, propio de quien ya lleva un tiempo en el puesto: sigue necesitando bastante dirección de tarea, pero la motivación se ha desgastado debido a los fracasos iniciales o a la rutina, por lo que también tiene que motivarse mediante el reconocimiento y la participación en las decisiones que atañen a su trabajo.

El **estilo participación**, indicado para el estadio 3, cuando la capacidad ha mejorado pero la motivación no, porque el empleado ya domina el trabajo; entonces se aconseja darle más participación en las tareas de decisión, mayor responsabilidad y reconocimiento de sus logros para motivarlo, pero el interés por la tarea debe disminuir, ya que no necesita una supervisión estrecha.

El **estilo delegación**, apropiado para el empleado más maduro, con capacidad y motivación alta, pues ya posee los conocimientos y experiencia necesarios y ha ganado confianza; en este punto, el trabajador está motivado y solo requiere ser liderado a distancia, permitiéndole que asuma la responsabilidad y la capacidad de decisión para hacer las cosas por sí mismo.

La teoría del ciclo de vida representa un enfoque flexible dentro del liderazgo, pues recomienda adaptar el estilo a las situaciones e ir variando al mismo tiempo que los empleados progresan en la organización, lo que permite que el líder siga siendo eficaz en distintas situaciones o con distintos empleados.

En general, las organizaciones más burocráticas tienden a producir estilos de dirección autocráticos y las organizaciones más flexibles, estilos más democráticos y participativos. Hemos hablado de estas cuestiones en el capítulo 12 con relación a las estructuras antiguas y nuevas.

- La **naturaleza de la tarea**, su nivel de complejidad e incertidumbre, la sofisticación de la tecnología empleada y la incertidumbre ambiental, especialmente el dinamismo del entorno, la intensidad de la competencia, las presiones de tiempo y las exigencias de rendimiento.

En este apartado, puede afirmarse que a mayor incertidumbre ambiental y tecnológica, el estilo directivo debe ser más participativo para alentar la colaboración, la innovación y la producción de conocimiento, pero cuando las exigencias de rendimiento y las presiones externas son altas, se requiere un estilo más autocrático.

En esas circunstancias, los buenos líderes consiguen equilibrar ambos aspectos manteniendo altos niveles de exigencia unidos al interés por el bienestar de sus colaboradores, ya que son dos factores que se retroalimentan mutuamente.

Las líderes empresariales más influyentes de España

Silvia Leal, asesora de la Comisión Europea en competencias digitales y mentora del área de eLeadership del Human Age Institute, ha explicado que "solo el 5 % de los CEO en España son mujeres. En nuestro país no se aprovecha el talento femenino. Si las mujeres nos incorporásemos al mundo de las nuevas tecnologías, Europa crecería en 9 billones de euros".

Silvia es una de las líderes más destacadas y defiende el eLeadership, el liderazgo propio de la era digital. Junto a ella, las líderes más influyentes en España son Amparo Moraleda (consejera de varias sociedades), Ana María Llopis (Día, ideas4all), Carina Spilka (consejera de ABanca), Carmen Recio (Orange), Clara Jiménez (Accenture), Elena Gómez del Pozuelo (Adigital), Emma Fernández (Indra), Helena Herrero (HP), Irene Cano (Facebook), Koro Kastellano (Kindle), María Benjumea (Spain Startup & Investor Summit), María Fanjul (Inditex), María Ferreras (YouTube), María Garaña (Microsoft), María González Ordóñez (Google), Marta Martínez (IBM), Mónica Valle (Globb Security), Pilar López Álvarez (Microsoft), Rosa García (Siemens), Sarah Harmon (eBay) y Susana Voces (eBay). Veintiún excelentes ejemplos de un nuevo tipo de liderazgo, acorde con las empresas humanistas. Con ellas hay esperanza.

El estilo de liderazgo de estas mujeres coincide con los ocho hábitos de un buen líder, que te explicamos en el siguiente recuadro gris titulado "Lo que hacen los mejores jefes, según Google".

Liderazgo del siglo XXI

En los últimos años, coincidiendo con los cambios sin precedentes acaecidos en la economía y con la demanda por parte de las organizaciones de nuevos estilos de gestión, ha surgido un nuevo modelo del liderazgo.

En su origen este enfoque se debe a James MacGregor Burns, historiador y biógrafo político experto en liderazgo, ganador del premio Pulitzer, quien acuñó el concepto de *liderazgo transformador* como el tipo de liderazgo que se centra en la moral y motivación de los seguidores, en contraposición al liderazgo transaccional, que enfoca las relaciones con los seguidores como un intercambio.

Posteriormente, estas ideas fueron desarrolladas por Bernard M. Bass, eminente psicólogo industrial de la Universidad del Estado de Nueva York, experto en liderazgo, quien opinaba que la investigación se ha centrado en un liderazgo de "bajo nivel", mediante el cual no se podían explicar los efectos extraordinarios que algunos líderes producen en su ámbito.

Tomando como punto de partida la aportación de Burns, Bass amplió el concepto del liderazgo transformador, que es el que despliegan aquellos líderes capaces de transmitir su visión del futuro deseado a los seguidores, generando en ellos el compromiso necesario para su consecución. Son líderes que producen cambios en la escala de valores, actitudes y creencias de sus seguidores y ejercen una influencia basada en las fuentes de poder de base personal, de las que te hemos hablado en el apartado *El poder, la palanca del líder.*

Mediante este tipo de liderazgo se crea en los seguidores un compromiso basado en compartir e interiorizar las normas, creencias y valores de la organización, de forma que el contrato psicológico entre el líder (la empresa) y el seguidor (empleado) se enriquece con contribuciones y recompensas de alto valor simbólico, ya que el trabajador percibe una relación mucho más gratificante.

El líder capaz de gestionar el talento

El liderazgo transformador consigue sacar fuera el máximo potencial de sus seguidores, por lo que es un liderazgo que se enfoca a desarrollar y potenciar el talento de los empleados. Este liderazgo tiene cuatro características principales, según Bass:

- ✔ **Estimulación intelectual**: el líder transformador fomenta la creatividad alentando a sus seguidores a explorar nuevas formas de hacer las cosas y nuevas oportunidades para la empresa.

- ✔ **Consideración individualizada**: capacidad del líder para prestar atención personal a los miembros del equipo, haciéndoles ver la importancia de su contribución individual, manteniendo líneas de comunicación abiertas, asegurando que se compartan ideas, dando reconocimiento a los seguidores, motivándolos y fomentando la iniciativa y la proactividad.
- ✔ **Inspiración y motivación**: capacidad del líder de comunicar su visión gracias a la cual consigue articular a sus seguidores y transmitir su motivación y pasión a empleados comprometidos con la organización.
- ✔ **Influencia idealizada**: capacidad del líder de lograr la confianza de sus seguidores para hacer realidad su visión, puesto que el líder transformador se erige como un modelo para ellos, gracias a la confianza y respeto que tienen en él.

En cambio, el *liderazgo transaccional* corresponde a un modelo menos exigente, que consiste en una especie de intercambio entre el líder y su grupo, ya que intenta motivar a los subordinados mediante una transacción entre lo que dan y lo que reciben de la organización, sin ir más allá del mero cumplimiento de los objetivos en el marco del contrato psicológico preestablecido, que no se discute ni se cambia.

Las investigaciones empíricas han demostrado que con el liderazgo transformador se obtienen de los seguidores unos niveles de rendimiento y satisfacción mucho más elevados que con el liderazgo transaccional, aunque este también ofrezca resultados positivos, pero siempre inferiores. Por tanto, si quieres ser un gran mánager, preocúpate por aprender a desarrollar un liderazgo transformador, lo que no es fácil, pero es un reto que, con esfuerzo y el apoyo de un buen coach, puedes conseguir.

Lo que hacen los mejores jefes, según Google

La respetada Pilar Jericó, experta en gestión del talento, publicaba en su blog el siguiente artículo:

"Si una empresa de este planeta sabe estrujar los datos para extraer conclusiones, esa es Google. Y si esta empresa se toma en serio estudiar qué dicen sus datos internos para saber cómo son sus mejores jefes, tenemos como resultado un perfil detallado del mejor líder. Pues bien, eso fue lo que hizo hace unos años esta compañía clásica de ingenieros y se llevaron alguna grata sorpresa.

El proyecto en cuestión se llama Oxígeno, que no deja de tener cierta inspiración. Para ello, se aprovecharon de su poder de análisis y tomaron 10.000 datos de las evaluaciones del desempeño, las encuestas de 360 º (en la que se miden lo que dicen los colaboradores de sus superiores) y los premios a los mejores responsables de personas. Manejaron más de cien

(cont.)

variables, pero no se quedaron solo con los datos numéricos (para eso son Google, ¿no?), sino que tomaron frases, palabras, elogios, quejas y comentarios en general. Al principio, pensaban que iban a encontrar una correlación directa entre 'mejor jefe' con confianza y libertad. No olvidemos que en las empresas de Silicon Valley no se estila el control y que no hay que fichar todos los días. Por lo tanto, el punto de partida no dejaba de tener cierta lógica. Sin embargo, se equivocaron.

Según los resultados del análisis, los ocho hábitos que crean un buen líder son:

1. **Ser un buen coach: ayudar al equipo a triunfar.** En este apartado se incluye la capacidad de dar *feedback* a los empleados y de sentarse uno con uno para atender sus dificultades.

2. **Facultar a los colaboradores o *empowerment* y no hacer microadministración.** Muchos jefes se adentran en tareas cotidianas, incordiando a sus equipos y olvidan lo más importante: gestionar la estrategia, darles poder, libertad y seguimiento a su trabajo.

3. **Interés por el éxito del equipo y por su bienestar personal.** A veces se cree que la persona puede dividirse dentro o fuera de la organización. Es un error. Un buen jefe se ha de preocupar porque la persona se sienta bien en su conjunto. En este apartado, Google también incluyó la transición de los nuevos empleados.

4. **Ser productivo y con orientación a los resultados.** En este apartado se incluye la productividad y todos los medios que ha de brindarle el jefe para que el colaborador alcance sus resultados. Un jefe agradable pero que no logra resultados es un mal jefe. No lo olvidemos.

5. **Comunicar y escuchar al equipo.** Puede que esta sea una de las habilidades más complejas de desarrollar, ya que la comunicación ha de ser bidireccional, tanto del jefe hacia el colaborador como viceversa. Y lo que es más importante: comunicar no significa solo informar, sino verificar que se ha comprendido.

6. **Apoyar a los colaboradores en el desarrollo de sus carreras.** Las personas con talento quieren mejorar, y un buen jefe les brinda los medios para que todo ello ocurra.

7. **Visión y estrategia clara para el equipo.** Un buen líder es aquel que además sabe contar con todo su equipo para alcanzar la estrategia prevista.

8. **Habilidades técnicas para ayudar al equipo.** Y "curiosamente" el último hábito de los mejores líderes de Google era que estos ayudaran técnicamente a sus empleados.

Pues bien, lo más impactante fue que dichos resultados no siempre coincidían con las políticas de selección y desarrollo de sus empleados. Es decir, buscaban cualidades para futuros jefes que no coincidían con lo que los empleados luego valoraban, según Tina Malm, del equipo de People Analytics de Google. Por ello, hicieron un cambio de estrategia y comenzaron a formar a sus jefes en los ocho hábitos anteriores y el resultado volvió a sorprender. Después de un año, los gerentes de peor desempeño mejoraron un 75 % la satisfacción de sus equipos. Un éxito, sin duda.

En resumen, un buen jefe es crucial para que los empleados estén motivados y quieran continuar en una empresa. Han corrido ríos de tinta sobre las cualidades de los líderes, pero no siempre se han conjugado con datos científicos bajo el brazo. Por ello, un proyecto como el de Oxígeno no deja de ser inspirador. Ojalá en el futuro las compañías puedan embarcarse en esta labor y sean capaces de seleccionar y de formar a sus líderes no bajo criterios subjetivos, sino con datos científicos".

`http://blogs.elpais.com/laboratorio-de-felicidad/2014/10/lo-que-nos-hace-mejores-jefes-segun-google.html`

Capítulo 16

Comunicar no es solo hablar bien

En este capítulo

- Nada funciona sin comunicación
- Los que hablan y los que escuchan (a veces)
- La clave: pensar antes de hablar
- Un buen marco para las comunicaciones en la empresa

No es que la comunicación sea importante para la empresa, es que es imprescindible. Como te hemos explicado varias veces a lo largo de este libro y, en particular, en el capítulo 14, como mánager tu materia prima es la información, y para que se hagan las cosas esa información tiene que circular fluidamente por toda la organización, que no es ni más ni menos que una red de comunicación, idea que también hemos desarrollado en el capítulo 11.

Por tanto, si la comunicación no funciona, da igual que cuentes con los mejores técnicos, directivos y empleados, la gente más creativa y comprometida, las instalaciones más modernas y los clientes más fieles: no podrás trabajar, ya que la gestión y coordinación de todos esos maravillosos recursos será imposible.

Antes de seguir, queremos dejar claro que estamos hablando de la comunicación dentro de la organización, y no de la comunicación corporativa, institucional o comercial que la empresa hace al mercado, a la sociedad o al entorno, ya sea en forma de publicidad, promoción, relaciones públicas o difusión de su imagen corporativa.

Básicamente, a lo que nos referimos en este capítulo es a la función que tiene que desempeñar cualquier mánager para entenderse con las personas con las que trabaja, o dicho de otra forma, al ejercicio de los roles de información, de los que te hemos hablado anteriormente en el capítulo 2, en el apartado “El mundo entero es teatro”.

Comunicar es algo que hacemos todos

Básicamente, la comunicación sirve para conectar a las personas que forman una organización, para que puedan cooperar y desenvolverse en su propósito de lograr objetivos comunes. De hecho, ningún grupo social puede funcionar sin comunicación, es decir, sin el intercambio de información entre sus miembros, ya sea una familia, una pandilla de amigos o un club social.

Comunicación y coordinación son dos ideas que van de la mano. Cuanto más complejo e incierto sea el trabajo y el ambiente de una organización, mayores serán las necesidades de coordinación, ya que hay más elementos clave que manejar y controlar, y esos elementos se mueven de forma más imprevisible. Por tanto, a mayor incertidumbre, más importante es que la comunicación sea eficaz, que proporcione la información para gestionar las actividades y realizar las tareas de forma suficiente, precisa y oportuna.

Para qué sirve la comunicación

Como te decíamos hace un momento, comunicar y coordinar son dos acciones que van juntas, por lo tanto, todas las actividades que sea necesario realizar para coordinar o gestionar una organización tendrán su reflejo en la comunicación, porque se tendrán que transmitir a alguien en forma de mensajes.

Las funciones más importantes que cumple la comunicación dentro de una empresa son las siguientes:

- ✔ Informar y proporcionar a las personas los datos que necesitan para hacer su trabajo.
- ✔ Diseminar las creencias, principios y valores de la empresa entre su personal.
- ✔ Difundir los objetivos y políticas que rigen el trabajo.
- ✔ Ejecutar los planes haciendo que se cumpla lo proyectado.
- ✔ Organizar los recursos, distribuyendo tareas y responsabilidades.
- ✔ Motivar al personal mediante estímulos y retroinformación sobre su desempeño.

- ✔ Controlar los resultados haciendo posible la revisión de lo realizado.
- ✔ Servir de cauce de expresión emocional y de satisfacción de las necesidades de las personas.
- ✔ Facilitar la integración social y la cohesión de los grupos.

Como mánager, convendrás con nosotros en que comunicar eficazmente es una habilidad esencial. Dado que los directivos dedican una gran parte de su tiempo de trabajo a actividades que se materializan en procesos de comunicación con otras personas (colegas, jefes, colaboradores, clientes, personal externo, etc.), deben conseguir que esa tarea se haga de la forma más eficiente y efectiva posible.

Pero si la comunicación es importante para la gestión en general, lo es especialmente para el ejercicio del liderazgo y la conducción de las personas. Como decía Jan Carlzon, presidente de SAS, las líneas aéreas escandinavas, de 1981 a 1994, "un buen líder dedica más tiempo a la comunicación que a cualquier otra actividad", por lo que si quieres ser un líder efectivo, capaz de transmitir la visión a tus seguidores y motivarles para que se comprometan en tu proyecto, tendrás que entrenar tu habilidad para ser un buen comunicador. En este capítulo te explicamos cómo conseguirlo.

Relacionarse = comunicarse

Desde que íbamos al instituto, nos han explicado que la comunicación es la transferencia de información de un emisor a un receptor, para que este reciba el mensaje y lo comprenda. Es una buena definición, ya que introduce un requisito básico, que es la comprensión del significado de lo que se transmite, pero se queda algo corta, ya que la verdadera finalidad de la comunicación en la empresa no es solo que alguien se entere de algo, sino que alguien "haga" algo.

Realmente, la comunicación en la organización busca afectar el comportamiento de las personas, pues conlleva una intencionalidad del emisor, que va más allá de limitarse a trasladar a otro una información (eso ya lo hace la prensa, sin afectar a nuestros actos). La comunicación supone interacción entre las personas, es decir, relación, lo que exige que los sujetos que intervienen compartan un lenguaje y unos significados comunes, es decir, que atribuyan los mismos significados a los mismos símbolos.

Por ejemplo, si vas a elegir un color para un diseño y cuando dices "azul" tu interlocutor evoca el color celeste, probablemente tengáis problemas con el resultado final. Y es que no es tan obvio que compartamos el mismo código de símbolos solo porque presuntamente hablemos el mismo idioma.

Recordarás que en el capítulo 9 te explicábamos las culturas internacionales y te decíamos que “no es solo el idioma” lo que dificulta que nos entendamos con los demás. Pues eso mismo se puede aplicar a muchos casos, como cuando hablan entre sí profesionales de distintos campos, personas de diferentes generaciones, o gente de la ciudad y del campo, por poner algunos ejemplos.

Por eso, una buena recomendación es que, antes de iniciar cualquier proceso de comunicación, te informes todo lo posible de quién es tu interlocutor o tu audiencia objetivo, para contextualizar y planificar tu mensaje de la mejor forma posible. No hay dos audiencias iguales y, como decía el gran Stephen Covey (1932-2012), conferenciante y formador en liderazgo, autor del bestseller *Los 7 hábitos de la gente eficaz*, “si los demás sienten que no nos influyen, no podremos influirles a ellos”.

Un esquema no tan simple

Cuando hablamos de comunicación en la empresa, tenemos que hacerlo en dos niveles: el primero y más elemental es el nivel de la comunicación persona a persona o *nivel individual*, y el segundo nivel, de mayor complejidad, es el de la *comunicación extendida al ámbito de la organización*.

En su formulación más simple, el *esquema de la comunicación* puede describirse como refleja la figura 16-1, que va más allá del simple y clásico “emisor-mensaje-receptor”. Según el esquema de la figura, los elementos que intervienen en la comunicación son los siguientes:

Figura 16-1: Esquema de la comunicación

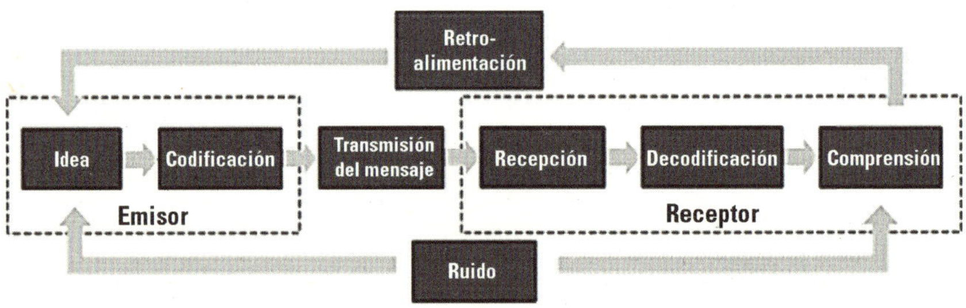

- ✔ El **emisor**, también llamado fuente o remitente, es la persona que tiene la necesidad de transmitir una información a otros y, por tanto, es quien inicia el proceso de comunicación.
- ✔ La **idea** es el contenido informativo, el concepto o los datos que el emisor desea comunicar.
- ✔ La **codificación** es el paso por el que el emisor convierte la idea que

va a transmitir a un lenguaje (conjunto de símbolos) formulando un **mensaje** que el receptor pueda entender.

- La **transmisión** consiste en materializar la información en un soporte y por un camino para que pueda llegar al receptor, y este, usando los sentidos, logre percibirla (voz, escritura, gestos, imágenes, etc.). Para ello, el emisor elige un **canal** o **medio** (papel, correo, línea telefónica, internet, etc.), que casi siempre resulta inseparable del propio mensaje.
- La **decodificación** es el proceso inverso a la codificación, que realiza el receptor cuando capta e interpreta el mensaje convirtiéndolo en información con significado; para ello, es necesario que conozca el **lenguaje o código** y que compartan ambos los mismos significados.
- La **comprensión** es la integración o asimilación por el receptor de la información contenida en el mensaje; aquí influyen su percepción, experiencia, expectativas y actitudes.
- El **receptor** o **audiencia** es la persona o personas que perciben el mensaje, tanto si eran los destinatarios elegidos como otros no buscados.
- El **ruido** es cualquier factor con capacidad de perturbar el proceso; pueden aparecer ruidos en todas las fases del proceso, pero suelen ser más frecuentes en la codificación y decodificación.
- La **retroalimentación** es la reversión del proceso y expresa la reacción del receptor a la comunicación; es opcional y puede presentar distintos grados, desde ser completa hasta ser un simple acuse de recibo.

La comunicación dentro de la empresa siempre tiene un *propósito*, una intención motriz, que es voluntad del emisor: quien desea comunicar algo inicia y determina cómo será el proceso. Así, aunque el éxito de la comunicación depende de una amplia gama de factores, la palanca y el control del proceso están en el emisor, quien asume la mayor responsabilidad en la comunicación: sus habilidades, actitudes, conocimientos, creencias y esquemas socioculturales son decisivos para el resultado final.

Cuando hablamos de la comunicación en el ámbito de la organización, esta iniciativa, por lo general, parte casi siempre de los directivos, por lo que la dirección tiene la responsabilidad de que se haga bien. Pero también, en parte, compete a todo el mundo, pues es un proceso en dos sentidos. De ahí que si la comunicación es algo complejo a nivel interpersonal, mucho más lo es cuando hablamos de la comunicación en el conjunto de la empresa.

¿A quién se lo digo?

En una organización, la comunicación fluye en todas direcciones, y en doble sentido, de ida y de vuelta. Esto, que parece no tener importancia, afecta a la eficacia del proceso, ya que cada tipo de flujo y sentido requiere tratamientos específicos para funcionar.

Los flujos de comunicación en una organización son los que aparecen representados en la figura 16-2:

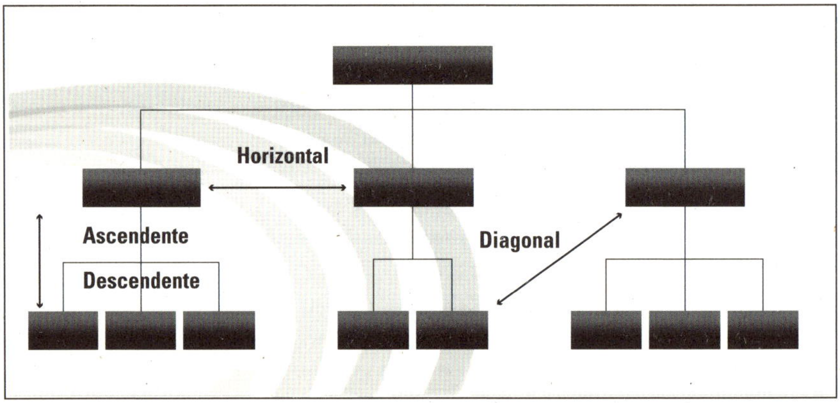

Figura 16-2: Flujos de comunicación en la empresa

- **Comunicación vertical**, que es el flujo que se transmite a través de la jerarquía, y que puede ser:
  - **Descendente**: La comunicación descendente va desde puestos más altos a los inferiores, es decir, de jefes a subordinados, por lo que es imprescindible para que se hagan las cosas. Se da en todas las organizaciones pero predomina en las más burocráticas. Casi siempre consiste en instrucciones y directrices sobre tareas y resultados, procedimientos, reglas, objetivos, peticiones de reporte y de información para el control, y, en menor medida, retroalimentación sobre el desempeño de los empleados. Es una comunicación fundamental, ya que no siempre los directivos son conscientes de que los subordinados necesitan orientación, guía, aliento y retroinformación, además de órdenes escuetas. Suele perder eficacia cuanto más larga es la cadena de mando, como ocurre en las estructuras muy centralizadas (hay muchas anécdotas y chistes sobre cómo se desvirtúan los mensajes cuando se transmiten de una a otra persona por una cadena).
  - **Ascendente**: La comunicación ascendente circula desde los subordinados hacia los jefes, subiendo por la cadena de mando. No

es algo automático y, para que fluya, es necesario un ambiente favorable que haga que los subordinados se sientan libres para comunicarse con sus jefes, inspirándoles confianza, por lo que es conveniente fomentarla de manera expresa. Pero, cuidado, no alientes la adulación ni el "peloteo".

- ✔ **Comunicación cruzada**, fuera de la línea jerárquica. Se trata de una comunicación que suele ser oral, y busca coordinar y resolver problemas entre diferentes departamentos o unidades de trabajo. Por ejemplo, un empleado de almacén consulta con contabilidad acerca de un albarán para aclarar una discrepancia. Para que resulte útil es preciso regularla, que estén claramente definidas las atribuciones de los empleados para usarla, que deban informar a los jefes, que no se comprometan acciones que se alejan de su ámbito de responsabilidad, etc., ya que, en caso contrario, puede revelarse información interna a gentes no autorizadas, hacerse un mal uso de ella o caer en una extralimitación de competencias.

  La comunicación cruzada, a su vez, puede ser:

  - **Horizontal o lateral**, entre personas de similar nivel en la estructura, corrientemente de departamentos diferentes. Por ejemplo, un jefe de ventas con un jefe de almacén.
  - **Diagonal**, entre personas de diferente nivel y departamento, sin relación de dependencia entre ellas. Por ejemplo, el director comercial habla con un empleado de finanzas que lleva el crédito a clientes.

Todos los flujos de comunicación anteriores pueden darse en *sentido bilateral o unilateral*, según si hay o no retroalimentación: la comunicación unilateral es más rápida, formal y ordenada, y refuerza la autoridad del remitente, aunque la bilateral es más exacta, igualitaria y da confianza al receptor.

Por eso, es importante que te esfuerces en seleccionar el tipo de comunicación más adecuado en cada circunstancia: si necesitas comunicar con rapidez, reforzar el orden y la autoridad, elige la comunicación unilateral, por ejemplo, al imponer una norma, una política o una instrucción; pero cuando sea importante hacer que el receptor adquiera confianza, se sienta bien y capte el mensaje con exactitud y precisión, tendrás que utilizar la comunicación bilateral, como en una negociación, cuando quieras "vender" un proyecto, persuadir a alguien, etc.

Voz, papel, gestos, señales de humo...

Cuando comunicamos, podemos usar distintos caminos. Los medios más usados por los seres humanos son los *medios verbales*, aquellos que codifican el mensaje usando el lenguaje, medios que, a su vez, pueden ser orales o escritos. Pero también usamos cada vez más *medios no verbales*, que son los que se basan en otros códigos para articular el mensaje. Dentro de estos medios no verbales destacan la comunicación audiovisual, la comunicación gestual y la comunicación simbólica.

A continuación, te hablamos brevemente de ellas:

- La **comunicación oral** es la más habitual, bien en forma de entrevista cara a cara, charla informal, chat o conversación telefónica, o formalmente bajo la fórmula de la alocución, la conferencia ante un auditorio o la videoconferencia. Tiene la ventaja de la rapidez, inmediatez y capacidad de dar retroinformación instantánea, por lo que puede adaptarse sobre la marcha. En cambio, sus puntos negativos son el coste, sobre todo si es individualizada, que no ofrece registros permanentes y la mayor exposición a sufrir ruidos.
- La **comunicación gestual** son los gestos faciales y corporales, la expresión, el tono y volumen de la voz, la postura y distancia del cuerpo respecto al interlocutor, etc. Suele acompañar a la comunicación oral y tiene como fin reforzar el mensaje verbal, aunque no siempre es así: la comunicación gestual suele ser más espontánea, sincera y significativa que la verbal, ya que todos sabemos transmitir e interpretar los mensajes gestuales, como demostraron las investigaciones de Paul Ekman que te hemos contado brevemente en el capítulo 2, en el apartado "... pero sentimos de forma parecida". Por eso, cuando la comunicación no es sincera, hay discrepancia entre el lenguaje verbal y el gestual, y el interlocutor suele percibirlo, lo que genera desconfianza y suspicacia.
- La **comunicación escrita** proporciona registros, referencias y cobertura legal; aporta homogeneidad a las comunicaciones y reduce costes, pues es económica y permanente; tiene el privilegio de parecer más veraz que la oral (la mayoría de la gente suele creer cualquier cosa escrita, más que oída). Su mayor inconveniente es que no es fácil escribir bien, de forma precisa y directa, y que cuando la audiencia es diversa, no es posible adaptar el mensaje a cada receptor. Además, tiende a producir una excesiva formalidad en las comunicaciones y no permite retroalimentación inmediata.
- La **comunicación simbólica** utiliza códigos escritos o gráficos diferentes de la lengua, como las señales de tráfico, las banderas, los colores, los diagramas, etc. Casi siempre se usa como complemento para que refuerce el lenguaje escrito, aunque a veces es independien-

te de este, como en el caso de las señales de tráfico. Es muy eficaz por su impacto visual, ya que la vista es el canal por el que los seres humanos recibimos y captamos mejor la información.

- La **comunicación audiovisual** consiste en la utilización de medios visuales y sonoros, aparte de los verbales, como el vídeo y la música. Cada vez es más importante porque las generaciones actuales están mucho más "programadas" para captar información por esos medios que por los verbales: son nativos visuales, han crecido con la televisión, el vídeo y la música, lo que hace del medio audiovisual algo imprescindible para la comunicación en la organización. El lenguaje audiovisual lo componen la imagen y el sonido, mediante los cuales transmitimos ideas o sensaciones, y tiene una serie de elementos morfológicos, gramaticales y recursos estilísticos propios, que hacen que su utilización sea compleja, pues requiere no solo conocimientos técnicos sino también habilidades semánticas y artísticas; por eso, si los necesitas, te aconsejamos que acudas a un profesional.

RECUERDA

Lo más probable es que en tus comunicaciones utilices una combinación de estos medios, pero siempre habrá alguno que predomine, y como cada uno de ellos tiene sus ventajas e inconvenientes, deberás tener muy claro qué quieres conseguir con la comunicación a la hora de seleccionar el formato, teniendo en cuenta tus circunstancias y las de la audiencia a la que te diriges.

Saber escuchar: la escucha activa

Como decía el filósofo alemán Goethe, hablar es una necesidad, pero escuchar es un arte, y está claro que la mayoría de la gente no está dotada para el arte. Sin embargo, escuchar es un requisito fundamental para lograr una comunicación eficaz. Al cabo del día oímos (inconscientemente) muchas cosas, pero escuchamos (conscientemente) muchas menos, ya que escuchar implica un cambio de actitud, es prestar atención, por lo que hay una voluntad, una intencionalidad: escuchar es un proceso activo, mientras que oír es algo pasivo.

Pero saber escuchar no es fácil. No se logra solo con prestar atención, sino que es necesario un buen dominio de uno mismo (autocontrol) y un esfuerzo por captar el mensaje del interlocutor, dirigiendo nuestra atención hacia el otro, adentrándonos en su ámbito de interés y en su marco de referencia, y dejando de lado los nuestros. Y eso exige una actitud silenciosa de escucha atenta. El pensador hindú Jiddu Krishnamurti afirmaba que "solo si escuchamos podremos aprender. Y escuchar es un acto de silencio; solo una mente serena y extraordinariamente activa puede aprender". Mientras no callemos nuestro diálogo interno no podremos prestar una atención plena a nuestro interlocutor, no sabremos escuchar.

Por eso, desde hace años, ha ganado mucho interés el entrenamiento en la *escucha activa*,

(cont.)

una estrategia específica de comunicación humana muy utilizada en campos como la medicina, la psicoterapia, la educación social, la mediación y resolución de conflictos, la negociación y el coaching. Su creador, el psicólogo humanista Carl Rogers, la define como una serie de comportamientos y actitudes que preparan al receptor a escuchar, a concentrarse en la persona que habla y a proporcionar *feedback*. Implica también ofrecer disponibilidad y mostrar interés por el interlocutor, manifestándole que le hemos entendido, por lo que no solo comprende la habilidad de escuchar lo que el hablante expresa verbalmente sino también de captar los sentimientos, ideas o pensamientos que subyacen al mensaje verbal.

La escucha activa se puede aprender, y existen técnicas y programas de formación para entrenarse en ella. Básicamente implica concentrarse en lo que oímos, callar nuestro diálogo interno, dejar de lado los prejuicios y opiniones, empatizar con los sentimientos del interlocutor, no emitir juicios ni consejos no solicitados y proporcionar un *feedback* positivo, demostrando que la comunicación con esa persona nos interesa y tiene toda nuestra atención.

Aunque el término usual es *escucha activa*, nos gusta más la expresión *escucha atenta*, porque recoge las dos acepciones de *atento* en castellano: fija la atención en algo (la consciencia) y es cortés, urbano, comedido (respetuoso con los demás).

Comunicar, algo que todos queremos mejorar

Mejorar la comunicación es una ambición natural en cualquier persona y organización, y presumimos que en tu caso también es así. Pero la calidad de tu comunicación no estará solo en lograr una buena comunicación, que transmita tus mensajes para que sean comprendidos, sino una comunicación eficaz, que es la que se entiende y acepta para influir en el comportamiento de las personas a las que te diriges tal como quieres hacerlo.

Por tanto, en la empresa, lograrás una buena comunicación como mánager cuando transmitas una orden y esta sea entendida por tu colaborador; pero si quieres lograr una comunicación eficaz, es necesario que el empleado acepte tu sugerencia y la ejecute voluntariamente.

Por eso se estudia la comunicación en las organizaciones, para mejorar su eficacia, pues muchos de los problemas de la empresa surgen o se agudizan debido a la mala comunicación, incluso en esta época en la que la mayoría de las organizaciones realizan grandes esfuerzos para mejorar su gestión.

Ruido, ruido, mucho ruido

Como diría el cantautor Joaquín Sabina, hay mucho ruido. Las barreras en la comunicación, que son todos los factores que pueden distorsionar o interrumpir el proceso, son uno de los principales problemas a los que cualquier mánager se enfrenta en el ejercicio de la gestión. Si las barreras dependieran solo del emisor, su solución sería más sencilla, pero el problema es que pueden presentarse en cualquier fase del proceso de comunicación, por lo que controlarlas no es tan fácil.

Veamos cuáles pueden ser y cómo superarlas en cada una de las etapas del proceso de comunicación.

Ruido en la fuente

Cuando los problemas de comunicación tienen su origen en el emisor, hablamos de *obstáculos o barreras en la fuente*. Como el emisor es el principal protagonista del proceso de comunicación, ya que inicia y puede elegir el momento, el medio y el código, los problemas que empiezan con él se arrastran durante todo el proceso, por lo que terminan siendo los más importantes. Podemos citar, entre otras, las siguientes barreras:

- ✔ Incapacidad para expresar la idea que se quiere transmitir, lo que a su vez tiene varias razones: confusión mental, falta de precisión en la expresión, pobreza de vocabulario, mala vocalización, tono de voz muy bajo, monotonía, falta de redundancia, problemas de redacción, etc.
- ✔ Uso de un lenguaje o código incomprensible para el receptor, por ejemplo, porque se abusa de jergas profesionales o lenguajes especializados, porque se introducen términos raros o muy técnicos, porque se usa un lenguaje demasiado culto o demasiado simple para el receptor, etc.
- ✔ Mensajes en competencia o antagónicos en el ambiente, que se dan cuando hay diferentes tipos de mensajes solapados o contradictorios, o fuentes emisoras compitiendo por la atención de la audiencia, como cuando nos llegan cada día decenas de correos electrónicos institucionales de diversas fuentes anunciando o convocando muchas cosas (que probablemente no nos interesan). (Profundizamos en este interesante aspecto en el recuadro gris titulado "Diez años de tu vida enganchados al correo electrónico".)
- ✔ Falta de coherencia o contradicción entre el mensaje verbal y el gestual que se da cuando el emisor no es sincero o no está concentrado, dice una cosa mientras piensa otra, lo que se revela en su lenguaje corporal, y el interlocutor lo nota.

La cuestión clave en este aspecto es que no merece la pena iniciar una comunicación si no tenemos algo importante que decir. El gran dramaturgo William Shakespeare decía: "Es mejor ser rey de tu silencio que esclavo de tus palabras". Hay directivos y personas en general que tienen que estar constantemente lanzando mensajes para... ¿que se vea que están vivos? Solo hay que visitar Twitter para comprobarlo. Por favor, no seas uno de ellos.

Diez años de tu vida enganchado al correo electrónico

En 2007, la compañía tecnológica Plantronics elaboró un informe sobre la comunicación de los directivos españoles, a partir de entrevistar a 200 altos cargos de empresas de distintos sectores, con algunas conclusiones demoledoras.

La primera de ellas es que el correo electrónico se ha convertido en la primera forma de comunicación para los directivos, con un 40 % sobre el total, mientras que el teléfono ha quedado relegado al segundo puesto, y es que el 52,27 % de los encuestados consideran que el correo electrónico es más eficaz. Los directivos españoles dedicaban una media de 2,24 horas al día a utilizar el correo electrónico, lo que en el caso de una vida laboral de cuarenta años, equivale a diez años. Además, la mitad de los correos electrónicos recibidos (el 48,95 %) se consideran irrelevantes.

Según las conclusiones del estudio, en España se pierden más horas de trabajo con el correo electrónico que en el norte de Europa, donde emplean media hora menos al día a dicha tarea. Además, los directivos españoles navegan por internet una media de 2,68 horas al día, lo que se suma a 1,49 horas diarias en reuniones y 1,33 horas al teléfono.

El estudio concluye que las nuevas tecnologías tienen una importante aceptación en las empresas, y siete de cada diez encuestados dijeron que gracias a estas nuevas herramientas el equilibrio entre su trabajo y su vida ha mejorado. Sin embargo, hacer un mal uso del correo electrónico puede desembocar en una actividad profesional de peor calidad y en un ambiente de trabajo menos sociable.

Entre algunos de sus inconvenientes, el correo electrónico hace más fácil delegar el trabajo en otros, reduce la comunicación cara a cara y desdibuja la línea que separa el trabajo del tiempo libre, ya que permite conectarse a la oficina desde cualquier lugar. Por ello, es aconsejable fomentar la formación en comunicación para los negocios porque actualmente se pierde mucho tiempo con las tecnologías de la información y no se sabe dónde está el límite entre los mensajes de trabajo y las "tonterías".

Aunque han pasado algunos años, no parece que muchas cosas hayan cambiado, ya que mucha de la actividad que antes se canalizaba a través del correo se hace ahora a través de las redes sociales y profesionales, como Facebook, Twitter, LinkedIn, etc. Además, la generalización de los *smartphones* hace que todos esos canales (correo electrónico, mensajería instantánea, redes sociales, etc.) se superpongan e invadan nuestra vida en todo momento, borrando la frontera entre el tiempo de trabajo y el tiempo personal.

Ruido en destino

Las barreras que se presentan en el receptor también son graves, pues, en general, se deben a una actitud negativa por su parte, lo que reduce su capacidad de atención e introduce prejuicios y sesgos que alteran la comprensión del mensaje. Los ruidos más importantes a este lado del proceso son los siguientes:

- ✔ Falta de atención por no practicar una escucha activa (para evitarlo, lee el recuadro gris titulado "Saber escuchar: la escucha activa").
- ✔ Tendencia a ignorar lo que no se quiere oír, porque choca frontalmente con las creencias del interlocutor, lo que se traduce en aplicar filtros selectivos, de modo que se retiene la información que confirma lo que ya se cree, ignorando lo que entra en conflicto con las ideas establecidas. "No hay mayor sordo que el que no quiere oír", dice el refrán.
- ✔ Mala decodificación, por falta de dominio del código o incluso por poner poco esfuerzo en comprender (aunque a veces, el fallo viene de la fuente, que no usa el código adecuado, por ejemplo, cuando recibimos un correo demasiado largo, da pereza leerlo o el mensaje clave se pierde entre la maraña).
- ✔ Evaluación prematura de la información, que es extraer conclusiones antes de acabar de escuchar al emisor y, a partir de ahí, dejar de atender y perder el hilo.
- ✔ Formulación de la respuesta antes de que el emisor haya completado su mensaje, que supone no solo una falta de educación sino un afán de quitar protagonismo al emisor, por lo que sus consecuencias suelen ser bastante negativas, ya que predispone al emisor en contra: cuántas veces hay que decirle a alguien "¡Déjame que termine de explicártelo!".
- ✔ Prejuicios hacia la fuente, que es lo que ocurre cuando evaluamos el mensaje según de quien provenga, y damos credibilidad a ciertas personas, digan lo que digan, mientras que de otras no nos fiamos, aunque lo que digan sea cierto.
- ✔ Atención a detalles accesorios en vez de centrarse en la idea principal, que es propio de mentes dispersas. Dices: "Hemos perdido 20 millones de euros en este proyecto", y te contestan: "Llevas la corbata mal colocada".
- ✔ Actitudes y estados de ánimo negativos o creencias que modifican la percepción, haciendo que se entienda mal el mensaje o que se magnifiquen los peores aspectos. El día que te levantas con mal pie, todo lo ves negro.

Para prevenir estos problemas, cuando seas emisor es conveniente procurar un ambiente lo más positivo posible a la comunicación, dando confianza al receptor, demostrándole que tiene toda tu atención y que comunicarte con él es algo prioritario. Y cuando actúes como receptor, practicar la escucha activa y tener la mente limpia y abierta, como un libro en blanco sobre el que el emisor pueda escribir su mensaje.

Ruido en el camino

Hablamos ahora de las barreras en el medio de transmisión del mensaje, que pueden ser las siguientes:

- ✔ Falta de redundancia o repetición suficiente, que debe darse, a ser posible, por distintas vías: la idea clave que se quiere transmitir tiene que destacar y hay que machacarla más de una vez.
- ✔ Comunicación masiva y despersonalizada (*spam*), que desmotiva al receptor, ya que a nadie le gusta sentirse anónimo y miembro de una multitud sin identidad.
- ✔ Saturación de información por sobrecarga de mensajes, algo muy frecuente en las organizaciones actuales, lo que consume tiempo y dificulta la selección de lo prioritario.
- ✔ Excesivo número de intermediarios por los que pasa el mensaje, lo que provoca que pierda contenido o se distorsione: si solo retenemos entre el 10 y el 15 % de lo que oímos al cabo del día, imagina lo que ocurre con un mensaje cuando pasa por diversos intermediarios.

La mayoría de estas barreras podría prevenirlas y resolverlas el emisor con una adecuada planificación del proceso de comunicación, eligiendo el momento, el canal y el discurso adecuados.

Pero también puede haber *ruido de retorno*: los obstáculos pueden presentarse en la retroalimentación, bien porque no se produzca el *feedback* necesario o porque, aun dándose, como se está revirtiendo el proceso, si el receptor se convierte en emisor se expone a sufrir sus mismos problemas.

Silencio, se rueda

Ahora que ya que conoces las barreras al proceso de comunicación, es más sencillo intuir cómo puedes minimizar o prevenir que se produzcan estos problemas para conseguir una comunicación lo más eficaz posible. Recuerda que un buen directivo tiene que ser líder, y todo líder necesita ser un comunicador competente para conseguir resultados, por lo que las recomendaciones que te ofrecemos a continuación serán claves para tu desempeño eficaz como mánager. Esas directrices corresponden a las distintas etapas del proceso de comunicación y te las explicamos a continuación.

En el mensaje

- **Mensaje claro**. Cuando quieras transmitir una idea, lo primero es que debes tener claro es qué deseas transmitir, por lo que debes hacer previamente un esfuerzo de reflexión para concretar el concepto, los datos o el argumento en tu mente. El discurso mental debe preceder al discurso verbal. Utiliza las recomendaciones del recuadro gris titulado "Competencia comunicativa y competencia discursiva" que tienes a continuación.
- **Lenguaje sencillo**. Parece mentira, pero la mayoría de las personas tienden a usar más retórica de la conveniente, cosa que introduce un ruido innecesario: por tanto, debes formular el mensaje de manera lo más clara y comprensible posible, con un lenguaje verbal sencillo y directo. Evita la jerga técnica y la retórica, construye frases cortas, de estructura simple (sujeto, verbo, predicado) y escoge siempre los códigos más apropiados para la audiencia a la que te dirijas.

¿Verdad que no le hablarías igual a un niño que a un anciano o a un adulto, a un colaborador que a un jefe o a un colega: ni el contenido ni el lenguaje pueden ser los mismos? Es de sentido común, si bien en ocasiones lo olvidamos. La comunicación no admite talla única.

En la transmisión

Las pautas aconsejan buscar la conexión con el interlocutor y la equidad en el trato, y para ello, deberías:

- **Comunicar cara a cara**. La comunicación directa es la más eficaz y flexible, pues te permite adaptarla al momento y persona a la que te diriges, proporciona confianza y ofrece retroalimentación, aunque solo sea a través del lenguaje corporal.
- **Actitud igualitaria**. Es muy importante que evites toda actitud de superioridad y que practiques la igualdad, el respeto y la empatía hacia la persona a la que te diriges, mostrándote descriptivo, orientador, paciente, espontáneo, flexible y abierto. Por ejemplo, si te entrevistas con alguien en tu despacho, no interpongas una gran mesa llena de objetos personales entre tú y el interlocutor, evita exhibir diplomas, premios o fotos con gente importante, que tu sillón sea grande y la silla del visitante, pequeña, etc. No se trata de abrumar a nadie. Recuerda lo ridículo que resultaba *El gran dictador*, de Chaplin, con ese sillón tan grande y tan alto, siendo él tan bajito.
- **Oportunidad**. Es importante que te preocupes de elegir el momento oportuno para emitir el mensaje, así como el lugar y el contexto, ya que ambos condicionan la actitud del interlocutor y, por tanto, el éxito de la comunicación. No intentes dar una mala noticia cuando tú

o el interlocutor estéis cansados o enfadados por algo, cuando haya otras personas delante o cuando puedan interrumpiros, pareciendo que el receptor no goza de toda tu atención.

- **Neutralizar los ruidos**. En la medida de lo posible, debes evitar que sucesos extemporáneos como las interrupciones entorpezcan la comunicación. Silencia el teléfono y el móvil, da instrucciones de que no se os moleste, etc.
- **Usar la redundancia**. Cuando quieras que un mensaje cale, tendrás que recurrir a la redundancia o repetición, ofreciendo la misma idea a través de diferentes canales y medios, para que se refuercen recíprocamente. Por ejemplo, si le escribes a alguien para un tema importante, no está de más una llamada para asegurarte de que ha recibido el escrito y de que es consciente de su importancia, así como acompañar los escritos o exposiciones orales de gráficos, tablas e imágenes.

Recuerda que, como emisor, estás en condiciones de aplicar fórmulas para prevenir estos obstáculos.

En la retroalimentación

En este caso, lo más importante es promover el *feedback* para conseguir que se dé en el volumen adecuado. La retroalimentación no surge de forma espontánea, y hay personas a las que hay que insistirles para que la ofrezcan.

La retroalimentación es fundamental para comprobar que la comunicación ha conseguido la finalidad que pretendías, por lo que tienes que solicitarla de forma expresa. En todo caso, el lenguaje corporal nos indica si el interlocutor está atento e interesado, si se entera y está receptivo o si es reticente a lo que le decimos, etc., por lo que debes prestar atención al mensaje emocional subyacente usando técnicas de escucha activa como las que te hemos explicado en el anterior recuadro gris.

En general, la falta de retroalimentación es el principal inconveniente y la señal que mejor resume los obstáculos para una buena comunicación: no olvides que la retroalimentación valida la comunicación, y si hay desconfianza, temor o falta de equidad, no habrá una comunicación ni una retroalimentación adecuada, por lo que todas esas limitaciones hay que prevenirlas desde el inicio del proceso.

Por eso, hay que insistir en que la responsabilidad de la comunicación corresponde a la persona que actúa como emisor, ya que es el sujeto activo que inicia el proceso, y por tanto está en condiciones idóneas para decidir qué, cómo, cuándo y a quién comunicar.

Competencia comunicativa y competencia discursiva

En castellano, *discurrir* significa dos cosas: "pensar" (razonar) y "fluir" (correr). Un filósofo discurre; el río, también. Y *discurso* también significa dos cosas: el argumento o razonamiento subyacente y el texto que lo expresa. Cuando hablamos de un *discurso coherente*, entendemos que hay solidez en el razonamiento y coherencia en la expresión.

A esos significados hace referencia la expresión *competencia discursiva*. Según Wikipedia, "es la habilidad que tiene un individuo de una comunidad sociocultural para elegir el discurso más adecuado a sus intenciones y a la situación comunicativa en que está". La competencia discursiva es uno de los componentes de la competencia comunicativa. La Unión Europea la incluye entre las competencias pragmáticas, y la describe como la "capacidad que posee el usuario de ordenar oraciones en secuencias para producir fragmentos coherentes de lengua". Pero así como la lengua es un producto o patrimonio social, la competencia comunicativa es una habilidad individual, y como tal, es necesario cultivarla.

Los nueve componentes que constituyen la competencia comunicativa integral son:

- ✔ **Competencia lingüística:** habilidad de usar e interpretar la lengua de manera correcta.
- ✔ **Competencia sociolingüística:** habilidad de producir enunciados apropiados según las reglas que rigen el acto comunicativo.
- ✔ **Competencia discursiva:** habilidad de producir e interpretar diferentes tipos de discursos e interpretar y producir textos cohesionados y coherentes.
- ✔ **Competencia estratégica:** habilidad de utilizar estrategias de comunicación verbal y comunicación no verbal para mejorar la efectividad de la comunicación.
- ✔ **Competencia sociocultural:** habilidad de comprender el significado cultural que subyace en las formas lingüísticas, y de establecer distinciones entre las diferentes culturas.
- ✔ **Competencia de aprendizaje:** habilidad para organizar el propio aprendizaje.
- ✔ **Competencia cognitiva:** habilidad de construir o reconstruir conocimientos a través de la lengua.
- ✔ **Competencia afectiva:** habilidad para reconocer, expresar y canalizar la vida emocional por medio de la lengua.
- ✔ **Competencia comportamental:** habilidades verbales y no verbales que evidencian una adaptación de la conducta a la situación comunicativa.

El ejercicio de la competencia discursiva se produce en un contexto donde hay un sujeto productor del texto, otro sujeto receptor del mismo y una adecuada interacción comunicativa entre ambos. En esta interacción comunicativa son importantes los conceptos de *cohesión* y *coherencia*.

- ✔ La **cohesión** es el tejido oracional armado sintáctica y gramaticalmente que hace de un texto una unidad lingüística.
- ✔ La **coherencia**, por su parte, es una propiedad semántica del texto que permite su interpretación, y es apreciable si se le puede atribuir un sentido y un contexto.

(cont.)

Coherencia y cohesión no están separadas, sino que, por el contrario, se interrelacionan y constituyen el eje fundamental de la competencia discursiva, ya que un hablante será competente en la medida en que pueda producir y procesar textos cohesionados y coherentes.

Pero no podemos olvidar que el argumento es anterior al discurso verbal: las palabras sin contenido no son más que verborrea y, como sabemos, somos dueños de nuestros silencios y esclavos de nuestras palabras. Antes de lanzar cualquier forma de expresión, hay que construir el discurso mental que le da argumento.

Para muchas personas, esta tarea no es fácil. Según un estudio de la Fundación Europea Sociedad y Educación presentado en junio de 2015, el 43 % de los adultos españoles de veinticinco a sesenta y cinco años posee un nivel educativo inferior a un estudiante de la ESO (dieciséis años). Solo Portugal y Malta están peor en la OCDE. El bajo nivel educativo de los españoles duplica la media de los países desarrollados. Y la lectura es la mejor forma de perfeccionar la competencia comunicativa.

Esos datos se explican relacionándolos con los que ofrece el CIS (Centro de Investigaciones Sociológicas) respecto a los hábitos de lectura. Un 35 % de los españoles declara sin pudor que no lee en absoluto; un 12,6 %, que "alguna vez al mes" y solo un 29,3 % lee de forma cotidiana. Al año, los españoles leen de media 8,7 ejemplares y compran 5,7 libros. Pese a ello, España es uno de los países donde más libros se publican (75.000 en 2014) pero el problema es que muchos nunca leen, aunque los que leen habitualmente, lo hacen mucho.

Entenderse mejor dentro de la empresa

Por su indudable importancia, las empresas son cada vez más conscientes de la necesidad de conseguir una buena gestión de sus comunicaciones, y eso no puede dejarse al azar o hacerse de cualquier manera. Y aunque se trate de procesos de carácter interpersonal, la eficacia de las comunicaciones de una organización no puede depender de la voluntad o de las habilidades personales de sus mánager.

Por ello, muchas empresas apuestan por ordenar y regular los procesos de comunicación de forma sistemática y global.

Auditoría de comunicación: aquí entran los profesionales

Junto a las pautas de mejora de la comunicación que te acabamos de contar en el apartado anterior, a veces es muy conveniente acudir a los profesionales y, en este sentido, uno de los caminos más utilizados para mejorar las comunicaciones dentro de una organización es realizar una auditoría de la comunicación.

Mediante la *auditoría de comunicación interna* una empresa puede detectar las debilidades y fortalezas del proceso comunicativo dentro de su organización, que le permitan comprobar dónde se producen cuellos de botella informativos y le proporcionen conocimiento para establecer pautas, con base técnica, para mejorar la gestión de sus comunicaciones internas.

Una auditoría de comunicación tendrá que indagar sobre la naturaleza, configuración y funcionalidad del sistema de comunicación de una organización, como herramienta clave para coordinar, y para ello deberá analizar aspectos como:

- ✔ Cómo se integran y relacionan sus áreas, departamentos y equipos y las necesidades de comunicación que plantea el desarrollo de la actividad.
- ✔ La fluidez con la que circula la información interna, según las características de las redes utilizadas, su nivel de centralización, la cantidad de información que circula por el sistema, los cuellos de botella o "atascos" de información, etc.
- ✔ Los canales y soportes utilizados, viendo su pertinencia y eficacia, así como el nivel de conocimiento que tienen las personas de los medios a su alcance y de la forma más adecuada de usarlos.
- ✔ El índice de rumor y de información no formalizada que circula por el sistema, así como su coherencia o contradicción con la información oficial, el papel que cumple como complemento para la coordinación, etc. En muchas organizaciones, funciona mejor la red informal que la formal, proporcionando atajos y conexiones clave, de modo que sin ella no podría hacerse el trabajo, por lo que aprender de la estructura informal puede ser clave para mejorar las comunicaciones.

Como resultado de este análisis, tu empresa estará en condiciones de establecer fórmulas que le permitan ordenar sus comunicaciones orgánicas, llegando a confeccionar un plan de comunicación interna como culminación de ese proceso.

El plan de comunicación interna

Muchas empresas creen que tienen un plan de comunicación interna porque disponen de un tablón de anuncios, un boletín o periódico interno y el máximo responsable da una charla al personal una vez al año, básicamente para contarles lo buenos que somos. Si es el caso de tu empresa, sentimos decirte que no es suficiente.

Un *plan de comunicación interna* es el resultado de un proceso de reflexión, sistematización y ordenación de las comunicaciones internas de una empresa, fundamentalmente de las que se dan entre la organización y sus empleados, con el fin de mejorar su eficacia económica y social en todos los ámbitos.

Por eso te decíamos antes que no es suficiente con contar con un boletín de información para el personal, un simple tablón de anuncios o dar una charla de cuando en cuando. El plan de comunicación cumple una doble finalidad:

- ✔ Por un lado, debe asegurar la **coordinación de las actividades**, es decir, tiene que conseguir que la información necesaria para trabajar y lograr los objetivos circule bien y permita la gestión y el control.
- ✔ Por otro, debe **facilitar la integración y cohesión del equipo humano** de la empresa, permitiendo que se filtren los valores, políticas y normas de la organización, asegurando la implantación y coherencia de la cultura organizativa.

Dado que el sistema organizativo está diseñado para asegurar que la información de trabajo circula de manera adecuada para la toma de decisiones (cuestión que te hemos presentado en el apartado *La estructura es una red* del capítulo 11), el plan de comunicación interna se suele centrar en la mejora de las comunicaciones entre la empresa y los empleados, trabajando más sobre las variables *soft*, de las que te hablábamos en el capítulo 2, en el apartado "¿Pensar o sentir?".

Para entenderse mejor

Los apartados más significativos que suele contener un plan de comunicación interna están relacionados con la forma en que se recibe e integra a las personas en la organización, con la manera en que se les trata y se resuelven los conflictos o fricciones del día a día y con la transparencia con la que se les hace partícipes del futuro de la empresa, cuestión esta que hemos tratado en el capítulo 5 al hablar de la transparencia empresarial. Estas serían las partes más importantes que debe contener un plan de comunicación interna:

- ✔ **Información de acogida**. Cuando entran nuevos empleados en una empresa, el primer paso es reducir la incertidumbre que tienen respecto a la organización y su trabajo; por eso el plan de acogida debe facilitar a los nuevos miembros el conocimiento de la estructura, objetivos y actividades, así como la unidad en la que va a prestar servicios, las personas con las que se relacionará, como su supervisor y colegas, su puesto de trabajo, tarea y las condiciones en las que se desarrollará, si tiene que tratar con otros departamentos o usuarios externos, etc.

- **Información sobre la actividad**. Que los empleados conozcan los objetivos, estrategias y políticas es muy necesario si se quiere lograr el compromiso y la dedicación efectiva del personal. Sin embargo, es poco frecuente, como demuestran los estudios de campo que indican que entre el 50 y 60 % de los empleados declaran no estar bien informados de los planes y objetivos de su compañía. Eso puede subsanarse mediante tres acciones:
  - Información a los empleados por sus jefes directos, estableciendo indicaciones para que los directivos informen con regularidad de los objetivos y planes de su departamento, y que los relacionen con las metas globales de la empresa.
  - Información a los empleados por la alta dirección, siendo conveniente que los altos mandos comparezcan ante todos los empleados al menos una vez al año para comunicar los planes generales, pero también cuando se produce alguna situación extraordinaria, como una fusión, un lanzamiento importante, un nuevo negocio, etc.
  - Atención a demandas de información específicas: se debe animar a los empleados a que se interesen por el futuro y los proyectos de la empresa y, cuando lo hagan, hay que dar cumplida respuesta a ese interés; igualmente, hay que atender a las cuestiones que surjan sobre la forma y la razón por las que se hacen las cosas. En general, los jefes directos se encargan de cumplir esta labor informativa.
- **Información social y laboral**. Un interés especial merecen las condiciones de tipo laboral y social que se aplican con carácter general a todos los empleados de la empresa, como el convenio colectivo, los beneficios sociales, las normas sobre descansos, vacaciones, permisos, etc., así como las de salud laboral, el clima social, etc. Sin embargo, muchas empresas descuidan estos aspectos, y pierden la ocasión de capitalizar los efectos de las mejoras sociales pactadas en la negociación colectiva.
- **Regulación de las comunicaciones interpersonales**. Para una mayor uniformidad y calidad, es conveniente que se establezcan normas de comunicación interpersonal, sobre todo para evitar disparidades. Suelen establecerse en aspectos como el tuteo y las fórmulas aceptables de trato a personas externas, en las comunicaciones telefónicas y el correo electrónico, en la utilización de tarjetas de visita de la empresa, en la intervención en redes sociales como miembro de la organización, en la acreditación de la identidad mediante el uso de credenciales, en el uso del lenguaje no sexista o políticamente correcto, en la utilización de los símbolos de identidad corporativa, etc.

Pero no olvides que una empresa “comunica” de muchas maneras: con su espacio físico, con el mobiliario, con la manera de desenvolverse y de tratarse empleados y directivos, con sus símbolos y logotipos, con su publicidad, con sus envases y productos, etc. Es importante que haya congruencia entre todos estos elementos y entre ellos y la comunicación interna, de forma que no se transmitan imágenes contradictorias o desvirtuadas de la organización. Hay veces que una empresa ofrece una imagen externa de modernidad e innovación y luego practica una cultura y un estilo de gestión tradicionales y conservadores. La coherencia es básica y a los primeros a los que hay que “vender” el proyecto es a quienes van a tener que llevarlo a cabo.

Para repasar todo lo que hemos visto en este capítulo, te proponemos que analices cómo son las comunicaciones internas en tu empresa, y hagas un diagnóstico, a modo de “miniauditoría” de comunicación sobre su validez y coherencia. Puedes guiarte por preguntas como: ¿hay un plan de acogida? ¿Existen herramientas regulares de comunicación, como un boletín interno, una *newsletter*, una comparecencia periódica de los altos directivos, etc.? ¿Tu jefe te informa periódicamente de los planes de la empresa, de los objetivos del departamento, de los problemas y riesgos? ¿Sabes si tu empresa tiene algún programa de beneficios sociales para los empleados y cuáles son las ayudas o líneas más importantes? ¿Te indicó tu empresa desde cuándo está vigente el convenio colectivo actual y qué mejoras supuso respecto al anterior?

Aprender de los mejores mánager: Antoni Pont y su Club de la Felicidad

Antoni Pont i Amenós, presidente de honor de Borges International Group, es la tercera generación de la compañía que creó su abuelo en 1896. Con los estudios mercantiles terminados, entró en la empresa familiar con la voluntad de internacionalizarla. En la década de 1960 crearon la marca Borges para la comercialización de sus aceites, y hoy Borges goza de la mayor distribución a nivel mundial: está presente en 110 países (posee filiales en 13), exporta el 75 % de su producción, es líder de aceite de oliva en 25 países y es la primera en el mercado español de nueces envasadas, frutos secos, frutas desecadas y palomitas para microondas. Pertenece al Foro de Marcas Renombradas españolas. Factura más de 500 millones de euros y cuenta con 700 empleados. Antoni Pons posee la Cruz de San Jorge desde 2006, fue el creador de la Joven Cámara de Reus (1968), de la Feria Catalana del Consumidor Expro/Reus (1975), de la Fundación Gressol y de los Premios Gaudí a la notoriedad y la excelencia.

Antoni Pont es un modelo de emprendedor del que tenemos que aprender todos. Con 5 hijos y 16 nietos, en 1996 sufrió el incendio de su fábrica (con la pérdida del 40 % de las instala-

(cont.)

ciones) y posteriormente le ingresaron de urgencia por sufrir una crisis cardíaca. En vez de venirse abajo, como él mismo confiesa, dio un giro radical a su vida, y ahora dedica todas sus energías a la búsqueda de la felicidad. Y lo que ha encontrado como hombre y como empresario, Antoni Pont lo ha plasmado en el libro *El club de la felicidad* (2015), donde dialoga con doce grandes personalidades "en busca del equilibrio y la armonía".

- ✔ Jordi Salas-Salvadó, catedrático de Nutrición Humana de la Universitat Rovira i Virgili de Tarragona, que nos recuerda que la palabra *felicidad* tiene su raíz en la agricultura, en la fertilidad, pues *Arbor felix* era el árbol fecundo y, para Plinio, los infelices eran "quienes carecían de fruto". El dctor Salas-Salvadó, autor del clásico *La alimentación y la nutrición a través de la historia*, sugiere consumir frutos secos, porque no aumenta el riesgo de desarrollar sobrepeso, sino todo lo contrario, según ha demostrado el estudio de Predimed, Prevención con Dieta Mediterránea.
- ✔ Sergio Lou, entrenador personal. El ejercicio físico alarga la vida y previene la aparición de enfermedades neurodegenerativas. Pero según la Organización Mundial de la Salud, el 75 % de quienes desean hacer ejercicio físico no logran sus objetivos, y del 25 % restante, el 90 % tiene un *coach*. El coaching es la diferencia.
- ✔ Luis Rojas Marcos, prestigioso psicólogo español residente en Nueva York, quien declara: "Yo celebro cada día que vivo", y añade: "El ser más desgraciado es el que vive solo"; "Todos los botiquines de urgencias deben incluir una dosis de sentido del humor".
- ✔ Marcos de Quinto, expresidente de Coca-Cola Iberia y actual máximo responsable mundial de marketing de la multinacional de bebidas refrescantes. Marcos elabora vino (QVINTUS), promueve el teatro, juega al mus, navega, impulsa una fundación de arqueología, corre el Africa Race... y tiene un hijo que se llama Coke (Marcos Jr.): "Nuestros empleados contagian su felicidad a la empresa y nosotros tratamos de no estropeársela".
- ✔ Antonio Garrigues Walker, ilustre abogado, que cita a Pablo Picasso: "Cuando se es joven de verdad, se es para toda la vida". Garrigues es jugador de golf, tenis, pádel... y pudo serlo de fútbol en el Atlético de Madrid. Los valores de Antonio Garrigues son la armonía, el equilibrio, la legitimidad y el bienestar.
- ✔ Valentín Fuster, médico español de prestigio mundial, un hombre de acción que vive en plenitud. Comenta: "La principal neurosis del individuo moderno es querer ser ambicioso en un trabajo para el que no sirve". El doctor Fuster se levanta a las 4 de la mañana y una hora más tarde dedica quince minutos a reflexionar, a ordenar sus prioridades. Toda una agenda para la felicidad.
- ✔ Ferrán Adrià, el chef que ha elevado la cocina a la categoría de arte, y que ha realizado 7.000 entrevistas periodísticas desde que fuera aclamado como el mejor cocinero del mundo. Está cansado de hablar de sí mismo: "A mí lo que me gusta es hablar de cocina". Un genio campechano que en El Bulli no perseguía el éxito, sino la felicidad.
- ✔ Eduard Punset. Esa jovialidad distraída que define la felicidad como "estado de flujo" (fluidez), como reconocimiento y amor de los demás. "Creo que primero hay que darse cuenta de que hay vida 'antes' de la muerte y no estar obsesionado todo el rato para saber si hay vida 'después' de la muerte".
- ✔ José María Aznar, expresidente del gobierno. Afán de superación y convicción de que

(cont.)

hemos venido a este mundo a autorrealizarnos y alcanzar metas. Practicar ejercicio físico (tiene un cuerpo quince años más joven de su edad cronológica) y "hacer cosas" es su forma de meditar, desde la actitud mental positiva.

- Carme Ruscalleda, la mujer con más estrellas Michelin. Carme ha escrito el libro *Cocinar para ser feliz*, y nos propone "tener un círculo familiar bien estructurado, un trabajo que apasione y hobbies, como dibujar. Al final, se trata de tener muchos frentes abiertos para seguir aprendiendo".
- Mónica de Oriol, presidenta del Círculo de Empresarios desde 2012. Una empresaria con ideas muy firmes y la voluntad de escuchar a todo el mundo. "La felicidad es muy difícil de definir." Tiene 6 hijos y la maternidad para ella es "una escuela de vida". Su clave: "Me concentro en 3-4 temas fundamentales y el resto lo delego". Para ser feliz, nos recomienda actuar según nuestra conciencia.
- Chon Gómez-Moche, nacida en 1940, viuda de Alfredo González-Diez (treinta años casados, 5 hijos), presidenta de González-Byass desde 1996 hasta 2001. Hace gimnasia, nada en el mar (1-2 horas diarias), juega al tenis, anda, lee mucho... y ha dado 17 vueltas al mundo. Para Chon, la felicidad es la armonía entre lo que haces y lo que te apetecería hacer. Y la cualidad que más valora es la lealtad.
- Ainhoa Arteta, la soprano española más internacional. Su madre le enseñó a "luchar y aceptar el destino" y por eso se define así: "Soy tremendamente romántica. La vida sin amor no es posible". Confiesa tener la "sensación de fluidez". Para ella, la felicidad es "cooperar con la vida". Ha sufrido rupturas sentimentales, pérdidas familiares, problemas de voz... pero sigue adelante y ahora se siente más preparada para ser feliz.
- Lluís Bassat (Barcelona, 1941). Publicista, organizó las ceremonias de los Juegos Olímpicos de Barcelona. Tiene once nietos. Sigue desde los diez años el triple consejo de Dale Carnegie: CCQ. No Condenes, no Critiques, no te Quejes. Autor de *El libro rojo de la vida*, propone, para ser feliz, "dar felicidad a los demás". Asume la cita del humorista Gila: "Hay que pensar como el más inteligente y hablar para el que lo es menos". Su película favorita es *La vida es bella*.

Es una maravilla que una personalidad con la experiencia de Antoni Pont se comunique, dialogue, con una docena de personalidades de tal envergadura, que nos muestran que la felicidad es cuestión de gratitud, optimismo y fluidez, de vínculos con otras personas, de serenidad y resiliencia, de ejercicio físico y mental practicando los valores de equilibrio y armonía.

Capítulo 17

La motivación

En este capítulo

- Más allá del palo y la zanahoria
- Las actitudes que importan
- Necesidades en jerarquía
- Lo que motiva y lo que desmotiva

¿Sabías que el 70 % de los trabajadores que renuncian a su puesto de trabajo lo hacen, no porque no encajen en la empresa, sino porque no soportan a sus jefes directos, siendo la primera causa de abandono, por encima de la insuficiencia salarial, la falta de promoción o el propio trabajo?

Como venimos diciendo desde los primeros capítulos, para un directivo, movilizar el esfuerzo y el talento de los demás para conseguir los objetivos de la empresa es una habilidad clave, pero, vistos los datos, también es una de las más escasas: entre las quejas más frecuentes que tienen los empleados de sus jefes, recurrentemente aparece su incapacidad para estimular, reconocer y recompensar, lo que denota una baja capacidad para motivar al personal.

Lo básico sobre la motivación

Habrás oído decir muchas veces que el rendimiento laboral depende de la aptitud y de la actitud, es decir, de la capacidad y de la disposición del empleado. Para que una persona se desempeñe con éxito en su trabajo es necesario que *pueda* (capacidad), *sepa* (aptitud) y *quiera* (actitud) trabajar. Pues bien, en este tercer elemento clave el mánager incidirá través de la motivación, y a esto dedicaremos este y el próximo capítulo.

La motivación ha preocupado desde siempre a educadores, psicólogos y gestores. A todo el mundo le encantaría saber sobre qué resortes hay que incidir para conseguir que las personas hagan lo que deben hacer. Sin embargo, investigar la motivación no ha sido fácil, por muchas razones:

- ✔ El comportamiento humano es complejo e imprevisible, y las personas reaccionamos de manera diversa, afectadas por muchísimos factores; encontrar reglas generales que expliquen todos los comportamientos es utópico.
- ✔ Los motivos de la conducta no pueden verse porque no podemos penetrar en la mente humana, y estudiarlos no es fácil cuando tenemos que inferirlos viendo solo sus efectos.
- ✔ Muchas veces, ni la propia persona sabe qué motivos le han llevado a comportarse de una forma determinada, porque esos motivos pueden ser inconscientes y desconocidos para el propio interesado.

Sin embargo, conviene que todo mánager se detenga en entender lo que hoy por hoy sabemos científicamente sobre la motivación. No hay pócimas mágicas, pero sí fundamentos valiosos que nos sirven de utilidad y que son fruto de décadas de investigación rigurosa, que vamos a mostrarte en este y el próximo capítulos.

Motivos y motivación

A lo mejor te gustan los *thrillers* y la novela negra. Al igual que en las historias de detectives, donde se habla de móvil, medio y oportunidad como las claves para investigar un crimen, en la motivación, el primer elemento que debemos considerar es el motivo, el concepto central en torno al cual gira todo lo que sabemos sobre la motivación.

Un *motivo* es toda causa mental que es susceptible de activar un comportamiento voluntario en una situación social determinada. Es decir, es la razón de ser de un eventual comportamiento.

Motivos existen siempre: en nuestra mente hay miles de motivos presentes en todo momento, y como decía el psicólogo Abraham Maslow (1908-1970), el padre de la teoría moderna de la motivación, la motivación es compleja, infinita y omnipresente en todo organismo.

Lo que pasa es que no siempre los motivos existentes se activan para producir un comportamiento, porque para eso es necesario que se ponga en marcha el mecanismo de la motivación.

La palabra *motivación* hace referencia a dos cosas, un proceso y una función, y con esta doble acepción se utiliza habitualmente en el campo del management:

- ✔ **Proceso de motivación**. Mecanismo que está detrás del comportamiento, proceso mental que hace que los motivos se activen y se combinen de determinada manera para dar lugar a la conducta voluntaria. Ante la presencia de una serie de motivos, las personas nos enfrentamos a diferentes alternativas de conducta entre las que podemos elegir. Por eso, la motivación es un proceso que tiene un sentido dinámico, pues incluye los motivos presentes, el grado de intensidad de esos motivos y una determinada orientación hacia cada posible comportamiento.
- ✔ **Función de motivación**. Acción que los managers ejercen para impulsar en sus colaboradores los comportamientos que desean y que son convenientes para los intereses de la organización. Cuando hablamos de motivación en el ámbito laboral o educativo, normalmente hacemos referencia a este significado: estimular o impulsar el comportamiento de otras personas en cierta dirección.

Por tanto, cuando oigas a alguien decir que "falta motivación" o que "lo que falla es la motivación", normalmente se referirá al segundo significado, ya que el primero, el proceso mental que explica el comportamiento, es interno a la persona y está presente en todo el mundo. Y cuando se dice de alguien que está desmotivado, no es que carezca del mecanismo de la motivación, sino que este produce un comportamiento apático, negativo o inapropiado.

La motivación es un ciclo infinito

Hemos comentado antes que la motivación es un estado permanente del ser humano, ya que siempre estamos sometidos a la influencia de los motivos. La explicación de esto radica en que la finalidad del comportamiento humano es la *búsqueda de satisfacción*, de modo que el origen de la motivación está en el deseo de conseguir algo satisfactorio o de evitar algo indeseable.

Dicho de otra forma, la interpretación más extendida de qué motiva a las personas es que la motivación se produce a partir de *necesidades*, entendidas en un sentido amplio, es decir, buscar lo que gusta o eludir lo que desagrada.

Ese mecanismo interno de la motivación al que hemos hecho referencia en el apartado anterior puede representarse como un ciclo, tal y como refleja la figura 17-1, en el que la persona busca un equilibrio interno y se comporta de la forma adecuada para restablecerlo cuando se rompe.

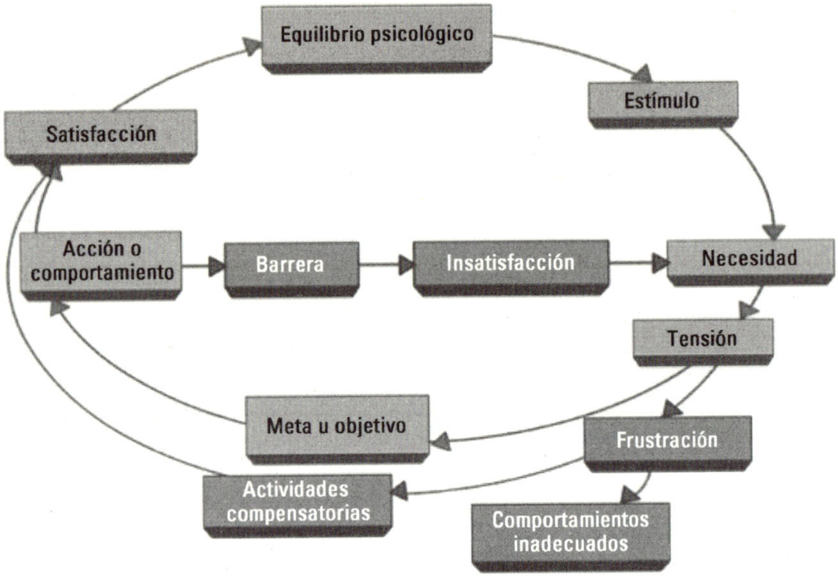

Figura 17-1: El ciclo de la motivación humana

Las personas tendemos a buscar y mantener un equilibrio o bienestar psicológico, es decir, una situación caracterizada por la ausencia de ansiedad, malestar o tensión. Si este equilibrio es alterado por un estímulo, surge una necesidad, lo que provoca una tensión, una desazón que queremos eliminar. Para ello, nuestro cerebro racionaliza el problema, identifica la necesidad y establece un objetivo, con cuyo logro estimamos que obtendremos la satisfacción que permita restablecer el equilibrio inicial.

Conforme a ello, llevaremos a cabo el comportamiento que nos parece que puede producir el resultado buscado, pero en ese proceso pueden surgir obstáculos o barreras que impidan lograr la satisfacción y, por tanto, mantengan viva la insatisfacción y la tensión asociadas a ella.

Cuando una necesidad permanece repetidamente insatisfecha se produce una frustración, que puede canalizarse hacia otras vías, gracias al desarrollo de actividades compensatorias sustitutivas de la original, pero capaces de otorgar una satisfacción vicaria.

Aunque, en determinados casos, cuando son necesidades muy intensas que sufren frustraciones reiteradas, pueden degenerar en comportamientos impropios, desorganizados o psicopatológicos.

EJEMPLO

Por ejemplo, una persona con gran necesidad de estima ajena (de ser famosa, vamos) procurará llamar siempre la atención, y si no lo logra, estará inquieta, y puede llegar a hacer cosas extravagantes o escandalosas para conseguirlo. En esta "sociedad del espectáculo", cierta gente es famosa no por haber aportado algo valioso, sino por salir en la tele contando intimidades, por ejemplo. Si una persona consigue la fama y luego decae su estrella, la frustración puede afectar a su equilibrio mental, y si no, ¿cuántos famosillos efímeros no han caído víctimas de su fama? Albert Einstein nos dio la receta: "Procura ser una persona no de fama, sino de valor".

Qué nos motiva

Saber qué nos motiva ha sido una preocupación permanente de todos los que han intentado indagar sobre el comportamiento humano. Por eso ha habido muchos intentos de identificar y explicar este conjunto de necesidades que constituyen los *factores motivadores* o, sencillamente, los motivos.

¿Hay una lista de motivadores válida?

Aunque se han confeccionado infinitas listas que incluyen cosas de lo más peregrinas (como comer verduras de tu propio huerto), hoy en día se acepta que los principales motivadores no son tan complicados, y pueden agruparse en tres categorías:

- ✔ **Motivadores orgánicos**: necesidades básicas derivadas de la condición animal del ser humano; se orientan a la supervivencia e incluyen las necesidades fisiológicas o vegetativas y la necesidad de seguridad.
- ✔ **Motivadores sociales**: motivos derivados de la naturaleza del hombre como ser social, que le lleva a socializarse e integrarse en grupos. Incluiría la necesidad de afiliación o pertenencia y la de estima social.
- ✔ **Motivadores psicológicos**: necesidades relativas al ego, producto de la naturaleza exclusiva y compleja de la psique humana y de la conciencia del yo. Incluyen las necesidades de autoestima, poder, logros, competencia y autorrealización.

A continuación vamos a describirte brevemente todas ellas.

Las necesidades primarias

Dentro de este apartado, tenemos dos tipos de necesidades: las fisiológicas y las de seguridad.

Las *necesidades fisiológicas o vegetativas* sirven para mantener la vida y la continuidad de la especie, como respirar, alimentarnos, dormir y estar activos, el deseo sexual, etc. En general, pueden identificarse con las necesidades materiales.

Estas necesidades originan sensaciones físicas identificables y exigen satisfacciones periódicas. Se manifiestan como resultado de mecanismos fisiológicos que tratan de mantener el equilibrio interno del organismo, de forma que, cuando este es alterado, producen señales que inducen a restablecer la normalidad. Por ejemplo, cuando tienes sed, se te seca la boca y tienes una sensación de tirantez y falta de hidratación que hace que busques la forma de resolverla bebiendo líquido.

El comportamiento para satisfacer los motivos fisiológicos es bastante estereotipado, aunque se ve influido por las experiencias previas, las preferencias personales o los condicionamientos culturales, por lo que es en parte instintivo y en parte aprendido. Por ejemplo, cuando tenemos hambre nos movemos para buscar comida, pero la mayoría de nosotros no comería cosas como insectos o despojos salvo que estuviera al borde de la muerte por inanición.

En el mundo laboral, el equivalente a estos motivadores son las necesidades materiales (comer, vestir, pagar la luz, el gas, el transporte, el alquiler) que básicamente se satisfacen a través del salario.

Las *necesidades de seguridad* llevan a una persona a defenderse, a buscar protección contra el peligro, la amenaza y la privación; es el deseo de tener asegurada la manutención, el cobijo y un futuro ordenado y previsible para uno mismo y para los suyos. En el mundo laboral, su expresión es el deseo de un trabajo seguro, unas reglas del juego claras y estables y unas coberturas sociales adecuadas en términos de salud, seguridad en el trabajo, jubilación, etc.

En sentido estricto, en el mundo actual no salimos a la calle temiendo por nuestra vida, pero en sentido amplio es probable que sientas esta necesidad si estás sometido a situaciones de dependencia, privaciones, amenazas, arbitrariedades o discriminaciones en tu vida personal, social o profesional.

Por ejemplo, en el mundo laboral esta necesidad se intensifica en trabajadores eventuales, en empleados sometidos a jefes arbitrarios y tóxicos (te hablaremos ampliamente de ellos en el capítulo 19), en personas cuyas empresas están en crisis, en desempleados de larga duración o de edad madura, en personas que carecen de cobertura sanitaria, etc.

Somos seres sociales

Estamos programados para vivir en sociedad, y eso es lo que nos "instalan" mediante el proceso de socialización. Por eso, una necesidad muy importante es la de *afiliación, relación o pertenencia*, que es el deseo de establecer y mantener relaciones de afecto con otras personas, de pertenecer a grupos y comunidades y de dar y recibir muestras de amor y amistad.

Pero no todas las personas poseen el mismo nivel de esta necesidad, ni la manifiestan con la misma intensidad en todo momento. Sabemos que hay personas más afectivas y cariñosas, y momentos en la vida en que las emociones y el estado de ánimo, o circunstancias externas que generan ansiedad, hacen que se active el deseo de acercarse a los demás.

Las personas que tienen alta necesidad de afiliación se caracterizan por un mayor deseo de relación con los demás, un carácter afectuoso y comprensivo, facilidad para la empatía y preferencia por las situaciones que entrañan interacción social. Maestros, psicólogos, vendedores, trabajadores sociales, relaciones públicas, *coaches*, etc., son profesionales que muestran una alta necesidad de afiliación.

Junto a la necesidad de afiliación, la *necesidad de estima* es también un motivador de tipo social. Se plasma en el deseo de reputación, aprobación social, respeto, prestigio, reconocimiento, fama o admiración. Aunque casi siempre que se habla de este motivo se piensa en la autoestima, lo cierto es que la estima tiene esa doble vertiente, siendo en parte social y en parte psicológica.

En las redes sociales y en los medios de comunicación puedes encontrar muchos ejemplos de personas con alta necesidad de estima social que intentan darse a conocer y destacar en todo momento.

Las necesidades superiores

Es el grupo de motivadores más complejo, porque son motivadores psicológicos exclusivos del ser humano, que es consciente de sí mismo, de su identidad e individualidad.

Quererse a uno mismo

La primera de estas necesidades es la de *autoestima*, que se presenta en la mayoría de las personas como el deseo de una evaluación estable, firme y elevada de la propia personalidad, como un deseo de autoaprecio y del aprecio de los demás. En su vertiente psicológica, está vinculada al amor propio y se manifiesta en el afán de toda persona madura de ser autosuficiente y gozar de autonomía, independencia y libertad: ser dueños de nuestro destino.

La satisfacción de esta necesidad produce sentimientos de autoestima, autoconfianza, fortaleza, orgullo y valía personal: es quererse y respetarse a uno mismo. Pero su frustración genera sentimientos de inferioridad, debilidad y desamparo, que pueden conducir al desánimo y a la depresión.

Por eso es tan importante la gestión de las emociones, de la que te hemos hablado en el capítulo 2, ya que un adecuado control de los sentimientos facilita que se desarrollen motivadores superiores positivos, empezando por la necesidad de estima y la autoconfianza que eso genera (te hablaremos de la autoconfianza en el capítulo 18 con relación a las expectativas).

Sentirse poderoso

La necesidad de poder es el impulso de dirigir el comportamiento de otros en el sentido deseado; este motivo se satisface mediante conductas que buscan influir, convencer, dominar, controlar, exigir o castigar a los demás para que actúen según se les demanda.

Es una necesidad que lamentablemente tiene muy mala prensa pero muy necesaria y muy positiva en una de sus vertientes: debes saber que hay dos tipos de comportamientos inducidos por la necesidad de poder:

- ✔ La **necesidad de poder personal o egoísta**, que produce comportamientos carismáticos pero también despóticos, arbitrarios, manipuladores y abusivos.
- ✔ La **necesidad de poder institucional**, que da lugar a comportamientos más bien altruistas, en beneficio de la organización, ya que se persiguen metas que están fuera de la persona que ejerce el poder.

Así como debemos ser cautos en la relación con las personas con afán de poder egoísta (porque en el mejor de los casos nos seducirán con sus artes, y en el peor nos manipularán o abusarán de nosotros), el deseo de poder institucional es muy conveniente para las empresas, y la mayoría de los líderes y de los mánager eficaces muestran esta necesidad en un grado elevado.

Si no fuera así, no podrían desarrollar ese componente esencial del liderazgo que es el poder, de cuyas diversas fuentes te hemos hablado en el capítulo 15, en el apartado “El poder, la palanca del líder”.

En busca de la excelencia

Hay personas que están predispuestas al éxito, a la excelencia, a hacer las cosas bien siempre: eso es la necesidad de logros. Las personas con alta necesidad de logros se caracterizan porque:

- ✔ Prefieren tomar sus propias decisiones y asumir responsabilidades directas.
- ✔ Tienden a fijarse metas que entrañen un reto a su capacidad.
- ✔ Son prácticas, realistas, objetivas y constantes en la ejecución de las tareas.
- ✔ Necesitan retroinformación inmediata y fiable sobre su desempeño.
- ✔ Tienen interés en el éxito en sí mismo como satisfacción interna, más que en las recompensas externas.

Seguro que tú mismo das este perfil (porque el que estés leyendo este libro es muy indicativo de tus deseos de hacer las cosas mejor) o conoces a personas que lo dan: gente que sabe hacer las cosas y se implica en hacerlas bien, que asume retos, que afronta sus responsabilidades, que se toma en serio el trabajo y la vida. Son esas personas con talento y buena disposición que cualquier empresa quiere tener en su equipo.

Sin embargo, la motivación de logro no siempre se puede satisfacer: se frustra en las situaciones de dependencia, donde el éxito no surge de la propia habilidad, en tareas donde no se produce *feedback*, en actividades rutinarias o simples que no implican reto ni requieren poner en juego el talento.

La buena noticia es que la necesidad de logros, aunque presente diferentes grados de intensidad según las personas y las culturas, es un motivador que se puede aprender y adquirir y, en este sentido, es esencial la educación recibida y las experiencias previas a través de los refuerzos positivos o negativos de los comportamientos. Una buena pista es la que te mostramos en el recuadro gris "Demorar la gratificación: la clave del éxito", que conecta la motivación con la inteligencia emocional, de la que te hemos hablado en el capítulo 2: la capacidad de resistir a los impulsos.

Salir a ganar

Todos hemos conocido a personas competitivas que se toman cualquier cosa en la vida como una prueba final. Son los que siempre salen a ganar. La necesidad de competencia expresa el interés del ser humano por conocer, comprender e influir sobre su entorno, de aprender a conseguir del mismo lo que desee, de imponerse sobre lo que le rodea: explica cosas como la competición deportiva, la investigación científica, la exploración

Demorar la gratificación: la clave del éxito

La gratificación aplazada o demora de gratificación designa la capacidad de una persona para esperar con el fin de obtener algo que desea. Este atributo psicológico se denomina también *control de los impulsos*, *fuerza de voluntad* o *autocontrol* y socialmente es una característica personal positiva, siendo una destreza básica de la inteligencia emocional.

Este factor fue puesto de manifiesto a raíz del denominado Experimento de las Golosinas de Stanford (*Stanford Marshmallow Experiment* o SME), llevado a cabo en la década de 1960 por el psicólogo Walter Mischel. El experimento es muy simple. Consiste en plantear a niños de cuatro años, que están en compañía de un adulto, un sencillo dilema: "Ahora debo dejarte solo pero regresaré dentro de veinte minutos. Si quieres, puedes tomarte esta golosina, pero si esperas a que yo vuelva, te daré dos". El dilema resultó un duro desafío para los niños de esa edad y desencadenaba un fuerte debate interior entre el impulso primario de comerse la golosina y el deseo de conseguir el doble si se contenían y aguantaban.

Walter Mischel efectuó un seguimiento de esos mismos chicos durante más de quince años. En la prueba inicial comprobó que dos tercios de los niños fueron capaces de esperar hasta que volvió el experimentador. Pero otros, más impulsivos, se abalanzaron sobre la golosina a los pocos segundos de quedarse solos. Además de comprobar lo diferente que era el autocontrol emocional de los niños, fue llamativo ver cómo los chicos soportaron la espera usando estrategias de distracción y entretenimiento para no ver o pensar en la golosina.

Pero lo más interesante se vio años después, cuando pudieron comprobar que la mayor parte de los críos que a los cuatro años habían logrado aguantar la espera, en la adolescencia eran mucho más emprendedores, equilibrados y sociables, menos proclives a desmoralizarse, más resistentes a la frustración, más decididos y constantes.

El SME demostró que un buen control de los impulsos puede ser psicológicamente importante para los logros académicos y para el éxito como adultos. La capacidad de resistir a los impulsos, posponiendo una gratificación para alcanzar otras metas —ya sea aprobar un examen, levantar una empresa o mantener unos principios éticos—, constituye una parte esencial del gobierno de uno mismo. Y todo lo que pueda hacerse por estimular esa capacidad será de una gran trascendencia para el desarrollo social, personal y profesional.

del mundo y el sometimiento de la naturaleza al dominio del ser humano. Puede ir o no unida a la necesidad de logros cuando al deseo de sobresalir se une el gusto por la excelencia.

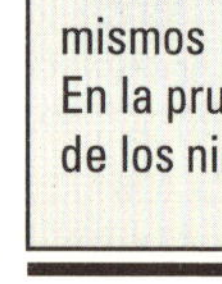

Entre las diferentes manifestaciones de esta necesidad estarían la curiosidad por conocer cosas nuevas, por usar nuevas herramientas, por influir y dominar el entorno físico y social, por enfrentarse y superar retos físicos e intelectuales, por doblegar la naturaleza, por romper los límites físicos e intelectuales, etc. Cuando a George Mallory, alpinista británico que casi consiguió coronar por primera vez el Everest (desapareció a pocos metros de la cima y encontraron su cuerpo setenta y cinco años después) le preguntaban por qué quería hacerlo, contestaba exasperadamente: "Porque está ahí". Los deportistas, los empresarios, los aficionados a los pasatiempos intelectuales, a los puzles, etc., son casi siempre personas con alta necesidad de competencia.

El deseo de explorar y competir aparece desde la primera infancia (es proverbial que los bebés quieran meter los dedos en los enchufes, llevarse lo todo a la boca para probarlo o coger los juguetes de otros niños). Se manifiesta como un contraste entre las capacidades, aptitudes y conocimientos de la persona y los desafíos de su entorno, en un contexto de riesgo controlable: hay una cierta predisposición al riesgo, pero no son suicidas ni locos.

Como todos los motivadores psicológicos, la necesidad de competencia varía según las personas y las culturas, dependiendo de las experiencias anteriores y de la educación.

Ser todo lo que se puede ser

Hablamos ahora de la necesidad de *autorrealización*, síntesis de todas las necesidades psicológicas. Podemos decir que es una tendencia del ser humano a desarrollar todo su potencial, a ser más de lo que es y a llegar a ser todo lo que se puede ser.

Esta predisposición de una persona a lograr la máxima ejecución se satisface por medio de la expresión y desarrollo del yo: puede manifestarse en forma de metas de tipo científico, intelectual, filosófico, artístico o espiritual.

El deseo de autorrealización guarda correlación con el desarrollo psicológico: conforme crecen y maduran, los seres humanos buscan retos superiores, aunque el entorno sociocultural puede activar o inhibir este motivador a través de los refuerzos positivos o negativos que otorga.

Al igual que muchas de las necesidades psicológicas que hemos visto anteriormente, la autorrealización tiene la particularidad de que nunca se satisface: es más bien una búsqueda constante en la que las personas nos planteamos metas más elevadas cada vez. Por eso, cuando oigas a alguien decir "que está plenamente realizado", ni caso, probablemente no sepa lo que está diciendo.

La importancia de las actitudes

Las actitudes juegan un importante papel en la conducta. Cuando nos dicen que "lo importante es la actitud", por algo será.

La actitud es la predisposición para actuar o responder a ciertos estímulos con una clase de respuestas determinadas. Por lo tanto, es un estado previo a la motivación, pero con capacidad para afectarla.

La *actitud* puede definirse como un conjunto organizado y estable de pensamientos, sentimientos y creencias que incorpora una carga afectiva a favor o en contra de algo, lo que predispone a la persona a actuar de forma coherente con esos supuestos. Por tanto, las actitudes comprenden varios componentes interrelacionados:

- ✔ **Afectivos**: sentimientos de agrado o desagrado hacia el objeto de la actitud.
- ✔ **Cognitivos**: pensamientos, saberes, creencias, opiniones e ideas sobre el objeto.
- ✔ **Conductuales**: intenciones de conducta o tendencias a la acción.

Pongamos un ejemplo: la actitud de una persona hacia el medio ambiente natural se apoya en componentes afectivos (le importa o no el deterioro ambiental), cognitivos (ha leído, observa y conoce el problema) y de conducta (estará más o menos dispuesta a hacer cosas para preservar el medio ambiente, como usar la bicicleta, reciclar la basura o reducir su consumo energético).

Y de ahí viene el interés por el estudio de las actitudes: el componente conductual tiene la capacidad de explicar y predecir el comportamiento social, por eso las actitudes son determinantes de la conducta, pues se concretan en la intención de la persona de ejecutar o no ese comportamiento.

En resumen, podemos decir que las actitudes explican el componente subjetivo del comportamiento, y ayudan a comprender por qué las personas reaccionan de forma diferente ante los mismos estímulos, algo que resulta crucial para un mánager a la hora de dirigir el comportamiento de quienes están a su cargo.

Las actitudes más buscadas en los trabajadores

Entre las actitudes más deseadas en el trabajo, suelen mencionarse las siguientes:

- ✔ Satisfacción con el trabajo, ver la tarea como fuente de sentimientos positivos.
- ✔ Responsabilidad, asumir e interiorizar los objetivos y dar cuenta de los resultados.
- ✔ Iniciativa, capacidad de pensar autónomamente y de emprender cosas nuevas.

- ✔ Flexibilidad, disposición a la adaptación, al cambio y a la innovación.
- ✔ Implicación en la tarea, poner todo el potencial en juego.
- ✔ Disposición al aprendizaje, aprender y desaprender lo que sea necesario.
- ✔ Optimismo, ver lo positivo y tener altas expectativas.
- ✔ Juego en equipo, el éxito propio es el de todos y viceversa.
- ✔ Compromiso con el proyecto/la empresa, como si fuera algo propio.

Esas actitudes guardan mucha relación con la motivación intrínseca o interna, que te explicamos en el siguiente recuadro gris. Como líder, debes promover estas actitudes entre tus colaboradores, practicándolas tú mismo pero también reforzándolas de forma positiva o negativa en las personas a las que diriges mediante una adecuada administración de retroinformación y recompensas. No olvides que un líder proporciona orientación, y eso pasa necesariamente por polarizar las actitudes de los seguidores en la dirección que más te interese.

Aunque las actitudes de las personas sean bastante estables, se pueden tratar de modificar incidiendo sobre sus componentes:

- ✔ **Afectivo**, asociando sentimientos positivos hacia el objeto de la actitud.
- ✔ **Cognitivo**, proporcionando información veraz y objetiva que modifique las creencias hacia el objeto de la actitud de forma positiva.
- ✔ **Conductual**, estableciendo estímulos que refuercen los comportamientos deseados y hagan desistir de los indeseados.

Por eso, cualquier mánager que quiera tener éxito debe aprender cuáles son las actitudes más positivas en el ámbito laboral para promoverlas e influir sobre sus colaboradores cuando sea conveniente cambiar las actitudes negativas.

La conducta explicada a través de los motivos

Desde los primeros tiempos del management moderno, los directivos se han preguntado qué motiva a los trabajadores y, buscando la respuesta a esta pregunta, se han ofrecido distintas propuestas. A continuación vamos a contarte las principales explicaciones de la motivación basadas en la descripción de cuáles son y cómo se ordenan los factores motivadores.

Motivación intrínseca y extrínseca

La motivación puede generarse de forma interna y externa, según cómo y desde dónde se administren los incentivos al comportamiento. Dado que el comportamiento tiene algún propósito, es decir, persigue unos resultados, según el origen de las recompensas hablamos de motivación intrínseca o extrínseca.

Las recompensas pueden consistir en algún tipo de resultado interno, como un sentimiento o una expectativa. También puede presentarse como una influencia externa, en forma de un pago material o de una recompensa simbólica, como la aprobación o el reconocimiento. Estos dos sistemas de recompensa corresponden a la motivación intrínseca y la extrínseca respectivamente: los motivadores intrínsecos son internos, autoadministrados, y dependen de la persona. Los motivadores extrínsecos son provistos de forma externa y, por tanto, no dependen del sujeto sino de factores que escapan a su control.

La motivación es *intrínseca* cuando conecta con las inclinaciones naturales de una persona, con lo que le importa, le gusta o da sentido a su vida: cuando alguien realiza una determinada tarea, porque le gusta hacerlo, porque se siente bien haciéndolo, porque le hace crecer, porque se siente útil y valioso, la recompensa es inmaterial, emocional, y proviene de su fuero interno. No es incompatible con la administración de recompensas externas; por ejemplo, una persona puede disfrutar de una afición, como la pintura, y obtener unos ingresos con ella.

La motivación *extrínseca* se basa en la recepción de una recompensa que proviene de una fuente externa, sea una persona o una organización. Las calificaciones escolares, el salario, un ascenso, la fama, el respeto de los demás, el agradecimiento..., son recompensas externas. El problema que tienen es que, cuando la motivación es extrínseca y no hay también motivación intrínseca, la pérdida de la fuente de recompensas elimina la razón para seguir adelante con la tarea.

El conocido ensayista norteamericano Daniel Pink, en su libro *La sorprendente verdad sobre qué nos motiva,* revela que los pilares de la motivación intrínseca son tres:

- ✔ La **autonomía** (el deseo de dirigirse a uno mismo, de hacer una contribución decisiva).
- ✔ La **maestría** (dominar la disciplina por la que tenemos vocación).
- ✔ El **propósito** (misión, visión y valores de una empresa).

Las organizaciones que saldrán airosas de la presente crisis son las que maximicen su propósito, no su beneficio.

Por eso, aunque producir motivación extrínseca es relativamente fácil (solo es necesario establecer los incentivos adecuados), demostró que hay hasta siete razones por las que esta motivación extrínseca (palo o zanahoria) no funciona:

- ✔ Transforman una tarea interesante en tediosa (el llamado "efecto Tom Sawyer", en honor al personaje de Mark Twain: lo que podía ser un juego se convierte en una obligación).
- ✔ Tienen un efecto negativo en la motivación intrínseca (como demostraron Lepper y Green en 1978: "Si me pagan por ello, debe ser menos interesante").
- ✔ El rendimiento es menor, porque reducen la creatividad al desplazar el interés del empleado desde el problema a resolver hacia la forma de conseguir el incentivo.

(cont.)

- ✔ Priman los comportamientos poco éticos (se buscan atajos y trucos).
- ✔ Pueden resultar adictivos al alimentar el materialismo.
- ✔ Fomentan el cortoplacismo frente al pensar en el futuro.

La motivación que verdaderamente funciona porque es duradera es la intrínseca, y es donde las organizaciones tienen planteado un reto importante, particularmente en esta era del conocimiento en la que, para atraer y retener el talento, se necesita algo más que dinero.

La jerarquía de necesidades

La primera respuesta a la pregunta de qué motiva a las personas procede de la jerarquía de necesidades de Abraham Maslow, un influyente psicólogo norteamericano considerado el padre de la moderna teoría de la motivación.

Para este autor, los motivadores del comportamiento humano son las necesidades, y las personas actúan para satisfacerlas. Identificó cinco necesidades universales, que todo el mundo presenta en mayor o menor grado (te hemos explicado en qué consisten en este capítulo):

- ✔ Fisiológicas.
- ✔ Seguridad.
- ✔ Afiliación.
- ✔ Autoestima.
- ✔ Autorrealización.

Sin embargo, lo más significativo fue considerar que las necesidades se ordenan formando una jerarquía, según el orden en el que aparecen, que empieza por las necesidades más básicas (fisiológicas) y acaba por la más elevada (autorrealización).

Esto significa que una necesidad se activa como motivador solo si la previa ha sido adecuadamente satisfecha; en caso contrario, la necesidad insatisfecha monopoliza la conciencia y focaliza todo el comportamiento para su satisfacción que, cuando se logra, neutraliza el poder para motivar de esa necesidad, dando paso a la siguiente.

EJEMPLO

Por ejemplo, una persona que pasa hambre (necesidad fisiológica) enfocará todo su esfuerzo a buscar comida y no le interesará nada más. Cuando consiga comer, se preocupará de hacerlo todos los días (necesidad de seguridad) y, cuando lo consiga, empezará a interesarle relacionarse con otras personas y a buscar su afecto (necesidad de afiliación), lo que llevará a sentirse independiente, autónoma y bien consigo misma (necesidad de autoestima), lo que debe llevarle a plantearse metas más elevadas de tipo espiritual o intelectual (necesidad de autorrealización). Pero si no consigue satisfacer la primera necesidad, nada de lo demás ocurrirá.

También es muy significativo considerar que la fuerza para motivar que tienen estas necesidades se relaciona con el nivel de desarrollo psicológico o madurez de la persona, de forma que la gente más madura psicológicamente se mueve en la parte alta de la escala y la gente inmadura, como los niños, en la parte media-baja.

Eso guarda relación con la naturaleza de esas necesidades: las inferiores responden a motivadores extrínsecos, mientras que las superiores son intrínsecas (consulta el anterior recuadro gris, donde te explicamos la diferencia entre ambos). En la vida de una persona se puede identificar la emergencia de las necesidades en ese orden, desde la infancia hasta la juventud y madurez, de forma que las personas más maduras están más motivadas intrínseca que extrínsecamente.

Por qué es importante la jerarquía de necesidades

La consecuencia más importante que podemos extraer de la jerarquía de necesidades es esta, que, aunque parece una obviedad, no suele tenerse en cuenta: las necesidades ya satisfechas no motivan.

IDEA-CLAVE

Esto es fundamental para una puesta en práctica exitosa de la motivación en la empresa, ya que hay que centrarse en las necesidades insatisfechas en vez de ofrecer más compensaciones para las necesidades que ya están razonablemente cubiertas. Por ejemplo, ofrecer más seguridad a una persona que ya tiene un trabajo estable y un porvenir asegurado no es motivador, lo mismo que ofrecer incentivos salariales que no van a suponer un cambio en el estatus socioeconómico a quien tiene un sueldo razonable.

¡ADVERTENCIA!

A pesar de su valor, se critica a esta teoría que refleja una escala de prioridades que responde a un modelo cultural propio del mundo anglosajón, competitivo, ya que no existe evidencia de que todas las personas y en todas las culturas tengan las necesidades en ese orden, salvando la diferencia entre necesidades primarias (fisiológicas y de seguridad) y secundarias (sociales y psicológicas): que la autoestima sea superior a la afiliación puede ser un rasgo cultural más que un patrón universal.

Factores higiénicos y factores motivadores

La segunda aportación importante es la llamada teoría bifactorial o teoría de la higiene-motivación, debida a Frederick Herzberg (1923-2000), un psicólogo industrial norteamericano que realizó la primera investigación empírica sobre la motivación referida al ámbito laboral, de donde concluyó que el trabajo en sí mismo es un importante motivador, pero tradicionalmente ha sido poco tenido en cuenta frente a factores ambientales y circunstanciales.

Como resultado de sus investigaciones constató que las personas asocian la satisfacción y la insatisfacción en el trabajo a dos grupos de factores, a los que denominó *factores motivadores* y *factores higiénicos*:

- ✔ Los **motivadores** o **satisfactores** son elementos internos del trabajo, y cuando son positivos normalmente causan satisfacción, mientras que su ausencia no provoca insatisfacción. Producen una motivación intrínseca o autoadministrada. Entre ellos se citan:
  - El reconocimiento.
  - El logro.
  - El contenido del trabajo.
  - El progreso o promoción.
  - El desarrollo personal.
- ✔ Los **factores de higiene**, preventivos o de mantenimiento son circunstancias del entorno ajenas a la tarea. Cuando son negativos suelen provocar insatisfacción, mientras que en su aspecto positivo no generan satisfacción, o en todo caso, producen una motivación extrínseca; de ahí que se denominen factores higiénicos, ya que tienen un valor preventivo pero no curativo. Entre ellos están:
  - Las normas y procedimientos de la empresa.
  - La capacidad directiva de los jefes.
  - Las relaciones interpersonales.
  - La supervisión.
  - Las condiciones de trabajo.
  - El salario.
  - La seguridad.
  - La posición.
  - La vida personal.

La teoría bifactorial defiende que la satisfacción y la insatisfacción se mueven en planos distintos porque dependen de diferentes grupos de factores, de modo que lo opuesto a satisfacción es no-satisfacción, y lo opuesto a insatisfacción es no-insatisfacción.

La consecuencia más obvia es que, desde el punto de vista práctico, actuar sobre los factores higiénicos no puede mejorar la satisfacción, sino solo reducir la insatisfacción, y que las actuaciones para aumentar la motivación en la empresa deben dirigirse a mejorar los factores motivadores. Por ejemplo, si una persona está desmotivada porque su trabajo es aburrido, de nada sirve ofrecerle más seguridad o mejor salario, ya que estaremos actuando sobre un factor higiénico que no mejora la motivación.

En el próximo capítulo, dedicado a estudio de la práctica motivacional, estudiaremos los medios que tienes a tu alcance para lograr una motivación eficaz.

Motivadores aprendidos

El tercer enfoque de los factores de motivación se debe al insigne psicólogo norteamericano David McClelland (1917-1998), del que te hemos hablado en el capítulo 2 con relación al estudio de las competencias.

McClelland se centró en tres necesidades secundarias o adquiridas que determinan la forma en que las personas resuelven problemas, como uno de los principales motivos del comportamiento humano en el trabajo, sobre todo en el ámbito de la gestión.

Estas necesidades son, en gran medida, fruto de la experiencia aprendida acerca de cómo han funcionado las diferentes estrategias de conducta adoptadas en el pasado y de los resultados placenteros o dolorosos asociados a ellas, de forma que las personas tendemos a repetir los comportamientos que han producido efectos positivos y a evitar los opuestos.

Los motivos estudiados por McClelland son:

- ✔ La necesidad de logro.
- ✔ La de necesidad de afiliación.
- ✔ La necesidad de poder.

Todos poseemos estos motivos en diferentes grados, aunque alguno suele ser predominante. Estos tres motivos fueron profusamente estudiados y acotados, y se evaluó su presencia e intensidad en diferentes grupos sociales y profesionales, como estudiantes, empresarios, directivos, técnicos, científicos etc.

Entre las conclusiones más importantes que obtuvo estarían las siguientes:

- ✔ Los empresarios y directivos tienen necesidades de logros y de poder mayores y necesidades de afiliación más bajas que otros profesionales.
- ✔ Las diferencias anteriores son más intensas en los empresarios que en los directivos.
- ✔ Los directivos medios presentan mayores necesidades de logros que los altos, por el deseo de triunfar para ascender.
- ✔ Los directivos con alta necesidad de poder institucional (te la hemos explicado antes en este capítulo) son más resolutivos que los motivados por afiliación, sobre todo en puestos ejecutivos.
- ✔ Los gerentes con alta necesidad de afiliación son muy aptos para tareas de coordinación entre departamentos, mediación, enlace y trabajo en equipo.
- ✔ Las personas motivadas por logros son más eficaces en la toma de decisiones que requieren realismo, objetividad y aceptación medida de riesgos.

Los trabajos de McClelland han resultado muy útiles para conocer mejor estos tipos de perfiles motivacionales y su correspondencia con el desempeño profesional en distintos puestos. Pero también desarrolló herramientas para aplicar estas ideas a los procesos de selección, formación y promoción de personal directivo, facilitando tomar mejores decisiones y enfocar la formación y la planificación de las carreras profesionales de forma congruente con el tipo de motivación.

De entre tus colegas, jefes y compañeros de trabajo seguro que eres capaz de identificar a personas que corresponden a estos perfiles motivacionales: logros, poder y afiliación. ¿Hay correspondencia entre el puesto que ocupan y su perfil motivacional? Probablemente, la respuesta te sorprenda.

Aprender de los mejores mánager: R y su modelo de felicidad en el trabajo

R (así, con solo una letra) es la marca de R Cable y Telecomunicaciones Galicia, que ofrece servicios integrados de internet, telefonía fija y móvil y televisión. Creada en 1998 como consecuencia de la liberalización de las telecomunicaciones, ha invertido más de 960 mi-

(cont.)

llones de euros llegar a 920.000 personas y empresas de un centenar de localidades gallegas. En sus siete primeros años de vida, ha sufrido más de 25 cambios de accionariado (en la actualidad es 70 % del fondo CVC Capital Partners y 30 % de ABanca). Se trata de una de las compañías más productivas de un sector especialmente innovador. En 2003 ya había arrebatado un 36 % de clientes a Telefónica, superando los 124.000 clientes. Al año siguiente, la OCU la nombró la empresa de mayor calidad del mercado de telefonía y en 2006 fue nombrada una de las mejores empresas para trabajar. Su rotación de personal es del 4 %, muy por debajo de la de su sector (que se sitúa en el 12 %). La rotación voluntaria es del 2,1 % (la del sector, del 3,6 %). Con 1.500 empleados y más de 325.000 clientes, su crecimiento anual de servicios del 12 % y sus ingresos, de unos 250 millones de euros, con beneficios antes de impuestos de unos 100 millones de euros.

¿Cuál es la clave de su éxito? Que ha creado e implantado con éxito su propio modelo de felicidad en el trabajo, pionero en el mundo.

El concepto de felicidad en R parte de la definición de Martin Seligman, uno de los padres de la psicología positiva: "La verdadera felicidad deriva de la identificación y el cultivo de las fortalezas más importantes de la persona y de su cotidiano en el trabajo, en el amor, en el ocio y en la educación de los hijos". En palabras de Santiago Vázquez, director de gestión de personas de R, el modelo tiene siete criterios:

- Sé flexible. Abre tu mente. "El agua es más fuerte que la roca" (Hermann Hesse).
- Si te fueses de viaje, ¿a quién te llevarías contigo, a una persona pesimista o a una optimista? Las personas optimistas disfrutan de mejor humor, son más productivas, cosechan mayores éxitos, viven más años, tienen más amigos.
- Confía. Confiar en los demás es invertir para crear confianza. La confianza es un imán para las oportunidades. Si te fijas en la desconfianza, ves miedo, y el miedo bloquea. "Es la ley de la vida, cada vez que se cierra una puerta se nos abre otra. Lo malo es que con frecuencia miramos con demasiado ahínco hacia el pasado y añoramos la puerta cerrada con tanto afán que no vemos la que se acaba de abrir" (Albert Schweitzer).
- Comprométete. El compromiso empieza en ti, depende de ti, es una elección personal. Cuando te comprometes, creces. El compromiso es la mejor estrategia de supervivencia. "El egoísmo verdaderamente inteligente consiste en procurar que los demás estén bien para que, de este modo, uno esté mejor" (Oscar Wilde).
- Disfruta. "La risa es la distancia más corta entre dos personas" (George Bernard Shaw). El humor hay que tomárselo muy en serio, porque los pensamientos positivos fortalecen nuestro sistema inmunitario y los negativos nos debilitan. "Primero descubre lo que quieres ser; luego haz lo que tengas que hacer" (Epicteto).
- Aprender. Aprender no es saber más, sino observar mejor. Y no termina nunca. El error es fuente de aprendizaje. Aprender es una actitud. "Lo importante es no dejar de hacerse preguntas" (Albert Einstein).
- Busca el significado. Hay tres grandes dosis de sentido en tu trabajo: ningún sentido, te permites mantenerte y mantener a tu familia, contribuir a algo más grande y hacer de este mundo un lugar mejor. "El hombre más feliz es el que transmite la felicidad a un mayor número de sus semejantes" (Denis Diderot).

El Modelo de Felicidad en el Trabajo de R incluye, además de los criterios, encuestas de

(cont.)

satisfacción del cliente interno, la certificación de la compañía como uno de los mejores lugares para trabajar, el índice de felicidad, la selección de los profesionales por optimismo y por inteligencia emocional, el coaching "unaun" (uno a uno), el desarrollo de cualidades, los beneficios sociales personalizados y el modelo de liderazgo, todo ello en torno a los valores corporativos.

Arturo Dopico, Consejero Delegado de R, valora muy positivamente este modelo. En su opinión, "la vida es demasiado corta como para sufrir cada día con el trabajo. Al final es una cuestión de que los valores personales encajen con los de la empresa, y si esto no es así más vale buscar otras opciones. En los momentos de creación de R pasamos dos años de trabajo muy duro, en los que descubrimos lo importante que es tener un buen ambiente que permita disfrutar trabajando, y para nosotros es un principio irrenunciable". La felicidad en el trabajo es productiva y rentable (como recuerda Santiago Vázquez, un aumento del 10 % del compromiso de los empleados eleva en un 4 % la fidelidad de los clientes externos), si bien esta concepción humanista de las empresas parte de una creencia profunda y asumida en la importancia del talento.

¿Motivación? En R creen —y practican— que "la felicidad en el trabajo es el camino más corto hacia la eficacia".

Capítulo 18

La práctica de la motivación

En este capítulo

- Motivación en acción
- La justicia motiva
- Todo es más fácil si se tiene claro
- Palmadas, zanahorias y respeto

Para ser un líder eficaz, que movilice a su personal, un mánager necesita saber cómo debe motivar. En el capítulo anterior te hemos explicado cuáles son los principales motivadores del ser humano y hemos repasado juntos algunos de los enfoques más conocidos que tratan de explicar qué motiva a las personas.

Pero para aplicar estos conocimientos debemos seguir profundizando en el mecanismo de la motivación, y por eso le vamos a dedicar un segundo capítulo.

Cómo y por qué se produce la motivación

Para saber identificar qué aspectos funcionan a la hora de motivar y cuáles no funcionan y por qué, vamos a explicarte cómo se da este proceso en la práctica y cuáles son las principales herramientas que, como mánager, tienes a tu alcance.

Sé justo conmigo y responderé

Las personas tendemos a buscar la equidad en nuestras relaciones, sea con otros individuos, sea con organizaciones, como en el caso del empleado y la empresa de la que forma parte. En el capítulo 15, dedicado al liderazgo, te hablábamos del "contrato psicológico" y de cómo opera ese acuerdo tácito que hay entre las dos partes de una relación, que presupone que va a haber una paridad entre lo que se da y lo que se recibe.

Según esta idea, el psicólogo industrial norteamericano John Stacey Adams formuló en 1963 la *teoría de la equidad*, que defiende que el desencadenante de la motivación está en la percepción de inequidad, de la injusticia, y en el consiguiente deseo de restablecer la equidad.

En toda cultura existe una *norma de equidad*, una creencia general de que la equidad en el trato es un valor deseable y debe buscarse. Cuando una persona cree que la relación entre lo que recibe, es decir, las recompensas que obtiene por su trabajo (salario, reconocimiento, prestigio, estatus, etc.) y lo que da, o sea, las contribuciones que realiza (formación, esfuerzo, compromiso, interés...) está desequilibrada, existe una percepción de inequidad, que a menudo se expresa con un explícito "¡No es justo!".

Esta percepción de equilibrio/desequilibrio puede plantearse en términos absolutos o relativos:

- ✔ Es **absoluta** cuando solo considera la relación contribuciones/recompensas entre el individuo y la empresa: trabajo mucho y me pagan poco.
- ✔ Es **relativa** cuando compara su relación contribuciones/recompensas con las de otras personas de la empresa en situación similar: trabajo más que mi compañero y gano lo mismo o menos; o sea, a él le tratan mejor que a mí.

Y el balance de esa relación puede ser:

- ✔ **Equidad**: existe un equilibrio entre contribuciones y recompensas.
- ✔ **Inequidad**: se produce un desequilibrio entre contribuciones y recompensas, que a su vez puede ser:
  - **Inequidad negativa**: cuando las contribuciones son mayores que las recompensas, es decir, das más de lo que recibes a cambio. Trato desfavorecido.
  - **Inequidad positiva**: cuando las recompensas son superiores a las contribuciones, o sea, recibes más de lo que aportas. Trato de favor.

Por ejemplo, un empleado que se ha formado, se esfuerza y presta interés en su tarea puede sentir que existe inequidad si su empresa no reconoce su aportación, no le paga bien o no le tiene en cuenta para un ascenso. En este caso estaríamos ante una situación de inequidad absoluta negativa, porque hay déficit de recompensa.

Ese mismo trabajador compara su situación con la de sus compañeros, y siente que están igual que él. En este caso, aunque hay inequidad negativa en términos absolutos, hay equidad relativa, ya que la injusticia del trato es igual para todos. Pero si observara que algunos de sus compañeros se esfuerzan menos y ganan igual que él, o que trabajan lo mismo y reciben más, entonces habría inequidad negativa también en términos relativos. Por contra, quienes estuvieran pagados por encima de lo que les corresponde deberían tener una percepción de inequidad positiva y relativa.

En la siguiente figura te presentamos las distintas situaciones de equidad/inequidad relativa, positiva y negativa, que pueden darse entre un trabajador 1 y otro 2, comparando las contribuciones aplicadas y las recompensas o resultados obtenidos.

Sujeto 2

Sujeto 1	C_B / R_B	C_B / R_A	C_A / R_B	C_A / R_A
C_B / R_B	E	I-	I+	E
C_B / R_A	I+	E	I+	I+
C_A / R_B	I-	I-	E	I-
C_A / R_A	E	I-	I+	E

C → contribución del individuo — A → alta

R → resultado de dicha contribución — B → bajal

I = inequidad — E = equidad

Figura 18-1: Posibles percepciones de inequidad del sujeto 1 respecto al sujeto 2

Por qué motiva la búsqueda de equidad

Dado que las personas buscamos la equidad, cuando estimamos que hay desequilibrio, intentamos corregirlo: cuando una persona percibe una situación de inequidad, encuentra una incongruencia entre lo que ve y lo que piensa que es correcto, y esa sensación le provoca una tensión que desencadenará los comportamientos que considere más adecuados para restablecer la equidad teórica.

Funciona como cuando usamos una balanza: si vemos que un platillo cae más abajo que el otro, pondremos peso en el más ligero o quitaremos peso del más pesado, hasta conseguir que vuelvan a estar igualados. Por eso, los comportamientos que pueden darse cuando hay una percepción de inequidad son los siguientes:

- Las personas que estiman que son remuneradas o reconocidas por debajo de su dedicación reducirán sus contribuciones para equilibrar su aportación a la recompensa que reciben. Su sensación sería "Para lo que me pagan, me esfuerzo demasiado".
- En última instancia, cuando la inequidad es manifiesta y no puede corregirse, una respuesta frecuente a estas situaciones es el abandono de la organización.
- El empleado que es remunerado por encima de lo normal tenderá a producir más cantidad o, más bien, a producir la misma cantidad pero con mayor calidad (eso predice la teoría). Sin embargo, en este caso no está tan claro, ya que los efectos de un salario excesivamente generoso sobre el rendimiento no son tan evidentes, probablemente, porque las personas somos más benevolentes juzgando nuestra valía que nuestras carencias y defectos. Los psicólogos llaman a esta tendencia "sesgo de autobeneficio", y nadie lo expresó mejor que el presidente estadounidense John Fitzgerald Kennedy cuando dijo "el éxito tiene muchos padres, pero el fracaso es huérfano": cuando las cosas salen bien, es por nuestro esfuerzo y capacidad. Cuando salen mal, es culpa de otros, del destino o de la mala suerte.
- Los mismos comportamientos se aplican a las situaciones de inequidad relativa, es decir, cuando el trabajador compara su situación con la de sus colegas y aprecia desequilibrios.

De esa forma, se volverán a equilibrar los platillos de la balanza y se restablece la equidad, lo que elimina la sensación de malestar que producía.

Creo que puedo hacerlo: expectativas y recompensas

Una aportación muy valiosa para comprender cómo se produce la motivación es la que se basa en las expectativas. Hasta ahora, todo lo que hemos visto sobre motivación asume que una persona, cuando desarrolla una conducta determinada, es porque sabe con certeza que esa conducta le generará unos resultados, y no se cuestiona que no pueda ser así.

Pero la teoría de las expectativas sí tiene en cuenta que los resultados del comportamiento no siempre son los esperados, bien porque la persona no tenga la capacidad o los recursos para conseguirlos, bien porque esos resultados vengan administrados externamente y no dependan del sujeto.

Las expectativas también tienen en cuenta que los efectos del comportamiento sean deseables o indeseables, así como el hecho de que unos resultados directos acarreen a su vez consecuencias secundarias o terciarias: unas cosas traen otras, y esas otras, otras más, etc.

Expectativas y motivación

Este modelo considera que las personas seguimos un proceso racional a la hora de elegir nuestras alternativas de comportamiento, de forma muy parecida a lo que hacemos cuando tomamos decisiones, donde buscamos la máxima satisfacción o beneficio. Parte de los siguientes supuestos básicos:

- ✔ Cualquier acto conlleva unos resultados: hacer X puede producir Y y Z efectos.
- ✔ Cada resultado comporta un cierto grado de satisfacción o de insatisfacción: tal efecto me gusta y tal otro, no.
- ✔ Cada comportamiento tiene unos posibles resultados, tanto directos o inmediatos como secundarios o sobrevenidos: es como en el cuento de la lechera, que ya iba pensando en montar una multinacional de los lácteos o poco menos.
- ✔ De forma racional, la persona elegirá el comportamiento que previsiblemente ofrezca la mejor combinación global de resultados.

Si trasladamos este modelo al ámbito laboral, tendríamos que sus elementos son los que te describimos a continuación:

- ✔ Los **resultados** son las consecuencias derivadas del trabajo de una persona, y se componen de:
  - **Resultados directos**: el nivel de rendimiento conseguido, es decir, la producción obtenida: piezas fabricadas, unidades vendidas, pacientes atendidos, etc.
  - **Resultados secundarios, terciarios, etc.**: recompensas o penalizaciones obtenidas a consecuencia del rendimiento, como el salario, el reconocimiento de los jefes o la envidia de los compañeros, y sus efectos posteriores.
- ✔ El **valor de esos resultados**, ya que pueden ser más o menos deseables:
  - El trabajador desea que un buen rendimiento sea reconocido y que le suponga el aprecio de sus jefes, mayor remuneración, promoción, etc. (resultados deseables).
  - Pero también sabe que puede acarrearle el encono de los colegas, menos tiempo de ocio o desatender a su familia, etc. (resultados indeseables).

Como es lógico, antes de ejecutar un cierto comportamiento, una persona tendrá en cuenta los resultados deseables e indeseables que puede aparejar, y para ello se basará en su experiencia anterior en situaciones similares.

- Las **expectativas**: como conseguir un cierto rendimiento no solo depende del esfuerzo del trabajador sino también de factores que escapan a su voluntad y control, las expectativas de la persona, que reflejan la medida en que crea que el esfuerzo que aplique le llevará a conseguir el rendimiento que desea, también cuentan.

Por tanto, si se consideran todas estas circunstancias, una persona desarrollará el comportamiento que se vea capaz de realizar y que crea que le acarreará los mejores resultados posibles, contando tanto los directos como los secundarios. Es decir, se esforzará en alcanzar un cierto rendimiento si cree que puede conseguirlo y que eso le permitirá lograr otras cosas que anhele, como una mejora salarial, un ascenso o el aprecio de la empresa, o que le permitirá evitar cosas indeseables, como un despido o el rechazo de sus compañeros. Esto es la *fuerza o motivación para el esfuerzo* según el modelo de la teoría de las expectativas.

Por ejemplo, a la hora de preparar un examen, un estudiante valorará cuánto le conviene estudiar (mucho, regular o poco). Para ello, evaluará:

- Sus expectativas de hacer un buen examen (lo cual depende de lo que haya aprendido, pero también del grado de dificultad que el profesor haya puesto); evidentemente, cuanto más haya estudiado, mejores expectativas de hacer un buen examen tendrá.
- Las consecuencias, buenas o malas, que comporten el cómo haga el examen (aprobar o suspender, pasar o no de curso, tener o no que estudiar en verano, recibir algún premio de su familia, etc.); aunque algunas de estas consecuencias serán administradas internamente, como la satisfacción por haber hecho un buen trabajo, otras no dependen de él, como la nota que le pongan o lo que le regalen sus familiares.
- La certeza que tenga de que haciendo un buen examen aprobará (aquí interviene que el profesor sea justo corrigiendo o que haya un cupo máximo de aprobados, por ejemplo); esa certeza existirá si hay experiencias previas o creencias que la corroboren (conoce al profesor, los comentarios de los demás alumnos le dan esa confianza, etc.).

Por tanto, salvo que el estudiante esté seguro de que estudiando mucho hará un buen examen (expectativa alta), que haciendo un buen examen aprobará (resultado secundario deseable y cierto) y que aprobar le ahorrará muchos disgustos y le traerá alegrías (resultados terciarios ciertos y deseables, como vacaciones, promoción de curso, regalos...), no se esforzará demasiado.

En resumen, la teoría de las expectativas considera que la intensidad de la motivación tiene en cuenta que cada persona ve las cosas de una manera propia, por lo que no se puede generalizar sobre qué motiva o no y qué comportamientos se producirán, ya que todo eso depende de una serie de circunstancias, percepciones y expectativas individuales. En el siguiente recuadro gris te explicamos la relación clave que la autoeficacia guarda con las expectativas.

La autoeficacia, la clave para las expectativas

Las expectativas sobre uno mismo nos remiten al concepto de *autoeficacia*, formulado por el psicólogo de la Universidad de Stanford Albert Bandura en 1977 como la creencia en nuestra propia capacidad para realizar cualquier tarea. Afecta a nuestros hábitos a través de la selección de actividades a realizar, a los objetivos que nos marcamos (más o menos ambiciosos), al esfuerzo y la perseverancia (las personas con menor autoeficacia abandonan y se rinden antes) y al aprendizaje.

El desarrollo de la autoeficacia depende de nuestros éxitos y fracasos previos, los mensajes que emiten los demás hacia nosotros (las expectativas se alimentan unas a otras), los éxitos y fracasos ajenos y los éxitos y fracasos del grupo (autoeficacia colectiva). Las cuatro fuentes de la autoeficacia son, por tanto:

- ✔ Las experiencias previas.
- ✔ Los modelos de conducta.
- ✔ La persuasión por otros.
- ✔ La evaluación del propio estado.

Si las creencias sobre la autoeficacia son altas, las personas nos mostramos activas, controlamos la situación, visualizamos el éxito, nos marcamos objetivos ambiciosos, perseveramos hacia ellos, aprendemos de las situaciones y mantenemos a raya el estrés. Si por el contrario las creencias son de baja autoeficacia, nos mostramos pasivos, evitamos las dificultades, nos comprometemos poco o nada, nos centramos en nuestras carencias, nos desanimamos al menor contratiempo, echamos la culpa a los demás, inventamos excusas y elevamos el estrés.

El propio Bandura lo explicaba: "Las personas que asumen cierto poder en el manejo de sus vidas son más sanas, más efectivas y tienen más control sobre sus vidas que las que han perdido la fe en la posibilidad de cambiar su existencia". Eso explica por qué hay personas que ni siquiera se esfuerzan en cambiar su situación por mala que sea.

Si sabes el qué, el por qué y el para qué, estarás motivado

Cuando te hablamos de los objetivos en el capítulo 6, y de cómo era necesario fijar objetivos claros y retadores llegando hasta el nivel individual, realmente estábamos presentándote la función motivadora de los objetivos.

Eso lo manifestó la *teoría de la finalidad* en motivación, gracias a Edwin Locke (1938), psicólogo norteamericano y actual profesor retirado de la Universidad de Maryland. Para el doctor Locke, la motivación laboral es consciente, como también los objetivos que se persiguen. Por eso es importante analizar la relación entre las metas, las intenciones conscientes de una persona y el nivel de rendimiento que logra en la tarea.

Para Locke, en el estudio de la motivación se han olvidado los factores conscientes y que la intencionalidad es un componente sustancial de la conducta. Eso nos recuerda la contundencia con la que el psicólogo y educador José Antonio Marina habla sobre el "misterio de la voluntad perdida", haciendo referencia a la ligereza con la que la psicología conductista ha ignorado la motivación interna y la persistencia en el empeño como determinantes del alto rendimiento.

Según la teoría de la finalidad, el rendimiento de una persona en su trabajo será mayor conforme:

- ✔ Más ambiciosos sean los objetivos que se proponga obtener.
- ✔ Más claras y específicas sean las metas.
- ✔ Más deseables las encuentre.
- ✔ Más comprometido esté el empleado con ellas.
- ✔ Más detalladas y concretas sean las indicaciones sobre cómo lograrlas.
- ✔ Más claramente establecida esté la relación entre el resultado y la recompensa.
- ✔ Más importantes sean los incentivos que se puedan conseguir.
- ✔ Mayor y más rápida sea la retroinformación sobre el rendimiento.

Es decir, cuanto más elevados sean los objetivos a los que te comprometas y más los desees lograr, mayor será tu rendimiento; pero también lograrás un mayor nivel de ejecución si te marcan metas concretas y claramente especificadas que si te ponen metas ambiguas del tipo "hazlo lo mejor posible", así como mientras más pronto puedas saber si tu esfuerzo ha producido resultados. Esto refleja las condiciones que deben cumplir los objetivos según lo que te contábamos en el capítulo 6, donde te lo explicábamos con el acrónimo M.A.R.T.E. para recordarlos mejor.

Pero para que esas metas que la empresa asigna al empleado afecten positivamente a su rendimiento hace falta que sean comprendidas y aceptadas conscientemente, es decir, que hayan sido comunicadas de forma eficaz (recuerda que en el capítulo 16 te hablábamos de la diferencia entre la buena comunicación, la que es comprendida, y la comunicación eficaz, cuando el mensaje es aceptado y modifica la conducta de quien lo recibe en el sentido que el emisor desea).

Además, para que las metas dirijan la conducta de los empleados como a la empresa le conviene, debe haber incentivos o estímulos que sean de interés para los trabajadores, y debe quedar claramente establecido cómo se consiguen esos incentivos según los resultados del trabajo.

CASO REAL

Fútbol femenino y motivación

Vero Boquete (Santiago de Compostela, 1977) es la capitana de la selección española de fútbol femenino, que en 2015 se clasificó por vez primera para un Mundial. Como jugadora, Vero es una de las diez mejores futbolistas del mundo y juega en el club alemán que ganó ese año la Champions League.

En el Mundial de Canadá, la selección española femenina de fútbol no logró pasar de la primera fase, tras un empate con Costa Rica, la derrota ante Brasil y otra ante Corea del Sur. Tras el mal resultado, se desató la tormenta: las jugadoras se reunieron con su entrenador, Ignacio Quereda (que está en el puesto desde 1988), le dijeron abiertamente que querían un cambio y, ante la airada reacción del seleccionador (que se negó a dimitir y a realizar modificaciones) publicaron una carta en la que expusieron su descontento, que no era más que desmotivación.

Ya en España, la capitana y portavoz del equipo declaró que el trato hacia las jugadoras no era correcto. "Es como un jefe que te desprecia", dijo Vero Boquete. "Él tiene el mando de todo, todo lo tiene bajo control. Nos trata como si fuéramos niñas pequeñas y se dirige a nosotras llamándonos 'chavalitas'. Utiliza una metodología antigua, sin progreso y poco profesional." Concretamente, "entrenamientos poco exigentes, repetitivos, poco funcionales... Atiende a llamadas de teléfono durante los entrenamientos, corrige solo a once jugadoras y discrimina al resto como si no fuesen del equipo. Correcciones sin sentido y a gritos, un tono machista que molesta a las mujeres". Estos testimonios han sido corroborados por otras jugadoras de la selección, tanto actuales como anteriores. De hecho, María Teresa Andreu, exdirectiva y exfutbolista, pionera en España del futbol femenino, recientemente ha declarado que "el cáncer del futbol femenino es Quereda". "Siempre ha menospreciado a las jugadoras y se ha expresado gritando." "No encontrarás a una sola jugadora que te hable bien de Ignacio Quereda."

Las jugadoras de la selección pidieron la dimisión de su entrenador Quereda por no alcanzar los objetivos y haber perdido la confianza en el equipo. Durante la última etapa, se cancelaron amistosos, faltaron partidos de preparación, no se convocó a algunas de las mejores, el seleccionador solo fue a ver los partidos jugados en Madrid o las finales de Liga o Copa. La final de la Champions League 2015, que Vero Boquete jugó —y ganó— con el Frankfurt, o la de 2014, que la capitana jugó con el equipo sueco del Tyresö, fueron ignoradas por Quereda.

Hacia mediados de 2015, Quereda puso su cargo a disposición del presidente de la Federación, trámite previo a su destitución como seleccionador.

¿Qué lección sacamos de todo este caso? Quereda parece que cometió todos los errores posibles a la hora de motivar a sus jugadoras: falta de equidad, ausencia de reconocimiento, mala educación, no adaptarse a cada persona, no establecer metas claras y retadoras, no relacionar el trabajo y el resultado. Quizá le convendría leer este libro.

Cómo puede motivar un mánager

Llegamos aquí a la pregunta clave, puesto que todo lo que hemos estudiado sobre la motivación en general y sobre la motivación en el trabajo en particular tiene un fin: motivar eficazmente a los colaboradores, que es una tarea que, como mánager y líder, debes realizar cada día.

De lo que hemos visto en este capítulo y en el anterior habrás extraído algunas conclusiones interesantes, y probablemente ya vislumbres qué herramientas de motivación tienes a tu alcance e incluso cómo utilizarlas. Pero no olvides que liderar, es decir, dirigir a las personas, es una actividad compleja, que está condicionada por muchas variables internas y externas: no diriges en el vacío, sino en el contexto de una empresa y de un entorno, por lo que tu liderazgo y tu práctica de la motivación deben ser coherentes con el estilo directivo y la cultura organizativa, con la estructura y los procesos de la organización, con los sistemas de comunicación, de recompensas, de toma de decisiones, etc.

Pero, ante todo, la primera recomendación es no desmotivar. Como hemos estudiado al hablarte de la motivación intrínseca y extrínseca en el capítulo 17, la verdadera motivación, la más profunda y duradera, surge de la propia persona y no depende de incentivos que se otorguen desde fuera y que no se puedan controlar. Por eso, el primer reto que tiene el mánager antes de preguntarse cómo motivar a sus colaboradores es saber cómo no desmotivarlos. Te hablamos algo más de esto en el siguiente recuadro gris.

RECUERDA

En otras palabras, sé consciente de que las distintas técnicas de motivación que te vamos a presentar a continuación serán efectivas siempre que sean adecuadas y coherentes con el marco cultural y organizativo de tu empresa, por lo que debes escoger las que resulten más apropiadas.

Las principales palancas de la motivación

De forma muy resumida, las principales técnicas de motivación empleadas en las organizaciones pueden clasificarse en dos grupos:

- ✓ **Materiales**, que usan el dinero y otras formas de remuneración valorables en términos económicos.
- ✓ **Inmateriales**, que usan elementos afectivos o simbólicos para motivar, como el reconocimiento, la participación, etc.

En cuanto a la forma de aplicarlas, pueden ser de aplicación individual o colectiva. Conforme te vayamos describiendo las técnicas, te indicaremos si se deben aplicar de forma individual, colectiva o de ambas.

Un decálogo para no desmotivar

Desde que Frederick Herzberg desarrolló su famosa teoría de la higiene-motivación, que te hemos explicado en el capítulo 17, sabemos que hay cosas que pueden desmotivar y cosas que motivan, y que curiosamente, ambos grupos están bastante separados. Además, los desmotivadores son elementos que rodean el trabajo y que se relacionan con la motivación extrínseca o administrada externamente, mientras que los motivadores son factores del propio trabajo y se corresponden con la motivación intrínseca.

Por tanto, la primera pregunta que tiene que hacerse un mánager que quiera tener a unos colaboradores motivados es cuestionarse si no estará desmotivándolos. Algunas de las causas más frecuentes de desmotivación (que se corresponden con los factores higiénicos de Herzberg que ya te hemos mencionado) son las siguientes:

1. **Malas relaciones en el entorno laboral.** Ya sea con los jefes, compañeros, personal de otros departamentos, etc. La calidad de las relaciones humanas en la empresa es fundamental para un buen clima laboral y para no crear un ambiente tóxico que haga que ir al trabajo sea como ir al infierno. Cuida la educación, el lenguaje, la cortesía, el respeto con todo el mundo y haz que todos lo hagan.

2. **Rutina, aburrimiento y tareas inútiles.** Todo trabajo tiene, desgraciadamente, una parte rutinaria necesaria, pero no hay que caer en la tentación de darle prioridad al papeleo, el control y la burocracia por encima del buen desempeño. El mejor médico no es el que lleva los informes más al día, sino que el que mejor cura a los pacientes. No te equivoques con las prioridades y ten presente y valora lo que importa de verdad.

3. **Falta de reconocimiento individualizado.** En todos los equipos hay gente que se esfuerza más, que pone más interés, que muestra una actitud más positiva. Esas personas deben recibir un reconocimiento mayor, que muestre al grupo que el directivo es consciente de cómo se trabaja y de qué cosas cuentan. Por mucho que importe el equipo, no todos merecen ser tratados igual.

4. **Falta de equidad en las recompensas.** Una política salarial del tipo "café para todos" y, en general, la falta de criterio al recompensar el buen rendimiento en la promoción, en el salario, en la distribución del trabajo, etc., son muy desmotivadores. Si el que lo hace bien ve que el que lo hace mal vive igual o mejor, dejará de esforzarse.

5. **Falta de comunicación.** Si no se comunica qué se quiere, qué expectativas hay, cómo hacer las cosas, cómo mejorar, qué problemas se afrontan, la gente trabajará sin norte, sin rumbo, y eso es desalentador. Es necesario fijar objetivos y comunicarlos, así como establecer un estándar exigente.

6. **No perdonar los errores.** Si queremos que las personas crezcan, tengan iniciativa, propongan cosas y se involucren (o sea, se motiven), hay que ser tolerante con los errores (siempre que sean bienintencionados), porque nadie nace sabiendo. No te cebes con quien se equivoca porque la política de buscar culpables solo genera clandestinidad.

7. **Aferrarse a los reglamentos y manuales.** Muchos jefes creen que lo hacen mejor cuando se empeñan en que se cumplan los reglamentos a rajatabla (horarios de entrada/salida, jornada, turnos, uso de herramientas, etc.), sin reflexionar sobre si eso es importante para el rendimiento, y sin considerar necesidades

(cont.)

particulares, como las de conciliación. Hay que ser flexibles y, ante situaciones como una demora o una necesidad de permiso extra, valorar si ese trabajador merece esa consideración y si eso afecta a los resultados de su trabajo.

8. No cumplir lo prometido. Muchos jefes, ante situaciones críticas, hacen promesas (salario, ascenso, vacaciones, etc.) que luego no cumplen. No se pueden crear expectativas y luego decepcionar, ya que la siguiente vez que los necesites no estarán dispuestos a arrimar el hombro.

9. Desorganización, desorden, exceso de trabajo. Muchas organizaciones no deberían tener ese nombre, porque son "desorganizaciones", donde los procesos no funcionan, las estructuras se superponen o se enfrentan y las cosas se hacen mal, con un coste económico y emocional elevado que consume mucha energía. Tener una organización eficiente es el primer paso para no desmotivar. Nadie quiere trabajar en donde los esfuerzos se escurren como en un colador.

10. Predicar y no dar trigo. Un mánager que dice una cosa y hace otra es lo más desmotivador que hay, ya que, como te hemos comentado en repetidas ocasiones, el ejemplo del comportamiento directivo transmite mucho más en valores y normas de conducta que lo que dice. Si quieres calidad, demuestra calidad.

Analiza con toda la objetividad y humildad que puedas cómo llevas estas cuestiones en tu organización o departamento y qué efectos tienen sobre tu equipo.

El vil metal, ¿funciona?

Aunque el dinero es el mecanismo principal que se usa para recompensar y modificar el comportamiento en el trabajo, en realidad se sabe poco acerca de cómo funciona y de la manera adecuada de utilizarlo como motivador: de hecho, la forma en que se usa en la práctica muchas veces se basa en presunciones que no tienen confirmación empírica.

IDEA-CLAVE

Es más, en el mundo de la empresa el dinero se usa más como medio de retener al personal adecuado que para incentivar el rendimiento, y así opera la competencia de sueldos entre empresas. En el siguiente recuadro gris "Cuando el trabajador bueno se va y la empresa se queda con los malos" te hablamos de ello.

Y es que el dinero es un incentivo muy complejo, ya que sirve para satisfacer muchas necesidades: aunque solemos creer que con el dinero solo se cubren las necesidades materiales (fisiológicas y de seguridad, de las que te hemos hablado en el capítulo 17), la verdad es que eso depende más de la cantidad que de la naturaleza del incentivo.

Qué sabemos del dinero como motivador

El dinero tiene también tiene un valor simbólico, ya que es un medio que puede servir para satisfacer toda clase necesidades, incluso las más elevadas. Pero es evidente que el dinero funciona de manera distinta en grandes cantidades que en pequeñas cantidades: una leve subida de sueldo no va a cambiar la vida de una persona, pero que le toque el bote de la lotería sí puede hacerlo, hasta el punto de dejar el trabajo, cambiar de casa, mandar a sus hijos a las mejores universidades, abrir un negocio o retirarse para siempre para dedicarse a la filantropía o a coleccionar arte (recuerda el eslogan de la lotería: "No tenemos sueños baratos").

La verdad es que, en la práctica, sabemos poco de cómo satisface el dinero los diferentes tipos de necesidades, pero sí sabemos que no todo el mundo reacciona igual ante los incentivos económicos, por lo que no se puede generalizar, ya que la importancia del dinero varía con las personas y con las ocasiones: lo que para unos es poco para otros es mucho, según el momento y la urgencia de la necesidad. Por tanto, el dinero no actúa de forma independiente, sino tomando como punto de partida la situación de la persona que lo vaya a recibir.

La suposición de la teoría de la higiene-motivación de Herzberg, que te hemos explicado en el capítulo 17, de que el dinero es solo un factor que previene la insatisfacción, pero que no es motivador, no se sostiene cuando vemos que con dinero pueden solventarse muchas de las necesidades que conocemos: seguridad (no tener miedo al futuro), afiliación (formar una familia, cultivar a los amigos), estima (estatus social), autoestima (independencia, libertad), poder (sobre personas o recursos), autorrealización (desarrollo pleno del yo), etc.

Todo depende de la cantidad del incentivo, de qué se pida a cambio y de la forma en que se administre. Un incentivo por productividad de pocos euros al mes no es muy estimulante, pero esa misma cuantía en forma de gratificación extraordinaria al final del año, puede serlo mucho más.

Usar el dinero como motivador

Usar el dinero como motivador es delicado, pues hay que tener en cuenta las condiciones de cada persona, la cultura y el contexto particular. Además, es fundamental relacionar el valor del incentivo con el rendimiento necesario para conseguirlo.

Un requisito básico para ello es conocer cuánto vale el trabajo desarrollado por los empleados. Esto que parece obvio, frecuentemente las empresas no lo saben, ya que los sistemas de contabilidad de costes no están implantados en muchas organizaciones y, en cualquier caso, es difícil deslindar qué parte del valor producido se debe al trabajo y qué parte a otros factores, como la maquinaria o el *know-how* empresarial, por ejemplo.

Antes de establecer un sistema de incentivos económicos para estimular la productividad debes esforzarte en saber cómo valorar la aportación de tus colaboradores, tanto por razones de equidad (recuerda que te hemos hablado en este capítulo de la búsqueda de equidad) como porque es una forma de reconocer y compartir el valor creado, haciendo un ejercicio de responsabilidad social.

En general, ofrecer dinero a una persona para que consiga metas más elevadas tendrá éxito según la cantidad de dinero que esa persona desee obtener y del esfuerzo que esté dispuesta a ejercer para lograrlo. La primera enseñanza es que no apliques un sistema de incentivos de forma indiscriminada, ya que no será estimulante para todo el mundo.

También es necesario establecer claramente qué metas hay que lograr para alcanzar el incentivo. En la experiencia real, los incrementos de productividad después de introducir un sistema de primas pueden deberse a razones ajenas al dinero, pero que han tenido el mismo efecto: por ejemplo, el deseo de jugar contra el sistema, de competir con otros compañeros, de que la empresa te aprecie o de que tu jefe te deje en paz al ver que eres productivo.

Y antes de establecer el incentivo hay que valorar de forma proporcionada lo que se pide y lo que se ofrece. En la práctica, este aspecto se ignora muchas veces. Por ejemplo, si le doblo el sueldo a alguien, ¿se doblará su rendimiento?, ¿y si se lo triplico o cuadruplico? Es absurdo creer que esa relación es constante y no tiene un límite. El mánager debe saber dentro de qué intervalo puede moverse para conseguir lo que quiere.

También es importante fijar tramos de rendimiento que sean representativos y alcanzables. Si ofrecemos un bono por un rendimiento que está al alcance de muy pocas personas, no servirá de nada, porque la mayoría de los empleados no se verán capaces y ni siquiera lo intentarán.

Por último, no debes olvidar que los sistemas de incentivos individuales no tienen mucho sentido en culturas y contextos colectivistas, donde la gente se ampara en el grupo y no hay individualidades (te hemos hablado de las culturas comparadas en el capítulo 9, en el apartado "Administrar culturalmente la responsabilidad"). En ese caso, debes ofrecer incentivos al grupo y medir el rendimiento de forma colectiva dejando que ellos mismos lo distribuyan internamente.

Cuando el trabajador bueno se va y la empresa se queda con los malos

En el blog gerencie.com se publicó hace ya algunos años un interesante artículo sobre cómo retienen el talento las empresas o, mejor dicho, cómo lo dejan escapar, post que sigue siendo de plena actualidad:

Algunas empresas establecen políticas de recursos humanos y salariales que al final hacen que el trabajador bueno se vaya y se queden los malos, con las consecuencias que ello tiene.

Cuando dentro de un grupo de trabajadores hay uno que sobresale por su competencia, por su buen desempeño, se supone que la empresa debería recompensarlo con un incremento salarial, pero sorprende escuchar las razones por las que casi nunca se le sube al sueldo a un trabajador que sobresale en un equipo de trabajo. Se suele argumentar que si se le sube el sueldo a uno de los trabajadores, se crean situaciones de desigualdad e incluso puede hacer que los demás trabajadores quieran también un incremento salarial; para evitar ese riesgo, simplemente no recompensa a los buenos empleados.

El resultado es que el empleado bueno se va en busca de mejores oportunidades, puesto que un empleado lo suficientemente bueno sin duda encontrará un mejor trabajo (el desempleo no existe para los practicantes de la excelencia), y así, la empresa se irá quedando con los trabajadores de peor rendimiento.

La empresa pocas veces suele ver el asunto desde otro punto de vista, desde otro ángulo: al aumentársele el sueldo a un trabajador sobresaliente, pueden suceder dos cosas:

1. Que los trabajadores quieran un incremento y lleguen hasta a hacer huelga. Ese es el temor del empresario, aunque es algo improvable.

2. Que los trabajadores caigan en la cuenta de que ser bueno compensa, y en el futuro se esfuercen por mejorar y lograr el reconocimiento de la empresa.

Pero en la realidad se impone el primer caso. El empresario, por temor a que todos quieran un aumento de sueldo, deja que el empleado bueno se vaya, y cuando eso sucede, los demás trabajadores se refuerzan en la idea de que no vale la pena esforzarse, pues la empresa no lo valora, así que en adelante serán menos eficientes de lo que eran.

Con ello, la empresa no solo ha logrado quedarse con los malos, sino que esos malos lo serán aún más por la falta de estímulos para mejorar.

(Publicado en: http://www.gerencie.com/cuando-el-trabajador-bueno-se-va-y-la-empresa-se-queda-con-los-malos.html.)

La gente quiere participar. ¿Seguro?

Habrás leído más de una vez que una de las formas de motivar a los trabajadores es dándoles la opción de participar más en la empresa. Pues bien, en un entorno laboral puede hablarse de diferentes formas participación de los empleados, algunas bastante utilizadas:

- ✔ Participación en los beneficios, como las pagas de beneficios o bonos que se dan a fin de año.
- ✔ Participación en la propiedad, cuando se dan acciones o participaciones en el capital a los empleados al cabo de cierta antigüedad en la compañía.
- ✔ Participación en la gestión, incorporando a trabajadores y representantes en comités y órganos de decisión.

En este caso, cuando hablamos de *participación* nos referimos a la intervención activa del trabajador en las tareas y decisiones relacionadas con la gestión de su trabajo: organización del tiempo de trabajo, planificación de vacaciones, control sobre el proceso y los resultados, etc.

La participación permite al empleado desarrollar confianza en sí mismo y en la organización, sentido de pertenencia a la empresa, mayor interés en el trabajo y sus problemas y la sensación de que es tenido en cuenta y de que su opinión es apreciada. Por eso se considera que la participación ayuda a satisfacer necesidades de afiliación, logros, reconocimiento, estima y competencia.

Pero no creas que la participación funciona siempre, y es obvio que no todos los trabajadores están ansiosos por involucrarse más allá de su tarea operativa. Para muchos trabajadores, la demanda de una mayor participación puede percibirse como una ruptura de las reglas del juego por parte de la empresa ("yo hago mi parte y tú la tuya") al pedirle que haga más de aquello para lo que fue contratado.

Igual que ocurre con el dinero, la participación en sí misma no produce necesariamente una mayor satisfacción de las necesidades de logros, competencia o estima, ya que eso dependerá de los asuntos: si invitamos a la gente a participar en cuestiones menores, engorrosas, complicadas o ajenas a su interés, el resultado probablemente sea más negativo que positivo. Cuántas evidencias hay en las organizaciones del desinterés que muestran algunas personas a las que se ha invitado a formar parte de órganos colegiados en los que no se dirime prácticamente nada que les afecte de forma directa...

Por eso, una participación efectiva tenderá a involucrar al trabajador en las decisiones sobre su propio trabajo en el grado en que eso sea posible, sin que esté claro que interese extenderla más allá. Además, no se puede usar aisladamente, sino que debe venir facilitada por una cultura de la organización y un estilo directivo cercanos e integradores.

Paralelamente, la empresa tiene que ser hábil en identificar a aquellos trabajadores que muestren un interés en participar e involucrarse en asuntos empresariales por encima de su tarea, ya que ahí encontrará la cantera de sus futuros supervisores y mánager de base.

El reconocimiento no son las palmaditas en la espalda

El *reconocimiento* es la acción destinada a distinguir a una persona entre las demás como consecuencia de sus acciones. El reconocimiento expresa gratitud y felicitación, es una muestra de aprecio, de respeto y una forma de recompensar acciones o comportamientos que destacan. Puede ir desde un premio o recompensa pública y formal hasta un simple "Gracias, has hecho un buen trabajo" administrado de forma totalmente privada.

Mediante el reconocimiento se aplica un mecanismo de refuerzo positivo de la conducta: es como cuando le damos un premio a un niño por portarse bien con la intención de que siga portándose bien para conseguir más premios. Si en lugar de un premio se aplicara un castigo, estaríamos ante un refuerzo negativo.

Muchas empresas, siguiendo el modelo anglosajón, tienen acciones de reconocimiento para con los empleados del tipo "empleado del mes", concediendo gratificaciones de tipo simbólico o incluso material.

Sin embargo, este tipo de reconocimiento no es tan eficaz como parece: puede que al empleado premiado le resulte motivador, e incluso es posible que algunos luchen por ese reconocimiento. Puede ocurrir que, a medio plazo, estas acciones generen actitudes negativas y rompan el sentido de equipo, porque algunos compañeros sientan que ellos lo merecían más, porque surjan envidias y se produzcan situaciones de tensión que no son buenas para la productividad.

En general, los criterios para que se otorguen estos reconocimientos son bastante opacos cuando no totalmente arbitrarios (suele ser fruto de una decisión de los jefes en comité), lo que no contribuye a mejorar la percepción de equidad ni, por tanto, la motivación, sino más bien al contrario.

Esto es especialmente frustrante para los trabajadores que crean que su contribución era igual o incluso mejor a la del premiado. También puede crearse un ambiente en el que el reconocimiento se vea como un juego por parte del grupo ("a ver a quién le toca esta vez") o que resulte contraproducente si hay empleados que se esfuerzan más y no consiguen dicho reconocimiento, haciendo que se desmotiven y se limiten a hacer lo mínimo.

Qué y cómo reconocer a los empleados

Por eso, los mánager tienen que saber que hay dos maneras de practicar el reconocimiento: la formal u oficial y la informal o espontánea.

- ✔ La primera debe tener periodicidad, reglas claras y conocidas por los interesados y un esquema justo y equitativo, sin olvidar que, cuando se trabaja en equipo, el reconocimiento individualizado no suele ser el más conveniente.
- ✔ La segunda sería la que aplican los jefes de forma no planeada, como un simple agradecimiento o un premio extraordinario a un comportamiento que también se sale de lo ordinario.

Como norma general, para una aplicación efectiva del reconocimiento formal a los empleados, debes dejar muy claras estas cuestiones:

- ✔ Qué tipo de comportamiento quieres reconocer, sea de forma individual como en equipo.
- ✔ Qué criterios se aplicarán para conceder el reconocimiento, de forma que queden claros.
- ✔ Deja tiempo para que la gente lo asuma y lo practique, que puedan concurrir.
- ✔ Una vez concedido, con transparencia, informa de cómo y por qué se ha otorgado.

Y no está de más que recuerdes a los directivos a tu cargo la conveniencia de dar habitualmente las gracias, felicitar a sus subordinados y estimular en general, aunque sea de forma verbal, a los empleados más eficaces.

Motivar a través del trabajo

Hasta ahora hemos hablado de formas de motivar extrínsecas (recordarás que habíamos tratado las diferencias entre la motivación extrínseca e intrínseca en un recuadro gris del capítulo 17), es decir, que se impulsan desde fuera de la persona y son ajenas al trabajo y los sentimientos que produce.

Sin embargo, desde que se estableció la diferencia entre factores higiénicos y factores motivadores (de los que también te hemos hablado en el capítulo anterior), se tomó conciencia de que el trabajo es un importante motivador, y que muchas veces funciona mejor incidir sobre la tarea que sobre los factores y elementos que la rodean. Por eso, a continuación vamos a hablar de diferentes formas de motivación usando el propio trabajo.

Delegar, algo más que echarle trabajo a otros

Delegar es una facultad que tiene cualquier mánager: es un proceso por el que los directivos asignan tareas a sus subordinados, otorgándoles la autoridad y la responsabilidad necesarias para llevarlas a cabo.

Los protagonistas de este proceso son el *delegante* (directivo) que confía al *delegado* (colaborador) la realización de una tarea que corresponde a la responsabilidad del primero. Para poder llevarla a cabo, le concede autonomía para que resuelva, según su criterio, los problemas que se le presenten. Por lo tanto, estamos ante una técnica de motivación individual, porque es un proceso persona a persona.

Para que funcione con eficacia, la delegación tiene que cumplir unas condiciones y debe ser:

- ✔ Íntegra: afectar a una tarea completa.
- ✔ Clara: estar bien definida y ser comprendida por el subordinado.
- ✔ Suficiente: comportar los medios y autoridad necesarios para realizarla.

La delegación es una prueba de confianza, puesto que es confiar a otra persona una responsabilidad propia, sin deshacerse de esa responsabilidad, es decir, asumiendo el riesgo de que esa persona se equivoque o, lo que es peor, que haga un mal uso de la delegación y desarrolle un comportamiento oportunista.

Por ser prueba de confianza, la delegación supone para la persona que la recibe un medio para satisfacer necesidades de estima (sentirse valiosa), de logros (obtener resultados por sí misma), de competencia (destacar por encima de los demás), de poder (disponer de mayor autoridad y medios), etc. También es recomendable que estas personas sean compensadas económicamente de alguna forma por la sobrecarga de trabajo y responsabilidad que supone, satisfaciendo así también necesidades materiales.

Un aspecto muy importante que debes recordar: la delegación es una prerrogativa discrecional del directivo, de la que puede hacer o no uso, según su criterio. En una misma empresa hay directivos que delegan y otros que no. La delegación, aunque sea permanente, no modifica las obligaciones del puesto en el que se delega, y puede ser revertida en cualquier momento. Por eso, la delegación no altera el diseño de la organización, ya que la responsabilidad sigue perteneciendo al delegante.

Existe un peligro al que tienes que estar muy atento: el de abusar de la delegación, sobre todo cuando se trata de los empleados más competentes. Es frecuente que, cuando tenemos buenos colaboradores, siempre se encarguen las tareas complejas a las mismas personas, que precisamente por ser los mejores trabajadores terminan asumiendo una carga de trabajo superior a la de sus compañeros menos eficaces, que viven más relajados. La enseñanza que sacan muchos de esto es que es mejor ponerse de perfil y no destacar, lo que es tremendamente desmotivador para todo el grupo.

Por eso es importante que los directivos compensen adecuadamente a las personas en quienes se delega con menos tareas rutinarias, mayor salario o más tiempo libre.

Si el trabajo es aburrido, hazlo interesante

Desde que se constató que el trabajo puede ser motivador, se plantea la necesidad de rediseñar su contenido de forma que no solo contemple requisitos técnicos y económicos, sino también humanos, psicológicos y sociales. Surgió así el movimiento por el enriquecimiento del trabajo, capitaneado por Frederick Herzberg, de quien te hemos hablado en el capítulo 17, en la teoría de la higiene-motivación.

El *enriquecimiento del trabajo* consiste en el rediseño y ampliación del contenido del trabajo para que incluya mayor variedad de tareas, mayor libertad del trabajador en la elección del método y del ritmo de trabajo y mayor responsabilidad en el control de sus resultados y en el mantenimiento de los medios de producción.

Mediante el enriquecimiento del trabajo pretende unirse un desempeño eficaz con la mejora de satisfacción para el trabajador, para que pueda percibir que su trabajo es significativo y valioso, que entraña una responsabilidad y que sus esfuerzos son productivos, de forma que obtenga satisfacción a las necesidades de logros, estima, competencia y autorrealización.

Eso implica recomponer puestos que habían sido fragmentados para dotarlos de entidad propia, al reconstituir su unidad natural; ya no se trata de un trabajo donde se realiza infinitas veces una tarea mínima y sin sentido, como apretar un tornillo, sino de un puesto donde el trabajador pueda apreciar su contribución al resultado final, como podría ser montar todas las ruedas de un vehículo.

Además, el enriquecimiento del trabajo aboga por reducir controles, dando más confianza a los empleados, y proporcionar retroinformación sobre los resultados, para que los empleados conozcan qué y cómo han producido. Por eso, puede decirse que, para ser eficaz, debe darse en dos direcciones:

- ✔ En sentido horizontal consiste en incrementar la variedad de tareas, para que tenga más significado y se puedan aprovechar mejor las aptitudes del trabajador.
- ✔ En sentido vertical consiste en añadir al puesto mayores responsabilidades sobre la organización y gestión del trabajo para conferirle responsabilidad y autonomía.

Las dos formas son necesarias, ya que si solo nos quedamos con el horizontal, puede que la tarea sea más entretenida, pero no más interesante. También hay que tener en cuenta que a veces hay limitaciones de orden tecnológico y económico que coartan su implantación, que no a todos los trabajadores les interesa y que no siempre es fácil contar con la colaboración de todos los empleados y de los grupos informales.

Lo que cuenta son los resultados: DpO

Aunque la Dirección por Objetivos (DpO) es un sistema de dirección, su valor como herramienta para comprometer y estimular a las personas aconseja que la consideremos dentro de las técnicas de motivación.

Originariamente, la DpO se planteó como un modelo de dirección encaminado a lograr una gestión más eficaz, al mismo tiempo que procuraba el desarrollo profesional y personal de directivos y empleados, ya que buscaba conciliar los intereses de la empresa y las metas propias de las personas, que es el desafío más importante para cualquier mánager: lograr que sean compatibles los objetivos personales con los objetivos de la empresa.

La DpO se basa en los mismos supuestos que la teoría de la finalidad, de la que te hemos hablado antes en este mismo capítulo: el comportamiento humano está orientado hacia unos objetivos y, cuanto más claros estén esos objetivos y en mayor medida participes en fijarlos, más motivado estarás para alcanzarlos.

Implantar la DpO es un proceso que consta de tres fases:

1. Se empieza partiendo de los objetivos generales de la empresa, que sirven de marco para que los mánager de los diferentes niveles, de arriba abajo, vayan preparando su propuesta de contribución a esos objetivos.
2. De forma sucesiva, cada directivo debate con su jefe su propuesta, hasta llegar a un acuerdo sobre objetivos que se compromete a cumplir, y a partir de ese momento goza de autonomía para lograrlos.
3. Cada cierto tiempo, se producen reuniones para revisar de forma conjunta del progreso y evaluar el desempeño del empleado, que también puede acudir en todo momento a su jefe si lo necesita.

Lo más significativo de la DpO es que desplaza la supervisión desde el proceso hacia los resultados, que es lo que importa: no se fiscaliza cómo y qué hace el empleado en cada momento, sino solo qué resultados logra. Supone a las personas maduras, responsables, comprometidas con el trabajo y capaces de dirigir y controlar su comportamiento. Por eso, es una forma de control mucho más eficaz y menos asfixiante para los empleados, pero también más económica para la empresa.

Como herramienta de motivación satisface los motivadores más elevados, particularmente los de logros, competencia, poder y autorrealización. Además, es un proceso participativo, pues los objetivos se negocian y se establecen de forma consensuada, lo que satisface necesidades de afiliación y de estima. Y como el logro de objetivos suele implicar recompensas económicas, las necesidades materiales también son satisfechas.

Poner el listón alto

Los mejores mánager crean un ambiente de estímulo a la excelencia, estableciendo normas de desempeño elevadas y formulando expectativas altas pero realistas sobre el rendimiento de sus subordinados. Como nos ha enseñado la investigación teórica, el buen desempeño tiene mucho que ver con las expectativas y el nivel de exigencia, de forma que, cuando se pide más a la gente, es más probable que se esfuercen y den más que si solo se les pide lo justito.

Desde el campo de la psicopedagogía se ha investigado mucho sobre cómo fomentar un alto nivel de expectativas, y se ha encontrado que las claves serían las siguientes:

- ✔ **Reto**. Para que las personas "fluyan", debe haber desafíos retadores y la vez alcanzables, ambiciosos y simultáneamente realistas, retos que hagan posible que los colaboradores (y nosotros mismos) eleven su capacidad, mediante el compromiso, a la altura de esos retos.

- **Libertad** para decidir, cometer errores, aprender de ellos, avanzar, acertar, celebrar los logros. Un entorno libre de amenazas y chantajes.
- **Respeto**. Un trato digno a todas las personas, basado en el respeto.
- **Cordialidad**. Está comprobado que solo con una relación cordial aumenta la autoestima de los colaboradores.
- **Disciplina**. Un trato exquisito a los demás debe combinarse con la firmeza y la exigencia.
- **Éxito**. Un estilo gerencial que remarque más lo que los colaboradores hacen bien (reconocimiento positivo) que lo que pueden hacer mal (reconocimiento negativo).

Aunque estos consejos están diseñados inicialmente para el ámbito educativo escolar, en la creencia de que "La vida de un niño es como un trozo de papel en el que todos los que pasan dejan una señal" (proverbio chino anónimo), son perfectamente aplicables a la gestión de las personas en las organizaciones.

IDEA-CLAVE

De hecho, las investigaciones realizadas en el ámbito laboral corroboran la idea de que los mánager que establecen normas de rendimiento elevadas consiguen mejores resultados que los que solo se preocupan por fomentar la cohesión del grupo. Dicho de otra forma: un grupo cohesionado solo se convierte en un equipo de alto rendimiento cuando, además de la cohesión, hay un nivel de exigencia alto.

El empoderamiento (empowerment): todos podemos ser jefes

Seguramente has oído hablar del empoderamiento o *empowerment* si en tu empresa han implantado algún sistema de calidad total o se ha trabajado para mejorar la calidad de servicio o de atención al cliente, porque se ha hecho popular a raíz del desarrollo de estos sistemas de gestión de la calidad. Si no conoces el término, te lo explicamos a continuación.

IDEA-CLAVE

El *empoderamiento* considera a todas y cada una de las personas que trabajan en una empresa miembros activos y con capacidad de decisión, extendiendo la capacidad de tomar decisiones hasta los niveles más bajos de la organización. Hoy en día es una forma muy importante de motivación, tanto que puede considerarse como propia del paradigma actual de administración de los recursos humanos enfocado a la gestión del talento.

Según el experto norteamericano en management Ken Blanchard, las tres claves del *empowerment* son:

Expectativas que se cumplen: el efecto Pigmalión y el efecto Wallenda

Se llama "efecto Pigmalion" al impacto que las expectativas de los demás tienen en nuestro rendimiento, y se da en el ámbito escolar, en el deportivo y en el empresarial. Pigmalión, en la mitología griega, era el rey de Creta y se enamoró de Galatea. Como era un espléndido escultor, hizo una estatua de su musa a tamaño natural. La diosa Atenea se apiadó de Pigmalión y transformó su estatua en una mujer de carne y hueso. Variantes de este relato son *Las aventuras de Pinocho* de Carlo Collodi (1880), el *Pigmalion* de George Bernard Shaw (1913), cuya versión cinematográfica es *My fair lady* (1964) o *Ruby Sparks* (2012).

El mismo año en que *My fair lady* triunfaba en la gran pantalla, 1964, Robert Rosenthal, investigador de la Universidad de California, y Lenore Jacobson, directora de una escuela primaria, hicieron un experimento en una pequeña localidad californiana. Pasaron un test de inteligencia a los alumnos del instituto, y a los profesores les hicieron creer que en un aula estaban los más talentosos y en la otra los menos dotados para el aprendizaje (en realidad, en términos de cociente intelectual, las dos clases eran muy similares, porque las listas se hicieron al azar).

Los investigadores tomaron muestras a los seis meses, al año y a los dos años. El 47 % de los alumnos considerados "especiales" había subido 20 o más puntos en el cociente intelectual, en tanto que solo el 19 % de los "menos dotados" consiguió un avance similar. La diferencia, claro está, fue la expectativa de los profesores. Los pronósticos se convierten en realidad.

Una variante de las expectativas sobre los demás es la que se refiere a las expectativas sobre uno mismo. Es lo que Warren Bennis (1925-2014), pionero en el estudio del liderazgo, llamó "factor Wallenda", en honor del equilibrista Karl Wallenda (1905-1978), patriarca de los "Wallenda voladores" y bisabuelo de Nik Wallenda. A los setenta y tres años trató de pasar sobre el alambre entre las torres del Hotel Condado Plaza, de San Juan de Puerto Rico, a 37 metros de altura, vino una ráfaga de aire y se mató. "La vida es el alambre y lo demás es esperar".

Bennis visitó a la viuda de Wallenda, Helen, meses después del luctuoso accidente. Llevaban cuarenta y tres años casados (ella también era equilibrista desde los diecisiete) y en las semanas previas al mismo, Karl le repetía que a su edad resultaba muy peligroso. El "factor Wallenda" es que "si crees que te vas a caer..., te caes".

- ✔ Compartir información entre el mánager y el colaborador.
- ✔ Dotar de autonomía al trabajador.
- ✔ Reemplazar las jerarquías a la antigua usanza (del "ordeno y mando") por auténticos equipos, en los que los profesionales cooperen, colaboren y aporten.

El empoderamiento es motivador porque ayuda a satisfacer necesidades de logros, estima y competencia, al dar más responsabilidad e iniciativa al puesto y mejorar el sentido de pertenencia a la empresa.

Es el resultado de descentralizar la estructura, y en gran medida se asemeja al enriquecimiento vertical del puesto, del que te acabamos de hablar, ya que incrementa la autonomía, diversifica la tarea y da más estatus a los puestos dentro de la organización. Contemplado como un proceso a largo plazo, el empoderamiento produce un rediseño y adaptación de la organización a las exigencias de un entorno más dinámico, cambiante y exigente.

Hace más aplanada la estructura, sustituyendo la pirámide jerárquica por una red más horizontal, basada en grupos autónomos y equipos autodirigidos. Visto así, es mucho más que el enriquecimiento del trabajo o la participación, ya que implica evolucionar hacia las nuevas formas organizativas como las que te hemos explicado en el capítulo 12.

Pero debemos tener en cuenta que no todo el mundo puede ser "empoderado" (hay personas que no quieren tareas más complejas o retadoras, sino sencillas y predecibles), sobre todo si ya han adquirido hábitos de trabajo rutinario, y que para el aplicar el empoderamiento es necesario que se dé una cultura corporativa en la organización, una forma de hacer las cosas que fomente las conductas intraemprendedoras. En definitiva, el empoderamiento solo se entiende en el marco de un proceso de adaptación estratégica de la organización.

Cyberclick, un gran lugar para trabajar

Cyberclick Group es una empresa creada en 2008 por David Tomás, en cuya estructura no hay mandos intermedios y que ha sido premiada en 2015 como Best Place to Work (Mejor Empresa para Trabajar) en la categoría de 20 a 49 empleados. Una empresa que crece al 15 % anual y en la que el talento se siente satisfecho.

Tras la crisis de las puntocom, David Tomás se dio cuenta de que la innovación, factor clave de las empresas tecnológicas, depende de una adecuada gestión del talento. Hizo un máster en el MIT, leyó todo lo que pudo sobre las empresas que mejor se estructuraban para lograrlo y, fruto de esa profunda reflexión, se dio cuenta de que lo que querían los mejores profesionales era disfrutar con lo que hacen y sentirse valorados. Frente al enfoque de la vieja escuela de aburrirse y sufrir, ofrecía la perspectiva de vanguardia de apostar por el talento y lo que le compensa ("basta con escuchar cómo se siente la gente", opina Tomás).

Por ello, dio a Cyberclick Group una estructura diferente, en coherencia con los cinco grandes principios de la gestión del talento en esta empresa:

Un proceso de contratación sistemático. Hay que elegir bien el talento para desarrollarlo después. En Cyberclick los candidatos pasan por seis entrevistas, en las que el 80% tiene que ver con sus actitudes y sus valores (si son coherentes con la empresa o no). En caso de duda, no les contratan. Si a los tres meses de incorporarse a la organización el profesional comprueba que esta no es su empresa, le pagan dos meses adicionales para que pueda encontrar otro empleo.

(cont.)

Organización horizontal en células. El grupo, de 40 empleados, tiene cinco empresas: Cyberclick, Clacktion, Coregistros, Digital Response e InboundCycle. Con cinco equipos de unas 8 personas de media, la jerarquía no tiene sentido alguno. Son como "equipos deportivos" en los que la confianza y el compromiso se demuestran día a día. Sí, dentro de cada compañía hay un líder, pero la autonomía es vital.

Libertad para elegir horarios y vacaciones. Cada empleado tiene libertad total para elegir su horario y el período de vacaciones a lo largo del año. "Si tienes gente que trabaja muy bien por la noche, ¿por qué traerlos por la mañana?" Como los empleados son responsables, no se toman prerrogativas.

Retribución variable. La compañía pretende ser de las que mejor paguen del mercado, por lo que su variable está en función de resultados. "Si alguien no lo mereciera, no debería estar trabajando con nosotros", explica su director general.

La felicidad es la métrica del éxito. Diariamente cada empleado recibe dos correos electrónicos preguntándole por su estado de ánimo. Rojo, amarillo o verde. "Si en un momento dado hay varios semáforos en ámbar, lo analizamos." Y toman medidas para que el clima laboral mejore. Satisfacción, desempeño, productividad.

"Cuando te apasiona tu trabajo, se nota", consideran en Cyberclick. Ilusión y orientación a resultados a través de una estructura de máxima simplicidad, un estilo directivo que confía en las personas y un uso inteligente de las técnicas de motivación más eficaces, hacen de esta empresa sin jerarquía ni mandos una "empresa feliz", el mejor lugar para trabajar de 2015.

Parte V

Los decálogos

En esta parte...

Todo lo bueno viene en frasco pequeño. Como los perfumes y los licores más selectos, queremos ofrecerte en estos tres capítulos finales una síntesis que refleje la esencia de las reflexiones y enseñanzas más importantes que hemos desplegado a lo largo de este libro. Hemos querido empezar por las advertencias, por aquello que se hace mal, porque, sin ser consciente de los errores, difícilmente se puede mejorar. Por eso, el primer capítulo está destinado a los jefes tóxicos, el segundo a las recomendaciones para los aspirantes o nuevos mánager y el tercero recoge los mejores consejos de grandes empresarios.

Capítulo 19

Las grandes diferencias entre un mánager profesional y un jefe tóxico

En este capítulo

- Arrogancia y "aquí mando yo"
- Autoritarismo y mal genio
- Rigidez e inseguridad
- Incompetencia, falta de equidad y machismo
- Cómo bregar con todo eso y corregirlo

Se calcula que cuatro de cada diez jefes son tóxicos. Y lo son porque elevan considerablemente la presión arterial de sus colaboradores, de forma que les reducen la esperanza de vida unos diez años. Tener uno de estos jefes es el doble de pernicioso que el tabaco.

Hay distintos tipos de jefes tóxicos:

- ✔ El **acosador o intimidador**, que humilla a los demás a la hora de dar órdenes, abusando de su posición.
- ✔ El **micro-detallista**, que en realidad no delega porque quiere que todo se haga según sus gustos.
- ✔ El **adicto al trabajo** (*workaholics*, en inglés), que no sabe de horarios y suele llamar y enviar correos electrónicos a cualquier hora.
- ✔ El **jefe "todo-números"**, obsesionado con los resultados, que son una consecuencia pero no la causa, y que confunde los fines con los medios.
- ✔ El **favoritista**, con filias y fobias, que no es equitativo.

Evidentemente, hay muchos jefes tóxicos que practican varias malas artes.

La toxicidad de determinados jefes es un problema para la organización, para el clima laboral, para los resultados (más del 50 % de los resultados dependen de la calidad de la dirección), para la salud de las personas, para la fidelización de los empleados (el 70 % de los profesionales que abandonan la empresa lo hacen por una mala relación con su jefe), para la relación con el cliente (la toxicidad se "contagia" a los clientes finales), en definitiva, para la supervivencia de la empresa.

¿Por qué no se "persigue" a los jefes tóxicos, por qué hay empresas que incluso los fomentan? Porque confunden la energía (muchas veces perversa) con la implicación, los malos modos con el liderazgo, los caprichos con la agilidad. Cuando el talento no se gestiona bien, es fácil que los jefes tóxicos campen a sus anchas.

Los managers profesionales se diferencian de los jefes tóxicos en los siete pecados capitales que vamos a contarte en este capítulo. Muchas de estas advertencias ya han salido en algún momento en este libro, pero aquí hemos preferido reunirlas para que puedas tener un retrato de conjunto de un jefe tóxico, a diferencia de otro que tenga algún defecto o cometa a veces un error, como cualquiera. Vamos allá.

La arrogancia frente al sano orgullo

Los jefes tóxicos son arrogantes. Se creen infalibles (nunca se pueden equivocar), no quieren opiniones disonantes, no permiten que se les corrija, no desean que nadie les ayude. La altanería, la soberbia, la prepotencia, el creerse superior a los demás, es intolerable en una organización.

Frente a la arrogancia, la humildad: los buenos mánager, por el contrario, son humildes, lo que no quiere decir que no puedan sentirse orgullosos de sus logros y de los de sus colaboradores.

El sano orgullo es otra cosa. Es celebrar los éxitos, compartir los logros, aprender de los errores, formar una comunidad que hace bien las cosas, donde el jefe es la cabeza visible, pero también uno más, es integrar a la "tribu" en torno a unos objetivos y unos resultados alcanzados.

Los jefes tóxicos se distancian de sus colaboradores; los gestores profesionales forman parte del equipo y sirven al mismo.

Como mánager profesional, para no caer en la arrogancia, no pongas demasiada distancia con tus colaboradores. No se trata de que tengas que ir "de colega" porque sí, lo que puede llevarte a ser incapaz de tomar decisiones porque la falta de distancia te quite perspectiva. Pero no te alejes tanto de ellos que te vean arrogante e inaccesible, ya que no solo no te apreciarán sino que te perderás el saber muchas cosas. La virtud está en el término medio.

Cómo identificar al arrogante

Es importante que sepas distinguir a la persona arrogante (que no olvides que es un jefe tóxico) de alguien que es un poco soberbio pero se puede tolerar.

Para reconocer a un arrogante insoportable, te recomendamos que prestes atención a estos signos:

- ✔ Escucha cuidadosamente cómo se expresa. ¿Cuál es el foco? ¿Él mismo, los demás, una combinación de ambos? Por definición, los arrogantes se centran en sí mismos, en su mundo, en lo suyo. Lo demás no existe, no le conceden la más mínima importancia. Su discurso está casi exclusivamente centrado en ellos.
- ✔ Trata con suavidad de encontrar algunas aristas a su forma de ver las cosas. Hazlo con asertividad, sin tratar de herirle, pero con autoconfianza. Prueba a señalar, con simpatía, que no todo es tan perfecto, tan cerrado, tan único como él dice. Si es una persona arrogante, surgirá la ira. Los arrogantes no toleran que su visión del mundo se ponga en tela de juicio, ni un poquito. Porque, básicamente, creen que el mundo gira a su alrededor.
- ✔ Analiza qué tipo de amigos tiene. Aristóteles decía que la amistad es una virtud o algo que la acompaña, y que hay que distinguir la verdadera amistad del interés o del puro juego. Las personas arrogantes no tienen amigos, semejantes que se desviven por ellos. Tienen contactos puntuales de los que se sirven, de los que se aprovechan, a los que utilizan. La confianza y el compromiso de la amistad no van con ellos. Cuando les preguntas qué pasó con una u otra persona que "eran amigos" de ellos, te contarán que cambiaron las circunstancias o las otras personas, pero la ruptura o el distanciamiento nunca será culpa del arrogante.
- ✔ Ponte a pensar cómo gestionan la diversidad. O si la consideran, al menos. Las personas arrogantes tratan con desprecio a quienes son diferentes: por etnia, por cultura, por orientación sexual, por sexo, por edad, por estatus. Al ser egocéntricas, todo lo que se sale de su modelo no les interesa o les provoca rechazo. Los arrogantes se burlan de quienes no encajan en su forma de pensar y actuar.

- Considera qué imagen transmiten. ¿Cuidan su imagen hasta el máximo? ¿Prefieren mostrar una especie de indiferencia muy estudiada? ¿Hacen alarde de un estilo propio, mejor que el de los demás? Los arrogantes, especialmente si han tenido éxito social, pueden parecer de inicio terriblemente encantadores, pero solo durará un instante. En breve vuelven a lo suyo, que es lo que les interesa. Expulsan sutilmente a quienes no les siguen la corriente: si por cualquier motivo les haces quedar mal (a su juicio), dañando su imagen, no te lo perdonarán jamás.
- Saca como tema de conversación a personas que sabes que no les agradan, apuntando una opinión más favorable de ellas. Es normal que a una persona no le guste todo el mundo, tenga simpatías y antipatías, y las manifieste. Si, más allá de expresar eso, se pone "como una fiera", fuera de sus casillas culpándote de que hayas cambiado el curso del diálogo y de que te pongas del lado de sus enemigos, ahí tienes a un arrogante impenitente. Tu diferente opinión la perciben como una auténtica amenaza y reaccionan con vehemencia.
- Comprueba si siempre quieren saber qué dicen de ellos. Las personas arrogantes temen que haya demasiada disonancia entre la imagen que quieren transmitir y lo que dicen de ellas quienes les conocen. Por eso tratan de testear y poner a prueba a los demás. Siempre esperan halagos, aunque parezca que digan lo contrario. Se alimentan de personas que "les hacen la pelota".
- Se adjudican éxitos que no les corresponden. Los arrogantes creen que el mundo gira a su alrededor, que ellos lo saben todo y que nada ocurre sin que ellos hayan intervenido. Por eso, en el trabajo, se apropian de los éxitos de sus colaboradores, no reconocen a nadie sus méritos y se los apuntan como propios. Piensan que si se ha conseguido un buen resultado es porque él o ella estaba allí aunque realmente no hayan hecho nada.
- Encuentra su vulnerabilidad. Las personas arrogantes lo son porque hay algo de su pasado (falta de cariño, de recursos, modelos familiares) que siempre está ahí. "Dime de qué presumes y te diré de qué careces", dice el refrán. Todo exceso en la actualidad (la ostentación, por ejemplo) suele ser consecuencia de una carencia anterior.

En el fondo, las personas arrogantes son inseguras y encubren su miedo con una falsa armadura de hiperseguridad. Dales a entender que has vislumbrado la grieta en su armadura, pero que no harás sangre si te respeta. Lo más probable es que en adelante te deje en paz.

La autocracia frente al talento

Los jefes tóxicos son autocráticos y se valen de la jerarquía (te explicamos el origen de este concepto en el siguiente recuadro gris) para ejercer su autoritarismo: el que no manda, obedece. Por ello suelen comportarse como tiranos con sus subordinados y como "pelotas" con sus propios jefes.

Lo que pretenden es que sus colaboradores (en realidad sus "subordinados", porque están supeditados a él) sigan sus instrucciones al pie de la letra, sin excusas, sin cuestionamiento. Ejercen la autoridad sin fisuras, porque tienen a su gente como peones que solo ejecutan sus ideales, que ellos consideran geniales, y lo malo es que la organización ampara muchas veces ese modo de funcionar.

La burocracia más rancia es el hábitat natural y querido de este jefe tóxico: reglas, controles, manuales, procedimientos, disciplina, sanciones, obligaciones estrictas, marco del cargo bien definido que respalda su autoritarismo "porque está en el reglamento"... Afortunadamente, alguien ha pensado por él y ha resuelto por anticipado todas posibles preguntas, así que solo hay que seguir el manual. Si sus subordinados le requieren para que haga algo novedoso, montará en cólera y argumentará que él es un jefe modélico que no se toma atribuciones fuera de su cargo. Unos colaboradores que piensen por sí mismos son un peligro para el jefe tóxico amante de la burocracia.

Esta forma de funcionar, que probablemente estaba muy bien en el siglo XIX, ha quedado desfasada en esta nueva era. Las tecnologías de la información y las redes sociales permiten la interconexión permanente y global en tiempo real, y las nuevas generaciones (los *millennials*, de menos de treinta años) no aceptan eso de obedecer sin más "porque soy tu jefe". Es lo que han aprendido de sus padres; a no tener miedo, sino criterio.

Los gestores profesionales no son autócratas (la autocracia es, además de indigna, una pérdida de energía que coarta la innovación y las posibilidades de una organización al imponer la visión única) ni se exceden en el uso del poder formal, pero, cuidado, tampoco son "demócratas". La democracia es un sistema político, no empresarial.

Lo que deben fomentar los gestores profesionales es la *meritocracia*, la puesta en valor del talento, desde la selección hasta la desvinculación de los empleados, a lo largo de todo el ciclo estratégico del desarrollo profesional: el mérito a la hora de elegir a los mejores en el equipo, a la hora de comunicar las expectativas, a la hora de formar y desarrollar a sus colaboradores, a la hora de ofrecer vacantes internas y promover a quienes más valía demuestran, o de prescindir de quienes no encajan.

Y cuando hablamos de mérito no nos referimos solo a lo que una persona ha hecho en el pasado, a los logros o títulos que haya acumulado, sino muy especialmente a su potencial de desarrollo futuro. Lo que haya hecho antes vale como indicador de experiencia, actitudes y rendimiento, pero lo que interesa a una organización a la hora de reclutar a alguien es a lo que puede contribuir de hoy en adelante.

Los mánager profesionales gestionan el talento, lo valoran y practican el reconocimiento como una herramienta habitual y natural. Como gestor, nunca pierdas de vista el mérito y úsalo como el indicador de referencia para tratar a tus colaboradores. Su talento y capacidad te dará la medida de la contribución que pueden hacer a tu organización.

Por eso, los buenos mánager formulan expectativas realistas sobre los miembros de su equipo (ni demasiado bajas, ni excesivas, que también serían frustrantes) y sobre sí mismos. Mientras que los jefes tóxicos, como no se preocupan de conocer bien a sus subordinados ni sus capacidades, tienden a tener expectativas irreales que no se corresponden con su talento real, por ser demasiado altas o por ser demasiado bajas.

Siete características del comportamiento autocrático

A continuación, te daremos algunas pistas para que puedas diferenciar al jefe tóxico autocrático del jefe que simplemente es enérgico o que tiene mucha determinación:

- ✔ El jefe toma todas las decisiones. Las grandes y las pequeñas. Genera a su alrededor el hábito (fuertemente arraigado) de que nada se puede hacer sin consultárselo previamente, aunque sea una tontería. Cómodo para él y probablemente cómodo para sus subordinados porque a quienes no les gusta la situación acaban alejándose de ese poder omnímodo.
- ✔ No acepta la participación o la decisión del grupo. Los debates, si existen, son meramente estéticos. Como todo lo decide él, lo que parece participación es meramente recabar algunas ideas y dar una imagen para que parezca que hay implicación de sus colaboradores. O acepta la idea surgida del grupo siempre que coincida con su posición o la solución la haya sugerido él previamente.
- ✔ Se adueña de la información. El resto de las personas a su alrededor la tiene, parcelada, de forma que no pueden tener una visión completa de nada. Él es el único que la tiene toda; con ese propósito, oculta información a sus colaboradores.

- ✔ No delega realmente. El jefe autocrático como mucho "encarga", pero no delega. No hay claridad en la exposición, aportación del delegado, autonomía para actuar. La responsabilidad y la última palabra siempre es del jefe, que supervisa paso a paso que todo se haga como a él le gusta, como él lo hubiera hecho.
- ✔ Fija instrucciones, no objetivos. Un buen directivo orienta, muestra las grandes líneas y busca implicación en sus colaboradores, dándoles un margen para actuar. Cuando, bajo una apariencia similar, simplemente ordena que las cosas se hagan de una determinada manera sin dar lugar a la imaginación ni a la creatividad a la hora de hacer las cosas, estarás ante un autocrático.
- ✔ Administra premios y castigos. El jefe autocrático cree firmemente en el sistema del palo y la zanahoria, y dirige siempre desde la desconfianza, suponiendo que el empleado no es fiable. Da premios a unos y castiga a otros, con criterios que además pueden cambiar sin previo aviso. La justicia es su justicia, y debe quedar bien claro.
- ✔ Controla caprichosamente. Un control eficaz se centra en los resultados y controla los factores críticos para obtener éxito. Pero los jefes autocráticos controlan la situación en su propio beneficio, y por eso no explican qué controlan, ni cuándo, para "pillar" a sus subordinados. Tampoco les importa que lo que controlan no sea relevante, al fin y al cabo, su opinión es la única que cuenta.

¿Por qué hay tantos jefes autocráticos? Porque "venden" resultados a corto plazo (pero no un modelo sostenible a largo plazo), porque parecen eficientes (toman decisiones rápidamente, aunque la decisión no sea la mejor), porque resuelven en las crisis (aunque lo hagan mal, pero "toman cartas en el asunto").

¡ADVERTENCIA!

Sin embargo, dificultan, cuando no impiden, la innovación, el trabajo en equipo y la excelencia en la calidad del servicio que hoy son vitales para las organizaciones. Además, van contra la tendencia general de hacer las organizaciones más aplanadas, menos centralizadas y más participativas, por lo que son mánager obsoletos en este mundo reticular e interconectado.

La ira frente a la serenidad

"Es que soy como soy", suelen enseñar a los suyos los jefes cargados de ira. Como si la irritabilidad fuera parte de nuestra personalidad desde el nacimiento. No es así.

La ira es una emoción, una respuesta neurológica a un estímulo, y como tal conviene reconocerla y educarla. El problema de las personas irritables es que normalmente les ha funcionado ese hábito, casi siempre porque la gente sana rehúye el conflicto y cede, y por ello no quieren cambiar. Lo demás son excusas.

La ira es una reacción primaria que bloquea el organismo cuando algo no deseado se interpone en su camino. Son las ganas de eliminar ese obstáculo. Todos conocemos ese impulso de enojo, furia, cólera.

Suele iniciarse con una novedad, con algo inesperado e indeseado. Provoca una reacción desmedida, violenta (en lo verbal, en lo físico) que cambia las reglas del juego. Y entonces el remedio puede ser peor que la enfermedad. El filósofo chino Confucio decía que "quien te provoca, te domina", porque la ira se apropia de tu voluntad y te hace hacer cosas indebidas.

Frente a la ira, la templanza. Una adecuada educación emocional puede ayudar tanto a reconocer y manejar las emociones propias y las de los demás, pudiendo influir sobre ellos. Cuando te enfrentes a una persona iracunda, es importante mostrarte sereno, resistir el impulso de ponerse a su nivel, estar tranquilo. La gente a tu alrededor te agradecerá que no te pongas como una hidra.

En caso necesario, hay estrategias y técnicas para el control de la ira, que se pueden trabajar de forma personal o con ayuda de un profesional. A continuación, te presentamos algunas recomendaciones.

Consejos para manejar la ira

Los jefes tóxicos propensos a la ira suelen ser benevolentes con su comportamiento. "Ya sabes que se me pasa rápido", dicen tras haberse puesto como Hulk por cualquier tontería. Como no es de profesionales ponerse como una fiera a la primera de cambio, te aconsejamos algunas técnicas para volver a recuperar la calma:

PRACTICONSEJO

- Analizar qué cosas nos pueden "sacar de quicio". Como la ira está provocada por algo novedoso, si lo has pensado antes ya no te pillará tanto por sorpresa cuando se presente. Puedes encontrar pautas sobre aquellas cosas que te sacan de tus casillas. Y si no puedes evitarlas, prevenirlas, al menos.
- Contar hasta diez. La ira es irracional; deja que lo que puede motivarla llegue a los centros racionales de tu cerebro, al neocórtex, que está en la frente. Eso requiere un mínimo de seis segundos de espera.
- La relajación. Frente a la provocación, respirar profundamente, evocar imágenes positivas, reproducir mentalmente una música que te guste, una frase balsámica, un poema... Si practicas estas técnicas, te saldrán automáticamente.

- La reestructuración cognitiva. Es cambiar la forma en que piensas: aceptar que esa no es la manera, que las consecuencias son peores, que te vas a arrepentir; anticipar los efectos dañinos para que no ocurran; preguntarte si las personas que te quieren se sentirían orgullosas ante esta reacción de ira, etc.
- El sentido del humor. La alegría y la ira son emociones opuestas, por lo que cuando hay humor no hay furia. Hay que aprender a utilizar la ironía, la broma. Y en vez de enfadarse, sonreír.
- Facilitar la comunicación. Muchas veces la ira la provocan los malentendidos. En lugar de reaccionar a la primera, es más sensato pedir más información, con calma, dejando abierta la posibilidad del error o incluso de la disculpa que desactive el enfado.
- Reducir las fuentes de estrés. La ira puede provocarla la gota que colma el vaso. Disponer de forma agradable, administrar los horarios o aproximarnos a compañeros amistosos puede ayudar a que no llegues a un "pico de estrés" nada deseable.

Muchas carreras profesionales prometedoras se han perdido por episodios de ira que no beneficiaron al mánager. Recuerda que un momento de ira puede dar al traste con años de esfuerzo.

La rigidez frente a la flexibilidad

Todos solemos pensar por definición que el rígido es el otro. Especialmente las personas rígidas, porque en su tozudez quieren tener la razón. Sus creencias son limitadoras, pero ellas las consideran las únicas válidas.

La rigidez es la firmeza intolerante de ideas o conductas. Una persona rígida se expresa como si tuviera la verdad absoluta y los demás carecieran de valores éticos, de criterio o de determinación. Cuando la rigidez llega a ser patológica, suele ser síntoma de falta de cariño hacia los demás y hacia uno mismo.

Los mánager tóxicos son rígidos tanto en su pensamiento como en la conducta. El mundo es extraordinariamente complejo (lo inconsciente es hasta un millón de veces más poderoso que lo consciente) y entonces buscan un "orden" al que llaman "tener la razón", como algo objetivo, inmutable.

Los gestores profesionales no son rígidos, sino flexibles, lo que no quiere decir sumisos o volátiles. La flexibilidad es ampliar el pensamiento, abrir la escala a los matices de grises (las personas rígidas son "de blanco o negro"), escuchar, pensar y actuar en consecuencia.

Hay tres tipos de flexibilidad (una para cada uno de nuestros tres cerebros: el reptil, el mamífero y el humano; si te interesa este tema, consulta el libro *Cómo funciona tu cerebro para Dummies*, del neuropsicólogo y experto en neuromarketing Néstor Braidot):

- ✔ La **flexibilidad ejecutiva**. En lugar de la rutina de hacer siempre lo mismo, de la misma manera, tratar de probar cosas diferentes. Como el talento es inteligencia en acción, trata de actuar de forma diferente, autoimponerte otros cursos de acción. Por ejemplo, cambia tu camino al trabajo, altera el orden en que haces las cosas, vístete de forma distinta, sal a hacer cosas nuevas.
- ✔ La **flexibilidad emocional**. Es evitar la tendencia a que siempre nos guste lo mismo y, sobre todo, a que nos desagrade lo diferente. Autorizarnos a probar cosas nuevas con mente abierta y a no anticipar nuestros gustos. La vida nos va a sorprender.
- ✔ La **flexibilidad cognitiva o de pensamiento**. Frente a la fe ciega e irracional del fanático que lo etiqueta todo, la flexibilidad de quien no lo tiene todo predeterminado. Conviene retar de vez en cuando nuestras creencias poderosas, porque pueden ser limitantes. En *Ideas y creencias*, el filósofo José Ortega y Gasset distinguía entre las primeras (pensamientos que tenemos acerca de la realidad) y las segundas (convicciones que son vivencias): "Las ideas las tenemos; en las creencias vivimos". Vivir en las creencias es cómodo, pero no desafiarlas de vez en cuando es peligroso.

PRACTICONSEJO

¿Qué puedes hacer para reducir la rigidez, para ser más flexible? Paradójicamente, practicar la disciplina, que es la labor del discípulo, de quien aprende. La mayoría de las veces, la rigidez surge de la falta de conocimiento, pues las creencias se componen de conocimientos y opiniones: si tenemos un conocimiento adecuado sobre algo, tendremos una opinión bien formada, y no creencias carentes de fundamento.

Junto a eso, es importante desarrollar la capacidad de ser firmes (en tus convicciones, valores y principios) aceptando otros puntos de vista. Ponerte en lugar de los demás, hacer el ejercicio de imaginar "qué pensaría de esto" otra persona, alguien cuyo criterio aprecies, puede ser muy ilustrativo.

Inseguridad frente a autoconfianza

Los jefes tóxicos son inseguros, carecen de confianza en sí mismos, y por eso se comportan con "complejo de superioridad". La autoconfianza es un componente esencial de la madurez psicológica, del bienestar, de la felicidad, y por ello, cuando falla, el jefe tóxico da la impresión de estar permanentemente insatisfecho, que nada le vale, que siempre quiere más.

La falta de autoconfianza la pueden producir condiciones familiares, y tal vez genéticas, así como antecedentes o vivencias, como fracasos continuados, o incluso, circunstancias externas, como las características del entorno, cuando hay mucha exigencia, presiones de tiempo, competitividad exacerbada. Y en los mánager tóxicos puede derivar fácilmente en ansiedad, un estado mental de gran inquietud, intensa excitación y extrema inseguridad, que puede acabar en neurosis.

¿Qué te permite hacer la autoconfianza? La confianza en uno mismo es la base de la asertividad. La conducta asertiva es una capacidad de decir sin miedo lo que se siente y lo que se quiere, de forma adecuada al contexto y situación, llevando a cabo la reacción más adecuada y satisfactoria ante un problema, tanto para uno mismo como para los demás: cosas tan importantes como presentarte, preguntar, defender tu punto de vista, gestionar las críticas ajenas, expresarte, denegar una petición, negociar, iniciar o concluir conversaciones o agradecer y pedir disculpas, etc.

Lo decía el escritor y filósofo estadounidense Ralph Waldo Emerson (1803-1882): "La confianza en uno mismo es el primer secreto del éxito". La sana combinación de autoestima (quererse a uno mismo) y autodignidad (ser consciente de que eres una persona valiosa).

Los buenos mánager deben tener seguridad en sí mismos, lo que se manifiesta en su trato con los demás, en la simpatía, en un carácter tranquilo, tolerante, alegre, en paz consigo mismos. Pero cuidado, la autoconfianza no es arrogancia.

Una pista: el humor es un gran síntoma de autoconfianza. Las personas que están malhumoradas continuamente no suelen tener una gran relación con ellas mismas. Practica el buen humor y el optimismo: reír libera endorfinas, mejora el sistema inmunológico y es tan bueno como hacer ejercicio (reír 100 veces es equivalente a 10 minutos en una máquina de remos o a 15 minutos en la bicicleta estática).

Una docena de consejos para la autoconfianza

Para aumentar la autoconfianza, te sugerimos que practiques estas recomendaciones:

- ✔ **Cultiva un ambiente estimulante**: trata con gente que te enriquezca y no te robe energía.
- ✔ **Aprende de los mejores**: conocer los éxitos de los demás te hará ver que es posible lograrlo y cuál es la mejor forma de hacerlo.
- ✔ **Reconfórtate en tus éxitos anteriores**: visualizar tus buenos momen-

tos pasados estimulará un estado de ánimo positivo y te predispondrá a la excelencia.

- **Pon a punto tu cuerpo**: tu cuerpo es la máquina que te llevará adonde quieres llegar; comer bien, descansar y hacer ejercicio te ayudarán física y mentalmente.
- **Pruébate en cosas sin trascendencia**: si quieres ponerte a prueba hazlo en cosas menores, donde hacer el ridículo o fallar no importe. Esto te preparará para manejar la frustración sin decaer y los éxitos te animarán a intentar más.
- **Habla en público siempre que tengas ocasión**: hablar en público, aunque sea a poca gente, mejora la autoconfianza; empieza por contar anécdotas en las comidas familiares o de amigos y de ahí pasa a grupos y temas mayores.
- **Dirígete a desconocidos**: es una forma de curar el miedo al rechazo, que es causa de inseguridad; pregunta la hora o indicaciones para llegar a un sitio, ofrécete a informar a un turista, comenta cualquier cosa con alguien en la cola del súper, etc.
- **Opina, intervén, participa**: en las reuniones, en tu vida personal, en las entrevistas, haz valer tu opinión, incluso aunque sea equivalente a otras ya expresadas; no pienses que no vale la pena intervenir porque alguien ya lo ha dicho mejor.
- **Cuida tu apariencia**: no se trata de que vayas siempre hecho un pincel sino de que te sientas bien por fuera y por dentro; un aspecto cuidado, pulcro, que se vea que te quieres y te importas, hará que eso sea así también por dentro.
- **Socializa y haz cosas nuevas**: cultiva tus relaciones sociales, acude a eventos artísticos, deportivos, culturales, relaciónate con gente diversa en actividades variadas, apúntate a cosas que no hayas hecho antes, como bailar, estudiar chino, ir de cámping o aprender a pintar.
- **Ayuda a los demás**: el filósofo griego Aristóteles dijo hace más de veintitrés siglos que la generosidad es un egoísmo inteligente. Hacer cosas por los demás genera agradecimiento y bienestar interior, te hará sentir útil y valioso.
- **Cultiva la alegría**: como decía Joan Manuel Serrat cantando al poeta Mario Benedetti, hay que defender la alegría como una trinchera, como un principio, como una bandera, como una certeza, como un derecho.

Como puedes ver, todas estas cosas que te sugerimos, además de buenas para mejorar la confianza en ti mismo, son también divertidas. ¿A qué esperas para ponerlas en práctica?

El micromanagement como signo de inseguridad

Este es ese tipo de jefe aparentemente bienintencionado y competente, que no deja de ser un jefe tóxico de libro. Es el que te hace sentir que estás bajo observación constante y está pendiente de minucias, como si el que uses un clip en vez de una grapa para sujetar las hojas fuese a afectar a la calidad del proyecto que le estás presentando. El micrománager presta demasiada atención a los pequeños detalles, y su vigilancia permanente hace sentir a sus empleados fiscalizados, frustrados y desvalorizados, ya que la atención del mánager se centra en cosas insignificantes y se olvida de considerar lo realmente importante: te hace sentir como un niño pequeño al que regañan por haberse manchado la ropa cuando enseña el primer cuadro que ha pintado.

El micromanagement es un signo claro de inseguridad, en el mejor de los casos, y en el peor, un síntoma claro del TOC, el trastorno obsesivo-compulsivo, una manía. El jefe que lo practica solo se siente cómodo en ese terreno familiar y conocido donde puede intervenir y dirigir sin temor a meter la pata, porque probablemente a ese perfil se suma una buena dosis de incompetencia, de lo que te hablamos en el siguiente apartado. O, en los casos más graves, es una persona con un problema psicológico serio, que no es capaz de tener una mínima claridad en sus prioridades profesionales y probablemente también personales.

Tratar con estos jefes es complicado, ya que su visión del mundo no coincide con la de la mayoría de la gente normal y sensata: quieren estar permanentemente comprobándolo todo una y otra vez. Los micrománager buscan empleados que les sigan el juego en todo, por eso no puedes enfrentarlo sino mostrarle que puedes satisfacer razonablemente sus exigencias con competencia y un trabajo de calidad. Hay que mostrarse flexibles con ellos, aceptar algunas de sus pequeñas manías pero no alimentarlas, y tratar de dirigir siempre la atención en la comunicación hacia el asunto principal.

El gran desafío es comprender qué es lo que buscan, cuál es su visión y su proyecto bajo esa capa de cuestiones inútiles con las que te abruma, y apuntar siempre al objetivo principal, haciendo preguntas específicas, solicitando margen de autonomía y un calendario de revisiones del desempeño que ambos os obliguéis a cumplir.

También puede funcionar el hacerle probar su propia medicina, así que comparte con él tantas veces como veas necesario al día tus dudas pormenorizadas (aunque no las tengas), interrúmpele, escríbele un email y llámalo a los dos minutos con la misma pregunta, pídele consejo, agóbialo tanto como él a ti. Y puede que así, después de mucha reiteración inoperante, entienda que esa manera de funcionar es horrible y evidentemente ineficaz. Y cuando eso tampoco funcione y puedas hacerlo, desconecta el móvil o silencia el teléfono y ten mucha paciencia.

La incompetencia frente al talento

¿Has tenido algún jefe incompetente, porque no estaba preparado para lo que había que hacer, porque casi siempre tomaba malas decisiones, porque no estaba comprometido, porque no encajaba en la organización? Muchos jefes son tóxicos porque no dan la talla, no llegan adonde deben.

Las causas por las que hay muchos incompetentes ocupando puestos a los que nunca habrían debido llegar no están solo en el principio de Peter: "En una jerarquía, todo empleado tiende a ascender hasta su nivel de incompetencia: la nata sube hasta cortarse". Laurence J. Peter, profesor de la Universidad del Sur de California, formuló este famoso principio en 1969 para ilustrar la dinámica de la jerarquía en las organizaciones modernas, que explica que la gente asciende mientras lo hace bien y cuando paran de ascender es porque ya han alcanzado su nivel de incompetencia, es decir, un puesto donde no son capaces de desempeñarse mínimamente.

Además de por culpa de Peter, hay personas incompetentes ocupando puestos de dirección a causa del nepotismo (ser familiares de quienes mandan), la injusticia (ser amiguetes de quienes les propusieron) o porque se venden bien aunque haya poca sustancia bajo la superficie.

Los jefes tóxicos, cuando son incompetentes, huyen hacia delante. Tratan de tapar su incompetencia mareando a sus subordinados, iniciando y abandonando proyectos, cambiando el rumbo con frecuencia, moviéndose caprichosamente con la excusa de las circunstancias del mercado, las exigencias de la competencia, las presiones de arriba, etc.

Frente a la incompetencia manifiesta, el talento. Los buenos mánager deben apreciar el talento, ponerlo en valor, porque "el talento que no se aprecia, se deprecia".

El talento es el buen uso de la inteligencia (como dice el filósofo y educador José Antonio Marina), la inteligencia triunfante, capaz de convertir los conocimientos en comportamientos. Y el talento tiene tres componentes que se entrecruzan en él: la capacidad, unida al compromiso desplegada en el contexto adecuado:

- La capacidad es **aptitud** (conocimientos y habilidades) y **actitud** (comportamientos).
- El compromiso es la **energía** (física, mental, emocional y de valores) que se le pone a un proyecto profesional o vital.
- Y el contexto es la **cultura corporativa**, el **clima laboral**, la **compensación** y el grado de **cooperación** entre los miembros del equipo.

Trabaja esos elementos con los consejos que te ofrecemos a continuación.

Mejorar el talento

El ensayista norteamericano experto en talento Dan Coyle escribió en *El pequeño libro del talento: 52 propuestas para mejorar tus habilidades* muchos buenos consejos para incrementar el talento. Del más de medio centenar de iniciativas que sugiere este experto, te ofrecemos estas diez:

- Modelado. Observa a personas que te merecen admiración, identifica sus buenos hábitos y "roba sin complejos". Si lo apuntas en un cuaderno, mejor.
- Distingue entre habilidades *hard* (duras) y *soft* (blandas). Las duras son el *swing* de un golfista, el acorde de un violinista, el triple en el baloncesto o las operaciones matemáticas; las *soft* son la emoción de un cantante o la furia de la selección española de fútbol. Los profesores suelen enseñar lo duro y los maestros, lo suave. Para las duras sé meticuloso y, para las blandas, práctica deliberada: repetición, repetición, repetición.
- Escoge a un coach que reúna cinco criterios: evita a quien te recuerde a un camarero amable, busca al que te asuste un poco, que observe, se oriente a la acción y sea honesto, que te proporcione instrucciones concretas y claras, a quien le entusiasme la didáctica y, en caso de empate, elige al de más edad (suele tener más experiencia).
- Divide cada movimiento en segmentos (hitos) y quítate el reloj para fluir sin presiones de horarios. Mejor un breve tiempo al día hasta lograr un micromovimiento perfecto que practicar solo una vez por semana. Visualiza los progresos.
- Sé espartano y renuncia a lo lujoso. Pero cuando te sea posible, échate una siesta para "fijar en la mente" lo aprendido. Einstein, Leonardo, Napoleón, Churchill, Edison, Reagan, Kennedy o Rockefeller, lo hacían.
- Céntrate en lo positivo e invéntate exámenes diarios. El plan a seguir es esfuerzo, implicación, finalidad, evaluación. Déjalo antes de agotarte (el agotamiento ralentiza el funcionamiento del cerebro).

- ✔ Para aprender mejor, conviértete en profesor o coach: establece una conexión emocional, evita los discursos largos, huye de expresiones vagas, prepara una tabla de puntuaciones, maximiza la "disposición al esfuerzo" y persigue a los alumnos independientes, con criterio.
- ✔ No pierdas el tiempo tratando de abandonar viejos hábitos; mejor dedícate a crear hábitos nuevos. Cultiva la determinación.
- ✔ Mantén en secreto tus grandes metas. Si las proclamas en público, tu cerebro puede creer que ya las has logrado, porque no distingue entre lo que piensa y lo que ya ha sucedido.
- ✔ Piensa como un jardinero (con paciencia, sin juzgar) y trabaja como un carpintero (con constancia, estratégicamente, sabiendo que las piezas están interconectadas en un todo).

En definitiva, trata de mantener tu mente despierta y abierta al conocimiento: no existen los niños prodigio, todo es aprendizaje y práctica deliberada.

La discriminación frente a la equidad

Wayne Dyer, un gran pensador, considera que la justicia es "una zona errónea". En su libro *Las zonas erróneas* califica la justicia de trampa. "Los gorriones comen gusanos. Eso no es justo para los gusanos. Las arañas comen moscas, lo que no es justo para las moscas. Los pumas matan coyotes. Los coyotes matan tejones. Los tejones matan ratones. Los ratones matan insectos. Los insectos... No tienes más que observar la naturaleza para darte cuenta de que en este mundo no hay justicia. Los tornados, las inundaciones, los maremotos, las sequías, todas esas cosas son injustas." Por eso, podemos elegir ser felices o desdichados, pero eso es una decisión personal que no tiene nada que ver con la falta de justicia a nuestro alrededor.

Cosa distinta es la *equidad* (en latín, "igualdad de ánimo"). Platón y Aristóteles lo llamaban *epikeia*, la interpretación moderada y prudente de la ley. No es la justicia de la naturaleza, sino la impartición de la justicia. Para Aristóteles, la equidad es "el tratamiento desigual de situaciones desiguales".

Los jefes tóxicos o aplican el "café para todos" (independiente de la situación de cada uno) o tratan discriminatoriamente a las mujeres, a las minorías, a los jóvenes... Son poco o nada equitativos.

El machismo en la oficina

Un caso particularmente grave de jefe tóxico es el machista. Ya sea el burdo descalificador del talento femenino porque piensa que el lugar de las mujeres es la cocina o el más sutil que lo disimula bajo una careta de benevolencia, paternalismo o condescendencia, el machismo es una de las peores formas de discriminación.

Cuando hablamos de jefes machistas no nos referimos solo a los hombres, cuidado. Hay mujeres que cuando ocupan puestos de poder se conducen siguiendo modelos masculinos, con el falaz argumento de que "lo que importa es el talento y yo no he necesitado ayuda para llegar arriba", que puede ser cierto en casos muy limitados, pero la realidad es que la mayoría de las mujeres se enfrentan a muchas más dificultades que los hombres para lograr el éxito, por la existencia del llamado "techo de cristal".

En la gran empresa española, Gas Natural, Sacyr y Técnicas Reunidas no tienen presencia femenina en su máximo órgano de decisión. En Amadeus, Gamesa, Bankia, BME, Ferrovial, Mediaset, Repsol y Telefónica su presencia es anecdótica y, dentro del Ibex, solo Red Eléctrica, que además ocupa la primera posición en el ranking de Responsabilidad Social Corporativa del Observatorio RSC, es una empresa casi paritaria, con el 45 % de peso femenino.

Un estudio del IESE sobre la evolución de la presencia de mujeres en las empresas del Ibex 35 refleja que ellas ocupan 80 sillones de un total de 462, un 17 % de los puestos. Para algunos expertos, el verdadero problema está en la escasa facilidad para conciliar el trabajo con la vida personal y en el difícil acceso a los órganos de dirección: "¿Cómo se explica que no haya más mujeres? El techo de cristal muchas veces responde al 'pandilleo varonil'. Nos cuesta entrar en ese sistema informal que pone trabas difíciles de definir", reflexiona Carmen Becerril, consejera de Acciona.

Cultiva la equidad

Un buen mánager tiene que ser equitativo. El poder de ser un referente, un ejemplo a seguir, del que te hemos hablado en el capítulo 15, se fundamenta en el comportamiento del líder, en los valores que transmite en su propia conducta. Por tanto, si quieres cultivar la equidad en tu grupo, debes practicarla como persona y como mánager, por lo que te recomendamos:

- ✔ Respeta a todo el mundo, porque todo el mundo lo merece. Es la clave del humanismo. Deja los prejuicios (todos los tenemos, puedes estar seguro). "El obrero tiene más necesidad de respeto que de pan", decía Karl Marx.

- ✔ Practica la Dirección por Objetivos, con metas claras, indicadores comprensibles, reglas del juego transparentes, seguimiento sistemático, consecuencias previsibles.
- ✔ Sé tan exigente contigo mismo como lo eres con los demás. El ejemplo del mánager es la mejor enseñanza que puede dar.
- ✔ Haz del reconocimiento (positivo y negativo) tu forma habitual de dirigir. Dile a tu gente lo que, en tu opinión, hace bien y podría hacer aún mejor, sin descalificar. Da las gracias.
- ✔ Delega con eficacia: explica, fija los parámetros, confía, autoriza y revisa el proceso. Delegar bien impulsa el desarrollo de tu colaboradores y te permite gestionar mejor tu tiempo.
- ✔ Sé atento con todo el mundo: la amabilidad es imperativa. Se trata de escuchar con atención, dedicarle tiempo a la gente, explicar pedagógicamente, no perder la calma. Actuar conscientemente ayuda.
- ✔ Confía y apuesta por el desarrollo de tus colaboradores: ellos son tus herramientas para hacer lo que te propongas, y mientras más capaces, más cosas podrás lograr.
- ✔ Sé claro y preciso en tus decisiones, sin medias tintas ni malentendidos, y cuando debas tomar decisiones difíciles, no te escondas en un grupo.
- ✔ Comparte los éxitos, celébralos y fomenta el espíritu de equipo. Y asume los fracasos, no culpes a los demás.
- ✔ Si tienes que prescindir de alguien, toma directamente la decisión, comunícasela al afectado, mantén un trato exquisito y desvincúlale con la mayor elegancia.
- ✔ Sé un ejemplo de iniciativa, compromiso y buen estado de ánimo, evitando tanto el desánimo como la euforia desmedida.

Como puedes ver, muchos de estos consejos ya te los habíamos recomendado en otras partes de este libro. En el fondo, no son más que normas básicas de sentido común, buena educación y trato digno a las personas. Probablemente, muchos de ellos los vienes oyendo desde tu infancia, de tus padres, maestros y jefes. Por algo será.

Capítulo 20

Decálogo para quien gestiona por primera vez

En este capítulo

- La imperiosa necesidad de cultivar nuestra "buena suerte"
- Ejecución y control inteligente
- Diseñar la arquitectura y centrarte en la cultura
- Formar equipo con ilusión
- Gestionar nuestras emociones como mánager y optimizar nuestra vida

Hemos visto que gestionar, gestionar bien y con eficacia, marca la diferencia. En este capítulo vamos a sintetizar algunas de las principales pautas que hemos compartido en este libro, que sirven para quien gestiona por vez primera pero también para quien lleva muchos años como mánager de un área o departamento o de su propia empresa, y quiere replantearse cómo mejorar su calidad gerencial.

El éxito no aparece por casualidad. Detrás de toda historia de éxito, personal y profesional, hay ideas claras, esfuerzo encauzado en la dirección apropiada, preparación, paciencia, templanza y generosidad.

Si quieres éxito, define qué quieres alcanzar, visualízalo lo mejor posible, recorre las etapas del camino y, como escribió el poeta griego Constantino Kavafis en su *Viaje a Ítaca*, disfruta de ellas tanto o más que del destino.

Cuanta más incertidumbre respecto al futuro, mayor planificación

Sí, el mundo es caótico. Estamos viviendo lo que expertos como Juan Martínez-Barea, emprendedor y apóstol de la innovación, llaman un "tsunami" de hiperconectividad: más móviles que personas en el planeta, el "internet de las cosas" que crece exponencialmente, nuevas tecnologías (robótica, inteligencia artificial, bio y nanotecnología), junto a la "ambición plus" de personas que viven en lugares menos desarrollados, especialmente en Asia, África e Iberoamérica, que harán lo posible y casi lo imposible por vivir mejor en nuestra parte del mundo.

¿Cuál es la respuesta a ese desafío? Planificar lo que quieres (éxito viene de la palabra latina éxitus, salida) e ir a por ello apuntando con el rayo láser de tu voluntad y tu esfuerzo perseverante. Hemos tratado de la planificación en el capítulo 5, donde te hemos hablado de su importancia y de cómo llevar a cabo ese proceso de forma eficaz.

En este mundo VUCA, siglas en inglés de Volátil, Incierto (*uncertain*), Complejo y Ambiguo, es decir, en el que cambia rápidamente el valor de las cosas, el futuro es impredecible, con muchas variables y con pros y contras (te hemos hablado de ello en el capítulo 3, dedicado al entorno), la respuesta también tiene que ser VUCA: en inglés Visión de futuro, Comprensión (*understanding*) de lo que está pasando, Claridad en la ejecución —que, recuerda, es el 90 % de la estrategia— y Agilidad.

Como un búho, desde los antiguos griegos símbolo de la sabiduría: prepárate mentalmente para lo que deseas y ataca en el momento más conveniente.

Suerte y azar son cosas distintas

Todo buen mánager debe saber distinguir entre el azar y la suerte.

La palabra "azar" viene del árabe (*zahr*), que originariamente significaba 'flor' (de ahí la palabra castellana *azahar* para designar la flor de los cítricos). Después pasó a denominar la marca que se ponía en el juego de la taba (antecesor del dado) a la cara con los seis puntos, que se dibujaba como una flor. El azar significa probabilidad, fortuna, imprevisibilidad, causalidad. El azar se estudia en matemáticas dentro del marco de la teoría de la probabilidad, que es una rama de la estadística.

La suerte es otra cosa. Viene del latín *sortis*, el lote de tierra en la división del trabajo. Te podía tocar un lote de tierra mejor o peor (en ese sentido, "es una lotería"; "lotería" también proviene del lote de tierra) pero sobre todo hay que saber cultivarlo mejor o peor. Por eso, distintos pensadores (hasta nuestros buenos amigos Álex Rovira y Fernando Trías de Bes, autores de *La buena suerte. Claves de la prosperidad*) hablan de "la buena suerte", que es la suma de la preparación más la oportunidad. Que la inspiración te pille espirando, sudando, esforzándote.

¿Qué se ha opinado sobre el tema de la suerte a lo largo de la historia? "¡Qué extraño: cuanto más me esfuerzo, más suerte tengo!", decía al parecer Henry Ford. El filósofo Voltaire, en pleno siglo XVIII, escribió: "Suerte es lo que sucede cuando la preparación y la oportunidad se encuentran y fusionan". "La suerte favorece a las mentes preparadas", dijo Víctor Hugo. En palabras de Teresa de Jesús: "Vivir la vida de tal suerte que viva quede en la muerte". El genial pintor malagueño Pablo Picasso afirmaba: "Cuando llegue la inspiración, que me encuentre trabajando". Y nuestra frase favorita, del gran Jacinto Benavente, premio Nobel de Literatura: "Muchos piensan que tener talento es cuestión de suerte, nadie que la suerte pueda ser cuestión de talento".

Es cuestión de creencias profundas, personales, arraigadas. Si crees que el mundo lo dirige el azar, que está más allá de tu control, puedes tener tus razones pero poco margen de maniobra. Si por el contrario crees que cada persona se forja su propio destino, estás en lo cierto y la vida te lo va a demostrar.

Luis Moya, copiloto legendario (dos veces campeón del mundo de *rallies*, cuatro veces subcampeón), escudero de Carlos Sainz, tiene muy clara la diferencia entre el azar y la suerte.

Azar: En el *rally* de Nueva Zelanda de 1997, se oye su voz desde el "asiento del miedo" dentro de un coche revolucionadísimo. "Para derecha rápida, más. Uno. Rasante en derecha rápida, menos, menos, ras, se abre a fondo. Con ce...". El sol golpea a ambos, Sainz y Moya, de frente. Hay un cambio de rasante. Y de repente, en un visto y no visto, una figura blanca en mitad de la carretera. "¡Hostia, la oveja!", exclama Moya. Las vísceras del animal inundan el parabrisas. Puedes verlo en YouTube.

Como Luis explica muy bien, es pura casualidad. De los 44 millones de ovejas que hay en esa zona del mundo, ¿cuántas campan libres por carreteras de *rallies*? Podía haber aparecido en una curva de 40, pero surgió en un cambio de rasante a 160 kilómetros por hora. El exabrupto de Moya ha quedado para la posteridad. También atropellaron a una gacela (Safari, 1997) y a un reno (Suecia, 2002).

(Mala) suerte: al año siguiente, 1998, a 400 metros de ganar el Mundial, se les detuvo el coche. "¡Trata de arrancarlo! ¡Trata de arrancarlo, Carlos! ¡Trata de arrancarlo, por Dios!" Puedes recordarlo también en YouTube. Habría sido su tercer campeonato del mundo, y Sainz y Moya nunca más volvieron a tenerlo tan cerca. Su explicación: "Cuando vi el motor, había un agujero. Se salió una biela. Eso no arranca en la vida". Los técnicos no habían previsto una situación posible: fue un fallo que debía haberse previsto. Y de ahí el grito de desesperación con el extintor en la mano y lanzando el casco contra el parabrisas del coche.

Fueron un tándem de leyenda. Sainz, la parte fría; Moya, la pasional. Le animaba, le sacudía, le cantaba; el contrapunto ideal para quien conduce a 200 kilómetros por hora por carreteras dificilísimas. Luis Moya no compite en *rallies* desde 2002, pero ha aprendido el valor de saber ganar y saber perder. Nada tres kilómetros diarios y hace 325 abdominales con más de cincuenta años. “Luis es superpositivo. El colaborador que siempre quieres tener a tu lado”, ha dicho de él Carlos Sainz.

La estrategia sin ejecución no es más que un sueño

Planificar como mánager es importante, esencial, imprescindible... pero no es suficiente. Anticipa lo que quieres, planéalo, pero también los pasos a dar para alcanzar el futuro deseado.

Richard Wiseman, investigador y catedrático de psicología en el Reino Unido y uno de los expertos en la mente humana más influyentes, hizo un estudio con una muestra de 5.000 personas para saber cuántas alcanzaban los objetivos que se habían marcado. ¡Apenas el 10 %! Sin embargo, entre esos “uno de cada diez” había pautas muy interesantes que les habían dado el éxito:

- ✔ Dividieron sus objetivos en hitos manejables, concretados en el tiempo. Ese proceso sistemático generó menor temor e incertidumbre.
- ✔ Contaron sus planes a amigos, familiares y colegas. Lo hicieron público, lo compartieron, se comprometieron ante los demás.
- ✔ Recordaban continuamente los beneficios de conseguir lo que se proponían. Les estaban esperando en un futuro cercano.
- ✔ Cada hito alcanzado merecía un premio, por pequeño que fuera. Hemos de celebrar los éxitos paso a paso.
- ✔ Plasmaban sus propuestas de forma muy específica, en una libreta, con dibujos... Pasaban “de las musas al teatro”, como diría Lope de Vega.

“Para cumplir un sueño no vale solo con tenerlo” (dice Elsa Punset). Planteate el destino y haz el viaje etapa por etapa.

Nadie llega a dominar algo si no invierte al menos 10.000 horas en su “práctica deliberada”. Se ha comprobado en maestros de ajedrez, en virtuosos del conservatorio, en deportistas, artesanos y artistas de todo tipo. Por eso, dedica buena parte de tu vida a lo que te gusta, a lo que te interesa, a lo que te apasiona, a aquello con lo que disfrutas. Es la mejor inversión de tu tiempo, que te hará feliz y te hará crecer en lo que quieras ser.

No vayas solo, viaja en equipo

Los mánager deben saber que la idea del "llanero solitario", si funcionó alguna vez, está obsoleta. El mundo es demasiado complicado para apostar por la soledad.

Construye un equipo que empiece por un tándem. Busca alguien que comparta tus valores (tus principios de vida, que tenga la misma orientación que tú en su brújula interior) y que complemente tu talento. Si eres más comercial, alguien que pueda llevar la trastienda. Si eres más extravertido y sociable, alguien más introvertido y prudente. Si eres más relaciones públicas, alguien que pueda dedicarse a los números y a los recursos. Pero que coincidáis en lo básico, en el proyecto y en los valores.

Y pasa de ahí a un quinteto valioso. El baloncesto se creó el 21 de diciembre de 1891 en Springfield, Massachusetts. El profesor James Naismith, que llevaba más de un año en la YMCA (Asociación de Jóvenes Cristianos), pensó en un juego para los "incorregibles", aquellos que nunca se estaban quietos. Se podía practicar a cubierto (ideal para el invierno), debía ser físico (para que se agotaran) y que permitiera la mínima violencia (tenían que botar el balón y no llevarlo con ellos, para que no hubiera apenas contacto físico). El objetivo era "encestar" en dos cestas de melocotones, a 3'05 metros de altura. El profesor Naismith ideó las 13 reglas y así nació el baloncesto. Inicialmente, con nueve jugadores por equipo (en realidad, el número límite para un posible equipo perfecto). Seis años después, como se había comprobado que eran muchos en la cancha, los equipos se configuraron en quintetos.

"El individuo gana partidos. Los quintetos ganan campeonatos", dijo Michael Jordan, el mejor jugador de baloncesto de la historia. El número cinco es considerado el tamaño ideal para un grupo de trabajo que tenga que realizar tareas complejas e interconectadas: es un número suficiente para que haya talentos variados y diversidad, sin ser tan alto que dé lugar a la holgazanería social (el que pueda haber gente ociosa camuflada dentro del grupo). Es lo bastante pequeño para permitir la libre comunicación entre todos. Además, es impar, lo que resuelve la posibilidad de bloqueos por empate si hay que tomar decisiones compartidas.

"Una persona es una persona a través de los demás", repite Nontombi Noemí Tutu, experta en diversidad e hija de Desmond Tutu, premio Nobel de la Paz y uno de los grandes artífices de la Sudáfrica postapartheid junto con Nelson Mandela. Por eso, crear equipo es una de las tareas más importantes de cualquier mánager, y eso tiene que aprenderlo desde el principio, porque si empiezas funcionando de manera autocrática y sin confiar en el grupo, será muy difícil que puedas cambiar ese hábito.

Qué debe tener un equipo

Un equipo es mucho más que un grupo. En el capítulo 11 te hemos explicado las principales diferencias entre grupos y equipos, y en el capítulo 14 te hemos hablado de la toma de decisiones en grupo. Un equipo debe tener:

- **Propósito claro**. Misión (a qué nos dedicamos), visión (cómo queremos vernos mañana), valores (en qué creemos), debe ser compartido y asumido por todos.
- **Equilibrio análisis-decisión-acción**. El equipo debe funcionar en un proceso abierto en el que participen todos, para el análisis de problemas y la toma de decisiones, y en un proceso cerrado (todos a una, cuando la decisión ya se ha tomado) en la acción y ejecución.
- **Diversidad**. Personas más conceptuales y más analíticas, más creativas y más pragmáticas, más de pensamiento y más de acción, hombres y mujeres, jóvenes y mayores, experimentados y nuevos, pero especialmente, diversidad intangible (en las formas de aprender, de pensar, de actuar).
- **Confianza**. Es, como escribió Stephen Covey en *Los siete hábitos de la gente altamente efectiva*, una especie de "cuenta corriente emocional", con sus depósitos y sus reintegros. La comunicación es esencial para crear confianza y no perderla.
- **Compromiso**. El propósito se tiene que focalizar y concretar en compromiso, con proyectos, personas, objetivos, normas, etc. Es muy importante que las "reglas de compromiso" sean explícitas y que ese compromiso se renueve cada día.
- **Aprendizaje continuo**. Un equipo no se guía por el retrovisor (lo que ha hecho en el pasado), sino por el parabrisas, mirando hacia el futuro, aprendiendo en el camino de los éxitos y de los errores, porque "unas veces se gana y otras se aprende", pero nunca se pierde.
- **Enfoque al mercado**. Un equipo mira fuera, tiene sus objetivos, referencias y datos en el mercado, la clientela, el entorno. Por eso, el análisis de la realidad que le rodea es permanente: de los competidores, de los nuevos entrantes, de los usuarios, pues solo así puede haber comprensión compartida y vocación de innovación: la innovación surge de la insatisfacción y de la sana ambición.

Por eso, formar equipo es más que reunir a varias personas para que trabajen juntas. Los equipos se construyen, se estructuran, se cimientan.

Nadie motiva a nadie, pero puedes ilusionar a los demás

En este libro (capítulos 17 y 18) hemos analizado la motivación, y hemos visto que la motivación duradera y más eficaz es básicamente intrínseca, es decir, interna en cada uno de nosotros. Por ello, en realidad, nadie motiva a nadie. Tenemos que atraer y seleccionar personas "que vengan motivadas de casa", con automotivación, con motor propio, con las riendas de su vida en la mano.

Sin embargo, aunque sea involuntariamente, podemos desmotivar a los demás. Te hemos hablado de ello en el recuadro gris del capítulo 18 titulado "Un decálogo para no desmotivar". Es lo que David Rock, el padre del neuroliderazgo (la aplicación del liderazgo a la neurociencia) llama "modelo SCARF" ("bufanda" en inglés): responde a las siglas de *Status* (hacer sentirse importante), Certidumbre (transmitir seguridad), Autonomía (dar libertad), Relación (fomentar la pertenencia) y Equidad (*fairness*, ofrecer trato justo), la vacuna contra la desmotivación.

Según este modelo, las personas somos capaces de lo mejor y de lo peor según nos sintamos motivadas (en placer) o desmotivadas (en amenaza). Y eso depende de cinco condiciones:

- ✔ Sentirnos importantes en términos de estatus; por ejemplo, si nos escuchan, nos piden opinión, nos explican las decisiones.
- ✔ Reducir nuestra incertidumbre: aportándonos información, creando escenarios posibles, disipando dudas.
- ✔ Recibir autonomía y libertad: con una delegación eficaz y altas expectativas.
- ✔ Fomentar el orgullo de pertenencia al grupo.
- ✔ Recibir un trato justo y equitativo.

Las prácticas contrarias desmotivan. Por eso, es importante transmitir ilusión desde el ejemplo. En palabras del gurú empresarial Tom Peters (*En busca de la excelencia*): "Odio la palabra *motivación*. Porque eso de que yo te motive a ti puede sonar absurdo y arrogante. Lo que yo puedo hacer contigo, como jefe o como experto, es ilustrarte sobre en qué consiste la excelencia". Es decir, dar ejemplo. Sin un buen ejemplo, lo que hay es mala gestión.

¿Está tu gente motivada? ¿Es el clima laboral de tu área, tu departamento o de tu empresa el que crees que debería ser? Puedes responderte a estas preguntas de una manera intuitiva y muy amplia (por ejemplo, puntuando entre 1 y 10 y preguntando a tus colaboradores) o de una forma sistemática, con estas doce preguntas esenciales:

- ✔ **Expectativas**. ¿Sabe mi gente lo que se espera de ellas en el trabajo?
- ✔ **Recursos**. ¿Tiene el equipo los recursos para rendir al máximo?
- ✔ **Vocación**. ¿Cuentan con la oportunidad de hacer cada día lo que mejor saben hacer?
- ✔ **Reconocimiento**. ¿Alguien les ha dicho en la última semana lo que han hecho bien y lo que podrían hacer mejor?
- ✔ **Interés personal**. ¿Se ha interesado su jefe directo por ellos como personas?
- ✔ **Desarrollo**. ¿Hay proyectos o programas dedicados a su desarrollo profesional y personal?
- ✔ **Participación**. ¿Cuentan sus opiniones en el trabajo?
- ✔ **Propósito**. ¿Sienten que su trabajo es importante, que forman parte de un proyecto unitario?
- ✔ **Calidad**. ¿Piensan que sus compañeros están comprometidos en hacer un trabajo de calidad?
- ✔ **Amistad**. ¿Tienen amigos/as en el trabajo?
- ✔ **Progreso**. ¿Alguien les ha hablado de sus progresos en el trabajo durante el último semestre?
- ✔ **Crecimiento**. ¿En el último año han podido experimentar progresos profesionales, aumento de experiencia, responsabilidad, liderazgo?

Para valorar los resultados:

- ✔ De 12 a 50, desmotivación, seguro que hay mal ambiente, rotación y resultados pobres.
- ✔ De 51 a 85, hay cierta motivación pero es sensiblemente mejorable, algunos puede que tiren del carro, pero mucha gente se deja llevar.
- ✔ De 86 a 120, estáis en el buen camino, seguid adelante y no descuidéis los aspectos que puedan fallar.

En cualquier caso, sea cual sea el resultado, te recomendamos que te plantees qué razones lo pueden haber provocado.

La estrategia es el plano, la estructura es la obra, el mánager es el arquitecto

Es uno de los principios más importantes del management: "La estructura sigue a la estrategia". Si la estructura (del latín *structus*, construido) no sigue a la estrategia (el arte de dirigir ejércitos) tenemos un problema muy serio. Y no por serio es poco frecuente, porque las estrategias suelen cambiar con más frecuencia y rapidez que los organigramas y los procesos, debido a la dificultad de relevar a las personas de sus puestos y a la resistencia a cambiar la manera de hacer las cosas.

Un mánager es un arquitecto. Debe construir un edificio (escalable, que pueda crecer, y que a la vez se adapte con rapidez) que sirva a un propósito, la visión de la empresa que está plasmada en la estrategia. Para ello, debe contar con unos planos (el proyecto estratégico), con unos materiales (el talento), con unas condiciones de resistencia y de flexibilidad (para que el edificio no se venga abajo). El resultado es la organización, es decir, la estructura y los procesos que te permitirán hacer realidad la estrategia. Norman Foster ha dicho: "Como arquitecto, diseñas para el presente con cuidado con el pasado y para un futuro que es esencialmente desconocido".

PRACTICONSEJO

Como arquitecto de tu organización (al nivel que, como mánager, se espere de ti) trata de mantener la mayor simplicidad posible, pero siempre desde una comprensión profunda del porqué y el para qué se harán las cosas. Como dijo el genial Leonardo da Vinci, "la simplicidad es la suprema sofisticación", la máxima elegancia (te explicamos la etimología del término en el siguiente recuadro gris). Esto significa que tu solución estructural tiene que ser elegante.

La cultura se merienda a la estrategia: fomenta la cultura que deseas

En el management ha cobrado creciente importancia el tema de la cultura corporativa. Es "cómo se hacen las cosas por aquí" o como la definió Edgar Schein, el padre del concepto, un patrón de supuestos básicos compartidos que el grupo aprende en la medida que resuelve sus problemas de adaptación externa e integración interna, que los ha trabajado lo suficiente para que se consideren válidos y, por lo tanto, dignos de ser enseñados a los nuevos miembros como la forma correcta de percibir, pensar y sentir en relación con esos problemas. Te hemos hablado de la cultura en el capítulo 9.

Las culturas marcan la diferencia porque son las formas de aprender de un colectivo, de inventarse respuestas ante lo que está pasando. La resistencia al cambio suele ser, sobre todo y casi siempre, una resistencia cultural.

Si tienes, por ejemplo, una estrategia de fidelización de clientes, de atracción de nuevos clientes, de incremento de cuota de mercado y tu cultura corporativa (por las inercias que sean) es de escasa orientación al cliente, de baja empatía, de burocracia funcionarial, es prácticamente imposible que lo consigas.

¿Cómo se cambia una cultura? En primer lugar, con paciencia. Las culturas tardan como mínimo tres años en cambiarse de forma radical.

El propio Edgar Schein nos enseñó los componentes de una cultura organizacional.

- ✔ Lo que él llamó "**artefactos**", los aspectos físicos, como los procesos visibles. Si cambias lo tangible (cargos, rótulos, reuniones), puede empezar a cambiar lo intangible.
- ✔ En segundo lugar, los **valores de la organización**, que son algo más profundo. Recuerda que no basta con cambiar el nombre de los valores (valores enunciados) sino que debe "verse" en el día de la organización, en los hábitos de quienes la integran (valores vividos). Debes, como mánager, premiar los comportamientos acordes con los valores y "castigar", desincentivar, los que sean incoherentes con la cultura deseada. Es una cuestión de refuerzo (positivo y negativo) en el día a día.
- ✔ Y, finalmente, el tercer nivel de la cultura es el de los **supuestos básicos**, lo que es aceptable y no aceptable. El problema aquí es que muchas veces los mánager no se enteran de lo que pasa realmente. De cómo se trata a un recién llegado, cómo se resuelve una reclamación, cómo se difunden los objetivos hacia abajo... Son los supuestos subyacentes e inconscientes (valores y artefactos son, evidentemente, sus manifestaciones).

Para cambiar lo inconsciente, hemos de "volverlo consciente" (hablar sobre ello, comunicar) y actuar en consecuencia. Si permites lo que no quieres, eres cómplice de la cultura no idónea. En palabras de Desmond Tutu: "Si eres neutral ante una injusticia, has elegido el bando del opresor".

Nadie dice que cambiar una cultura sea fácil, pero si no la transformas es muy posible que ese freno te impida alcanzar tus objetivos. En el capítulo 9 te hemos explicado cómo los diferentes aspectos de la cultura influyen en el management. Entendiendo eso, podrás averiguar qué necesitas cambiar para producir los resultados deseados.

El control no es divertido, pero es necesario

Hemos dedicado el capítulo 13 al control, una tarea esencial para el mánager.

No está claro de dónde viene la palabra *control*. Hay expertos que aseguran que su origen está en el francés *contre role*, revisar el duplicado de un original (*role* viene del latín *rotulus*). Una opinión minoritaria lo remite a los galeones que volvían de América cargados de metales preciosos y que en la Torre del Oro de Sevilla recibían un justificante "contra el oro". Si no es cierta, es preciosa.

Para controlar como es debido hay que atenerse al plan manteniendo cierta flexibilidad, ser lo más transparente posible y, en caso de cualquier incorrección, tratar a las personas con un respeto exquisito. Todo se puede decir con la educación que merece, y siempre en privado. No hay cosa más desmotivadora, grosera e incómoda incluso para los espectadores que una reconvención o bronca en público.

Como decía un anuncio de neumáticos hace años, "la potencia sin control no sirve para nada".

Lo primero que debes gestionar son tus emociones

El management, la gestión, y el liderazgo no son lo mismo, como hemos comprobado a lo largo de todo el libro. Sin embargo, la escasez de liderazgo (el talento para influir decisivamente en los demás) puede dar al traste con lo que en otro caso habría sido una buena gestión.

Ambos están indisolublemente unidos. Y como el liderazgo es en más de un 90 % pura inteligencia emocional, te recomendamos que como mánager te comportes, siempre y en todo lugar, como una persona emocionalmente inteligente.

¿Qué significa esto en la práctica? Que gestiones con maestría lo que Daniel Goleman, divulgador y apóstol del concepto, llamó "los cinco dominios de la Inteligencia Emocional" y que en castellano podemos llamar "las 5S", de los que te hemos hablado más detalladamente en el capítulo 2, en el apartado "¿Pensar o sentir?":

- ✔ **Seguridad**: confianza en uno mismo.
- ✔ **Serenidad**: autocontrol, templanza, aguante, resiliencia o fortaleza para resistir la adversidad.

- **Superación**: perseverancia para marcarse unos objetivos e ir a por ellos.
- **Servicio**: empatía, conectar con los demás, orientarse al cliente, ser servicial pero no servil, darse sin perder la dignidad.
- **Sinergias**: hacer equipo desde la comunicación, la integración y la diversidad, para que el resultado colectivo sea mayor que la suma de los individuales.

Podemos y debemos gestionar las emociones siendo conscientes de lo que sentimos, tomándonos tiempo y actuando de forma emocionalmente inteligente, como nosotros mismos decidimos como mánager. En el capítulo 2 que te mencionábamos antes te dábamos algunas claves para la gestión inteligente de las emociones.

EJEMPLO

¿Cómo gestionan los entrenadores de fútbol de los mejores equipos los egos del vestuario? Mike Forde, director de operaciones del Chelsea de 2007 a 2013, describía en el *Financial Times* a los *coaches* como "gestores de talento". Entre sus claves:

- **El talento suele ir acompañado del ego**. Cita al coach portugués Carlos Queiroz: "Los mejores jugadores tienen un profundo conocimiento de su carácter especial, de su talento único, que va más allá de la arrogancia". En nuestra opinión, autoconocimiento sí, pero soberbia no. "Si un dirigente solo quiere soldados obedientes tendrá que renunciar a ciertos objetivos." La experiencia demuestra que el verdadero talento no es egoísta; tiene autoconfianza, pero es humilde, abierto a la experiencia, la mejora y el aprendizaje.
- **Buscar talento que se quiera superar**. "La clave está en encontrar el momento en el que el jugador está a punto de explotar", decía Gregg Popovich, entrenador del equipo San Antonio Spurs de baloncesto. "Cuando conocen y aceptan sus límites, empiezan a escuchar, mejoran en los entrenamientos y aceptan que deben cuidar su cuerpo". Sí, pero no olvidemos que el talento es "inteligencia en acción", no solo potencial. Si no se ha puesto en valor, no es talento.
- **Recompensar el sacrificio por el equipo**. Efectivamente, un equipo es un grupo humano que genera sinergias. Las individualidades pueden ser antisinérgicas si degeneran en individualismo. Creemos que más que sacrificio es predisposición inteligente. En los deportes de equipo, como en las organizaciones, brillar sin obtener un logro colectivo es inteligencia fracasada. Un mánager debe encauzar la individualidad para que sea un revulsivo para el grupo, no un freno al rendimiento colectivo.
- **El talento no se domina**. Forde pone como ejemplo a Pep Guardiola, que "no se mete en el vestuario" porque lo considera "territorio de

los jugadores". ¿Ordeno y mando con el talento? O se va o se pierde (el talento domado se deprecia en la obediencia). "Históricamente, a los entrenadores se les compara con generales, pero en la actualidad se parecen más a directores de cine que tratan de engatusar y convencer en lugar de mandar. El objetivo es ganar, no enfrentarse a los egos". Los *coaches*, como buenos líderes, tienen que ser versátiles y adecuar el liderazgo a las condiciones de sus seguidores (te hemos explicado el liderazgo situacional y el basado en la madurez de los subordinados en el capítulo 15).

- ✔ **No es necesario motivar**. "Nuestro trabajo es no desmotivar a los jugadores, ponerles los retos y las metas que los grandes talentos necesitan" (Carlo Ancelotti, entrenador del Real Madrid). Cuando se fue del Barcelona, Pep Guardiola lanzaba una reflexión parecida: "No es que no haya logrado motivarlos, es que no he conseguido seducirlos". La motivación extrínseca no es eficaz, hay que sembrar las condiciones para que germine la motivación intrínseca (te hemos hablado de ambas en el capítulo 17).
- ✔ **Confianza**. "No es necesario que se lleven bien o que sean amigos, sino que confíen en el talento del otro." Pone como ejemplo el Manchester United en la década de 1990 "en el que Teddy Sheringham y Andy Cole se odiaban, pero sabían que podían confiar en el talento del otro". Un equipo no es una pandilla de amiguetes: si estás en un quirófano poniendo tu vida en manos de un equipo médico, probablemente prefieras que se coordinen entre ellos por su competencia profesional y su talento más que por amistad.
- ✔ **Enseñar al talento**. ¿Esforzarse por los incompetentes o dedicarse a las personas más valiosas? "Generalmente, la gente con más talento tiene gran capacidad de aprendizaje y deseos de mejorar." Como ejemplo, Arsene Wenger, coach del Arsenal, que ayuda a los jugadores a conocer habilidades que incuso ellos mismos desconocían.
- ✔ **Precaución a la hora de contratar**. "Hay que ser muy precavido a la hora de fichar a nuevos talentos. Los equipos son instituciones muy frágiles que se pueden romper al introducir, por ejemplo, un jugador indisciplinado que no respete las normas o acabe con la cultura de equipo, que además puede provocar que se vaya el talento existente." En 2008 el Chelsea pudo fichar a "Adriano, un gran talento, pero tras investigar su estilo de vida, dudó sobre su disciplina y se echó atrás. Su carrera acabó yéndose al garete".
- ✔ **Aceptar que el talento se va**. "Las personas de gran talento no quieren un trabajo para toda su vida. Las empresas son solo vehículos para desarrollar su talento, a la espera de ir a un lugar mejor. Un buen directivo debe buscar la productividad, no la lealtad. Un buen gerente tiene que mantener el talento el mayor tiempo posible, mien-

tras se prepara para su salida." Caso Anelka: estuvo en el Bolton en 2006 y dos años después lo fichó el Chelsea.

- ✔ **El pico de forma**. Frank Arnesen, director técnico del Chelsea decía: "Un buen dirigente debe calcular cuál es el pico de forma de los integrantes de sus equipos. Los futbolistas suelen alcanzar ese tope sobre los ventiocho años, cuando las piernas aún se mantienen jóvenes y la cabeza ya tiene experiencia". Y era más concreto: "El pico se alcanza tras jugar 300 partidos, estar en tres clubes y sumar un gran éxito y un fracaso. A partir de ahí comienza la decadencia, y el desgaste mental y físico. La clave está en sustituir el talento antes de que se desgaste totalmente."

Nunca dejes de optimizar tu vida

Se habla mucho del equilibrio entre la vida personal y profesional, de la conciliación del trabajo y la familia, y es un tema muy importante. Pero es cierto que una persona es un todo, y no se puede ser el mejor mánager teniendo una vida mal gestionada.

Suele ser difícil, porque los buenos mánager es fácil que acaben convirtiéndose en obsesos de lo que hacen, sea cual sea su campo de actuación. Peter Drucker averiguó que "siempre que se ha llevado algo a cabo, ha sido por un monomaniaco con un sentido de misión". La manía, lo que te hace "maniaco" era para los antiguos griegos un estado de furor, un exceso de amor. Es dedicarte a lo que te gusta a costa de tus aficiones, de tu tiempo libre, de tu familia y amigos. En esta época en la que desgraciadamente suele asociarse la importancia de un cargo al número de horas trabajadas, esto es muy peligroso.

Nos gusta, más que conciliación o equilibrio de vida, el concepto de "optimización". Obtener el óptimo, ser optimistas, exprimir la vida como si fuera el jugo de una naranja y degustarla con pasión. El escritor James Michener, autor de *Shogún* y otras novelas famosas, escribió: "El maestro en el arte de vivir apenas distingue entre el trabajo y el juego, el esfuerzo y el ocio, la mente y el cuerpo, la información y el recreo, el amor y la religión. Apenas sabe cuál es cuál. Simplemente, persigue su idea de la excelencia en todo lo que hace, y deja a los demás la decisión de si está trabajando o jugando. A sus ojos está haciendo ambas cosas".

Optimiza tu vida, disfruta y no te pierdas nada. El trabajo y la diversión pueden ser lo mismo, no hace falta sacrificar el uno al otro.

PRACTICONSEJO

Para optimizar tu vida, te animamos a poner en práctica estos consejillos:

- **Madrugar**. Las primeras horas de la mañana son estupendas para concentrarte, adelantar tareas, evitar distracciones: el día se presenta como una página por escribir. Combina ese madrugar con poder dormir lo necesario (los bloques de 90 minutos que necesites: 6 horas, 7'5 horas). Si además de madrugar practicas meditación, yoga, mindfulness, tai chi, pilates, etc., y un desayuno sano, tanto mejor.
- **Planificar el día**. Un listado de tareas viene fenomenal. No programes reuniones demasiado largas (el rendimiento es decreciente, y hasta prácticamente nulo, a partir de hora y media) ni jornadas maratonianas. Las heroicidades, muy puntuales. Y no olvides que los planes son solo una guía, y están para cambiarlos si es necesario; no seas demasiado estricto.
- **Crear un entorno agradable**. El espacio de trabajo da y quita productividad. Disfruta de un lugar placentero con los cinco sentidos (incluyendo olores, colores y música) y evita en lo posible los "ladrones de tiempo" (visitas inesperadas, llamadas, reuniones no programadas, etc.).
- **Pensar primero, decir después**. Ten claro el propósito y luego lánzate a la acción. No seas esclavo de tus palabras, recuerda que un email enviado no se puede volver atrás.
- **Priorizar y agilizar**. Clasifica los asuntos por importancia y urgencia (no olvides que lo urgente no siempre es importante), atiende primero los más importantes (que no son siempre los más urgentes) y dedica un tiempo específico de no más de una hora (por la mañana y por la tarde) a contestar correos electrónicos, hacer llamadas y resolver asuntos menores. Encontrar 500 correos sin leer en la bandeja de entrada es desalentador, porque la mayoría serán intrascendentes, pero ahí puede perderse lo importante. Ser proactivo es mejor que reaccionar de forma inmediata a los estímulos que te llegan.
- **Mejor delegar de más que de menos**. No caigas en la "abdicación" y dejar que te lo hagan todo (es peligrosa, alguien puede pensar que sobras). Sin embargo, lo más común es caer en la tentación de la microgestión, meterse en todos los asuntos del departamento, porque aporta la aparente seguridad de controlar y estar al tanto de todo. Es falsa: resulta mejor que tus colaboradores aprendan y tú dispongas de tiempo extra, pues en caso contrario dedicarán más energía a intentar escabullirse de tu prolijo control que a hacer bien el trabajo.
- **Simplificar es saludable**. Te lo hemos contado antes, al hablar de la elegancia, lo sencillo es la suprema sofisticación. Cuidado con abusar del PowerPoint, de la *call*, del *briefing*, de reunir a la gente "para que vean que eres el jefe". Pregúntate a menudo si hace falta la siguiente actividad de agenda, si de verdad añade valor al proceso y a la compañía o está robando tiempo productivo. Si no suma, suprímela.

- **Cultívate como persona**. Eres mejor profesional si eres una persona más completa: lee, ve al cine, viaja, haz deporte, habla con amigos, disfruta de tus hijos, ten hobbies... Sin ocio ni familia ni amigos no eres más que un triste curroadicto.

Todos estos consejos se resumen en uno: no se gestiona el tiempo (el reloj corre igual para todos), sino la energía. La física, la mental, la emocional y la espiritual o de valores. Conócete a ti mismo y emplea sabiamente tu energía.

En general, todo esto es puro sentido común. Para convertirlo en práctica común, sé consciente de lo que te falta, establécete un plan de acción serio y riguroso y, si puedes, cuenta con un coach para que te acompañe en el proceso. Ya sabes que si intentas hacerlo en solitario, tu probabilidad de lograrlo es solo del 10 % según indica el investigador y profesor de psicología británico Richard Wiseman. A través de un proceso de coaching sistemático, la probabilidad de éxito aumenta hasta más del 85 %.

Capítulo 21

Los diez secretos de los mejores mánager

En este capítulo

- Preparación (formación) y segmentación (nicho)
- Ilusión e imaginación
- Equipo y perspectiva
- Autoconfianza y perseverancia
- Globalidad y convicción

El círculo se cierra. No te sorprenderá saber que los secretos de los mejores mánager tienen que ver con todos y cada uno de los capítulos que hemos compartido en este libro.

A modo de colofón, te presentamos algunos "secretos" prácticos de los mejores mánager de distintos ámbitos: la empresa, el deporte, las artes, etc.

El éxito es cuestión de preparación y de talento

El éxito no llega por casualidad, y en el deporte y en la empresa hay multitud de testimonios de ello. Lo han dicho entrenadores míticos como Vince Lombardi ("El precio del éxito es el trabajo duro, la dedicación al trabajo de primera mano, y la determinación de que, tanto si ganamos como si perdemos, hemos dado lo mejor de nosotros mismos"); estadistas como Winston Churchill ("El éxito no es el final, el fracaso no es total; lo que cuenta es el coraje para seguir"); científicos como Albert Einstein ("Trata de ser no una persona de éxito, sino una persona de valor"); filósofos como Confucio ("El éxito depende de la preparación previa, y sin esa preparación el fracaso es seguro"); cómicos como Bill Cosby ("Para tener éxito, el deseo de tenerlo tiene que ser mayor que el miedo al fracaso"); políticos, como Colin Powell ("No hay secretos para el éxito. Este se alcanza preparándose trabajando arduamente y aprendiendo del fracaso"); o deportistas como Gary Player ("Cuanto más entreno, más suerte tengo").

Sin management no hay éxito; sin un método riguroso, científico, profesional, sin valores, sin esfuerzo, el fracaso está a la vuelta de la esquina. Cultiva tu talento, tus capacidades conceptuales, humanas y técnicas, tal como te las contábamos en el capítulo 2. Prepárate y adelante.

"Fórmate bien y rodéate de los mejores" (Carlos Moro)

Carlos Moro (Valladolid, 1953), fundador y presidente de Bodegas Matarromera, es hijo y nieto de agricultores y pequeños bodegueros. Fundó esta compañía (que da empleo a 155 personas y factura más de 20 millones de euros) en 1988. Su padre siempre quiso que fuera funcionario y, de hecho, llegó a trabajar en el Ministerio de Agricultura, pero era demasiado emprendedor.

En la década de 1970 creó una empresa de ingeniería alimentaria. Y ya en Matarromera demostró ambición y perseverancia: "Un emprendedor necesita ganas y determinación. Y a continuación, una buena base de formación y conocimiento".

Matarromera es un grupo innovador que ha desarrollado el primer vino sin alcohol y una línea de cosméticos enriquecidos con polifenoles de uva. Tras Matarromera, Carlos Moro dirige otras seis bodegas y la única destilería de toda la Ribera del Duero.

Encuentra tu espacio y juega tu papel

Los mánager deben poseer ciertas habilidades que, aunque se basen en predisposiciones y cualidades naturales, no son innatas, sino que se trabajan, y tienen que usarlas para representar distintos papeles (te hemos hablado de los roles directivos en el capítulo 2).

Entre esas cualidades podemos citar, entre otras, las siguientes:

- ✔ **Valentía**, que es el término medio entre la cobardía y la temeridad: "Donde hay una empresa de éxito, alguien tomó alguna vez alguna decisión valiente", decía el gran gurú del management Peter Drucker

- ✔ **Optimismo**, porque dice la sabiduría popular que "el optimista siempre tiene un proyecto; el pesimista, una excusa".
- ✔ **Inconformismo**, que es la semilla para querer cambiar las cosas: "La autocomplacencia es lo peor si quieres conseguir algo importante", decía el gran empresario Amancio Ortega.
- ✔ **Criterio propio**: "Cuando vives para la opinión de los demás, estás muerto", opina el segundo empresario más rico del mundo, Carlos Slim.

Como mánager, como profesionales, nuestro talento es lo que somos y lo que nos permitirá hacer lo que nos propongamos. Pero no cualquier cosa, sino aquello que nos puede proporcionar una ventaja competitiva porque se basa en nuestras competencias esenciales (te hemos hablado de estos conceptos en uno de los apartados del capítulo 7, "El unicornio azul: la ventaja competitiva"). Y eso es una gran responsabilidad, pues en ese proyecto, vamos acompañados de otros, y a ellos les debemos el dar nuestro mejor desempeño (en el capítulo 5 te hemos hablado de la responsabilidad social y del compromiso con los *stakeholders*).

"Busca un nicho y crece a partir de ahí" (María Teresa Rodríguez)

María Teresa Rodríguez Sainz-Rozas, presidenta de Galletas Gullón, lo sabe muy bien. Se puso al frente del grupo empresarial de manera inesperada, tras el repentino fallecimiento de su marido. Gullón, fundada en Aguilar de Campoo en 1892, es hoy el primer productor nacional de galletas, con más de 257 millones de euros de facturación, y la única empresa familiar que se mantiene en el sector.

"Pese a la saturación de nuestro sector, siempre hay cabida para nuevas ideas y proyectos, pero hay que saber buscar la diferenciación." En la década de 1980, Gullón apostó por la galleta saludable. "Ganar tamaño y potencial nos salvó de caer en manos de las multinacionales." Gullón exporta a más de 100 países y más de un tercio de su facturación procede del exterior. María Teresa Rodríguez fue premio FEDEPE a la empresaria del año en 2013.

Sueña a lo grande y vence a tu entorno

Los managers forman parte de un entorno..., sí, pero no se camuflan en él, sino que lo modifican. "La sabiduría es inteligencia en contexto" dice el pensador y escritor Raheel Farooq, autor del éxito editorial *Zaar*. Los grandes sueños sobre el futuro son importantes: "Si puedes soñarlo, puedes hacerlo", solía decir Walt Disney, pero han de partir de la realidad actual, tener un ancla en tierra y no ser meras fantasías.

Una empresa que conoce su entorno y planifica, suma rigor y método a la ilusión (te hemos hablado del entorno y de la planificación en los capítulos 3 y 6).

"No necesitas más aval que la ilusión" (Juan Antonio Sagardoy)

Juan Antonio Sagardoy (Pitillas, Navarra, 1935) fundó el despacho Sagardoy Abogados en 1980. "Sin más aval que el entusiasmo y el conocimiento de la materia." Sagardoy es el "padre" del Estatuto de los Trabajadores.

Para Juan Antonio, "si no existe entusiasmo, es muy difícil que las cosas salgan adelante. Luego, por supuesto hay que saber lo que se está haciendo". Y, además, "saber rodearse de personas que reúnan las condiciones personales adecuadas. Si no poseen ciertos valores, antes o después repercutirá negativamente sobre su profesionalidad".

Partir de una buena idea es imprescindible, pero no suficiente

¿Qué es una idea? Una representación mental de algo que parte de la reflexión, del razonamiento o de la imaginación. Los buenos gestores se nutren, como hemos ido viendo, de buenas ideas. A partir de ellas elaboran los proyectos ganadores.

Pero un mánager no es un artista ni un creador experimental, sino alguien práctico. Por sí misma, una buena idea no aporta riqueza si no se formula en un plan y si no se sabe gestionar su puesta en práctica. Pero es el punto de partida, y lo que da fundamento a cualquier proyecto. Toda estrategia ganadora tiene un núcleo duro, que es una oferta de valor que resuelve una necesidad a un cliente (te hemos hablado de ello en el capítulo 8, en el apartado "El modelo de negocio"). Construye unos buenos cimientos.

"Si tienes una buena idea, el dinero llegará" (Eugenio Galdón)

Eugenio Galdón Brugarolas (Cartagena, 1950), fundador de ONO y actual presidente de la Fundación Éveris, es muy consciente de la importancia de las ideas. Empezó trabajando en consultoría, después pasó a la Administración Pública (donde llegó a ser jefe de gabinete del presidente del gobierno), ocupó la Dirección General de la COPE y la SER y, pasados los cuarenta años, fundó Multitel, germen de ONO, en 1992. "Tenía un sueño: cablear toda España. No existía un marco legal propicio por aquel entonces, y tampoco tenía el dinero para hacerlo por mí mismo, pero eso no me frenó. Conseguí convencer a unos cuantos pesos pesados (Iberdrola, Endesa, Ferrovial) de que era posible, y lo sacamos adelante."

Galdón cree que "si la idea es buena y, por supuesto, si tienes ciertas habilidades, el dinero llegará. Lo crucial es poseer las armas para salir adelante cuando aparezcan los problemas". Se trata de mantener el rumbo, con la cabeza fría y el corazón caliente, a pesar de la incertidumbre. ONO se vendió a Vodafone en marzo de 2014 por 7.200 millones de euros.

Equipo, equipo, equipo

Un equipo no es un grupo cualquiera. Un equipo es un grupo humano cuyo propósito y tarea es indivisible y cuyos resultados son mayores que la suma de los de cada uno de los miembros por separado.

Por tanto, un equipo genera sinergias. Sin un auténtico equipo, la gestión es ineficaz. Y un buen mánager tiene que saber crear equipo, algo que te hemos explicado en los capítulos 12 y 15.

"Lo más importante es el equipo" (Jesús Encinar)

Buena muestra de ello es Jesús Encinar (Ávila, 1970), fundador y consejero delegado del portal inmobiliario Idealista. Licenciado en Administración de empresas por la Universidad Pontificia y la London Business School y MBA por Harvard, en 1999 era el director europeo de consultoría y *naming* de Wolf Ollins (suyos son los nombres de Acciona, Yoigo, Ono, R y Vueling). En un vuelo Varsovia-Madrid surgió la idea y, al aterrizar, se puso manos a la obra con su hermano Fernando y César Oteiza, compañero de ICADE. Con sus ahorros y las aportaciones de familiares y amigos juntaron 600.000 euros. Era el año 2000. Esta vez fue su madre la que le puso el nombre, porque le considera un iluso, un soñador. Un idealista.

Jesús Encinar sabe que los mejores mánager se dedican al 100% a su tema y son capaces de enamorar a un equipo de gente con talento. "Nunca bajar la guardia, mantener la innovación y el respeto a los clientes y evolucionar constantemente".

Su servicio para anunciar casas en venta y alquiler es líder en España. Recibe más de 2,7 millones de visitas al mes. Su guía de precios por metro cuadrado es el dato más fiable del sector.

Perspectiva

Los buenos gestores se ocupan de los temas con sensatez, y saben combinar la urgencia con la importancia, sin convertirse en bomberos que apagan fueguecillos fatuos mientras, por debajo, las brasas consumen los cimientos.

Eso es tener perspectiva y poner las cosas en su justo término, pensando no solo en el ahora, sino más bien en el medio y largo plazo, con visión de futuro, ilusión y disposición para mejorar el mundo. Hemos desarrollado estas cuestiones en uno de los apartados del capítulo 1, "Los puntos clave que debe controlar un buen mánager".

Y en los negocios, no debes perder de vista los números: ellos te dirán si estás acertando en tus decisiones. Un buen control, con indicadores significativos y críticos, es necesario. Te hemos hablado del control en el capítulo 13.

"Piensa a largo plazo" (Amuda Goueli)

Amuda Goueli nació en Nubia, en Assuan, un pequeño pueblo entre Egipto y Sudán que se dedica principalmente a la agricultura. Ciudadano del mundo, se afincó en España en el año 2000. Hoy dirige Destinia, compañía que fundó en 2001 con el australiano Ian Weeber y que es la primera agencia online española especializada en reserva de hoteles. Amuda nos recomienda "pensar a largo plazo. Yo siempre sé dónde estaré dentro de cinco años y cuál es el objetivo de Destinia."

Como mánager, Amuda es muy consciente de que la impaciencia no es buena consejera. Todo proyecto que cubra una necesidad en el mercado encontrará la financiación necesaria. Cuando las grandes multinacionales entraron en el nicho online, los dos socios elaboraron una "estrategia de supervivencia". Se dedicaron a levantar capital comprando y vendiendo dominios. "El éxito nunca es un derecho adquirido, debes trabajar todos los días como al principio, con la misma ilusión y renovándose siempre. Si no hay acción, todo se quedará en buenos deseos y nunca avanzarás". Destinia tiene presencia en 25 países y cuenta con 67 millones de usuarios anuales.

Autoconfianza

No hay buenos mánager que tengan baja autoconfianza. La seguridad en uno mismo es una cualidad base de la gestión y del liderazgo, y hay que trabajarla, desarrollarla, constantemente. Solos o a través de un coach. Te hemos hablado de la autoconfianza en el capítulo 18, con relación a las expectativas en motivación.

"La confianza que uno se trabaja es el tesoro más grande que se puede conseguir" (Francisco Martínez-Cosentino)

Francisco Martínez-Cosentino y sus hermanos convirtieron la modesta empresa de extracción y elaboración de mármol de su padre (creada en Macael, Almería, en la década de 1940) en una multinacional de las encimeras (2.300 empleados, más de 400 millones de euros de facturación) cuyos anuncios han estado presentes en la SuperBowl, la final de fútbol norteamericano, siendo la primera y única empresa española en hacerlo.

Cosentino fue profesor en Barcelona. Estuvo a punto de arruinarse con sus innovaciones, hasta que creó el Silestone (líder mundial en superficies de cuarzo) en 1990, después de un viaje por un kibutz en Israel. Ahora representa casi el 80 % de la facturación del grupo. Dekton, la nueva superficie ultracompacta de la firma, es otra gran innovación del grupo.

En sus palabras: "La confianza que uno se trabaja es el tesoro más grande que se puede conseguir; del fracaso siempre se aprende más que del éxito". El presidente del grupo Cosentino piensa que un mánager "no se rinde jamás. Ha de intentarlo una y otra vez, siempre que sea posible". Para tener éxito se necesita "un modelo de negocio basado en la innovación que ofrezca productos diferenciales, que persiga otros mercados y expandirse fuera de su entorno y que además permita crecer y desarrollar tu sector en general". Y flexibilidad: "Hay que hacer como Lawrence de Arabia. Si uno es inglés y vive en Arabia, tiene que hacerse árabe. Hay que tratar de ser uno de ellos".

Insiste una y otra vez

La gestión eficaz, como hemos comprobado a lo largo de todo el libro, es una combinación de diversos factores.

Además de preparación, segmentación, ilusión, imaginación, equipo, autoconfianza y perspectiva, se necesita insistencia. Ray Kroc, fundador de McDonald's, dijo: "Persevere. Nada en el mundo puede reemplazar a la perseverancia. El talento no lo hará; nada es más común que los fracasados con talento. El genio tampoco lo hará; el genio sin recompensa es proverbial. Perseverancia y determinación son las únicas virtudes omnipotentes". Y Albert Einstein lo decía con sus propias palabras: "Hay una fuerza motriz más poderosa que el vapor, la electricidad o la energía atómica: la voluntad".

"Más vale llamar a varios cientos de puertas..." (José del Barrio)

José del Barrio, CEO y fundador de La Nevera Roja, pasó en cuatro años de crear una plataforma online de comida a domicilio a liderar una operación empresarial de enorme éxito, con su integración en el grupo alemán Rocket. La Nevera Roja se creó en 2011 con un capital de 10 millones de euros y se vendió, cuatro años más tarde, por una cantidad estimada en ocho veces el capital inicial. Cada uno de los socios, que trabajaban en PriceWaterhouse, puso 10.000 euros. Luego pusieron financiación la familia y amigos. Finalmente, una sociedad de capital-riesgo invirtió 10,4 millones de euros en la empresa. La actitud, opina José del Barrio, ha sido determinante.

"La clave es un modelo sólido basado en métricas, llevado y dirigido por los números." Durante 40 meses, pudieron demostrar crecimientos sostenidos, fruto de una excelente gestión. Apenas dos meses de decrecimiento; el resto, crecimientos del 15 al 30 % mensual, lo que da mucha tranquilidad al accionista actual y potencial. Para este empresario, sin tenacidad es imposible alcanzar el éxito: "De cada 100 puertas que tocas, se abren tres como mucho, y de esas tres, te escuchan la mitad, y de los que te escuchan, te va a hacer caso la mitad, sí que más vale llamar a varios cientos de puertas". Un equipo que se deja la piel, que trabaja *full-time* y, por tanto, *full-life*. Escala: "Si puedes hacerlo en un año, ¿por qué hacerlo en tres?". Crecimientos anuales del 600 % y, de plantilla, del 80 %. Éxito total.

Piensa en global

El mundo es plano. Por ello, los mánager no podemos poner puertas al campo. Debemos pensar en global, para un mercado internacional. En el capítulo 9 te hemos explicado por qué la globalización nos atrapa a todos, queramos o no, y cómo desenvolverse en el entorno internacional.

Estudiar idiomas no solo sirve para hablar con otras gentes, también abre mentes y predispone al entendimiento cultural (te hemos contado las claves de las culturas comparadas en el apartado "Misión 'casi' imposible: manejar la diversidad cultural", en el capítulo 9).

"Aprende inglés, y luego lo demás" (Isidoro Alanís)

Tras finalizar sus estudios universitarios (administración de empresas en la Universidad Antonio de Nebrija), Isidoro Alanís se puso a trabajar en la oficina de cambio de su padre, en la localidad salmantina de Fuentes de Oñoro, muy cerca de la frontera con Portugal. Más de veinte años después, esa oficina se ha convertido en un gigante empresarial de 1.350 empleados, Global Exchange, presente en los aeropuertos de más de 15 países.

Este gestor nos recomienda "estudiar inglés, y a ser posible algún otro idioma. Todo lo demás es secundario". Isidoro estudió el COU en Estados Unidos, en Pensilvania, porque quería ser un buen empresario. Luego pasó un tiempo en Bruselas estudiando francés.

Ilusión, convicción, constancia, compromiso, mucha capacidad de esfuerzo, son los ingredientes de un gran mánager, para el presidente de Global Exchange. Del fracaso, piensa él, también se aprende. Con la llegada del euro, por ejemplo; apostó seriamente por los mercados latinoamericanos, empezando por seis aeropuertos argentinos. Y mucho. "Hemos estado al borde de la quiebra en varias ocasiones. Creo que lo único que nos salvó de echar el cierre fue soñar con que podíamos superar las dificultades." Se da la circunstancia de que Isidoro José Alanís es alcalde de Fuentes de Oñoro (en 2011 se presentó y ganó con ACO y en 2015 presentándose con el PP, que pasó de 3 a 6 concejales).

Jamás temas al fracaso

El éxito es mirar hacia delante y sortear las adversidades del camino. De cada experiencia se aprende algo, ningún intento es del todo fallido; cada vez que tomas una decisión y la pones en práctica aprendes algo: que funciona o que no funciona. Los errores enseñan más que los éxitos (te hemos hablado del valor de la información en el capítulo 15, con relación a las decisiones).

"Lo importante no es tanto caerse, sino levantarse de nuevo" (Ginés Clemente)

Ginés Clemente cursó maestría industrial y en 1977 montó Mecanizados Ginés, un taller de 40 metros cuadrados en su localidad natal de Miranda de Ebro (Burgos), en lo que había sido un gallinero de su suegra. Un empleado y dos máquinas. Casi cuatro décadas después, el Grupo Aciturri tiene 1.200 empleados, está valorado en más de 115 millones de euros, es líder en el sector aeronáutico y uno de los tres proveedores de máximo nivel de Airbus.

El éxito es efímero, pero también el fracaso. Por eso hay que seguir adelante. En la década de 1970 se dedicó a producir piezas agrícolas. En 1984, leyó un reportaje sobre un empresario, le envió una carta y seis meses más tarde tenía un contrato por 15 millones de pesetas. La calidad y la diferenciación por bandera.

Ginés Clemente es un firme convencido de la formación, de la actitud adecuada y del compromiso. "Si quieres, puedes. Nadie hará nada por ti de lo que no estés dispuesto a hacer por ti mismo." La eficiencia operativa está en el ADN de Aciturri, que fabrica componentes para Airbus, Rolls Royce o Boeing. El gran sueño de Ginés Clemente es que Aciturri Aeronáutica llegue a los 2.000 empleados en los próximos años.

Índice

A

B

C

D

E

F

G

H

I

J

K

L

M

U

V

E